船舶运动与控制

主　编　任俊生

大连海事大学出版社

图书在版编目(CIP)数据

船舶运动与控制 / 任俊生主编. — 大连 : 大连海事大学出版社, 2021.8
ISBN 978-7-5632-4171-2

Ⅰ. ①船… Ⅱ. ①任… Ⅲ. ①船舶运动—运动控制—高等学校—教材 Ⅳ. ①U661.3

中国版本图书馆 CIP 数据核字(2021)第 122664 号

大连海事大学出版社出版

地址:大连市凌海路1号 邮编:116026 电话:0411-84728394 传真:0411-84727996
http://press.dlmu.edu.cn E-mail:dmupress@dlmu.edu.cn

大连永盛印业有限公司印装　　大连海事大学出版社发行

2021 年 8 月第 1 版　　2021 年 8 月第 1 次印刷
幅面尺寸:184 mm×260 mm　　印张:15.75
字数:386 千　　印数:1~500 册

出版人:刘明凯

责任编辑:刘宝龙　　责任校对:孙笑鸣
封面设计:张爱妮　　版式设计:张爱妮

ISBN 978-7-5632-4171-2　　定价:39.00 元

序　言

船舶运动与控制是近年来海上交通领域的热点问题，是研究智能船舶的核心内容之一。有关船舶运动与控制的理论及其工程应用，近年来已有大量的文献发表，新的方法层出不穷。甚至一些其他领域的学者也开始跨界研究船舶运动与控制问题。然而该领域基础知识较为高深，令初学者颇感困惑。编者多年来一直从事船舶运动与控制领域的研究和教学工作，深感有必要编写一本能够快速掌握本领域基础知识的书籍。

船舶运动与控制领域问题多、方法多，部分内容单独成册也不为过。因此，本书对于一些内容不得不忍痛割爱，而选择性地介绍重点内容。本书编写的基本出发点是简明扼要，层次清晰，自成体系。为了减轻阅读负担，在给出相邻公式时，尽量减少推理的跳跃缺步。为醒目起见，出现的概念均用黑体标示出来。并且为了方便同学阅读船舶运动与控制领域的英文文献，一些概念给出了相应的英文说法。相信只要具备初步的微积分知识就能够学习本书内容。

本书一些内容参考了当年聆听恩师杨盐生教授在讲授《船舶运动与控制》课程时所录笔记的底本。昔人已乘黄鹤去，言犹在耳，不禁让人唏嘘。本书在编写过程中融入了杨老师的一些观点，也包含了编者近年来从事船舶运动建模工作实践和控制理论研究中的一些体会。

本书共分七章和六个附录，第一章是船舶操纵运动线性模型；第二章是船舶操纵性；第三章是船舶水平面运动数学模型；第四章是常速域船舶运动仿真；第五章是船舶运动辨识建模；第六章是船舶垂直面运动建模；第七章是船舶航向航迹控制。附录包含了本书基础知识和部分内容的扩展。

编者在撰写过程中得到了大连海事大学张显库教授的热情支持和指导，研究生白伟伟、张腾、马捷、庞晓思等同学参与了部分内容的编写工作，在此一一表示感谢。

本书的出版工作得到了大连海事大学 2019 年专业学位研究生示范课程建设项目的资助。部分章节的内容来自于国家自然科学基金项目（编号：51779029，51109020）。

由于编者水平有限，书中难免存在不当之处，欢迎广大读者和专家批评指正。

任俊生

2021 年 3 月 16 日

目　录

主要符号和缩写词

$\boldsymbol{A}$ ——线性系统的系统矩阵

A_d ——纵距

a_H ——由操舵引起的船体横向力增加的修正系数

A_m ——船中横剖面面积

A_R ——舵面积

A_w ——水线面面积

b ——舵宽

B ——船宽

$\boldsymbol{B}$ ——线性系统的输入矩阵

C ——船舶稳定性衡准数

C_b ——船舶方形系数

C_D ——舵叶的阻力系数

C_L ——舵叶的升力系数

C_m ——船舶中横剖面系数

C_N ——正压力系数

C_p ——初始回转的有量纲角加速度

C_R ——船舶总阻力系数

C_f ——船舶摩擦阻力系数

C_p ——船舶棱形系数;汤室模型中螺旋桨的整流系数

C_r ——船舶剩余阻力系数

C_S ——汤室模型中船体的整流系数

C_t ——船舶总阻力系数

$\boldsymbol{C}$ ——线性系统的输出矩阵

C_w ——水线面系数

d ——船舶吃水

$d(\boldsymbol{x}_i,\boldsymbol{x}_q)$ ——样本点 $\boldsymbol{x}_i$ 与预测点(查询点) $\boldsymbol{x}_q$ 之间的距离

d_m ——船舶平均吃水

D ——定常回转直径

D_P ——螺旋桨直径

D_T ——战术直径

e ——舵叶的平衡比,又称平衡系数

F_N ——舵面的正压力

Fn ——弗劳德数

Fr ——弗劳德数

g ——重力加速度

G ——船舶重心

$G(P,Q)$ ——格林函数

$\overline{GM}_{\mathrm{L}}$ ——船舶纵稳性高度

$Gxyz$ ——随船运动坐标系

$\overline{GZ}$ ——稳性力臂

h ——舵高；局部加权学习算法中距离测度；船舶横倾初稳性高度

H ——舵高

I_{xx} ——船体绕 x 轴的转动惯量

I_{zz} ——船体绕 z 轴的转动惯量

J ——螺旋桨的进速系数；性能准则

J_{xx} ——船体绕 x 轴的附加惯性矩

J_{zz} ——船体绕 z 轴的附加惯性矩

k ——波的个数（即波数）

K ——船舶横摇（或横倾）力矩；反横距；回转性指数

K_{Q} ——转矩系数

K_{T} ——螺旋桨推力系数

K_x ——惯性半径

L ——船长

l_v ——位置力臂

l_r ——阻尼力臂

M ——船舶纵摇力矩

N ——船舶转首力矩

L_{BP} ——船舶两柱间长

L_{PP} ——船舶两柱间长

l_{R} ——舵的纵向坐标

m ——船舶质量

m_{ij} ——附连水质量

m_x ——船舶沿 Gx 轴方向的附加质量

m_y ——船舶沿 Gy 轴方向的附加质量

n ——推进器的转速

$O_0x_0y_0z_0$——空间固定坐标系

p ——船舶横摇角速度；流场中某点的压力

P ——枢心；螺旋桨的螺距；转首指数（也称为航向改变性指数）

$\boldsymbol{P}$——代数黎卡提（Riccati）方程的非负定解；李雅普诺夫方程的解

q ——船舶纵摇角速度

$\boldsymbol{Q}$——二次型性能指标中常数权重矩阵
r——船舶转首角速度
R——船体的阻力
$\boldsymbol{R}$——二次型性能指标中常数权重矩阵
Re——雷诺数
s_0——螺旋桨直航时的滑脱比
S——船体浸湿面积;螺旋桨的滑脱比
S_r——螺旋桨的实效滑脱比
$\bar{t}$——舵叶厚度比
t_P——螺旋桨的推力减额分数
t_R——舵阻力减额系数
T——船舶直线稳定性指数
T_1，T_2——船舶直线稳定性指数
T_r——横距
T_W——波浪周期
u——船舶前进速度
$\boldsymbol{u}(t)$——控制系统的输入矩阵
U——船舶前进速度和横移速度的合速度
U_R——舵处的有效来流速度
U_T——风速
v——船舶横移速度
$\boldsymbol{v}$——流场速度
$\boldsymbol{v}(t)$——控制系统的量测噪声
V——船舶前进速度和横移速度的合速度
$V(\boldsymbol{x})$——李雅普诺夫函数
w——船舶垂荡运动速度
w_P——斜航时螺旋桨处的伴流系数
w_{P0}——直航时螺旋桨处的伴流系数
w_R——斜航时舵处的伴流系数
w_{R0}——直航时舵处的伴流系数
$\boldsymbol{w}(t)$——控制系统的动态噪声
w_i——每个样本点相对于预测点的权重
W——船舶排水量
x_{0G}、y_{0G}——船舶在空间固定坐标系的位置
x_b——浮心的坐标位置
$\boldsymbol{x}_i$——系统辨识中样本点
$\boldsymbol{x}_q$——系统辨识中预测点(查询点)
x_c——船舶浮心纵向位置
x_G——附体坐标系原点不在重心时的船舶重心 x 向坐标值

x_H ——由操舵引起的船舶横向力增加量作用中心坐标

$\boldsymbol{x}(t)$ ——控制系统的状态矩阵

X ——船舶 Gx 轴方向的作用力

Y ——船舶 Gy 轴方向的作用力

z_i ——控制器设计时的误差变量

Z ——桨叶数;船舶 Gz 轴方向的作用力

α ——机翼的攻角

α_R ——舵角

β ——船舶漂角

β_R ——舵处几何冲角

γ ——舵有效来流冲角模型中的整流系数

δ ——舵角

δ_0——零正压力舵角

$\varDelta$ ——排水量

ΔC_f ——粗糙度补贴

ζ_a ——波幅

λ ——展弦比;波长

μ ——舵叶面积比

ν ——流体运动黏性系数

ρ ——水密度

$\sigma(Q)$ ——物面上面源分布密度

θ ——船舶纵倾角;螺旋桨的盘面比

τ ——船舶吃水差

χ——波向角

φ ——船舶横倾角;螺距角;物体在静止流体中运动而引起的速度势

$\Phi(x,z,t)$ ——速度势

ψ ——船舶首向角

ψ_r ——设定航向

ω ——波的圆频率

ω_e ——船与波的遭遇频率

∇——船舶排水体积(排水量)

∇——Nabla 算子

∇^2——拉普拉斯算子

BP——Back Propagation,反向传播

CFD——Computational Fluid Dynamics,计算流体力学

IMO——International Maritime Organization,国际海事组织

ITTC——International Towing Tank Conference,国际船模试验池会议

LOS——Line-of-sight,视线导航

LQ——Linear Quadratic,线性二次型

LWL——Locally Weighted Learning,局部加权学习
MMG——Ship Maneuvering Mathematical Model Group,船舶操纵性数学模型小组
MRAC——Model Reference Adaptive Control,模型参考自适应控制
PMM——Planar Motion Mechanism,平面运动机构
PD——Proportion-differential,比例-微分
PID——Proportion-integral-differential,比例-积分-微分
RANSE——Reynolds-averaged Navier-Stokes Equation,雷诺平均纳维-斯托克斯方程
RNN——Recursive Neural Network,递归神经网络
SISO——Single-input Single-output,单输入单输出
SVM——Support Vector Machine,支持向量机
VLCC——Very Large Crue Oil Carrier,超大型油船

第一章 船舶操纵运动线性模型

船舶操纵运动线性模型可以用于分析船舶操纵性,可以用于建立更为复杂的非线性模型,也可用于船舶控制器的设计,因此是讨论后续章节内容的重要基础。

第一节 船舶空间运动方程

船舶运动形式较为复杂,不同于高中或大学物理中所讨论的物体运动形式。本节建立船舶六自由度的运动方程式,然后把船舶运动分为水平面运动和垂直面运动。

一、坐标系

同一般物体的力学运动一样,船舶运动问题也有运动学问题和动力学问题之分。理论力学是研究物体的机械运动规律的学科。**运动学**(kinematics)是理论力学的一个分支学科,它运用几何学的方法来研究物体的运动,通常不考虑力和质量等因素的影响。**动力学**(kinetics)也是理论力学的一个分支学科,它主要研究作用于物体的力与物体运动的关系。单纯描述船舶位置、速度、加速度,以及姿态、角速度、角加速度随时间变化的问题,属于运动学问题。研究船舶在受到力和力矩后如何改变位置和姿态的问题属于动力学问题。物体的位置总是相对的,这就是说,任何物体的位置总是相对于其他物体或物体系而确定的,这个其他物体或物体系叫作确定物体位置时用的**参考系**,或者称**坐标系**。为研究船舶的运动,必须建立描述船舶运动的坐标系,如图 1-1 所示。

(1)空间固定坐标系 $O_0x_0y_0z_0$

空间固定坐标系(space-fixed coordinate system)也称作**固定坐标系**、**惯性坐标系**(inertial coordinate system, inertial frame),它是固定于地球表面的右手坐标系,不随时间而变化,其原点 O_0 可以任意选择,通常与 $t=0$ 时重心 G 的位置一致,$x_0O_0y_0$ 平面位于静水面内,O_0z_0 轴垂直向下为正,O_0x_0 轴指向正北,O_0y_0 轴指向正东,如图 1-1 和图 1-2 所示。

由于运动的相对性,对于运动学问题来说,参考系的选择几乎不受什么限制,只要能描述运动的参考基准和研究问题比较方便即可。而对于动力学问题来说则不然,参考系不能任意选择。牛顿定律的成立依赖于一定的参考系。牛顿定律成立的参考系称为惯性坐标系,也就是说,只有在惯性参考系下才能运用牛顿定律。**惯性参考系**就是运用牛顿第一定律定义的参考系,简称惯性系,在此参考系中,一个不受力作用的物体将保持静止或做匀速直线运动。然而“不受外力”的含义是一个物体能在惯性系中保持静止或做匀速直线运动的状态。显然惯性系和不受外力导致了一个无法解脱的自我循环定义问题。

地球参考系近似于一个惯性系,太阳参考系比地球参考系更近似于惯性系,银河参考系又

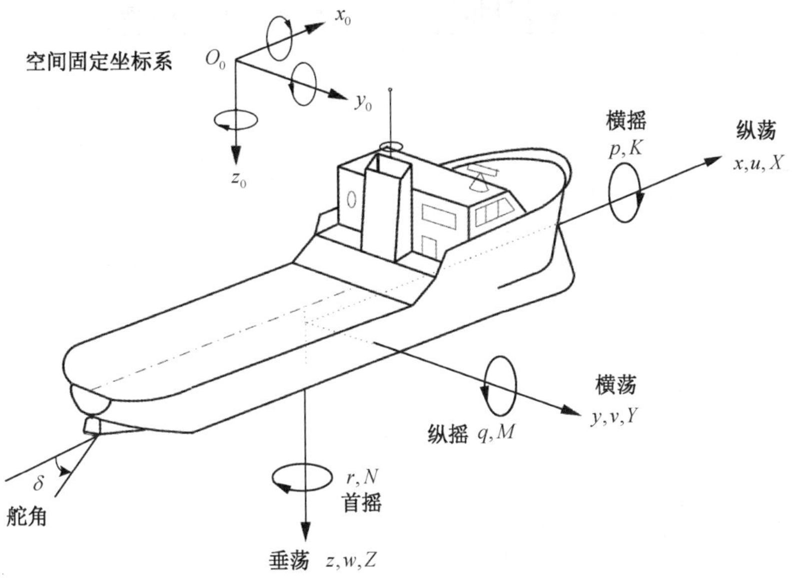

图 1-1 描述船舶运动的坐标系

比太阳参考系更近似于惯性系……我们的确可以得到一个更近似于惯性系的参考系,但终究找不到严格的惯性系。幸运的是,地球表面(**地面参考系**)对于在小范围、短时间内发生的力学过程来说可近似被认为是惯性系。船舶运动问题属于这样的问题。

(2)随船运动坐标系 *Gxyz*

船体外形曲面与中线面的截面称为**中纵剖面(或中线面)**,船体外形曲面与中站面的截面称为**中横剖面(或中站面)**,船体外形曲面与位于基平面以上设计吃水处并与基平面平行的平面的截面称为**设计水线面**。

随船运动坐标系(body-fixed coordinate system),也称作**附体坐标系**、**运动坐标系**,它是以船舶重心为原点,而固定于船体上的直角坐标系。*Gx*,*Gy* 和 *Gz* 轴分别是经过重心 *G* 的设计水线面、中横剖面和中纵剖面的交线,*Gy* 轴向右为正,即指向右舷,与设计水线面平行;*Gz* 轴向下为正,即指向龙骨,与设计水线面垂直,如图 1-1 和图 1-2 所示。龙骨是船艇最重要的承重单位,它位于船体的底部,在龙骨的上面有横过的船肋加固,龙骨通常是船壳第一个被建造的部分,龙骨的铺设是造船过程中最重要的事件。除了承重外,龙骨还有流体动力学上的作用。

惯性系有一个重要的性质,就是如果我们确认了某一参考系为惯性系,则相对于此参考系做匀速直线运动的任何其他参考系也一定是惯性系。反过来也可以说,相对于一个已知惯性系做加速运动的参考系,一定不是惯性参考系。因为船舶的运动可能是十分复杂的加速度运动,所以附着于船体的随船运动坐标系不是惯性系,在该坐标系中牛顿定律不能成立。

船体任意时刻的运动可以分解为在 *Gxyz* 坐标系内船舶重心 *G* 沿三个坐标轴的直线运动及船体绕三个坐标轴的转动。在这些运动中又有**单向运动**(rotational motion)和**往复运动**(translational motion)之分,因此共有 12 种运动形式。在造船界中习惯采用的运动名称见表 1-1。

表 1-1 船舶六自由度(six degrees of freedom)运动名称

坐标轴		Gx 轴	Gy 轴	Gz 轴
直线运动	单向运动	前进/后退/进退	横漂/横移	上浮/下沉
	往复运动	纵荡(surge)	横荡(sway)	垂荡/升沉(heave)
转动运动	单向运动	横倾(heel)	纵倾(trim)	回转/转首(turn)
	往复运动	横摇(roll)	纵摇(pitch)	首摇(yaw)

表 1-2 中的字母表示源于 1952 年在 Transaction of Society of Naval Architect and Marine Engineering (SNAME) 上发表的论文《Nomenclature for Treating the Motion of a Submerged body Through a Fluid》。

表 1-2 各运动形式物理量的字母表示

	平动速度	角度	角速度	力	力矩
Gx 轴	u	φ，φ (roll angle)	p	X	K
Gy 轴	v	θ (trim angle)	q	Y	M
Gz 轴	w	ψ (yaw angle)	r	Z	N

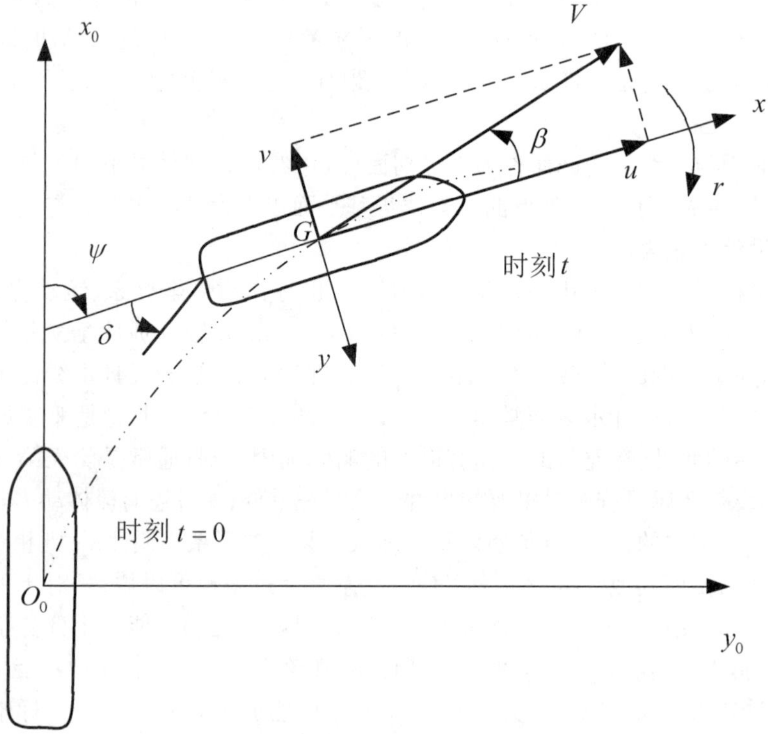

图 1-2 空间固定坐标系和随船运动坐标系

下面对以后要经常使用的两个重要角度进行定义：

①首向角(ψ)：也称作航向角，由 x_0 轴转到中纵剖面顺时针为正。

②漂角(β)：合速度 V 与船首向之间的夹角，逆时针方向为正。

$$\beta = \begin{cases} \arctan\left(-\dfrac{v}{u}\right) & u > 0 \\ -\operatorname{sgn}(v)\dfrac{\pi}{2} & u = 0 \\ \arctan\left(-\dfrac{v}{u}\right) - \operatorname{sgn}(v)\pi & u < 0 \end{cases} \tag{1-1}$$

式中：$\operatorname{sgn}(x)$ ——符号函数，定义如下

$$\operatorname{sgn}(x) = \begin{cases} +1 & x > 0 \\ -1 & x < 0 \end{cases} \tag{1-2}$$

u—— 纵向速度（也称作前进速度）；

v—— 横向速度（也称作横移速度）。

二、在固定坐标系中建立船舶运动方程式

固定坐标系是惯性系，故而牛顿定律成立。视船体为刚体。刚体是动力学中的一个专有名词，不论物体受力与否，在物体内的任意两点，其相对位置都不会改变，具有这样性质的物体称作**刚体**（rigid body）。忽略船舶的纵摇、升沉和横摇运动，根据刚体质心运动的动量和动量矩定理，船舶的运动可用以下的方程组来描述：

$$\begin{cases} m\ddot{x}_{0G} = X_0 \\ m\ddot{y}_{0G} = Y_0 \\ I_{zz}\ddot{\psi} = N \end{cases} \tag{1-3}$$

式中：重心 x_{0G}，y_{0G} 和首向角 ψ ——固定坐标系的运动特征参数；

m ——船舶质量；

I_{zz} ——船体绕通过重心的铅直轴的质量惯性矩（转动惯量）；

X_0——作用于船舶的外力合力在 x_0 轴上的分量；

Y_0——作用于船舶的外力合力在 y_0 轴上的分量；

N ——作用于船舶的外力绕通过重心的铅直轴的回转力矩。

该式虽然形式简单，并且可以直接描述船舶在空间的位置（x_{0G}，y_{0G}，ψ），但由于式（1-3）中外力的分量 X_0、Y_0 与船舶中纵剖面对于坐标轴的方向有关，在计算上会带来很大的困难。故求解操纵运动通常不在固定坐标系内进行，而采用运动坐标系。但是在运动坐标系内牛顿定律不能成立，故需要一定的变换将上式中固定坐标系中的物理量变换为运动坐标系中的物理量。

三、在运动坐标系中建立船舶运动方程式

下面推导运动坐标系中船舶运动的方程。假设外力在 x、y 轴上的分量分别为 X 和 Y，根据坐标转换或力的投影关系（如图 1-3 所示）可以得到

$$\begin{cases} X = X_0\cos\psi + Y_0\sin\psi \\ Y = Y_0\cos\psi - X_0\sin\psi \end{cases} \tag{1-4}$$

进而有

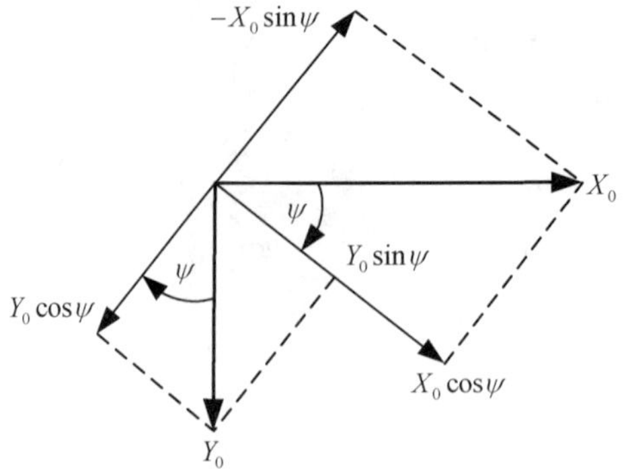

图 1-3 力的投影关系

$$\begin{cases} X_0 = X\cos\psi - Y\sin\psi \\ Y_0 = X\sin\psi + Y\cos\psi \end{cases} \tag{1-5}$$

如果把船舶重心处速度在 x 轴和 y 轴上的分量记为 u（纵向速度、前进速度）和 v（横向速度、横移速度），同样地有

$$\begin{cases} \dot{x}_{0G} = u\cos\psi - v\sin\psi \\ \dot{y}_{0G} = u\sin\psi + v\cos\psi \end{cases} \tag{1-6}$$

将上式两边分别对时间求导，得

$$\begin{aligned} \ddot{x}_{0G} &= \dot{u}\cos\psi - \dot{v}\sin\psi - (u\sin\psi + v\cos\psi)\dot{\psi} \\ \ddot{y}_{0G} &= \dot{u}\sin\psi + \dot{v}\cos\psi + (u\cos\psi - v\sin\psi)\dot{\psi} \end{aligned} \tag{1-7}$$

将式(1-7)和式(1-5)代入式(1-3)中的前两式，可得

$$\begin{cases} [X - m(\dot{u} - v\dot{\psi})]\cos\psi - [Y - m(\dot{v} + u\dot{\psi})]\sin\psi = 0 \\ [X - m(\dot{u} - v\dot{\psi})]\sin\psi + [Y - m(\dot{v} + u\dot{\psi})]\cos\psi = 0 \end{cases} \tag{1-8}$$

注意到式(1-8)对任意 ψ 角都应该是成立的，故必有

$$\begin{cases} X - m(\dot{u} - v\dot{\psi}) = 0 \\ Y - m(\dot{v} + u\dot{\psi}) = 0 \end{cases} \tag{1-9}$$

令 $r = \dot{\psi}$ 表示船舶转首角速度，则 $\ddot{\psi} = \dot{r}$，于是有

$$\begin{cases} m(\dot{u} - vr) = X \\ m(\dot{v} + ur) = Y \\ I_{zz}\dot{r} = N \end{cases} \tag{1-10}$$

此式即是运动坐标系下船舶运动方程式。比起固定坐标系下的船舶运动方程式，它在形式上要复杂一些，但由于其中的外力 X、Y 不再与船舶相对于固定坐标的方向有关，故在表达式上将带来很大的方便。

四、船舶空间运动的一般方程

上节得到了三自由度的船舶操纵方程式，本节则从求取向量导数的角度推导完整的船舶六自由度运动方程。

1. 由动量定理推导平移运动方程

从理论力学可得到下述动量定理:对于固定坐标系下的运动,刚体的动量变化率等于其所受外力的合力,即

$$\frac{\mathrm{d}\boldsymbol{H}}{\mathrm{d}t}=\boldsymbol{F},\boldsymbol{H}=m\boldsymbol{U} \tag{1-11}$$

式中:$\boldsymbol{H}$ ——船舶的动量;

m ——船舶的质量;

$\boldsymbol{U}$ ——重心的速度矢量 ,$\boldsymbol{U}=u\boldsymbol{i}+v\boldsymbol{j}+w\boldsymbol{k}$,$\boldsymbol{U}$ 等于运动坐标系原点的速度;

$\boldsymbol{F}$ ——船舶所受的外力矢量,$\boldsymbol{F}=X\boldsymbol{i}+Y\boldsymbol{j}+Z\boldsymbol{k}$。

对左侧动量进行求导,则有

$$\frac{\mathrm{d}\boldsymbol{H}}{\mathrm{d}t}=m\left(\frac{\delta\boldsymbol{U}}{\delta t}+\Omega\times\boldsymbol{U}\right) \tag{1-12}$$

式中:$\boldsymbol{\Omega}$ ——船舶的角速度矢量,$\boldsymbol{\Omega}=p\boldsymbol{i}+q\boldsymbol{j}+r\boldsymbol{k}$,$\boldsymbol{\Omega}$ 等于运动坐标系旋转角速度;

$\delta\boldsymbol{U}/\delta t$ ——假想运动坐标系(连同刚体)保持不动,观察到的 $\boldsymbol{U}$ 的变化率,也就是 $\boldsymbol{U}$ 对运动坐标系的相对变化率。

符号 $\delta\boldsymbol{U}/\delta t$ 表示相对导数,把运动坐标系作为观察基准。注意到 $\delta\boldsymbol{U}/\delta t$ 与 $\mathrm{d}\boldsymbol{U}/\mathrm{d}t$ 是有区别的,$\delta\boldsymbol{U}/\delta t$ 是 $\mathrm{d}\boldsymbol{U}/\mathrm{d}t$ 的一部分。

旋转修正 $\boldsymbol{\Omega}\times\boldsymbol{U}$ 是假想运动坐标系(连同船体)只做旋转分量运动,而船体在该瞬时的速度 $\boldsymbol{U}$ 的大小和相对运动坐标系的方位都保持不变时 $\boldsymbol{U}$ 的变化率。$\boldsymbol{\Omega}\times\boldsymbol{U}$ 可认为是对 $\delta\boldsymbol{U}/\delta t$ 关于坐标系旋转的一个修正。运动坐标系存在旋转的情况下,$\delta\boldsymbol{U}/\delta t$ 加上修正部分后,将等于实际的速度变化率 $\mathrm{d}\boldsymbol{U}/\mathrm{d}t$。$m(\boldsymbol{\Omega}\times\boldsymbol{U})$ 的物理意义是有曲率运动时的离心惯性力。

$$\frac{\delta\boldsymbol{U}}{\delta t}=\begin{bmatrix}\dot{u}\\ \dot{v}\\ \dot{r}\end{bmatrix} \tag{1-13}$$

$$\boldsymbol{\Omega}\times\boldsymbol{U}=\begin{bmatrix}wq-vr\\ ur-wp\\ vp-uq\end{bmatrix} \tag{1-14}$$

进而可得

$$\begin{cases}m(\dot{u}-vr+wq)=X\\ m(\dot{v}-wp+ur)=Y\\ m(\dot{w}-uq+vp)=Z\end{cases} \tag{1-15}$$

2. 由动量矩定理推导旋转运动方程

由理论力学知有下述动量矩定理:对于固定坐标系下的运动,刚体对原点动量矩的变换等于该瞬时外力合力对原点的矩,即

$$\frac{\mathrm{d}\boldsymbol{L}}{\mathrm{d}t}=\boldsymbol{T} \tag{1-16}$$

式中：$\boldsymbol{L}$ ——刚体对原点的转动惯量，$\boldsymbol{L}=\boldsymbol{I}\times\boldsymbol{\Omega}$；

$\boldsymbol{T}$ ——外力合力对原点的力矩，$\boldsymbol{T}=K\boldsymbol{i}+M\boldsymbol{j}+N\boldsymbol{k}$。

利用刚体动量矩的求导公式，可得

$$\boldsymbol{I}\frac{\delta\boldsymbol{\Omega}}{\delta t}+\boldsymbol{\Omega}\times(\boldsymbol{I\Omega})=\boldsymbol{T} \tag{1-17}$$

式中：$\boldsymbol{I}$ 为船舶对原点的惯量矩阵。

$$\boldsymbol{I}=\begin{bmatrix} I_{xx} & I_{xy} & I_{xz} \\ I_{yx} & I_{yy} & I_{yz} \\ I_{zx} & I_{zy} & I_{zz} \end{bmatrix} \tag{1-18}$$

式中：I_{xx} ——船舶质量绕 Gx 轴的转动惯量；

I_{xy} ——船舶质量对 xGy 平面的惯性积。I_{xz}，I_{yx} 等量的含义以此类推。

$\delta\boldsymbol{\Omega}/\delta t$ 是假想运动坐标系（连同船体）保持不动所观察到的 $\boldsymbol{\Omega}$ 的变化率，也就是 $\boldsymbol{\Omega}$ 对运动坐标系的相对变化率。旋转修正 $\boldsymbol{\Omega}\times(\boldsymbol{I\Omega})$ 是假想运动坐标系（连同船体）只做旋转分量运动，而刚体该瞬时的动量矩 $\boldsymbol{L}$ 的大小和相对运动坐标系的方位都保持不变时 $\boldsymbol{L}$ 的变化率。

假设船舶为方形船，则有

$$\boldsymbol{I}=\begin{bmatrix} I_{xx} & 0 & 0 \\ 0 & I_{yy} & 0 \\ 0 & 0 & I_{zz} \end{bmatrix} \tag{1-19}$$

$$\boldsymbol{I}\frac{\delta\boldsymbol{\Omega}}{\delta t}=\begin{bmatrix} I_{xx} & 0 & 0 \\ 0 & I_{yy} & 0 \\ 0 & 0 & I_{zz} \end{bmatrix}\begin{bmatrix} \dot{p} \\ \dot{q} \\ \dot{r} \end{bmatrix}=\begin{bmatrix} I_{xx}\dot{p} \\ I_{yy}\dot{q} \\ I_{zz}\dot{r} \end{bmatrix} \tag{1-20}$$

$$\boldsymbol{\Omega}\times(\boldsymbol{I\Omega})=\begin{bmatrix} (I_{zz}-I_{yy})qr \\ (I_{xx}-I_{zz})pr \\ (I_{yy}-I_{xx})pq \end{bmatrix} \tag{1-21}$$

综合上面各式，可得

$$\begin{cases} I_{xx}\dot{p}+(I_{zz}-I_{yy})qr=K\ (\text{rolling}) \\ I_{yy}\dot{q}+(I_{zz}-I_{xx})rp=M\ (\text{pitching}) \\ I_{zz}\dot{r}+(I_{yy}-I_{xx})pq=N\ (\text{yawing}) \end{cases} \tag{1-22}$$

以上 6 个运动方程式也称为**欧拉运动方程**（Euler's equations of motion）。欧拉运动方程可以用于分析任何刚体围绕其质心的运动。

五、运动坐标系与固定坐标系间的旋转变换

由于只讨论转角变换关系，不妨假设两坐标原点 G 和 O_0 已相互重合，只是坐标轴取向彼此不同。在此情况下，经过一定的旋转变换后最终可使两坐标系完全重合到一起。

使两坐标系实现重合的旋转方案不是唯一的。旋转的次数也不是固定不变的。事实上存在一个转轴，绕该轴转动一次后即可使坐标轴彼此重合。也存在转两次使两坐标系重合的方

案。但一般取绕三个不同的轴转三次而使两坐标系重合的方案。下面要给出的就是一个三轴方案。这是普遍接受并获得广泛应用的一个旋转变换关系。

设由 $O_0x_0y_0z_0$ 出发，做如下的三次初等旋转可到达 $Gxyz$，即

$$Gxyz\xrightarrow[\text{绕 }Gz\text{ 旋转}]{C_3(\psi)}Gx_1y_1z\xrightarrow[\text{绕 }Gy_1\text{ 旋转}]{C_2(\theta)}Gxy_1z_1\xrightarrow[\text{绕 }Gx\text{ 旋转}]{C_1(\varphi)}Gxyz \tag{1-23}$$

同时规定绕 Gz 轴转角为 ψ，绕 Gy_1 轴的转角为 θ，绕 Gx 轴的转角为 φ。转轴正向与转角间符合右手螺旋规则的转角方向被规定为正方向，相应的转角取正值。图 1-4 是上面三个初等旋转的形象化表示。⊙表示转轴正向是穿出纸面的方向，而⊗表示转轴正向是进入纸面的方向。

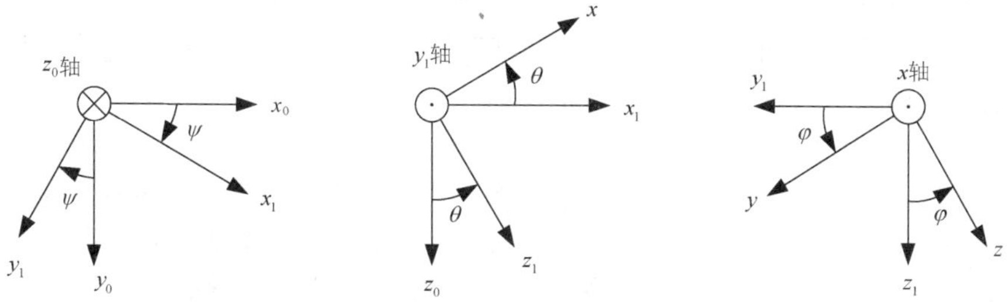

图 1-4 三个初等旋转

x_0，y_0 和 z_0 轴经三次旋转后最终分别到达了 x，y 和 z 轴。它们所经历的过程可用图 1-5 来表示。按这一旋转方案，在到达要求位置之前，每个轴各经历了两次旋转。

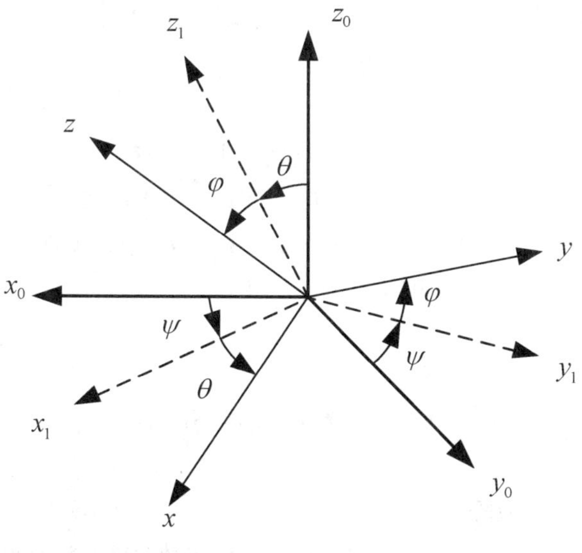

图 1-5 三个初等变换

这种经三次旋转完成变换方案的优点是三个转角 ψ，θ，φ 有较为明确的意义。我们可以在比较简单的情形下指出三个转角各自的性质。首先设想 z_0 和 z 轴已经重合，只要做一次绕 z_0 轴（z 轴）的旋转 ψ 即可使两坐标系重合。这时只是首向变化，因此称 ψ 角为首向角。其次，设想原来的 y_0 轴与 y 轴已经重合，只要做一次绕 y_0 轴（y 轴）的旋转 θ 即可使两坐标系重合。这时船舶只有俯仰变化，因此称 θ 角为纵倾角。再次，设想原来 x_0 轴与 x 轴已经重合，只要做一次绕 x_0 轴（x 轴）的旋转 φ 即可使两坐标系重合，这时船舶只有横向滚动，因此称 φ 角为横

倾角。另外，φ,θ,ψ 又总称为**姿态角**。姿态角向量被定义为：

$$\Lambda=(\psi \quad \theta \quad \varphi)^{\mathrm{T}} \tag{1-24}$$

上面是转动中比较简单的情况，当有两种旋转，甚至三种旋转同时存在时，情况就较为复杂。应当注意的是由 $x_0y_0z_0$ 到 xyz 的三次转动的次序，已经明确地规定为 ψ,φ,θ，次序不得任意改变。一般情况下应先计算横倾角 φ；扣除 φ 后再来计算纵倾角 θ；扣除 θ 后再计算首向角 ψ。同时应当指出 ψ,φ,θ 是在一般情况下而不是在简单情况下被定义的，其严格的物理意义应当在一般情况下去理解。

在分析船舶运动时，一般采用运动坐标系的方程，而在讨论船舶在空间中的运动轨迹时，才使用固定坐标系的方程。

在上面的一个问题中，谈到了坐标变换，其中隐含的假设是运动坐标 Gz 轴和固定坐标系的 O_0z_0 轴是重合的，假如两个坐标系的三个轴刚开始互不平行怎么办呢？这就涉及坐标变换问题。从线性空间理论讲，就是从一个空间（$O_0x_0y_0z_0$）变换到另外一个空间（$Gxyz$），即空间变换。先引进一个中间坐标系 $O_1x_1y_1z_1$，坐标系中的向量为 $[\boldsymbol{x}_1,\boldsymbol{y}_1,\boldsymbol{z}_1]^{\mathrm{T}}$。

整个变换过程可以分为三个阶段。变换关系可用坐标基底的变换来表示。现假设 $\boldsymbol{x}_0,\boldsymbol{y}_0,\boldsymbol{z}_0$ 为固定坐标系的基底；$\boldsymbol{x},\boldsymbol{y},\boldsymbol{z}$ 为运动坐标系的基底；$\boldsymbol{x}_1,\boldsymbol{y}_1,\boldsymbol{z}_1$ 为中间坐标系的基底。注意 $\boldsymbol{x}_1,\boldsymbol{y}_1,\boldsymbol{z}_1$ 不是彼此正交的，它们分别属于两个中间坐标系。基底向量都是大小为 1 的单位向量，分别指向各自的轴向。三次绕轴的变换关系可分别用坐标基底变换表示为：

$$\begin{bmatrix}\boldsymbol{x}_0\\ \boldsymbol{y}_0\\ \boldsymbol{z}_0\end{bmatrix}=\begin{bmatrix}\cos\psi & -\sin\psi & 0\\ \sin\psi & \cos\psi & 0\\ 0 & 0 & 1\end{bmatrix}\begin{bmatrix}\boldsymbol{x}_1\\ \boldsymbol{y}_1\\ \boldsymbol{z}_0\end{bmatrix}=\boldsymbol{T}_{\psi}\begin{bmatrix}\boldsymbol{x}_1\\ \boldsymbol{y}_1\\ \boldsymbol{z}_0\end{bmatrix}(z_0\text{ 轴}) \tag{1-25}$$

$$\begin{bmatrix}\boldsymbol{x}_1\\ \boldsymbol{y}_1\\ \boldsymbol{z}_0\end{bmatrix}=\begin{bmatrix}\cos\theta & 0 & \sin\theta\\ 0 & 1 & 0\\ -\sin\theta & 0 & \cos\theta\end{bmatrix}\begin{bmatrix}\boldsymbol{x}\\ \boldsymbol{y}\\ \boldsymbol{z}\end{bmatrix}=\boldsymbol{T}_{\varphi}\begin{bmatrix}\boldsymbol{x}\\ \boldsymbol{y}\\ \boldsymbol{z}\end{bmatrix}(y_1\text{ 轴}) \tag{1-26}$$

$$\begin{bmatrix}\boldsymbol{x}\\ \boldsymbol{y}_1\\ \boldsymbol{z}_1\end{bmatrix}=\begin{bmatrix}1 & 0 & 0\\ 0 & \cos\varphi & -\sin\varphi\\ 0 & \sin\varphi & \cos\varphi\end{bmatrix}\begin{bmatrix}\boldsymbol{x}\\ \boldsymbol{y}\\ \boldsymbol{z}\end{bmatrix}=\boldsymbol{T}_{\varphi}\begin{bmatrix}\boldsymbol{x}\\ \boldsymbol{y}\\ \boldsymbol{z}\end{bmatrix}(x\text{ 轴}) \tag{1-27}$$

进而有：

$$\begin{bmatrix}\boldsymbol{x}_0\\ \boldsymbol{y}_0\\ \boldsymbol{z}_0\end{bmatrix}=\boldsymbol{T}_{\psi}\boldsymbol{T}_{\theta}\boldsymbol{T}_{\varphi}\begin{bmatrix}\boldsymbol{x}\\ \boldsymbol{y}\\ \boldsymbol{z}\end{bmatrix}=\boldsymbol{S}\begin{bmatrix}\boldsymbol{x}\\ \boldsymbol{y}\\ \boldsymbol{z}\end{bmatrix} \tag{1-28}$$

$\boldsymbol{T}_{\psi},\boldsymbol{T}_{\theta},\boldsymbol{T}_{\varphi}$ 都是旋转变换阵。

$$\boldsymbol{S}=\begin{bmatrix}\cos\psi\cos\theta & \cos\psi\sin\theta\sin\varphi & \cos\psi\sin\theta\cos\varphi+\sin\psi\sin\varphi\\ \sin\psi\cos\theta & \sin\psi\sin\theta\sin\varphi & \sin\psi\sin\theta\cos\varphi-\cos\psi\sin\varphi\\ -\sin\theta & \cos\theta\sin\varphi & \cos\theta\cos\varphi\end{bmatrix} \tag{1-29}$$

其逆变换

$$\begin{bmatrix}x\\ y\\ z\end{bmatrix}=\boldsymbol{S}^{-1}\begin{bmatrix}x_0\\ y_0\\ z_0\end{bmatrix} \tag{1-30}$$

此即位置矢量的变换。

因为固定坐标系和运动坐标系本身都是三坐标轴相互垂直的正交坐标系，故其间相互变换的变换阵 $\boldsymbol{S}$ 必为一**正交矩阵**。由正交矩阵的性质，必有 $\boldsymbol{S}^{\mathrm{T}} = \boldsymbol{S}^{-1}$。

同理有速度矢量的变换

$$\begin{bmatrix} \dot{x}_0 \\ \dot{y}_0 \\ \dot{z}_0 \end{bmatrix} = \boldsymbol{S} \begin{bmatrix} u \\ v \\ w \end{bmatrix} \tag{1-31}$$

应该注意到：$\dot{x}_0 \neq u, \dot{y}_0 \neq v, \dot{z}_0 \neq w$。

同理有：$\dot{\psi} \neq r, \dot{\theta} \neq q, \dot{\varphi} \neq p$。其中 ψ, θ 和 φ 称作**欧拉角**（Eulerian angle）。

六、角速度向量在 Oxy_1z_0 坐标系下的表示

为了完成从固定坐标系到运动坐标系的转换，我们绕三个轴 z_0, y_1, x 做旋转而完成从固定坐标系到运动坐标系的转换，并把绕三轴的转角分别记为 ψ, θ, φ。下面将据此建立一个新坐标系，因为只考虑旋转，仍假设固定坐标系原点 O_0 与运动坐标系原点 O 重合。新坐标系原点也置于同一点 O 上，新坐标系的三个坐标轴分别取 z_0, y_1, x 轴。

这样建立的新坐标系的三个轴彼此不完全正交（垂直）。一方面，由于 z_0 轴始终在铅垂方向，y_1 轴始终在水平面内，y_1 与 z_0 轴始终保持相互垂直；另一方面，由于 x_1 轴原垂直 y_1 轴，绕 y_1 旋转后 x_1 轴变成 x 轴，故 y_1 与 x 轴也始终保持垂直。唯一的不相互垂直关系发生在 x 轴和 z_0 轴之间。因此所建立的新坐标系是一个非正交坐标系，或说它是一个更一般的仿射坐标系。在仿射坐标系下，空间任一点的坐标值将以平行三个坐标平面的平行六面体的三个边长来表示。

下面我们来建立新的坐标系与运动坐标系间的旋转变换关系。由式（1-27）第 2 行得

$$y_1 = y\cos\varphi - z\sin\varphi \tag{1-32}$$

由式（1-26）第 3 行和式（1-27）第 3 行得

$$z = x(-\sin\theta) + y\sin\varphi\cos\theta + z\cos\varphi\cos\theta \tag{1-33}$$

写成矩阵形式得

$$\begin{bmatrix} x \\ y_1 \\ z_0 \end{bmatrix} = \begin{bmatrix} 1 & 0 & 0 \\ 0 & \cos\varphi & -\sin\varphi \\ -\sin\theta & \sin\varphi\cos\theta & \cos\varphi\cos\theta \end{bmatrix} \begin{bmatrix} x \\ y \\ z \end{bmatrix} \tag{1-34}$$

这是由运动坐标系向新坐标系的变换关系。由于运动坐标系为正交系，而新坐标系为非正交系，所以其间的旋转变换阵必然是一个非正交矩阵。

下面建立式（1-34）的反变换关系。首先判断该旋转变换阵是否有逆阵存在。求该矩阵的行列式值，结果等于 $\cos\theta$，因此知其逆存在的条件，即旋转变换阵满秩的条件是 $\theta \neq \pm\pi/2$。同时还可知道，该旋转变换阵为正交阵的条件，即行列式为 1 的条件是 $\theta = 0$。

在 $\theta \neq \pm\pi/2$ 条件下，求式（1-34）中变换阵的逆阵，结果是

$$\begin{bmatrix} x \\ y \\ z \end{bmatrix} = \begin{bmatrix} 1 & 0 & 0 \\ \sin\varphi\tan\theta & \cos\varphi & \sin\varphi/\cos\theta \\ \cos\varphi\tan\theta & -\sin\varphi & \cos\varphi/\cos\theta \end{bmatrix} \begin{bmatrix} x \\ y_1 \\ z_0 \end{bmatrix} \tag{1-35}$$

角速度投影到不同坐标系可得到在不同坐标系下的表示。下面给出它在新坐标系下的表示。

因为 φ,θ,ψ 分别是绕 x,y_1,z_0 轴的转角，所以绕 x,y_1,z_0 轴的角速度可分别用 $\dot{\varphi},\dot{\theta},\dot{\psi}$ 来表示。它们实际上是角速度向量 $\boldsymbol{\Omega}$ 在新的坐标轴 x,y_1,z_0 上的三个投影，即

$$\boldsymbol{\Omega} = \dot{\varphi}\boldsymbol{i}_x + \dot{\theta}\boldsymbol{j}_{y_1} + \dot{\psi}\boldsymbol{k}_{z_0} \tag{1-36}$$

式中：$\boldsymbol{i}_x,\boldsymbol{j}_{y_1},\boldsymbol{k}_{z_0}$ 分别表示沿坐标轴 x,y_1,z_0 正向的单位向量。因为

$$\boldsymbol{\Omega} = p\boldsymbol{i}_x + q\boldsymbol{j}_y + r\boldsymbol{k}_z \tag{1-37}$$

式中：$\boldsymbol{i}_x,\boldsymbol{j}_y,\boldsymbol{k}_z$ 分别表示沿运动坐标系 x,y,z 轴正向的单位向量。所以，由式(1-34)的基底变换关系易推得

$$\begin{bmatrix} p \\ q \\ r \end{bmatrix} = \begin{bmatrix} 1 & 0 & -\sin\theta \\ 0 & \cos\varphi & \sin\varphi\cos\theta \\ 0 & -\sin\varphi & \cos\varphi\cos\theta \end{bmatrix} \begin{bmatrix} \dot{\varphi} \\ \dot{\theta} \\ \dot{\psi} \end{bmatrix} \tag{1-38}$$

或记为

$$\boldsymbol{\Omega} = \boldsymbol{C}^{-1}\dot{\boldsymbol{\Lambda}} \tag{1-39}$$

由式(1-35)通过求逆可得反变换关系

$$\begin{bmatrix} \dot{\varphi} \\ \dot{\theta} \\ \dot{\psi} \end{bmatrix} = \begin{bmatrix} 1 & \sin\varphi\tan\theta & \cos\varphi\tan\theta \\ 0 & \cos\varphi & \sin\varphi \\ 0 & \sin\varphi/\cos\theta & \cos\varphi/\cos\theta \end{bmatrix} \begin{bmatrix} p \\ q \\ r \end{bmatrix} \tag{1-40}$$

或记为

$$\dot{\boldsymbol{\Lambda}} = \boldsymbol{C}\boldsymbol{\Omega} \tag{1-41}$$

把式(1-38)和式(1-40)写成展开形式得到

$$\begin{cases} p = \dot{\varphi} - \dot{\psi}\sin\theta \\ q = \dot{\theta}\cos\varphi + \dot{\psi}\sin\varphi\cos\theta \\ r = -\dot{\theta}\sin\psi + \dot{\psi}\cos\varphi\cos\theta \end{cases} \tag{1-42}$$

$$\begin{cases} \dot{\varphi} = p + q\sin\varphi\tan\theta + r\cos\varphi\tan\theta = p + (q\sin\varphi + r\cos\varphi)\tan\theta \\ \dot{\theta} = q\cos\varphi - r\sin\varphi \\ \dot{\psi} = q\sin\varphi/\cos\theta + r\cos\varphi/\cos\theta = (q\sin\varphi + r\cos\varphi)/\cos\theta \end{cases} \tag{1-43}$$

式(1-40)和式(1-43)被称为**姿态运动学方程**。

在纵倾角 θ 和横倾角 φ 很小的情况下，也就是所谓微幅运动的情况下，上列方程还可以进一步简化。下面是其简化后的形式

$$\begin{cases} p \approx \dot{\varphi} - \dot{\psi}\theta \\ q \approx \dot{\theta} + \dot{\psi}\varphi \\ r \approx \dot{\psi} - \dot{\theta}\varphi \end{cases} \tag{1-44}$$

$$\begin{cases} \dot{\varphi} \approx p + r\theta \\ \dot{\theta} \approx q - r\varphi \\ \dot{\psi} \approx r + q\varphi \end{cases} \tag{1-45}$$

此二式中的角度一律以弧度为单位进行计算。此二式还清楚地表明,即使在微幅运动条件下 p,q,r 与 $\dot{\varphi},\dot{\theta},\dot{\psi}$ 彼此也并不对应相等。

观察式(1-42)和式(1-43)可知,只有在 $\theta=0$ 的情况下 $p=\dot{\varphi}$ 成立;只有在 $\varphi=0$ 的情况下 $q=\dot{\theta}$ 成立;只有在 $\varphi=0$ 和 $\theta=0$ 同时满足时 $r=\dot{\psi}$ 才成立。

七、坐标原点取在任意位置时的运动方程式

就一般情况而言,运动坐标系原点不一定与重心重合。假设重心在新运动坐标系下的坐标为 $G(x_G,y_G,0)$,并且新的以 O 为原点的坐标系与原以 G 为原点的坐标系的坐标轴彼此平行,如图 1-6 所示。下面讨论如何把 u_G,v_G 转换为 u,v,以及把 N_G,I_{zG} 转换为 N,I_{zz},以便推导原点不在重心时的水平面运动方程。

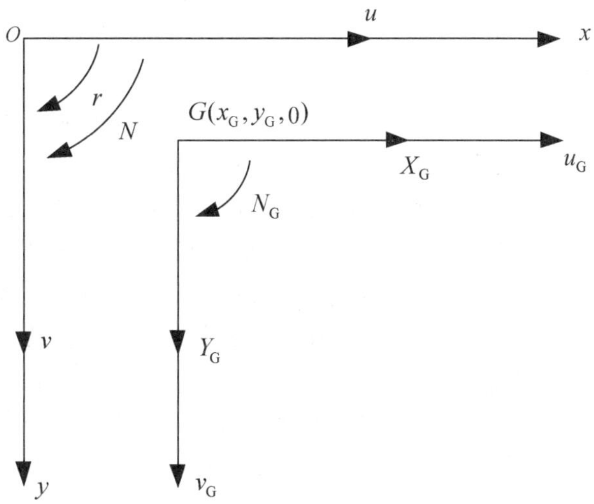

图 1-6 原点不在重心的坐标系

根据刚体平面运动原理,有下列速度转换关系

$$G\text{ 点速度} = O\text{ 点速度} + G\text{ 对 }O\text{ 的速度} \tag{1-46}$$

于是可写出

$$\begin{cases} u_G = u + (-ry_G) \\ v_G = v + rx_G \end{cases} \tag{1-47}$$

对 O 点的转矩 N 等于原对 G 点 的转矩 N_G,再加上力 X 和 Y 对 O 点的转矩

$$N = N_G + (Yx_G - Xy_G) \tag{1-48}$$

绕新坐标系 z 轴的转动惯量为

$$I_{zz} = I_{zG} + m(x_G^2 + y_G^2) \tag{1-49}$$

把有关变量 u_G,v_G,N_G,I_{zG} 代入原点在重心的方程

$$\begin{cases} m(\dot{u}_G - v_G r) = X_G \\ m(\dot{v}_G + u_G r) = Y_G \\ I_{zG}\dot{r} = N_G \end{cases} \tag{1-50}$$

并注意到 G 与 O 无相对轴向运动,有 $\dot{x}_G=\dot{y}_G=0$,就得到运动坐标系原点不在重心处的水平面

一般运动方程

$$\begin{cases} m(\dot{u}-vr-y_G\dot{r}-x_Gr^2)=X \\ m(\dot{v}+ur+x_G\dot{r}-y_Gr^2)=Y \\ I_{zz}\dot{r}+m[x_G(\dot{v}+ur)-y_G(\dot{u}-vr)]=N \end{cases} \tag{1-51}$$

一般来说，选随船运动坐标系原点不在船体中纵剖面的情形比较少，若船体重心仅在船体中纵剖面内变化，可设重心 G 的坐标为 $(x_G,0,0)$，则在原点 O 处有

$$\begin{cases} X=m(\dot{u}-v\dot{\psi}-x_G\dot{\psi}^2) \\ Y=m(\dot{v}+u\dot{\psi}+x_G\ddot{\psi}) \\ N=I_{zz}\ddot{\psi}+m(\dot{v}+u\dot{\psi})x_G \end{cases} \tag{1-52}$$

八、船舶水平面运动一般方程

船舶在受限制的水中运动有多种形式。最基本的运动形式是水平面运动和垂直面运动。

水平面运动是指速度矢量被约束到某水平面内和角速度矢量保持与水平面垂直的运动形式。该定义对船舶的坐标轴取向未做任何限定，因而船舶做水平面运动时可以取任何姿态。在上面定义的基础上还可以做进一步的规定而得到船舶的水平面运动形式。**船舶的水平面运动**是指船舶运动坐标系原点 O 以及运动坐标系 Ox，Oy 轴始终保持在指定水平面内的运动。

垂直面运动是指速度矢量被约束到某铅垂面内和角速度矢量保持与该铅垂面垂直的运动形式。同样，该定义也未对船舶的坐标轴取向做任何限定，船舶运动时可以取任何姿态。这是一个最一般的垂直面运动定义。在此定义的基础上可以做进一步的规定而得到船舶垂直面运动的形式。**船舶的垂直面运动**是指船舶重心 G 和运动坐标系原点 O 以及运动坐标系 Ox，Oz 轴始终保持在指定铅垂面内的垂直面运动。

以船舶的重心作为运动坐标系原点，忽略垂荡、横摇、纵摇运动，即 $w=p=q=0$，可得船舶水平面运动一般方程：

$$\begin{cases} \dot{u}=X/m+vr \\ \dot{v}=Y/m-ur \\ \dot{\psi}=r \\ \dot{r}=N/I_{zz} \\ \dot{x}_{0G}=u\cos\psi-v\sin\psi \\ \dot{y}_{0G}=v\cos\psi+u\sin\psi \end{cases} \tag{1-53}$$

式中：u, v, ψ, r, x_{0G}, y_{0G} 都是时间 t 的函数。

九、船舶绕 z 轴的转动惯量

严格地说，求取一艘船的转动惯量需先求出船体各单元的转动惯量，然后积分求得整条船的转动惯量，但船体一般是不规则物体，按此算法十分烦琐。目前，比较接近的经验公式有以下几种：

$$I_{zz}=0.24^2\rho\nabla L^2 \tag{1-54}$$

$$I_{zz} = (1 + C_b^{0.45}) \frac{\rho\nabla}{24}(L^2 + B^2) \tag{1-55}$$

$$I_{zz} = (0.055C_b + 0.029)\rho\nabla L^2 \tag{1-56}$$

式中：∇为排水体积。I_{zz} 值一般为$(0.05\sim0.0625)mL^2$。

第二节 水动力的泰勒级数表示

由船舶水平面的运动方程式可见，分析船舶运动关键在于确定船舶所受到的作用力。本节先分析所受的各种作用力，然后将研究重点放在水动力上。通过分析水动力的影响因素，利用泰勒级数展开的方法，将水动力问题转化为求取水动力对船舶运动状态的偏导数。

一、作用于船体上诸力的分类

船舶运动方程式等号左端的项，都是表示在船舶运动过程中作用于船舶的外力或力矩。在利用这些方程式定量地讨论任何具体船舶的运动问题之前，都必须首先确定这些外力及其力矩。按照作用在船体上诸力的作用效果，其可以分为如下三类：

（1）**主动力**，又称**控制力**、**操纵力**，是指能够使船舶做预先安排好的运动所需的力。主动力是借助于布置于船上或船外的专门控制装置产生的，分为：

主操纵力：螺旋桨推力、舵力
附属操纵力：侧推器的推力、锚链张力、缆绳张力、拖船拖力

（2）**环境干扰力**，是指由船体外部能源提供的力，而这些外力作用引起的运动是早先没有考虑到、应该抵消的。船舶航行中环境干扰力可分为三类，即风压力、波浪力、流压力。风力作用于船舶上层建筑，其数值与视风强度及风舷角（视风与船首之夹角）有关，其作用点与上层建筑的侧投影面积形心有关。波浪力作用于水下船体表面，其强度自水面向下渐减，其性质最为复杂，数值和波谱的形状有关。流的影响取决于流的性质，如果是均匀流，它不产生动力，只是造成船舶随着流做运动学的漂移；不均匀流将产生流力，但一般可把不均匀流分成大小不等的海域，每个海域可作为均匀流场处理。

（3）**流体动力**，也称**水动力**（hydrodynamic force），是指在主动力和外力作用下，船在流体中运动，结果流体产生了阻碍船舶运动的力。它是按某种分布规律存在的表面正压力和切压力效应的总和，是船体所受诸力中数学描述上最为复杂的部分。

另外，也可以把作用于船舶的作用力按是否与船舶运动相关分成如下两类。

（1）船舶是在水中运动的，由于船舶的运动，推动周围的水也产生一定的运动，于是水对船舶产生一个反作用力。这种由于船舶运动而引起的水对船舶的反作用力，称为水动力。显然，水对船舶的这种反作用力的大小、方向及其分布，都取决于船舶本身的运动，它反过来又影响船舶的运动。因而，通常这种水动力只能与船舶运动一起求得。

（2）把除水动力之外船舶所受到的外力统称为非水动力的外力，或称其为外力。属于这类外力的可能是风、浪或水流对船舶的作用力，以及船舶所受到的重力、拖缆的拖力、系泊系统的系泊力等。

这种划分，在一定程度上是人为的。严格讲，风、浪、水流的作用力，甚至拖缆的拖力、系泊

系统的系泊力等,也是与船舶运动有关的。只是在处理方法上与水动力略有不同而已。

对于水面排水量型船舶,除特殊情况外,可以认为其重力和水的静浮力始终平衡。不计及它们,不会影响讨论船舶在水平面中的运动。

因此,如果考虑单独一艘船,于无风情况下,在静止水的自由表面上运动,则作用于船舶的外力,只有水动力。

二、水动力的分类

水动力按其产生的原因分为两类:

(1)**流体惯性力**,也称**反作用力**、**附加惯性力**,是指把船看作刚体,在理想流体中做变速运动时,船周围流体产生的反作用于船体的力。

理想流体是指忽略了黏性、不可压缩的流体。当船舶在无限的理想流体中匀速运动时,不受任何阻力。

当船舶做加速度运动时,船体作用于周围的水,使之得到加速度,根据牛顿第三定律,水对船体存在反作用力,因此不但要克服船自身的惯性,还要克服水的惯性力。流体惯性阻力与船体运动的加速度成比例,方向与船体加速度方向相反。流体惯性阻力与加速度的比例系数被称为**附加质量**。

流体惯性力的作用效果相当于物体的质量和惯性矩均增加了一个数值,称为**附加质量**(也称**附连水质量**)和**附加惯性矩**(也称**附连水惯性矩**)。

例如:力 f 是质量为 m 的物体做加速运动所受的作用力,如果物体是在真空中而不计阻尼,则加速度

$$a = \frac{f}{m} \tag{1-57}$$

如果物体在水中,用同样的作用力,所得的加速度 a' 要比 a 小,即可以写成

$$a' = \frac{f}{m + m_a} \tag{1-58}$$

式中: m_a 即为附加质量。附加质量与物体本身的形状及运动方向有关。

船体对 x,y 和 z 轴的移动,其惯性力作用表现为力的形式。附加质量分别用 m_x,m_y 和 m_z 表示。$m_x \approx (0.05 \sim 0.15)m$,$m_y \approx (0.9 \sim 1.2)m$,$m_z \approx (0.9 \sim 1.2)m$,如图 1-7 所示。

对于绕 x,y 和 z 轴的转动,惯性作用表现为力矩形式,附加质量惯性矩(added inertial moment)用 J_{xx},J_{yy} 和 J_{zz} 表示(船舶质量惯性矩用 I_{xx},I_{yy} 和 I_{zz} 表示)。$J_{xx} \approx (0.05 \sim 0.15) = I_{xx}$(无舭龙骨),$J_{xx} \approx (0.10 \sim 0.35) = I_{xx}$(有舭龙骨),$J_{yy} \approx (1 \sim 2)I_{yy}$(因载货而定),$J_{zz} \approx I_{yy}$,如图 1-7 所示。

应当指出,船舶所受到的流体惯性力与大学物理课程中惯性力的含义有本质上的不同。大学物理课程中惯性力有两个特点:①不起源于物质间的相互作用,因而没有反作用力;②惯性力与物质的质量成正比。船舶所受到的流体惯性力虽然与附加质量成正比,但是存在船舶对流体的反作用力,流体惯性力是船舶周围流体实实在在作用于船体上的一种作用力,因此它不是传统意义上的惯性力,只是借用了惯性力的名称,在形式上与惯性力类似而已。

还应该注意的是,从附加质量的名称来看,船舶附加质量似乎是船舶做加速运动航行时,船舶的质量有所增加,然而实际并非如此。虽然船舶在航行时由于船体表面粗糙和周围流体

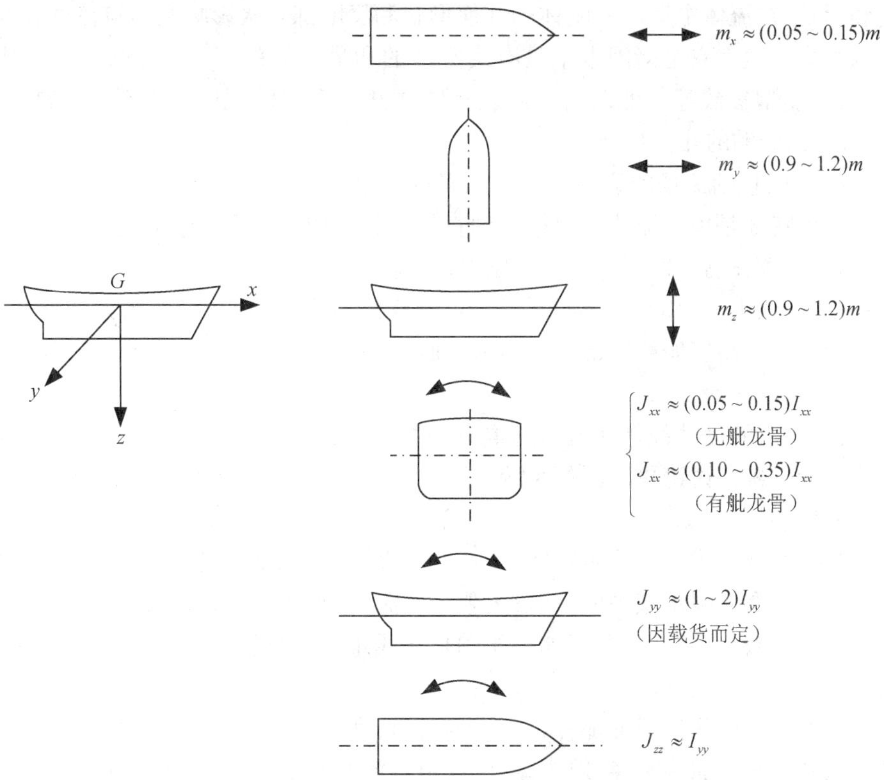

图 1-7　一般船舶附加质量和附加惯性矩的大致范围

黏性的作用，紧挨着船体的表面确实会存在一些流体，这部分流体会附着于船体表面与船体一同运动，但是在对船舶运动建模时，常把这部分流体产生的作用力归类于船舶阻力。另外这部分的作用力是由于流体的黏性而产生的，而船舶流体惯性力的产生与流体的黏性无关，因此它不属于船舶流体惯性力的概念范畴。

(2)流体**黏性力**是指由于流体有黏性，当船体以 u 或 v 运动时，流体会产生与 u 或 v 成比例的力。

黏性力按照运动特性分成两类。当漂角为常数时，船做匀速直线运动时，产生的力(矩)称为**位置力(矩)**。当船绕 z 轴旋转时，流体产生的力(矩)称为**阻尼力(矩)**。

三、水动力的函数表示

船舶在水中受到的水作用力统称为水动力，下面用 G 表示水动力 X、Y 和水动力力矩 N。螺旋桨的推力虽然也是水动力，但本节不予讨论，本节假设除船体和舵水动力之外无其他水动力。

若把船舶看成一个刚体，则单独一艘船在静水表面做机动运动时，从流体力学方面来看，就相当于刚体的非定常绕流问题。这时，船舶所受到的水动力将与作为刚体的船舶的几何特征、运动特征有关，也与作为流体的水的物理特征及流场的几何特征有关。

为了进一步分析作用于船舶的水动力，现对上述各种因素做一简要分析。

(1)船体特征，包括船舶的物理特征和几何特征。

船舶的物理特征主要是船壳表面和涂覆材料的摩擦系数。船舶的几何特征是指船舶及附体的尺度和形状，在流体中运动的刚体的几何形状和尺度都直接影响它与流体的相互作用，即直接影响水动力的值。它是诸因素中具有决定性的和最重要的因素，如船长(L)、质量(m)、转动惯量(I_{zz})、船型参数等。可以用一组表示物体几何形状的无因次参数(例如，L/B，B/d，C_b，C_p 等)来表示船舶的几何特征。

(2)流场特征，包括流场的物理特征和几何特征。

流场的物理特征是指与流体的机械运动直接有关的物理特征，包括它的密度 ρ、黏性系数 μ 以及表面张力系数 τ、弹性模数 E、特征压强(如饱和蒸汽压 p_v) 等。

对于一般的低、中速船舶的运动，通常水可看成是不可压缩的，表面张力和特征压强也不致影响水动力。只有高速船舶尾部产生空泡和吸气现象时，才应考虑特征压强和表面张力的影响。

此外，我们讨论的运动都是在地球的重力场中发生的，永远受重力作用。重力场的影响属于外界影响。为了避免讨论更广泛的系统，把重力场的特征参数——重力加速度 g 也作为流场的特征来处理。

流场的几何特征是指水域是否宽阔，是否贴近海底、海面或岸边，水面状态还包括吃水和风浪状况等。船舶在无限水域中航行时，无限远处流场边界的几何形状，不致影响船舶与水的相互作用，也就不会影响水动力。而如果船舶是在浅水、狭窄航道中航行，水域的几何形状和尺度就会影响船舶所受到的水动力。

可以参考表示刚体几何特征那样，用一个特征长度 L_w 和一些无因次的形状因素(例如，航道深度/航道宽度、航道曲率半径/航道宽度、航道侧壁的坡度等)来表示流场的几何特征。

(3)船舶的运动特征

一般来说，船舶的受控运动是一种非定常运动，它所引起的流体运动也是非定常的。

表征船舶任意瞬时的运动状态，可用船舶上某一特征点在该瞬时的线速度矢量、线加速度矢量和绕该点的角速度矢量、角加速度矢量等。这些参数都直接与水动力有关。

当船舶在无限广、无限深的水域表面运动时，它所处位置(以 x_{0G} 和 y_{0G} 表示)和船首方位(以首向角 ψ 表示)本身不影响水动力；而在横向和纵向的角位移(以横倾角 φ 和纵倾角 θ 表示)原则上则是影响水动力的。大多数低速船舶在水平面中运动时，所引起的横倾角、纵倾角都不大，可以忽略它们对水动力的影响，而对某些高速船舶，这种影响是应该考虑的。

流体力学的理论和试验结果都表示，在流体中做非定常运动的物体在任一瞬时所受到的水动力，不仅与该时刻的运动状态有关，而且与物体在该时刻之前的运动经历也有关。这就是所谓水动力的“**记忆效应**”。也就是说，除了上述表示船舶运动的特征参数外，它们对时间的高阶导数也都影响作用于船舶的水动力。这些高阶导数实际上反映了船舶运动的历史。

(4)船舶的操纵要素是指影响水动力大小的操纵控制量，如：舵角、螺旋桨转速等。

船舶推进器(例如螺旋桨)和控制器(例如舵)的运动，实际上是改变了船舶的形状。为处理方便，不把它们作为形状变化，而作为一种运动特征。可以用推进器的转速 n 和转速随时间的变化率 $\dot{n}$ 以及舵角 δ 和它随时间的变化率 $\dot{\delta}$ 来描述这种运动特征。当然它们也都直接影响水动力。

由于船舶形状的不规则和其所做机动运动的复杂性，严格地描述上述各种影响因素和水动力之间的定量关系是十分困难的。在实际应用中总要引进一些限制条件、简化和假设。

综上可见，影响因素较多、较复杂，为此做下面的假设：

(1)流场特性保持相对确定不变(无限深广的平静水面)。

(2)船型一定。

(3)船舶的操纵运动是缓变的,认为它所受到的水动力仅由该时刻的运动状态决定,与运动历史无关,不考虑运动的整个历史过程的影响。

在操纵性研究中最基本、最简单和最常见的情况是讨论一艘形状与尺度确定的船,在无限广、无限深的静水表面上运动的情况。这时,影响水动力的船舶几何特征和水的物理特征均为常量,而流场的几何特征则不影响水动力。于是,在影响水动力的诸因素中只有船舶运动的状态及其经历是变化的。

进而,在操纵性研究中,人们广泛引用“缓慢运动”假设。所谓“缓慢运动”是指以速度和加速度为标志的物体运动状态随时间的变化十分缓慢的一种运动。或者说,以无因次值表示的物体运动速度对时间的所有高阶导数都比运动速度和加速度本身小得多时,则称这种运动为“**缓慢运动**”。

可见,“缓慢运动”一般来说虽然可以是非定常运动,但其加速度随时间的变化率很小;它的极限状态就是恒定加速度的运动。所以也称这种运动为**准定常运动**。

可以证明,在流体中做“缓慢运动”的物体,在任一瞬时所受到的水动力与运动的经历无关,而只取决于物体当前的运动状态(即该瞬时的速度与加速度)。

通常可以假设船舶在水中的受控运动是一种“缓慢运动”,从而排除运动经历对水动力的影响,使问题得到简化。这种假设对大多数航行于广阔水域中船舶是合理的。这是至今通行的一种简化方法。近年来也有一些研究者指出,对于低速航行的船舶或在形状急剧变化的航道中或在波浪上航行的船舶,以及两船交汇等情况,考虑水动力的**记忆效应**是必要的。

(4)与船舶运动相比,由于操舵过程短暂,故 $\dot{\delta}$ 影响不大,忽略舵角 δ 的一阶及以上导数的影响,并假定螺旋桨的转速不变,从而只考虑舵角 δ 的影响。

根据对影响作用于船舶的水动力的各种因素的分析,并引用上述限制和假设后,可以把水动力写成下列船舶运动参数的函数形式:

$$\text{水动力} = G(u, v, r, \dot{u}, \dot{v}, \dot{r}, \delta) \tag{1-59}$$

上式称为**水动力的一般表达式**。函数 f 的结构形式取决于船舶几何参数。在船舶运动过程中,作为函数 f 的自变量的船舶运动参数是随时间变化的,因而作用于船舶的主动力也是变化的。

四、水动力函数在直航工作点下的泰勒级数展开式

泰勒级数展开式要求函数 G 在展开点附近光滑(即要求各阶导数在展开点都存在),满足此条件时的泰勒级数展开式为

$$\begin{aligned}\text{水动力} = G_0 + \sum_{k=1}^{\infty} \frac{1}{k!}\bigg\{\bigg[\Delta u \frac{\partial}{\partial u} + \Delta v \frac{\partial}{\partial v} + \Delta r \frac{\partial}{\partial r} + \Delta \dot{u} \frac{\partial}{\partial \dot{u}} \\ + \Delta \dot{v} \frac{\partial}{\partial \dot{v}} + \Delta \dot{r} \frac{\partial}{\partial \dot{r}} + \Delta \delta \frac{\partial}{\partial \delta}\bigg]^k G\bigg\}\end{aligned} \tag{1-60}$$

在进行多元函数的泰勒级数展开时,需要考虑三个问题:

(1)展开点

基准状态:(a)舵位于中间位置(即舵角为零);(b)船舶沿 x 轴的等速直线运动。

$$u = U, v = r = \delta = \dot{u} = \dot{v} = \dot{r} = 0 \tag{1-61}$$

应当注意的是这种状态是沿船舶中纵剖面的匀速直线运动,而不是单纯的匀速直线运动状态。当 $u = U \neq 0,\ v = \text{const} \neq 0,\ r = \delta = \dot{u} = \dot{v} = \dot{r} = 0$ 时,船舶仍为匀速直线运动状态,但该状态不是展开点的基准状态。

(2)展开的阶数

假设船舶受到的扰动很小,于是在小扰动假设下,作用于船体的水动力和力矩可以采用线性的分析方法,即只保留到一阶,而略去高阶小量。

(3)展开的范围

在小扰动的作用下,船舶运动状态偏离展开点的状态的值是一个小量。

如果船舶受到的扰动并非小扰动,则船舶运动状态偏离展开点的状态较大,水动力函数展开一阶已经不能够满足精度的要求,应展开至更高阶数才能满足精度的需要。

于是泰勒线性表达式为:

$$G = G_0 + \Delta u \frac{\partial G}{\partial u} + \Delta v \frac{\partial G}{\partial v} + \Delta r \frac{\partial G}{\partial r} + \Delta \dot{u} \frac{\partial G}{\partial \dot{u}} + \Delta \dot{v} \frac{\partial G}{\partial \dot{v}} + \Delta \dot{r} \frac{\partial G}{\partial \dot{r}} + \Delta \delta \frac{\partial G}{\partial \delta} \tag{1-62}$$

上式中

$$\begin{aligned} \Delta u &= u - u_0 \\ \Delta v &= v - v_0 \\ \Delta r &= r - r_0 \\ \Delta \dot{u} &= \dot{u} - \dot{u}_0 \\ \Delta \dot{v} &= \dot{v} - \dot{v}_0 \\ \Delta \dot{r} &= \dot{r} - \dot{r}_0 \\ \Delta \delta &= \delta - \delta_0 \end{aligned} \tag{1-63}$$

第三节　船舶水平面运动的线性方程式

在小扰动的假设下,可以把船舶水平面运动的非线性微分方程化简为线性的微分方程。船舶水平面运动的线性方程式是船舶运动建模的基础,同时也是分析船舶水平面运动规律的重要而且有效的工具。

一、水动力函数的线性分析

对水动力函数进行泰勒级数展开,即便仅仅展开到一阶,仍有 24 项。下面对水动力函数的一阶展开式进行化简。

(1)由于船舶对称于中纵剖面, $v(t)$, $r(t)$, $\dot{v}(t)$, $\dot{r}(t)$ 和 $\delta(t)$ 向正方向变化和向负方向变化引起的水动力 X 是相等的,即水动力 X 是 $v(t)$, $r(t)$, $\dot{v}(t)$, $\dot{r}(t)$ 和 $\delta(t)$ 的偶函数,如图 1-8 所示。所以有

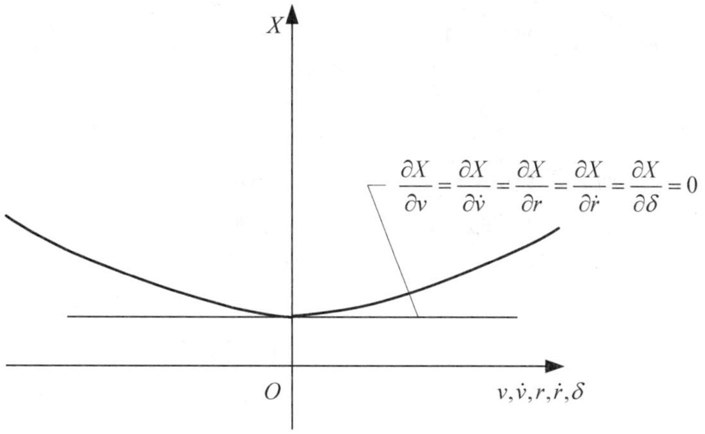

图 1-8 水动力 X 是 $v,\dot{v},r,\dot{r},\delta$ 的偶函数

$$\frac{\partial X}{\partial v}=\frac{\partial X}{\partial r}=\frac{\partial X}{\partial \dot{v}}=\frac{\partial X}{\partial \dot{r}}=\frac{\partial X}{\partial \delta}=0 \tag{1-64}$$

(2)由于前进方向的速度 u 和加速度 $\dot{u}$ 的变化不会产生横向力和偏航力矩,所以有

$$\frac{\partial Y}{\partial u}=\frac{\partial Y}{\partial \dot{u}}=\frac{\partial N}{\partial u}=\frac{\partial N}{\partial \dot{u}}=0 \tag{1-65}$$

(3)船舶匀速沿中纵剖面方向直线航行时,船体所受合力为零,所以有

$$X_0=Y_0=N_0=0 \tag{1-66}$$

同时考虑到展开点的基准状态为

$$u=U,v=r=\delta=\dot{u}=\dot{v}=\dot{r}=0 \tag{1-67}$$

从而有

$$\begin{aligned}
\Delta v &= v-v_0=v\\
\Delta r &= r-r_0=r\\
\Delta \dot{u} &= \dot{u}-\dot{u}_0=\dot{u}\\
\Delta \dot{v} &= \dot{v}-\dot{v}_0=\dot{v}\\
\Delta \dot{r} &= \dot{r}-\dot{r}_0=\dot{r}\\
\Delta \delta &= \delta-\delta_0=\delta
\end{aligned} \tag{1-68}$$

这样,水动力可以写成

$$\begin{aligned}
X &= X_u\Delta u+X_{\dot{u}}\dot{u}\\
Y &= Y_v v+Y_r r+Y_{\dot{v}}\dot{v}+Y_{\dot{r}}\dot{r}+Y_\delta\delta\\
N &= N_v v+N_r r+N_{\dot{v}}\dot{v}+N_{\dot{r}}\dot{r}+N_\delta\delta
\end{aligned} \tag{1-69}$$

式中:

$$X_u=\left.\frac{\partial X}{\partial u}\right|_{v_0=r_0=\dot{u}_0=\dot{v}_0=\dot{r}_0=\delta_0=0,u_0=\text{const}\neq 0} \tag{1-70}$$

$$X_{\dot{u}}=\left.\frac{\partial X}{\partial \dot{u}}\right|_{v_0=r_0=\dot{u}_0=\dot{v}_0=\dot{r}_0=\delta_0=0,u_0=\text{const}\neq 0} \tag{1-71}$$

$$Y_v=\left.\frac{\partial Y}{\partial v}\right|_{v_0=r_0=\dot{u}_0=\dot{v}_0=\dot{r}_0=\delta_0=0,u_0=\text{const}\neq 0} \tag{1-72}$$

这些偏导数称为**水动力导数**(hydrodynamic derivatives)。这样,水动力可以表示为一系列常数系数(即水动力导数)与运动参数乘积之和的形式,使利用运动方程进行操纵性研究成为可能。从式(1-69)可见,经过引进假设进行简化,水动力项从24项化简到12项。

从式(1-70)~式(1-72)的脚标可见,水动力导数表示的是在展开点处的偏导数数值。有时为了书写简便,往往不写该标示展开点的脚标。水动力导数的物理意义是船舶沿中纵剖面匀速直线运动时,只改变某一运动参数的单位值,而保持其他参数不变,所引起的作用在船体上水动力(矩)的变化量。

显然,所计算的状态与沿纵向的匀速直线运动偏离越小,式(1-69)的计算精度就越高。当运动参数变化较大时,为保持一定的精度,就还需要引入某些非线性项。这也是构成非线性运动数学模型的依据所在。

二、水动力导数的物理意义

非线性水动力导数的物理意义往往不明确,而线性水动力导数则具有较为明确的物理意义。

(1) 位置导数 Y_v 和 N_v ($\dot{u}=\dot{v}=\dot{r}=0, u=u_0, v\neq 0, v=\delta=0$)

为了分析位置导数 Y_v 和 N_v 的物理意义,需要用到流体力学中的机翼理论。事实上,机翼理论在分析计算船体上的各种水动力时应用十分广泛,如螺旋桨桨叶、舵叶、船体等。

当流体以速度 u 和冲角 α 绕过机翼时,作用在机翼上有两个分力:其一与来流方向垂直,称为**升力**(lift force),以 L 表示;另一与来流方向平行,阻止物体运动,称为**阻力**(drag force),以 D 表示。如图1-9所示,l 为机翼的翼展,b 为机翼的翼弦,F 是流体产生的作用在机翼上的作用力的合力。

如果把沿着水线面重叠的部分看成一个特殊的机翼,那么船长相当于弦长,船宽相当于展长。由于 $d\ll L$(d 为吃水,L 为船长),所以船体可看作展弦比为 $\frac{2d}{L}$ 的极小展弦比机翼,漂角相当于攻角,则船体受到升力 $Y_v v$。如图1-10所示,V 是 u_0 和 v 的合速度。

Y_v:由运动的相对性可知,流体相对于船体的方向与船舶运动方向相反,故而升力的方向指向 v 的负向。由于船体首部和尾部的升力方向一致,所以合力是一个较大的负值。

N_v:水动力力矩 $N_v v$ 由于首尾作用抵消,故其绝对值不会很大。通常流线型机翼压力重心在前缘1/4弦长,故船首占优势;又因为黏性影响,尾部的升力略小,所以 N_v 是不大的负值。

对于水面排水型船舶设计来说,选择合适的水下船体形状,使水动力 $Y_v v$ 的作用力中心点位于重心之前是非常必要的,这对船舶操纵性具有重要意义,在后面介绍船舶回转性时将会看到这一点。另外从常用计算 N_v 的井上公式也可知 N_v 是小于零的。

(2) 旋转导数 Y_r 和 N_r ($\dot{u}=\dot{v}=\dot{r}=0, u=u_0, r\neq 0, v=\delta=0$)

在回转角速度 r 的影响下,船首具有右舷攻角 $\Rightarrow$ 产生负的水动力和负的水动力力矩。

船尾具有左舷攻角 $\Rightarrow$ 产生正的水动力和负的水动力力矩。

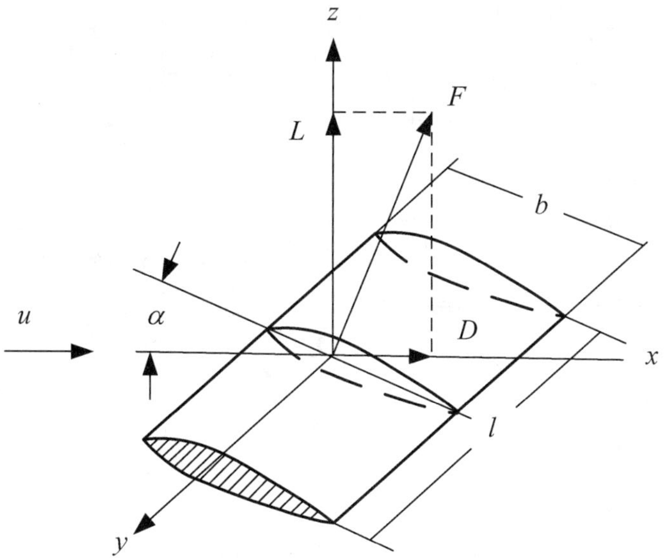

图 1-9 机翼升力示意图

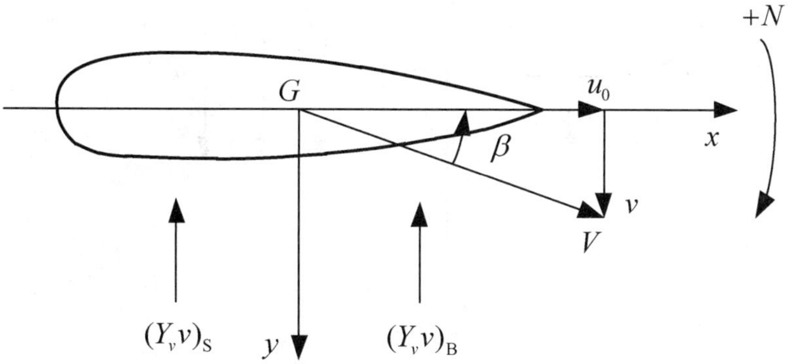

图 1-10 Y_v 和 N_v 的物理意义

Y_r：由于船首和船尾水动力方向相反，故 Y_r 的绝对值不大，符号取决于船型，可正可负。

N_r：船体回转产生的水动力力矩在船首、船尾具有相同的方向，都是阻止船体回转的，故 N_r 是一个很大的负值。

Y_r 和 N_r 的物理意义如图 1-11 所示。

（3）线加速度导数 $Y_{\dot{v}}$ 和 $N_{\dot{v}}$（$\dot{u}=0, \dot{v}\neq 0, \dot{r}=0=u=v=r$）

$Y_{\dot{v}}$：具有正的加速度 $\dot{v}$ 的船舶经受一个与 $\dot{v}$ 方向相反的流体反作用力，因此 $Y_{\dot{v}}$ 是一个相当大的负值。对于一般船舶，其绝对值接近船舶质量 m。实际上，$Y_{\dot{v}}\dot{v}$ 是由 $\dot{v}$ 引起的作用在船体上的沿 y 轴的附加惯性力，水动力导数 $Y_{\dot{v}}$ 即附加质量 m_y，大小约为 $(0.9 \sim 1.2)m$。

$N_{\dot{v}}$：船首和船尾对 z 轴的水动力力矩 $N_{\dot{v}}\dot{v}$ 方向相反，因此 $N_{\dot{v}}$ 是一个不大的数值，其符号取决于船型。

$Y_{\dot{v}}$ 和 $N_{\dot{v}}$ 的物理意义如图 1-12 所示。

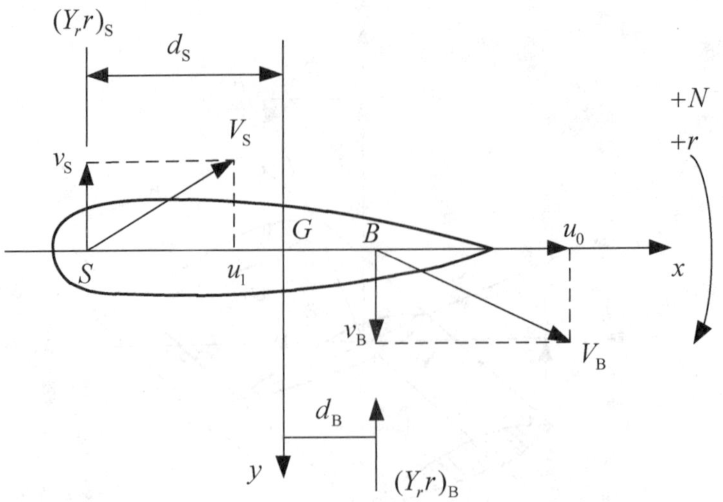

图 1-11　Y_r 和 N_r 的物理意义

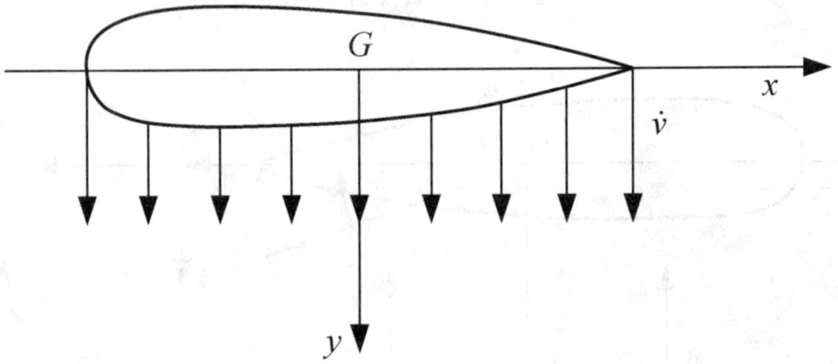

图 1-12　$Y_{\dot v}$ 和 $N_{\dot v}$ 的物理意义

(4)角加速度导数 $Y_{\dot r}$ 和 $N_{\dot r}$ ($\dot u = \dot v = 0, \dot r \neq 0$)

由图 1-13 可知，$\dot r$ 的作用使沿船长各点产生线性分布的加速度 $\dot v$，正的回转加速度 $\dot r$ 在船首产生 $+\dot v$，由于惯性力与加速度方向相反，故而在船首 $Y_{\dot r}\dot r < 0, N_{\dot r}\dot r < 0$。同理，在船尾产生 $-\dot v, Y_{\dot r}\dot r > 0, N_{\dot r}\dot r < 0$。

$Y_{\dot r}$：船首和船尾存在方向相反的水动力，合力较小(小量)，符号取决于船型。

$N_{\dot r}$：船首和船尾存在方向相同的水动力矩，因此 $N_{\dot r}$ 总是一个很大的负值。

实际上，$Y_{\dot r}\dot r$ 和 $N_{\dot r}\dot r$ 是由回转加速度 $\dot r$ 引起的船舶附加惯性力和力矩。$|N_{\dot r}|$ 就是附加惯性矩 J_{zz} 的值。

(5)舵导数(或控制导数) Y_δ 和 N_δ

Y_δ：δ 以右舵为正，正的 δ 产生负的舵力($Y_\delta \delta < 0$)，所以 $Y_\delta < 0$。

N_δ：舵力使船首向右转，是正的，故 $N_\delta > 0$。

应说明的是，在其他的有关船舶运动的文献中，常有将左舵对应的舵角定义为正值，而右舵为负值。本书中舵角统一以右舵舵角为正值，左舵舵角为负值。

下面对这 5 对水动力导数做一小结，如表 1-3 所示。其中与速度(平动和转动)有关的有

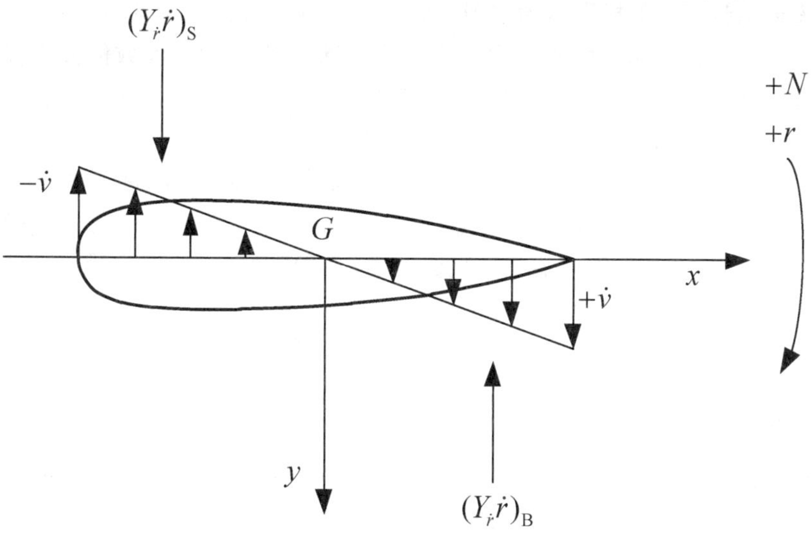

图 1-13 $Y_{\dot r}$ 和 $N_{\dot r}$ 的物理意义

3 对,使用机翼理论解释;与加速度有关的有 2 对,使用惯性力产生的原理解释。

表 1-3 线性水动力导数性质小结

导数	Y_v	N_v	Y_r	N_r	$Y_{\dot v}$	$N_{\dot v}$	$Y_{\dot r}$	$N_{\dot r}$	Y_δ	N_δ
符号	-	-	不定	-	-	不定	不定	-	-	+
大小	大	小	小	大	大	小	小	大	大	大
原理	机翼理论				惯性力原理				机翼理论	

三、确定水动力导数的方法

为了从理论上计算船舶的操纵运动,必须首先确定诸水动力导数,它们取决于船型,对于特定的船是常数。在船舶设计阶段主要有四种方法可用于确定数学模型中的水动力导数:基于数据库或经验公式的水动力导数估算方法、约束模试验方法、传统的理论和数值计算方法以及自航模试验或实船试验加系统辨识的方法。

(1)基于数据库或经验公式的水动力导数估算方法

这是最直接和简便的一种方法。近十几年来,随着船舶大型化、专业化的发展,人们基于对约束模系列试验结果的分析,建立了一些操纵水动力数据库,提出了一些估算水动力导数的经验公式,可以方便地用于在船舶设计阶段估算水动力导数,包括计及尾部船形、船体纵倾和浅水的影响。

(2)约束模试验方法

约束模试验方法被认为是最可靠的一种方法,是具有精良试验手段的研究机构的首选方法。该方法已被成功应用于获得各种船舶操纵运动数学模型中的水动力导数。

(3)传统的理论和数值计算方法

该方法应用小展弦比机翼理论、细长体理论等流体力学理论,可以计算线性水动力导数并具有能满足工程需要的精度,但是对于众多非线性水动力导数的计算却无能为力。现代 CFD

技术的快速发展为计算船舶操纵运动水动力提供了一种先进的数值计算工具,使得计算定常和非定常情况下的线性和非线性水动力成为可能。基于 CFD 的现代数值方法包括基于势流理论的三维面元法和基于 RANSE 求解的黏性流方法。

(4)自航模试验或实船试验加系统辨识的方法

该方法已经有近四十年的历史。由于传统的系统辨识方法本身的技术缺陷和试验测量技术的限制,在 20 世纪 90 年代,应用系统辨识进行船舶操纵运动建模的研究进展不大。特别是,人工智能技术的出现和发展为船舶操纵运动建模研究提供了新的途径,其中,基于人工神经网络方法的应用研究在近些年来取得了显著的进展。

在第四章中将详细介绍水动力导数的计算方法。

四、扰动运动方程及其线性化

在船舶航行过程中,由于受到外界影响,往往会发生偏离原来运动状态的运动。在操纵性研究中,人们经常对船舶偏离某一初始状态的运动感兴趣。这种偏离初始状态的运动称为**扰动运动**。这里讨论一下描述扰动运动的方法。

为使讨论更具一般性,运动坐标系的原点选在船中位置,坐标系原点为 O。由第一节的内容可知,描述船舶在水平面内运动的方程具有如下的形式

$$\begin{cases} X = m(\dot{u} - vr - x_G r^2) \\ Y = m(\dot{v} + ur + x_G \dot{r}) \\ N = I_{zz}\dot{r} + m x_G(\dot{v} + ur) \end{cases} \tag{1-73}$$

令

$$r = \dot{\psi}, \dot{r} = \ddot{\psi} \tag{1-74}$$

式中:r 和 $\dot{r}$ 分别表示船舶绕 Oz 轴运动的角速度和角加速度。

若以下标“0”表示对应于某一初始状态的水动力和运动参数,则它们之间应满足式(1-73)表示的关系,即

$$\begin{aligned} X_0 &= m(\dot{u}_0 - v_0 r_0 - x_G r_0^2) \\ Y_0 &= m(\dot{v}_0 + u_0 r_0 + x_G \dot{r}_0) \\ N_0 &= I_{zz}\dot{r}_0 + m x_G(\dot{v}_0 + u_0 r_0) \end{aligned} \tag{1-75}$$

船舶受到扰动后,其运动参数变为

$$\begin{aligned} &u = u_0 + \Delta u,\ v = v_0 + \Delta v,\ r = r_0 = \Delta r \\ &\dot{u} = \dot{u}_0 + \Delta\dot{u},\ \dot{v} = \dot{v}_0 + \Delta\dot{v},\ \dot{r} = \dot{r}_0 + \Delta\dot{r} \\ &\delta = \delta_0 + \Delta\delta \end{aligned} \tag{1-76}$$

式中:带有“Δ”的量表示该运动参数偏离初始状态“0”的值,它们是随时间变化的。而一经选定初始状态后带有下标“0”的运动参数都是固定值。

同样用 X、Y、N 表示受扰动后作用于船舶的水动力分量,则它们与运动参数之间仍应满足式(1-73)表示的关系:

$$
\begin{aligned}
X &= m[(\dot{u}_0 + \Delta\dot{u}) - (v_0 + \Delta v)(r_0 + \Delta r) - x_G(r_0 + \Delta r)2] \\
Y &= m[(\dot{v}_0 + \Delta\dot{v}) + (u_0 + \Delta u)(r_0 + \Delta r) + x_G(\dot{r}_0 + \Delta\dot{r})] \\
N &= I_{zz}(\dot{r}_0 + \Delta\dot{r}) + mx_G[(\dot{v}_0 + \Delta\dot{v}) + (u_0 + \Delta u)(r_0 + \Delta r)]
\end{aligned}
\tag{1-77}
$$

由式(1-77)的各式分别减去式(1-75)中对应的各式,则得描述扰动运动的下列方程:

$$
\begin{aligned}
X - X_0 &= m[\Delta\dot{u} - v_0\Delta r - r_0\Delta v - \Delta v\Delta r - x_G(2r_0\Delta r + \Delta r^2)] \\
Y - Y_0 &= m[\Delta\dot{v} + u_0\Delta r + r_0\Delta u + \Delta u\Delta r + x_G\Delta\dot{r}] \\
N - N_0 &= I_{zz}\Delta\dot{r} + mx_G[\Delta\dot{v} + u_0\Delta r + \Delta u_0 r + \Delta u\Delta r]
\end{aligned}
\tag{1-78}
$$

式(1-78)是一般情况下的扰动运动方程式。在某些特定的情况下,式(1-78)可以得到简化。

假定偏离直线运动的扰动运动参数都是小值,则式(1-76)中含扰动运动参数的高次幂和它们的交叉积的项,都可视为高阶小量而予以忽略,从而实现线性化。

于是,由式(1-78)可得:

$$
\begin{aligned}
X &= m\dot{u} \\
Y &= m(\dot{v} + u_0 r + x_G\dot{r}) \\
N &= I_{zz}\dot{r} + mx_G(\dot{v} + u_0 r)
\end{aligned}
\tag{1-79}
$$

注意到这里选择的初始运动状态和线性化条件都与第二节中对水动力的展开和线性化时的条件相同,所以式(1-69)表示的水动力与式(1-79)左端的水动力是等价的。将式(1-69)代入式(1-79)则得

$$
\begin{aligned}
m\dot{u} &= X_u\Delta u + X_{\dot{u}}\dot{u} \\
m(\dot{v} + u_0 r + x_G\dot{r}) &= Y_v v + Y_r r + Y_{\dot{v}}\dot{v} + Y_{\dot{r}}\dot{r} + Y_\delta\delta \\
I_{zz}\dot{r} + mx_G(\dot{v} + u_0 r) &= N_v v + N_r r + N_{\dot{v}}\dot{v} + N_{\dot{r}}\dot{r} + N_\delta\delta
\end{aligned}
\tag{1-80}
$$

式(1-80)称为偏离匀速直线运动的小扰动运动方程,或线性化的偏离匀速直线运动的**扰动运动方程**。式(1-80)第一个式子只含位置变量 Δu,是一个独立方程,而后面两个式子是含有 v 和 r 两个位置变量的联立方程。在研究许多操纵性问题时,我们只关心后两个方程,可以不去考虑第一个方程。

式(1-80)表示的扰动运动方程是借助水动力导数表达的,它描述了扰动运动参数随时间的变化规律,也称它为描述扰动运动的一个**线性化的数学模型**。这种把水动力作为外力,利用牛顿定律建立的模型也叫作**水动力模型**。

若运动坐标系的原点取在船体重心处,即令 $x_G = 0$,由式(1-80)得

$$
\begin{cases}
(m - X_{\dot{u}})\dot{u} - X_u\Delta u = 0 \\
(m - Y_{\dot{v}})\dot{v} - Y_v v - Y_{\dot{r}}\dot{r} + (mu_0 - Y_r)r = Y_\delta\delta \\
-N_{\dot{v}}\dot{v} - N_v v + (I_{zz} - N_{\dot{r}})\dot{r} - N_r r = N_\delta\delta
\end{cases}
\tag{1-81}
$$

五、无量纲化

1. SI 单位和量纲

应用物理定律进行数量计算时，各物理量的单位必须“配套”。相互配套的一组单位称为**单位制**。目前国内外通用的单位制叫**国际单位制**(international system of units)，代号为SI①。

在确定各物理量的单位时，总是根据它们之间的相互联系选定少数几个物理量作为**基本量**，并人为地规定它们的单位。这样的单位叫**基本单位**。其他的物理量都可以根据一定的关系由基本量导出，这些物理量叫**导出量**。导出量的单位都是基本单位的组合，叫**导出单位**。由于选择的基本单位不同，就组成了不同的单位制。SI 的力学基本单位是秒(s)、米(m)和千克(kg)。

有了力学基本单位，就可以由它们构成导出量的基本单位。如速度的 SI 单位是“米/秒”(或 m/s)，加速度的 SI 单位是“米/秒^2”(或 m/s^2)，而力的 SI 单位是“千克·米/秒^2”(或 kg·m/s^2)，这个单位又叫牛顿(或 N)，等等。

由 T,L 和 M 分别表示基本量的时间、长度和质量。如果单考虑某一导出量是如何由这些基本量组成的，则一个导出量可以用 T,L 和 M 的幂次的组合表示出来。例如，速度、加速度、力等量可以这样来表示

$$[v]=LT^{-1},[a]=LT^{-2},[F]=MLT^{-2} \tag{1-82}$$

这样的表达式(或其中的幂次)称为该物理量的**量纲**。应该指出的是，这些量纲的表达式是它们的 SI 表达式。对于不同的单位制，如果基本量的选择不同，则同一物理量的量纲也不同。

量纲的概念很重要。一般说来，只有量纲相同的项才能进行加减或用等式连接。

2. 无因次化方程

前述的流体动力导数都是有量纲的，它们的数值受到船舶尺度、航速及流体介质(水)物理参数等因素的影响，变化范围很大。为便于将船模试验数据直接应用于原型，按照相似原理，应转而采用**无量纲化**(也称**无因次化**)的流体动力导数。

采用无量纲化的方法也可方便整理试验结果和进行计算结果的比较和换算。这样做的好处是使得试验结果彼此具有可比性。水动力导数经过无因次化处理后，外形几何相似船舶的水动力系数彼此将完全相等，外形相近船舶的水动力系数将彼此接近。

由于船模尺度和实船尺度相差很大，将引起船模试验值与实船试验的差异，称此为尺度效应。这是由于船模在水池中试验不能满足完全的动力相似律，实际船模试验往往只能满足几何相似，而雷诺数不能相似。对于船舶操纵运动的水动力导数来说，常可忽略尺度效应的影响。利用无量纲化原理将船模水动力导数换算为实船的水动力导数，不至于引起不可接受的误差。而对于从船模测得的其他类型水动力数据来说，常需要甄别尺度效应的影响。

一个物理量 q，如果用一个量纲相同且被取作度量标准的物理量 Q_0 去除，即称为**无量纲量**，记为 q'，则有

---

① SI 源于法语 système international d' unités。

$$q' = \frac{q}{Q_0} \tag{1-83}$$

在船舶运动数学模型领域存在着两类标准量度单位 Q_0，由此构成了两种无因次化流体动力导数，包括**一撇系统**(prime system)和**两撇系统**(bias system)。其中一撇系统是由美国造船与轮机工程协会(SNAME：Society of Naval Architect and Marine Engineering)于 1950 年提出来的，两撇系统是由瑞典船舶研究中心(SSPA)的诺宾(Norrbin)于 1970 年提出的。在一撇系统中又有两种形式，一种是特征面积(或称参考面积) $S = L^2$，这是国际拖曳水池会议(ITTC：International Towing Tank Conference)推荐的形式；另一种是参考面积 $S = Ld$，这是日本 MMG (Ship Motion Mathematical Model Group)模型系统采用的形式。表 1-4 给出了一撇系统与两撇系统的标准量度单位，其中：L 为特征长度，即两柱间长 L_{PP}(length between perpendiculars)；d 为吃水；V 为设计直行航速；∇ 为船舶排水体积(排水量)。

表 1-4 一撇系统与两撇系统的标准量度单位

标准量度单位 Q_0	一撇系统	两撇系统
质量 m_0	$\frac{1}{2}\rho L^3$；$\frac{1}{2}\rho L^2 d$	$\rho\nabla$
长度	L	L
时间	L/V	$\sqrt{L/g}$
线速度 V_0	V	$\sqrt{gL}$
线加速度 A_0	V^2/L	g
角速度 ω_0	V/L	$\sqrt{g/L}$
角加速度 ε_0	V^2/L^2	g/L
力 F_0	$\frac{1}{2}\rho V^2 L^2$；$\frac{1}{2}\rho V^2 Ld$	$\rho g\nabla$
力矩 M_0	$\frac{1}{2}\rho V^2 L^3$；$\frac{1}{2}\rho V^2 L^2 d$	$\rho g\nabla L$
参考面积 S_0	L^2；Ld	$2\nabla/L$

于是有 X, Y 和 N 无量纲化的一般表达式为

$$X' = \frac{X}{\frac{1}{2}\rho L^2 V^2},\ Y' = \frac{Y}{\frac{1}{2}\rho L^2 V^2},\ N' = \frac{N}{\frac{1}{2}\rho L^3 V^2} \tag{1-84}$$

对上式进行除数分解，得

$$X' = \frac{X_u}{\frac{1}{2}\rho L^2 V} \cdot \frac{\Delta u}{V} + \frac{X_{\dot{u}}}{\frac{1}{2}\rho L^3} \cdot \frac{\dot{u}L}{V^2}$$

$$Y' = \frac{Y_v}{\frac{1}{2}\rho L^2 V} \cdot \frac{v}{V} + \frac{Y_r}{\frac{1}{2}\rho L^3 V} \cdot \frac{rL}{V} + \frac{Y_{\dot{v}}}{\frac{1}{2}\rho L^3} \cdot \frac{\dot{v}L}{V^2} + \frac{Y_{\dot{r}}}{\frac{1}{2}\rho L^4} \cdot \frac{\dot{r}L^2}{V^2} + \frac{Y_\delta}{\frac{1}{2}\rho L^2 V^2} \cdot \delta$$

$$N' = \frac{N_v}{\frac{1}{2}\rho L^3 V} \cdot \frac{v}{V} + \frac{N_r}{\frac{1}{2}\rho L^4 V} \cdot \frac{rL}{V} + \frac{N_{\dot{v}}}{\frac{1}{2}\rho L^4} \cdot \frac{\dot{v}L}{V^2} + \frac{N_{\dot{r}}}{\frac{1}{2}\rho L^5} \cdot \frac{\dot{r}L^2}{V^2} + \frac{N_\delta}{\frac{1}{2}\rho L^3 V^2} \cdot \delta$$

令

$$\Delta u' = \frac{\Delta u}{V}, v' = \frac{v}{V}, r' = \frac{rL}{V}, \dot{u}' = \frac{\dot{u}L}{V^2}, \dot{v}' = \frac{\dot{v}L}{V^2}, \dot{r}' = \frac{\dot{r}L^2}{V^2}$$

$$X'_u = \frac{X_u}{\frac{1}{2}\rho L^2 V}, X'_{\dot{u}} = \frac{X_{\dot{u}}}{\frac{1}{2}\rho L^3}$$

$$Y'_v = \frac{Y_v}{\frac{1}{2}\rho L^2 V}, Y'_r = \frac{Y_r}{\frac{1}{2}\rho L^3 V}, Y'_{\dot{v}} = \frac{Y_{\dot{v}}}{\frac{1}{2}\rho L^3}, Y'_{\dot{r}} = \frac{Y_{\dot{r}}}{\frac{1}{2}\rho L^4}, Y_\delta = \frac{Y_\delta}{\frac{1}{2}\rho L^2 V^2}$$

$$N'_v = \frac{N_v}{\frac{1}{2}\rho L^3 V}, N'_r = \frac{N_r}{\frac{1}{2}\rho L^4 V}, N'_{\dot{v}} = \frac{N_{\dot{v}}}{\frac{1}{2}\rho L^4}, N'_{\dot{r}} = \frac{N_{\dot{r}}}{\frac{1}{2}\rho L^5}, N'_\delta = \frac{N_\delta}{\frac{1}{2}\rho L^3 V^2}$$

无因次方程：

$$\begin{aligned}
&(m' - X'_{\dot{u}})\dot{u}' - X'_u \Delta u' = 0 \\
&(m' - Y'_{\dot{v}})\dot{v}' - Y'_v v' - Y'_{\dot{r}}\dot{r}' + (m' - Y'_r) r' = Y'_\delta \delta \\
&- N'_{\dot{v}}\dot{v}' - N'_v v' + (I'_{zz} - N_{\dot{r}})\dot{r}' - N'_r r' = N'_\delta \delta
\end{aligned} \tag{1-85}$$

注意：$m'r'$ 中没有出现 u'_0，这是因为在小扰动下，$\frac{u_0}{V} \approx 1$。

水动力导数的无量纲化表达式是船舶运动建模工作中经常遇到的问题。在求取水动力导数的无量纲化表达式时，首先要从该水动力导数对应的水动力（矩）入手，然后利用从表 1-4 中查得的水动力（矩）和船舶运动状态的标准量度单位，将船舶运动状态的无量纲化表达式分离，从而得到水动力导数的无量纲化表达式。需要注意的是角度（如：舵角）本身就是无量纲的。

举例：计算 Y'_v 的表达式。已知 Y_v 对应的是水动力 Y 和船舶运动状态 v。从表 1-4 查得 Y 和 v 的标准度量单位分别为 $1/2\rho V^2 L^2$ 和 V，然后分离出船舶运动状态 v' 的表达式，进而可得 Y'_v 的表达式，也就是

$$(Y_v)' = \frac{Y_v v}{\frac{1}{2}\rho L^2 V^2} = Y'_v v' = Y'_v \frac{v}{V} \tag{1-86}$$

由上式可解得

$$Y_v' = \frac{Y_v}{\frac{1}{2}\rho L^2 V} \tag{1-87}$$

习题

1. 推导附体坐标系下船舶水平面运动方程式。
2. 船舶运动建模中出现的流体惯性力,与大学物理中惯性力的概念有什么区别?
3. 船体在流体中运动,受到了哪两种水动力?二者的区别是什么?
4. 分析水动力导数 Y_v 小于零的原因。
5. 推导高阶水动力导数 X_{uu},X_{vr},Y_{vv},Y_{vr} 和 N_{vvr} 的无量纲表达式。
6. 对于本章中出现的各种假设,分析相应假设起到的作用。

第二章　船舶操纵性

一般说来,不同船舶的操纵性是不一样的,船舶运动建模就是要反映这种操纵性的差异,深刻理解船舶操纵性对于提高船舶运动建模的精度具有重要意义。本章重点分析船舶直线稳定性和船舶回转性,分别从"静"和"动"两个方面分析船舶操纵性。

第一节　船舶操纵性概述

船舶操纵和船舶操纵性是两个具有不同含义的概念。船舶在营运过程中,在一定的外界条件如风、流、浅水等影响下,通过某些操纵手段如推进器、舵、缆、拖船等,以保持或改变船舶运动状态为目的而进行的必要观察、判断、指挥、实施等,总称为**船舶操纵**(ship-handling 或 ship maneuvering)。从使用者的观点来看,船舶操纵包括复杂的具体内容,如:靠离码头、系带浮筒、狭水道航行、紧急避让、拖带船舶及海上救助等。舵、车、锚、缆、风、流是船舶操纵六要素,其中舵是操纵中的关键性设备。船舶对驾驶人员操纵的响应能力,称为该船的**船舶操纵性**(ship maneuverability)。**船舶操纵性预报**属于船舶运动数学模型的重要研究内容之一。船舶操纵性预报研究船舶的水平面运动的数学模型,而应用于航海模拟器的**船舶运动数学模型**一般还包括船舶垂直面运动的数学模型。

本章从介绍船舶操纵性的概念出发,利用船舶操纵运动的线性方程,定量地分析船舶操纵性的衡准和试验方法。

一、船舶操纵性的概念

船舶操纵性属于船舶原理的范畴。船舶原理是研究船舶平衡和运动规律的一门科学,其理论基础是理论力学和流体力学。船舶原理是流体力学的一个分支,因此也称为船舶流体力学。流体力学可分为流体静力学和流体动力学,其中**流体静力学**(fluid statics)研究流体(指液体和气体)在参考系内静止的行为,包括静止流体(液体或气体)的压力、密度、温度分布以及流体对器壁或物体的作用力;**流体动力学**(fluid dynamics)研究流体的运动或物体在静止流体中运动,包括运动中的流体的状态与规律。

类似地,船舶原理中研究的内容也可分为船舶静力学和船舶动力学。**船舶静力学**以流体静力学为基础,研究的内容有浮性、稳性、抗沉性;船舶动力学(也称作**船舶水动力学**)以流体动力学为基础,研究的内容有快速性、耐波性和操纵性。

浮性研究船舶在一定装载情况下,浮于一定水平位置而不致沉没的能力。**稳性**研究船舶在外力作用下发生倾斜而不致倾覆,当外力的作用消失后仍能恢复到原来平衡位置的能力。抗沉性研究当船体破损,海水进入舱室时,船舶仍能保持一定浮性和稳性而不致沉没或倾覆的能力，即船舶在破损后的浮性和稳性。

快速性研究船舶在主机额定功率下，以一定速度航行的能力，通常包括船舶阻力和船舶推进力两大部分。**耐波性**（或称**适航性**、**摇荡性**）研究船舶在风浪海况下航行时的运动性能，主要研究船舶的横摇、纵摇及升沉（垂荡），习惯上统称摇摆的运动。**操纵性**研究船舶在航行中按照驾驶者的意图保持或改变其运动的性能，即船舶能保持或改变航速、航向和位置的性能。一艘操纵性良好的船舶，应兼具方便稳定地保持运动状态和迅速准确地改变运动状态这两个方面的能力。

二、船舶操纵性的研究内容

随着船舶航行密度的增大和巨型船、专用船的出现，操纵性问题十分突出，人们对航行安全十分关心，需要对船舶操纵性能提出明确的要求。早在 1971 年，国际海事组织（IMO：International Maritime Organization）已提出建议，在船舶驾驶台应明确标示有关本船操纵性的各种数据。1982 年国际海事组织特设操纵性工作组，提出了《评价船舶操纵性能的指导书（草案）》。1985 年，国际海事组织的海上安全委员会又提出了“船舶设计中估算操纵性的暂行指导文件”。1993 年，国际海事组织 A. 751（18）决议通过了《船舶操纵性暂行标准》。中国船级社在 1997 年制定了《海船操纵性》指导性文件，对操纵性标准做了相应的规定。2002 年 12 月 4 日，国际海事组织 MSC. 137（76）决议通过了《船舶操纵性标准》。船舶操纵性是一门新近发展起来的学科，其体系和内容尚不很完善。在《船舶操纵性标准》中船舶操纵特性包括以下 6 种。

（1）**固有稳定性**（inherent dynamic stability），也称作**动航向稳定性**（dynamical course stability，dynamically stable on course）。当干扰过去之后，在不用舵纠正的情况下，能尽快稳定于新航向的性质称为固有稳定性。稳定后新航向和受扰动前的航向的差值 $\Delta\psi$ 与船舶固有稳定性程度以及受扰后船舶航行的距离有关。稳定过程较慢的船舶，其航向稳定性较差；一直偏下去的船舶，则不具有航向稳定性。

（2）**保向性**（course-keeping ability）。无须频繁操舵或改变航向，船舶保持在预先设定的航线上的能力称为保向性。对于大多数船舶而言，不具有航向稳定性的船舶，通过操舵也可以保持在预先设定的航线上。

（3）**初始回转性**（initial turning ability），也称**改向性**（course-changing ability）。初始回转性是指船舶在中等操舵（moderate helm）时航向改变的快慢。初始回转能力可以用船舶在单位距离航行期间的航向改变量衡量，如 P 指数，或者使用航向改变一定数量时船舶行驶的路程衡量，或者用 Z 形操纵试验中的第一次回舵和第二次回舵的时间间隔（time to second execute）衡量。

（4）**偏航纠正性**（yaw checking ability），是指船舶在旋回时使用反舵后船舶航向改变的能力。偏航纠正性可以使用在标准 Z 形操纵试验中使用反舵后、消除转首趋势前的超越角衡量。

（5）**旋回性**（turning ability），也称**回转性**，是指使用满舵使船舶旋回的性能。旋回性可以使用进距衡量，或者使用战术直径衡量，或者使用定常回转直径衡量。

（6）**停船性**（stopping ability），是指船舶对惯性停船和倒车停船的响应性能。惯性停船是指通过停车（主机转速调至零）达到停船的目的；倒车停船是指通过全速倒车达到停船的目的。停船性可以使用从发出停船命令至船速为零期间船舶行驶过的距离衡量，也可使用发出停船命令至船速为零所用的时间来衡量。对于惯性停船，从发出停船命令至船速为零期间船舶行驶过的距离称作**冲程**。停船期间船舶的侧移距离也是船舶停船性的一个方面。《船舶操纵性标准》规定船舶倒车停船期间的航程应小于 15 倍船长(L_{PP})，最多不超过 20 倍船长。

三、船舶操纵性的研究历史

对船舶操纵性理论的研究可以分为三个不同时期。

1. 初始形成时期

在船舶操纵性方面早期的理论研究可追溯到 18 世纪。1776 年欧拉在《关于造船和驾驶的完整概念》一书中，建立了第一个描述船舶曲线运动的方程式。但在此后的一百年中进展不大。1860 年，人们开始使用实船或船舶模型的回转试验来确定回转轨迹。直到 20 世纪 40 年代，这仍是研究船舶操纵性的占主导地位的方法。1912 年，霍夫加特(W. Hovgaard)建立了船舶稳定回转直径的实用方法与图谱。

随着航空事业的发展，人们把研究飞机和飞艇操纵性的方法和成果引入到造船中来。1911 年，布朗(G. H. Bryan)在《飞行的稳定性》一书中首先提议用“缓慢的运动导数”来表达流体动力。布朗直观地创立的这一方法，至今仍是船舶操纵性研究中的一个重要手段。20 世纪 30 年代，温布伦(G. Weinblum)、米诺尔斯基(N. Minorsky)和库查尔斯基(W. Kucharski)等人把船舶作为类似机翼和飞艇的物体来研究操纵性。1932 年库查尔斯基发表的“关于船舶的操纵性理论”一文是最早把船舶当作机翼处理的首批文献之一。1938 年，温布伦把飞艇操纵理论应用到船舶操纵性研究中，他首先建立了有效的数学方法。

1939 年，巴辛利用李雅普诺夫的运动稳定性理论，研究了船舶的直线稳定性问题。1944 年，肯夫(Kempf)提出用 Z 形操舵试验结果来评价船舶操纵性。他们的工作开创了船舶对操舵的动态响应的研究。

1946 年，戴维逊(K. S. M. Davidson)和许夫(L. I. Schiff)首次给出了船舶操纵性的线性运动方程，以及表征船舶回转性和稳定性的指数，从而建立了船舶操纵性的线性理论，这是现代船舶操纵性理论研究的开始。

2. 发展时期

1957 年，野本谦作在《论船舶操纵性》一文中，将船舶看作一个动态系统，首次用经典的控制理论来分析船舶操纵运动，提出了一阶近似船舶操纵运动方程，并提出了利用肯夫的 Z 形试验直接确定 K,T 的方法。一阶方程形式简单，K,T 指数物理意义明显，得到了广泛应用。尤其是这种研究方法有力地促进了船舶操纵性研究的进展。

1967 年，阿勃科维奇(M. A. Abkowitz)在其船舶操纵性水动力讲座中以泰勒级数展开的方式，严格推导出了六自由度船舶运动方程，为非线性模型的建立奠定了基础。

1965 年，乞斯勒特(M. S. Chislett)等利用阿勃科维奇方程在丹麦水池利用平面运动机构(PMM：Planar Motion Mechanism)测定水动力导数，用计算机完成了对“航海者(Mariner)号”的螺旋试验、回转试验和 Z 形操纵试验的成功解算，使人们看到了操纵运动方程的实用价值。船舶操纵性被认为能够被预报，拘束船舶试验+数字模拟计算被认为是预报操纵性的有效手段。

D. 克拉克(D. Clarke)在收集了大量拘束船模试验资料和36组船模旋臂试验结果的基础上,提出了计算船舶线性水动力导数公式。

1977年,日本的操纵性数学模型小组(MMG)用几年时间开发了分离式水动力模型,进行了系列化的拘束船模试验,系统地研究了船体、螺旋桨与舵的水动力以及它们之间的干扰作用,为操纵性仿真预报进入工程使用打开了方便之门。代表人物有平野雅祥、井上正祐等。

20世纪80年代中期以后,日本成立了低速、浅水域操纵运动数学模型研究专门委员会(MSS),对低速、浅水域及其他限制条件下的船舶操纵性能进行了卓有成效的研究。代表人物有芳村康男、乌野庆一、小濑邦治、贵岛胜郎。

3. 当前研究前沿

国际上的船舶操纵性研究进展迅猛,正在形成新的船舶操纵性研究热潮,目前船舶操纵性研究的前沿课题有三个方面。

(1)限制水域中的船舶操纵性研究。主要包括:考虑风、浪、流等环境力影响的限制水域中低速操纵问题;浅窄航道船-船、船-岸、船-障碍物(如系泊物、桥墩等)相互作用;限制水域操纵性相关基准数据包括船模和实船试验数据的收集;限制水域操纵性预报与衡准。

(2)基于数值模拟的船舶操纵性预报方法。主要包括:通过数值水池计算船舶操纵性水动力导数;数值模拟船舶操纵性试验;船体-螺旋桨-舵三者间的干涉作用;通过标准船模对数值船池进行验证(verification)和确认(validation)。

(3)风浪中船舶操纵性研究。除了模型试验方法以外,还有两种数值方法被用来研究风浪中的船舶操纵性:一种方法是采用耐波性理论方法计算操纵运动方程中的水动力系数,这些方法包括初期的切片理论和细长体理论,以及较现代的三维面元法;另一种更现代的方法是采用CFD工具,使用重叠网格和自由表面追踪或捕捉技术,直接数值模拟风浪中的船舶操纵运动。

四、船舶操纵性的研究意义

船舶操纵性对于船舶设计、研制航海模拟器和研究智能船舶自主航行的核心算法,都需要对船舶操纵性进行研究。研究操纵性的意义在于:

(1)通过考察船舶受控运动的规律,找到表征船舶操纵性的主要特征参数,以及为满足各类船舶的使用要求,这些参数所应达到的数量指标。

(2)建立评价现有船舶和预报新设计的船舶的受控运动和操纵性特征的方法。可以使航海人员掌握船舶操纵运动规律,航道设计、港口设施改进,以及在港口现有条件下,进行操纵性安全评价。

(3)建立在船舶设计中满足操纵性要求和改进操纵性的方法。可以通过建立船舶操纵性衡准数更好地设计新船。

(4)建立恰当的船舶操纵运动数学模型,可用于设计船舶操纵模拟器,以及船舶水平面运动控制器。

(5)提供无人船自主航行理论的重要基础。船舶自动靠离泊、自主路径规划、船舶即时姿态预报和船舶智能避碰等领域的研究,要求对船舶操纵性有深入的理解。

五、船舶操纵性的研究方法

在船舶设计阶段，船舶操纵性预报方法一般可归纳为四种：数据库或经验公式方法、自航模试验方法、基于 CFD 技术的数值模拟方法和数学模型加计算机模拟的方法，如图 2-1 所示。

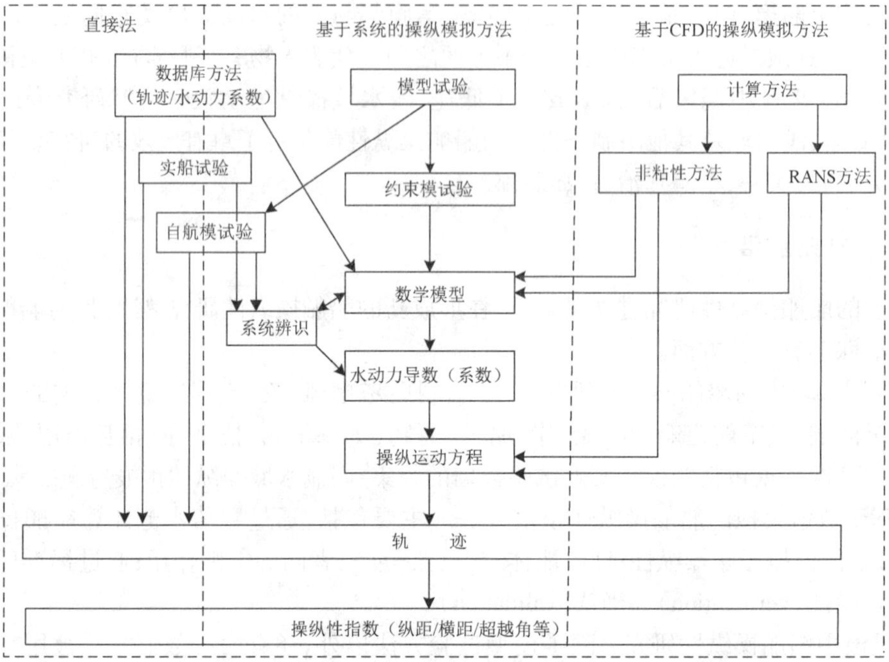

图 2-1　船舶操纵性预报方法

(1)数据库或经验公式方法

该方法通过搜集、整理大量的实船和船模标准操纵性试验结果，建立表征船舶操纵性的参数如进程、回转直径、超越角、稳定性指数等的数据库，或者以回归公式的形式将这些参数表达成船舶主尺度和船形系数等的函数，以便于方便地进行估算，进而对操纵性进行预报。数据库或经验公式方法简单、快捷，但是很显然，其有效性依赖于建立数据库或经验公式时用到的试验数据所涉及的船型，对超出这些船型范围的船舶，其操纵性预报是不准确的。

(2)自航模试验方法

该方法采用和所设计的船舶几何相似的船模，在操纵性和/或耐波性水池或天然湖泊中，进行无线电遥控的自航模标准操纵试验，通过测量船模运动轨迹和相关运动参数，对所设计的船舶的操纵性进行预报。该方法可以直接给出操纵性参数，是一种传统的操纵性预报方法，比较常用，也比较实用。但是应用该方法存在由于船模和实船雷诺数不同引起的尺度效应，从而会带来难以预测的预报误差；此外，为了分析船形的影响，需要进行系列船模试验，不利于在设计阶段通过改变船形进行操纵性优化设计。

(3)基于 CFD 技术的数值模拟方法

这是近十年来才出现的最先进的船舶操纵性预报方法。该方法从流体运动方程和刚体运动方程出发，通过联立求解操纵运动船舶周围的非定常流场和船舶操纵运动方程，用时间步进的方法数值模拟船舶的标准操纵试验，得到船舶运动轨迹和相关运动参数，从而实现用纯数值的方法对船舶操纵性进行直接预报。尽管该方法尚处于其初始发展阶段,其有效性还有待于进一步验证,其应用范围和实用性还有待于进一步提高,但近年来取得的进展是异常迅猛的。这些研究成果充分展示了 CFD 技术在船舶操纵性预报中的强大功能和可观的发展与应用前景。

(4)数学模型加计算机模拟的方法

该方法通过建立船舶操纵运动方程并采用 Runge-Kutta 法等微分方程求解方法进行数值求解,在计算机上模拟标准操纵试验,得到船舶运动轨迹和相关运动参数,从而对船舶操纵性进行预报。随着计算机科学技术的发展和各种能有效确定操纵运动水动力导数的方法的出现,数学模型加计算机模拟的方法已经成为目前船舶操纵性预报最常用和有效的方法。应用该方法,建立准确描述船舶操纵运动动力学特性的数学模型是提高预报精度的关键。

第二节 船舶直线稳定性

为了尽快到达目的地和减少燃料消耗,驾驶者总是力图使船舶以一定的速度保持直线航行,此时要求船舶具有良好的航向稳定性。1939 年,巴辛利用李雅普诺夫(Lyapunov)稳定性理论研究了船舶航向稳定性问题。

一、船舶运动稳定性的一般概念

有多种关于“稳定性”的定义,其中李雅普诺夫给出了较为严格意义上的稳定性的定义。下面首先给出李雅普诺夫的稳定性定义,然后给出常见的船舶运动稳定性的定义。

1. 李雅普诺夫稳定性

李雅普诺夫对运动的稳定性做出了开创性的工作。在 1890 年左右,他对机械系统在平衡点运动的稳定性进行了系统的研究。

如图 2-2 所示,如果微分方程 $\dot{x}=f(x,t)$ 对于任意给定的 $\varepsilon>0$ 及初始时刻 $t_0\geqslant 0$,存在一

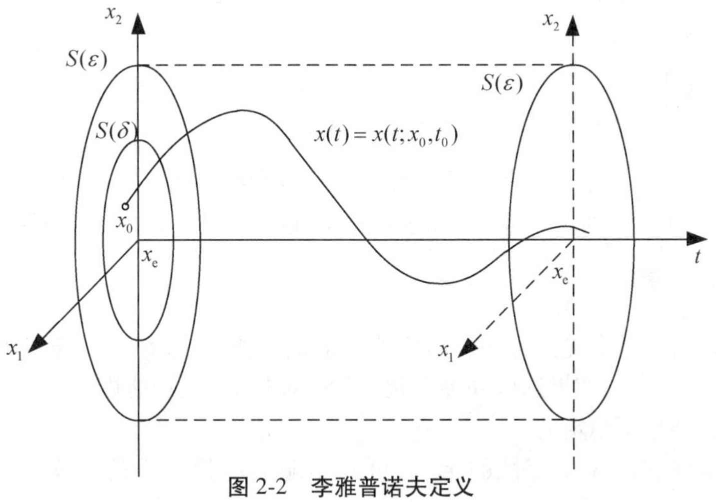

图 2-2 李雅普诺夫定义

个常数 $\delta=\delta(\varepsilon,t_0)>0$，使得对任意满足 $\|x_0-x^*\|<\delta$ 的初始条件 x_0，方程的解 $x(t;t_0,x_0)$ 满足

$$\|x(t;t_0,x_0)-x^*\|<\varepsilon,\ \forall t\geqslant t_0 \tag{2-1}$$

则称系统在平衡点 x^* 是在**李雅普诺夫定义下稳定**(stable in the sense of Lyapunov)的，简称**稳定**。

不失一般性，可令系统的平衡点 $x^*=0$。

2. 渐近稳定性

如果系统的平衡点 x^* 是稳定的，且有

$$\lim_{t\to\infty}\|x(t;t_0,x_0)-x^*\|=0 \tag{2-2}$$

则称系统的平衡点是渐近稳定的(stable asymptotically)。其中，$\|\cdot\|$ 可以是任何定义在 $\Re^n$ 上的范数，如欧几里得范数，即对于向量 $\boldsymbol{x}=(x_1,x_2,\cdots,x_n)^{\mathrm{T}}$，有范数 $\|x\|=(x_1^2+x_2^2+\cdots x_n^2)^{1/2}$。

3. 稳定性

稳定性是指扰动消失后系统恢复到平衡状态的特性。

图 2-3 是稳定系统和不稳定系统的实例。其中第一个图所示的平衡系统中，小球受到干扰后，能够回到原点，而第二个图所示的非平衡系统的小球受到扰动后无法回到原点。第三个图所示的是条件稳定。

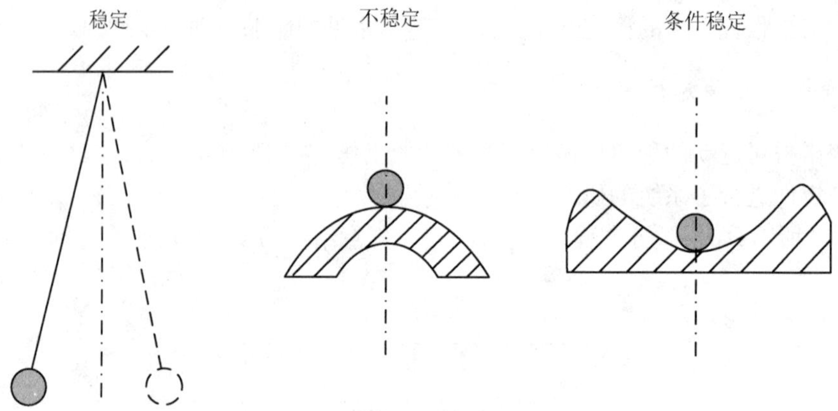

图 2-3　稳定系统和不稳定系统的实例

对比李雅普诺夫稳定性的定义，可知这种稳定性的定义在本质上是一种渐近稳定性。

4. 船舶运动稳定性

船舶在航行时，总是会受到各种偶然的外界干扰的作用，如风、浪、流等因素的影响，使船舶偏离原来的运动状态。如果这些外界干扰因素去掉以后，船舶能恢复到原来的运动状态，则运动是稳定的，否则是不稳定的。

同样，对比李雅普诺夫稳定性的定义，可知船舶运动稳定性的定义在本质上是渐近稳定性。

二、船舶运动稳定性的分类

运动是否稳定，必须指明是对哪一个参数而言的，对于不同的运动参数，可以是不同的。船舶运动稳定性可以分成如下三类，如图 2-4 所示。

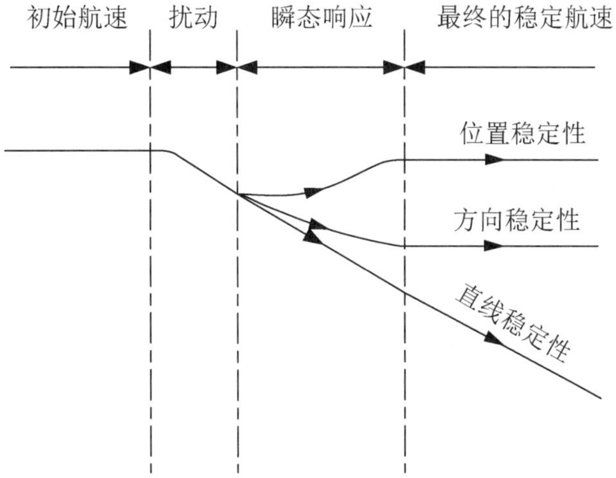

图 2-4　船舶运动稳定性分类

（1）**直线稳定性**（straight-line stability，或 dynamic stability），是指船舶受瞬间扰动后，最终能恢复直线航行状态，但航向发生变化，如图 2-5 所示。$t \to \infty, \Delta r \to 0, \Delta\psi \to$ 常数，Δy_{0G} 随时间变化。

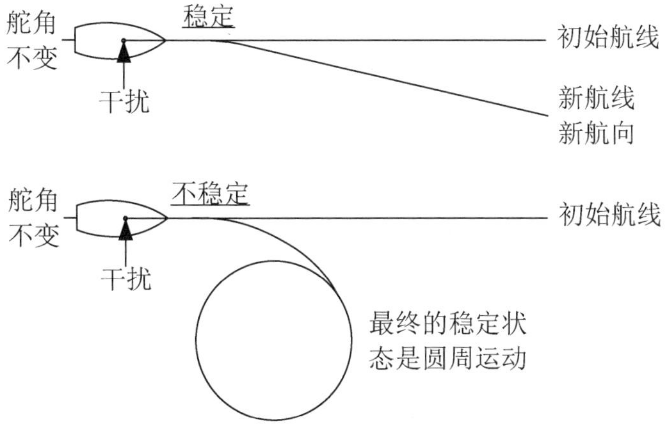

图 2-5　具有和不具有直线稳定性

（2）**方向稳定性**（directional stability），也称作**航向稳定性**（course stability），是指船舶受扰后，新航线为与原航线平行的另一直线，如图 2-6 所示。$t \to \infty, \Delta r \to 0, \Delta\psi \to 0, \Delta y_{0G} =$ 常数。

应注意的是，有教材①也称直线稳定性为航向稳定性。本书中“航向稳定性”专指方向稳定性，与“直线稳定性”不是同一概念。

（3）**位置稳定性**（positional motion stability），也称**航迹稳定性**（path motion stability），是指

① 盛振邦，刘应中. 船舶原理. 上海：上海交通大学出版社，2019.

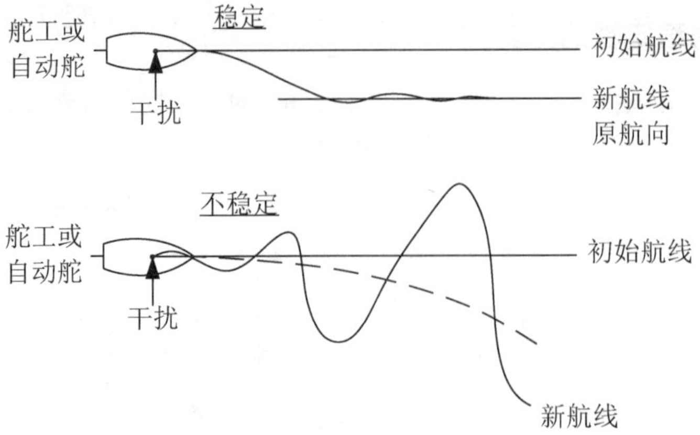

图 2-6 具有和不具有方向稳定性

船舶受扰后,最终仍按原航线的延长线航行,如图 2-7 所示。$t \to \infty, \Delta r \to 0, \Delta\psi \to 0, \Delta y_{0G} = 0$。

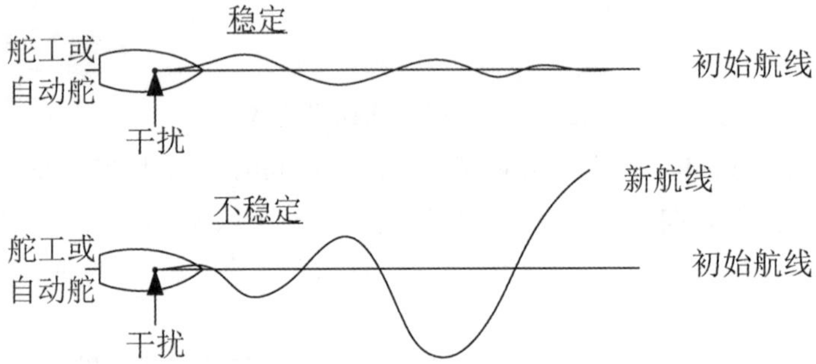

图 2-7 具有和不具有位置稳定性

若当 $t \to \infty$时, $\Delta r \neq 0$, 则称**不具有稳定性**。

具有位置稳定性则必然具有方向稳定性和直线稳定性,具有方向稳定性则必然具有直线稳定性,不具有直线稳定性则必然不具有方向稳定性和位置稳定性,如图 2-8 所示。

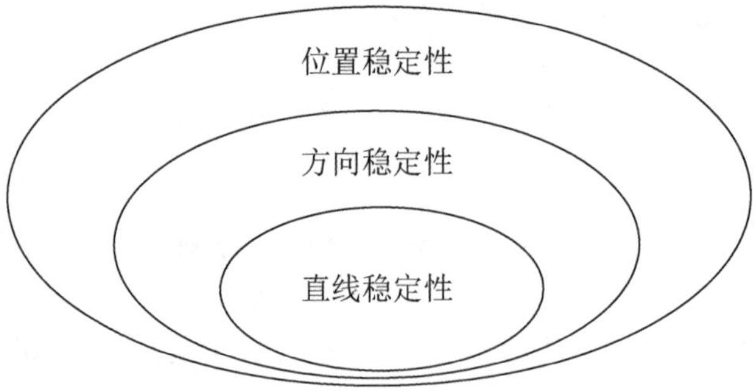

图 2-8 三种稳定性之间的关系

另外,船舶运动稳定性也可按是否操舵进行分类。

不操舵情况下的稳定性称为**自动稳定性**(也称船舶的**固有稳定性**)。自动稳定性取决于船体和舵的几何形状,是船舶的固有属性,以下如不说明,均指自动稳定性。自动稳定性太差的船舶要保持航向必须频繁地用舵,对舵手的要求高且使其工作紧张,舵装置磨损大,耗费功率多,增加航向阻力,甚至无法保持航向。

操舵或使用其他操纵装置条件的稳定性称为**控制稳定性**。

三、船舶直线稳定性的判别

以下对直线运动的自动稳定性进行讨论。假定在外界扰动下,船舶运动状态偏离量较小,这样船舶运动可以用线性方程来描述:

$$\begin{cases}(m-Y_{\dot{v}})\dot{v}-Y_v v-Y_{\dot{r}}\dot{r}-(Y_r-mu_0)r=0\\-N_{\dot{v}}\dot{v}-N_v v+(I_{zz}-N_{\dot{r}})\dot{r}-N_r r=0\end{cases}\tag{2-3}$$

$$\Rightarrow\begin{cases}(m-Y_{\dot{v}})\dot{v}-Y_{\dot{r}}\dot{r}=Y_v v+(Y_r-mu_0)r\\-N_{\dot{v}}\dot{v}+(I_{zz}-N_{\dot{r}})\dot{r}=N_v v+N_r r\end{cases}\tag{2-4}$$

$$\Rightarrow\begin{bmatrix}m-Y_{\dot{v}} & -Y_{\dot{r}}\\-N_{\dot{v}} & I_{zz}-N_{\dot{r}}\end{bmatrix}\begin{bmatrix}\dot{v}\\\dot{r}\end{bmatrix}=\begin{bmatrix}Y_v & Y_r-mu_0\\N_v & N_r\end{bmatrix}\begin{bmatrix}v\\r\end{bmatrix}\tag{2-5}$$

令

$$\bar{\boldsymbol{S}}=\begin{bmatrix}m-Y_{\dot{v}} & -Y_{\dot{r}}\\-N_{\dot{v}} & I_{zz}-N_{\dot{r}}\end{bmatrix},\boldsymbol{T}=\begin{bmatrix}Y_v & Y_r-mu_0\\N_v & N_r\end{bmatrix},\boldsymbol{X}=\begin{bmatrix}v\\r\end{bmatrix}\tag{2-6}$$

则有

$$\bar{\boldsymbol{S}}\dot{\boldsymbol{X}}=\boldsymbol{TX}\tag{2-7}$$

由于 $|\bar{\boldsymbol{S}}|\neq 0$(原因见后面的叙述),故矩阵 $\bar{\boldsymbol{S}}$ 存在 $\bar{\boldsymbol{S}}^{-1}$。从而有

$$\dot{\boldsymbol{X}}=\bar{\boldsymbol{S}}^{-1}\boldsymbol{TX}=\boldsymbol{SX}\tag{2-8}$$

李雅普诺夫**稳定性定理**:对于线性系统 $\dot{\boldsymbol{X}}=\boldsymbol{SX}$,当 $\boldsymbol{S}$ 的所有特征值均具有负的实部时,线性系统是渐近稳定的,而且原非线性系统的平衡状态 $\boldsymbol{X}_e$ 也是渐近稳定的。当 $\boldsymbol{S}$ 的特征值至少有一个具有正的实部,系统是不稳定的,而原非线性系统的平衡状态 $\boldsymbol{X}_e$ 也是不稳定的;当 $\boldsymbol{S}$ 的特征值都不具有正的实部,但至少有一个特征值的实部为零时,是一种特例,这时线性系统是稳定的,而原非线性系统的平衡状态 $\boldsymbol{X}_e$ 稳定与否取决于被舍弃的高阶项的情况。

由李雅普诺夫稳定性定理知,式(2-8)的稳定性取决于矩阵 $\boldsymbol{S}$ 的特征值。根据矩阵特征值的定义,有

$$|\lambda\boldsymbol{I}-\boldsymbol{S}|=0\tag{2-9}$$

式中:λ 为矩阵 $\boldsymbol{S}$ 的特征值,$\boldsymbol{I}$ 是 2×2 的单位阵。则有

$$\left.\begin{aligned}&|\lambda\boldsymbol{I}-\bar{\boldsymbol{S}}^{-1}\boldsymbol{T}|=0\Rightarrow|\bar{\boldsymbol{S}}|\,|\lambda\boldsymbol{I}-\bar{\boldsymbol{S}}^{-1}\boldsymbol{T}|=0\\&|\bar{\boldsymbol{S}}|\neq 0\end{aligned}\right\}\Rightarrow|\lambda\bar{\boldsymbol{S}}-\boldsymbol{T}|=0\tag{2-10}$$

令 $\bar{\boldsymbol{S}}=\begin{bmatrix}S_{11} & S_{12}\\S_{21} & S_{22}\end{bmatrix},\boldsymbol{T}=\begin{bmatrix}T_{11} & T_{12}\\T_{21} & T_{22}\end{bmatrix}$,则有

$$|\lambda \bar{S} - T| = \begin{bmatrix} \lambda S_{11} - T_{11} & \lambda S_{12} - T_{12} \\ \lambda S_{21} - T_{21} & \lambda S_{22} - T_{22} \end{bmatrix} = 0$$

$$\Rightarrow (S_{11}S_{22} - S_{21}S_{12})\lambda^2 - (S_{11}T_{22} + S_{11}T_{22} + S_{21}T_{12} + S_{12}T_{21})\lambda$$
$$+ (T_{11}T_{22} - T_{21}T_{12}) = 0$$

$$\Rightarrow |\bar{S}|\lambda^2 - (S_{11}T_{22} + S_{11}T_{22} + S_{21}T_{12} + S_{12}T_{21})\lambda + |T| = 0$$

$$\Rightarrow A\lambda^2 - B\lambda + C = 0$$

分析：

$$A = (m - Y_{\dot{v}})(I_{zz} - N_{\dot{r}}) + N_{\dot{v}}Y_{\dot{r}} \Rightarrow A = |\bar{S}| > 0$$

大 大 大 大 小小

正 负 正 负

$$B = (m - Y_{\dot{v}})N_r + Y_v(I_{zz} - N_{\dot{r}}) + (-N_{\dot{v}})(Y_r - mu_0) + (-Y_{\dot{r}})N_v$$

大 大大 大 大 大 小 小 大大 小 小

正 负负 负 正 负 正正

$$\Rightarrow B < 0$$

$$C = |T| = Y_vN_r - N_v(Y_r - mu_0) \Rightarrow C\text{符号不定}$$

大小 小小 大大

负 正正

船舶直线稳定性的条件可归结为

$$C = Y_vN_r - N_v(Y_r - mu_0) \tag{2-11}$$

上式称为**稳定性衡准式**，系数 C 称为**稳定性衡准数**。$C > 0$ 表示船舶具有直线稳定性，$C < 0$ 表示船舶不具有直线稳定性。并且 C 越大，船舶直线稳定性越好。

鉴于 $Y_v < 0, Y_r r < mu_0 r$，故衡准式 $C > 0$ 可改写为

$$\frac{N_v}{Y_v} < \frac{N_r}{Y_r - mu_0} \tag{2-12}$$

对上式进行无量纲化处理，可得

$$\frac{N'_v}{Y'_v} < \frac{N'_r}{Y'_r - m'} \tag{2-13}$$

不等式两边具有力臂的因次，左边称为**位置力臂**，用 l_v 表示，其物理意义是由 v 引起的横向水动力作用点至船重心的距离；右边称为**阻尼**[①]**力臂**，用 l_r 表示，其物理意义是由 r 引起的横向水动力作用点至船重心的距离，如图 2-9 所示。

下面利用李雅普诺夫稳定性定理分析船舶前进运动的稳定性。船舶前进运动的稳定性是研究当航速产生初始扰动 $\Delta u(0) = u(0) - u_e$ 后，经过一瞬态过程航速最终能否恢复到初始值：$t \to \infty, \Delta u(t) = u(t) - u_e, u(t) \to u_e$。这一问题可通过船舶运动线性方程式的第一个方程

① **阻尼**(damping)是指任何振动系统在振动中，由于外界作用和/或系统本身固有的原因引起的振动幅度逐渐下降的特性，以及此一特性的量化表征。在物理学和工程学上，阻尼的力学模型一般是一个与振动速度大小成正比、与振动速度方向相反的力，该模型称为**黏性阻尼模型**，是工程中应用最广泛的阻尼模型。

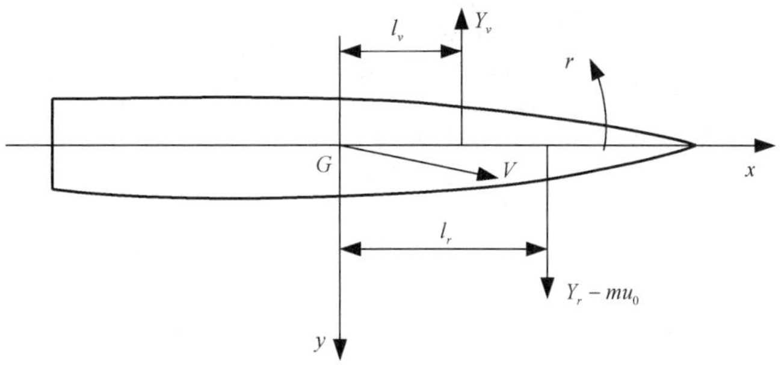

图 2-9 位置力臂和阻尼力臂示意图

$$\Delta\dot{u} = a_0\Delta u \tag{2-14}$$

单独加以研究，上式中

$$a_0 = \frac{X_u}{m - X_{\dot{u}}} \tag{2-15}$$

已知 $X_u < 0, m - X_{\dot{u}} > 0$，故 $a_0 < 0$。上面方程式的特征值为

$$\lambda_1 = a_0 < 0 \tag{2-16}$$

故而根据李雅普诺夫稳定性定理可得结论：船舶前进运动模式永远是稳定的。这一点易于从能量观点解释：如果扰动使航速增加，前进阻力必然增大，在螺旋桨转速不变条件下，推力小于阻力，航速将下降并最终恢复到稳态值；反之亦然。

四、船型对直线稳定性的影响

(1)增大尾部在水下中纵剖面上的投影，如采用增加尾倾，增大呆木或尾鳍的面积（见图 2-10），既可使 $|N_r|$ 增大，也可使 $|N_v|$ 减小和 $|Y_v|$ 增大，可改善直线稳定性。

若为了改善其他性能，必须损失一部分直线稳定性，可采用呆木开孔、削小呆木等措施，如图 2-10 所示。

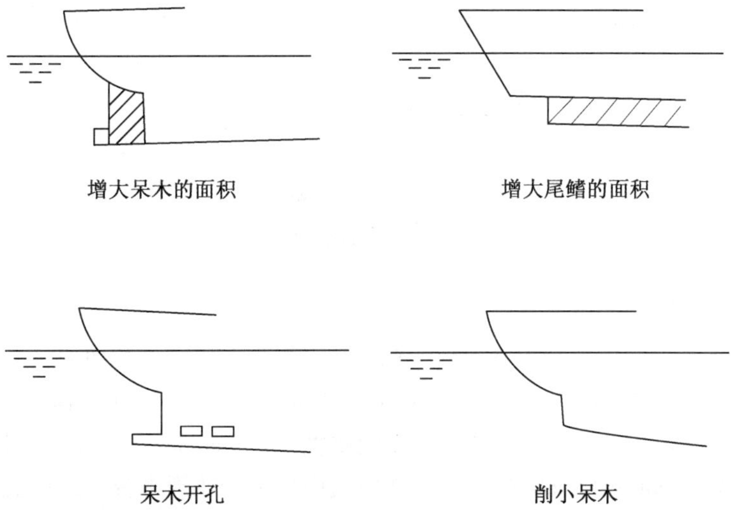

图 2-10 改变船舶直线稳定性的措施

(2) C_b、B/L 和 d/L 越小,直线稳定性越好。

从无量纲化的不等式可见,$m' \downarrow \Rightarrow (Y'_r - m') \uparrow \Rightarrow |Y'_r - m'| \downarrow \Rightarrow l_r \uparrow$,$l_r$ 增大说明 m' 减小时,船舶的直线稳定性增加。而船体质量的无量纲值

$$m' = \frac{m}{\frac{1}{2}\rho L^3} = \frac{\rho C_b LBd}{\frac{1}{2}\rho L^3} = 2C_b \cdot \frac{B}{L} \cdot \frac{d}{L} \tag{2-17}$$

所以 C_b、B/L 和 d/L 越小,即船形越瘦长,直线稳定性越好。船形与船速的关系密切,为了减少航行阻力,高速船一般船形瘦长,稳定性好;而低速船一般船形肥满,稳定性较差。

(3)减小首部在中纵剖面的投影面积对稳定性的改善作用,原则上讲与增加尾部在中纵剖面投影面积有相同的趋势,但由于船舶回转时枢心在首部,尾部水流漂角大,首部水流漂角小,所以首部形状对稳定性的影响是很小的。

(4)舵不转动时,相当于尾部稳定鳍的作用,而且舵的水动力性能好,它的效果比相同面积的稳定鳍大得多。所以提高舵效(增大舵面积、提高舵的升力系数)将使直线稳定性大为改善。另一方面,舵效越高,舵纠正航向偏离的能力越强,即船舶的控制稳定性好。

五、对航向稳定性的评述

(1)船舶受到外界扰动,一旦偏离了原来航向,船后桨的推力方向和船速方向都会发生改变,对于具有直线稳定性的船舶,虽能恢复原来的直线运动状态,但无法改变桨的推力方向而恢复到受扰动之前的航向,更无法回到原来的航线。所以任何水平面的船舶如不操舵,都不具有方向稳定性和位置稳定性。直线稳定性程度较大的船舶除去外界干扰,最终的航向偏离较小,最终的航向偏差较小。

不具有直线稳定性的船舶,则扰动量越来越大,已经不能用线性方程讨论,最终在非线性作用力下将进入某个定常回转状态。

(2)船舶要保持既定的航向,就必须不断操舵,通过操舵来保持在既定航向航行的能力,称为**航向保持性,或使用稳定性**。根据航行中的经验,船舶的使用稳定性可用下列两个指标衡量:

a. 为保持航向的平均操舵频率不大于每分钟 4~6 次;

b. 平均转舵角不超过 3° ~ 5°。

(3)要提高航向保持性,除了要使船舶具有直线稳定性外,还要使舵设计得当,具有良好的舵效。对于直线不稳定船舶,要保持航向,往往需要提前操舵,以补偿船舶运动响应的滞后。

六、风标稳定性

风标(weather cock)是各种测风仪器中用以指示风向的最主要的部件。风标分为头部、水平杆和尾翼 3 部分,如图 2-11 所示。船舶的方向运动稳定性和风标的指向功能具有某种相似性。因此船舶方向运动稳定性也可称作**风标稳定性**(weathercock stability)。风标稳定性也称作**静稳定性**(static stability),可以利用箭矢在空气中的运动原理来分析风标稳定性。

如图 2-12 所示,假设箭受到外部的干扰,使得箭体偏离了初始方向,初始航向与箭体之间夹角为 ψ。ψ 实际上就是空气(流体)对箭的攻角,ψ 引起作用于箭体的侧向力 F。由于尾部面积较大,从而可以忽略作用于箭体上的其他部分的力,而认为该侧向力作用点就在尾羽上,

图 2-11 用于指示风向的风标

所以也可将侧向力 F 看作作用于箭体上的作用力的合力。

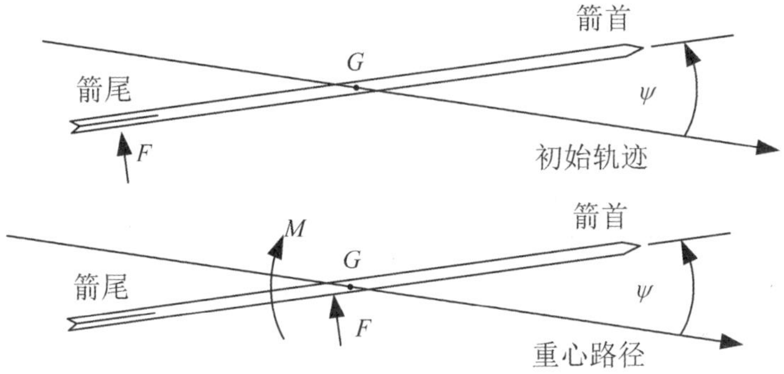

图 2-12 箭矢受扰运动示意图

侧向力 F 将使箭体发生横移，同时产生力矩 M，使得 ψ 减小。很快，ψ 将变成负值，F 也将变成负值。所以箭体将在航向上有一个振荡，然后稳定在一个新的航向，新航向与原航向之间的偏差值与空气对箭体的阻尼（也就是侧向力 F）有关，阻尼越大，则该偏差越小；要使阻尼增大，就要增大尾羽的面积。而该偏差值越小，方向稳定性越好。

类似于箭，船体后部在中纵剖面的面积越大，其稳定性越好。当然船后部面积越大，前进方向的阻力将增大，其快速性将受到影响。

七、船体的中性点

中性点（neutral point）是与船舶直线稳定性有关的很重要的一个概念。中性点是在船体纵向上的一个点，如图 2-13 所示，当一个外力作用于该点的时候，忽略初始的过渡阶段，该外力将不会使船首向发生变化。假设中性点位于重心前的距离为 ηL，则

$$\eta = \frac{N'_v}{Y'_v} \tag{2-18}$$

一般地，η 约为 1/3，故中性点大约在距离船首 1/6 船长的位置（假设船舶重心位于船体中部）。

当船体以漂角 β，侧向速度 $-v$ 前进时，作用于船体上的水动力和水动力力矩分别为 vY'_v 和 vN'_v，该水动力作用点为 $\left(\frac{N'_v}{Y'_v}\right)L$（位于重心前）。

显然，如果一个外力作用于中性点，将对船体不产生偏转力矩，所以一个外力距离船舶重心越远，该力产生的力矩将越大，将使船首向越容易发生变化。所以造船时舵叶要放于船尾部分，就是为了产生较大的转首力矩。

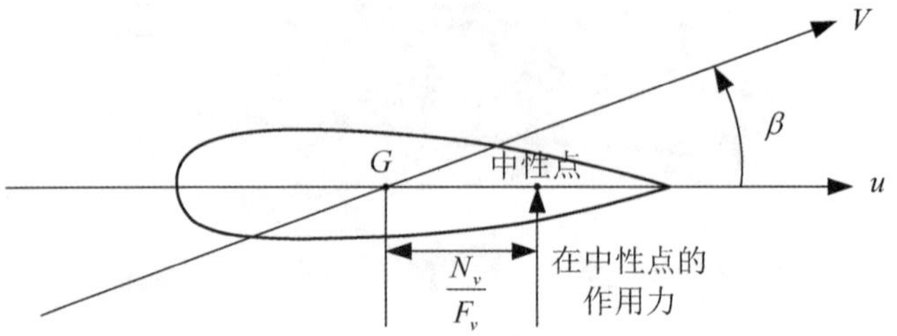

图 2-13　船体的中性点

八、操纵性试验

操纵性试验是研究船舶操纵性的一个重要内容。操纵性试验的目的是求得船舶操纵性衡准及各种运动要素，从而评价船舶操纵性的优劣。

操纵性试验分为实船试验和模型试验两种。**实船试验**（sea trial）是在自然水域中进行，为使试验结果准确可靠，应注意以下几点：

（1）选择海面平静、潮流较小的时间和地点。螺线操纵试验要求无风和静水；逆螺线操纵试验、Z 形操纵试验在风力不超过四级的条件下进行。

（2）试验水域要有足够的深度，以减少浅底的影响；海面要足够宽阔。

（3）操纵性在不同装载条件下会发生很大变化，一般应在满载条件下进行试验；油船和散货船还应进行压载状态的试验。

（4）在试验过程中，燃油手柄位置应保持不变。

（5）所有数据应从第一次操舵前 2～3 分钟开始记录。

（6）校准好各种设备和仪器。

模型试验应满足几何相似、弗劳德数①相等的重力相似，但模型试验的雷诺数②低于实船，故存在尺度效应问题。**尺度效应**是指模型试验和实船试验的结果差别较大。在模型试验中，尺度效应的影响是严重的，有时模型试验结果和实船试验结果可能会出现很大的差别。目前对其原因和修正方法尚无满意的研究结果。**模型试验**可分为自由自航模试验和约束模试验。

自由自航船模试验（free-running model test）又称**自航模试验**，通常在露天水池、天然湖泊或室内操纵性水池中进行，船模本身装有螺旋桨、舵及相应的动力系统和控制系统，可以模仿实船在水池中自由航行。通过实船试验和自航模试验可以直接测得各种运动参数，能较直观

① 英文 Froude number，$Fr=V/\sqrt{gL}$。

② 也简写作 Re，英文为 Reynolds' number，是为了纪念学者 Osborne Reynolds。雷诺对导管中流体摩擦阻力的性质进行了试验研究。$Re=VL/v$，其中 v（读音[nju:]）为流体运动黏性系数，常温（15 ℃）下对海水 $v=1.188\ 31\times10^{-6}$（m^2/s），淡水 $v=1.139\ 02\times10^{-6}$（m^2/s）。

地分析比较船舶的操纵性能,所得到的结果综合地反映了各种因素的影响,但不便于分析每一个因素的单独影响。

约束船模试验(captive model test)又称**约束模试验**,是在水池中采用平面运动机构等设备,强制船模做规定的动作,以测定其上的水动力和力矩,通过计算所需的各水动力导数,用于深入地分析船舶操纵性运动。

操纵性试验的分类总结:

- 操纵性试验
  - 模型试验
    - 自由自航船模试验
    - 约束船模试验
  - 实船试验

九、回舵试验

布瑟尔(Roy Burcher)在 1969 年提出了评定船舶直线稳定性的回舵试验(pull-out test)。

(1)实验目的

迅速、简便地评定船舶的稳定性和不稳定性程度。

(2)试验方法

船舶进入定常回转后,即令舵角为零,同时测定转首角速度(或首向角)随时间的变化,直到船舶进入新的定常状态(直航或定常回转)为止。回转试验可以对左、右舷分别进行,一般操舵角可取 15°(ITTC 标准为 20°,也可以与回转试验或螺线试验时的最大操舵角相同)。

该试验不论对实船和自航船皆可以方便地进行。

(3)试验结果

通常将回舵试验结果绘成图 2-14 和图 2-15 所示的试验曲线。

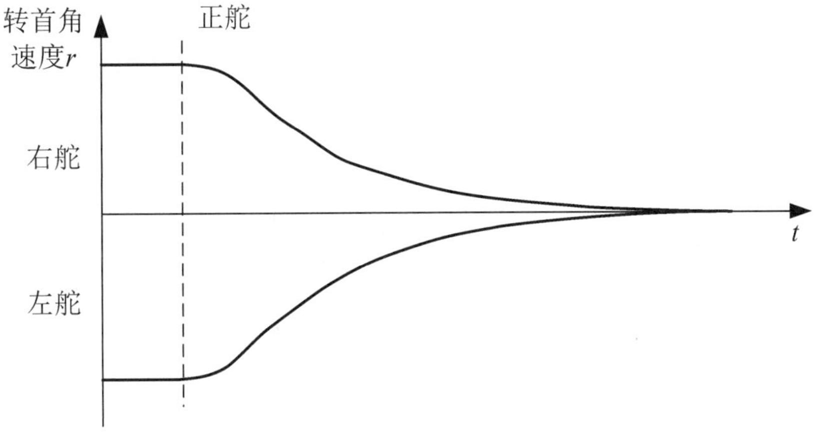

图 2-14　具有直线稳定性船舶的回舵试验结果

对于直线运动稳定的船舶,回舵试验的结果也可表示为图 2-16 的形式,其中纵坐标是角速度的自然对数,横坐标是时间。英国海军实验技术研究所(AEW)提出以 $\ln r - t$ 曲线的斜率来表示船舶直线运动稳定程度,斜率为

$$\frac{\mathrm{d}\ln r}{\mathrm{d}t} = \tan\theta \tag{2-19}$$

实际上,在线性简化下,由于 $r = C\exp(-t/T)$(该式的由来参见"一阶响应模型"一节),

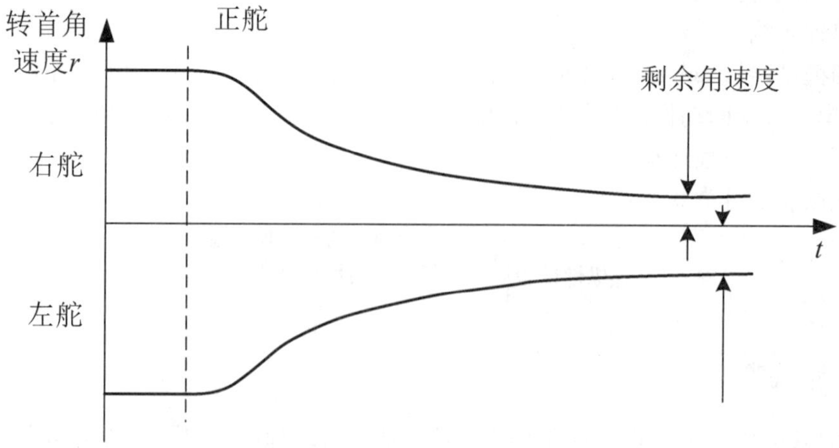

图 2-15　不具有直线稳定性船舶的回舵试验结果

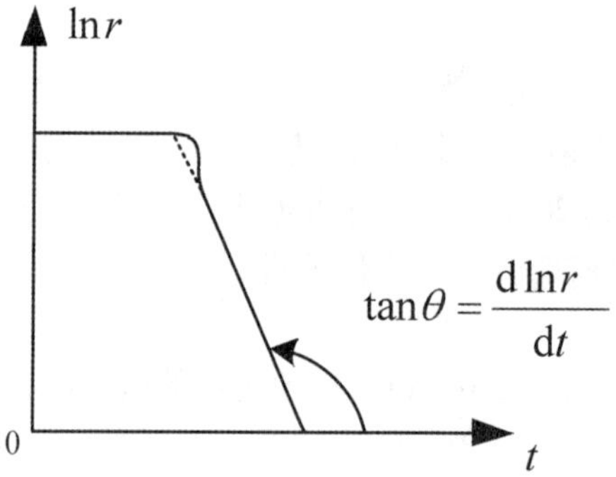

图 2-16　具有直线稳定性船舶的回舵试验结果的另一种表示

取对数后可得

$$\ln r = \ln C + \left(-\frac{1}{T}\right) \cdot t \tag{2-20}$$

式中:C 为常数。上式两边同时对时间 t 求导数,则

$$\frac{d\ln r}{dt} = -\frac{1}{T} \tag{2-21}$$

综合上面各式,则得

$$\tan\theta = -\frac{1}{T} \tag{2-22}$$

上式表明,采用对数表达的回舵试验曲线的斜率值与船舶的 T 指数有关系,表征了直线运动的稳定度。

进行回舵试验常使用角速度陀螺来测量回转角速度。当没有这种设备用来直接测量角速度时,也可以回舵到船舶进入定常运动之前,以首向角总的变化估计稳定性。它相当于回舵试验中回转角速度对时间的积分。

可由回舵试验结果估计稳定性好坏,如表 2-1 所示。

表 2-1 由回舵试验结果估计稳定性好坏

首向角变化	15°~20°	35°~40°	80°~90°	90°
稳定性好坏	很好	适中	相当于临界状态	不具有稳定性

第三节 船舶的回转性

当船舶在预先设定的航线上发现障碍物或其他船舶时，为了避免碰撞，驾驶者需要使船舶及时改变航向或航速，此时即要求船舶具有良好的回转性。

一、回转运动的基本概念

(1) **回转性**(turning ability)是船舶应舵做圆弧运动的性能。

(2)除了船舶直线稳定性，操纵性的另一个重要方面是机动性，其中研究得最多的是船舶的回转运动，一方面是因为回转运动是船舶操纵中常见的一种运动(回转运动与船舶避让、靠离泊、灵活调头等操纵密切相关)；另一方面是因为回转运动的最后一个阶段是定常运动，便于进行理论分析。

直线航行的船舶，将舵转至某一舵角，船将做曲线运动，称为**回转运动**。

(3)船舶重心运动的轨迹称为**回转圈**，也称作**旋回圈**，如图 2-17 所示。一般来说，回转性是以回转圈的参数来表征的。

二、回转圈的主要特征参数

(1)纵距(advance)：A_d

自转舵开始时的重心沿初始直线航向至首向改变 90° 时的船舶重心间的纵向距离称为**纵距**。纵距有时可针对旋回圈上的任意一点。在此基础上，如果再旋转过相当于漂角度数的位置处，将出现船舶在原航向上的最大纵移距离，称为**最大纵距**($A_{d\,max}$)。

纵距的大小可用来表征船舶的回转性和跟从性。纵距越小，表示船舶的定常回转直径小(即回转性好)，以及船舶在操舵后进入新的稳定状态快(即跟从性好)；反之，则船舶回转性和跟从性差(或其中一个特性很差)。一般船舶纵距约为 3~4 倍船长，0.6~1.2 倍定常回转直径。

《船舶操纵性标准》对船舶回转能力要求纵距不超过 4.5 倍船长。

(2)横距(transfer)：T_r

船舶转首 90°时，其重心至初始直线航向的横向距离称为**横距**，也称作**正横距**。该值越小，回转性越好。有时横距可针对旋回圈上的任意一点。

(3)反横距(kick)：K

船舶离开初始直线航向回转中心的反侧横移的最大距离称为**反横距**，也称作**反移量**或**偏距**。它一般为船长的 1%左右，不超过 1/2 船宽，此时船尾偏出原航向的横移量约为船长的 1/10~1/5。

反横距是一个很重要的参数。例如两船相遇时，由于两船距离很近，若两船同时操舵避

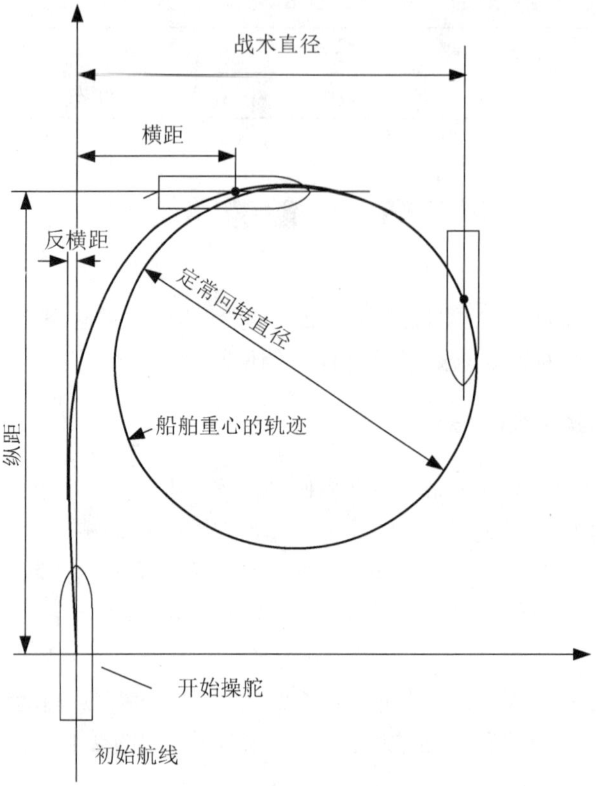

图 2-17　船舶回转圈

让，则两船可能靠拢而导致碰撞，这正是两船同时产生反横距的结果。内河船在狭窄的航道中回转时，反横距也是一个很重要因素。

(4)战术直径(tactical diameter)：D_T

船舶首向改变 180° 时，其重心距初始航线的横向距离称为**战术直径**，也称作**回转初径**或**旋回初径**。该值越小，回转性能越好。在此基础上，如再转过相当于漂角度数的位置，将出现距原航线最远的最大横距，称为**最大横距**(maximum transfer)。

战术直径的值一般为 3~6 倍船长。《船舶操纵性标准》对回转能力的要求为战术直径不大于 5 倍船长。

(5)定常回转直径(steady diameter)：D

在回转运动中，船舶进入定常阶段后回转圈的直径称为**定常回转直径**。满舵条件下的定常回转直径称为**最小回转直径**。

定常回转直径一般要小于战术直径，原因在于定常回转一般在船首向改变 90°后才能达到，有时可能会超过 180°。一般来说，$D \approx 0.9D_T$。定常直径的大小与船舶的回转性相关，回转性好的船舶，$D/L = 3$ 左右；回转性差的船舶，$D/L = 10$ 左右；回转性一般的船舶，$D/L \approx 5 \sim 7$。

常见船舶的定常回转直径如表 2-2 所示。

表 2-2 常见船舶的定常回转直径

船舶种类	D/L	船舶种类	D/L
大型远洋客船	7.5~8.0	大型货船	5.0~6.5
中小型海上客船	4~5	中型货船	4~5
大型客货船	5~7	油船	3.5~7.5
中小型客货船	4~5	拖船	1.5~2.3

图 2-18 和图 2-19 给出了不同 D/L 时，它与 A_d/D 及 T_r/D 的关系。其统计数值范围：$A_d/D = 0.6 \sim 1.2, T_r/D = 0.5 \sim 0.6$。

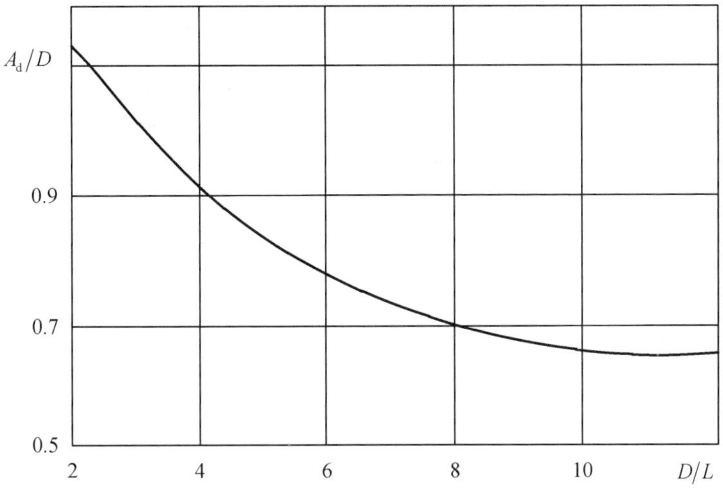

图 2-18 D/L 与 A_d/D 统计变化趋势

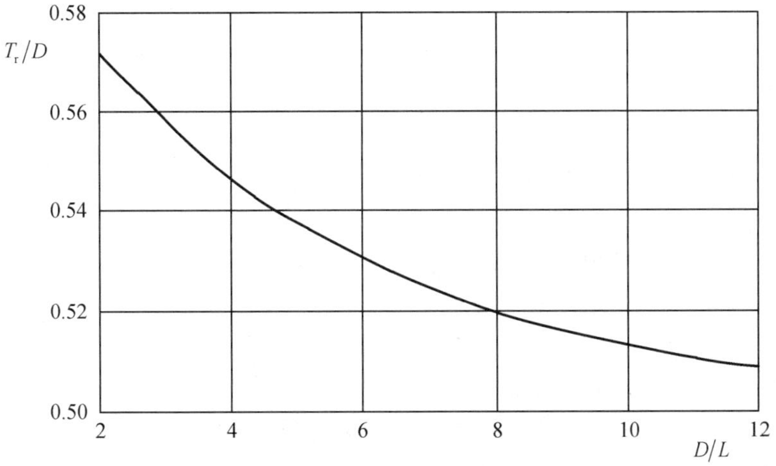

图 2-19 D/L 与 T_r/D 统计变化趋势

(6)枢心(pivoting point)：P

船舶在做回转运动时，在某一瞬时，船舶中纵剖面上各点的速度大小和方向是不同的，中纵剖面上漂角为零的点，即该点上速度的方向与中纵剖面相一致，横向速度为零，称为**回转枢**

心,也称作**转心**。

在船舶回转过程中,由转首角速度 r 造成的横向速度在中纵剖面各点上的数值为 $v+rx$,则有枢心在中纵剖面上的坐标值为

$$x_{\mathrm{p}}=-\frac{v}{r}=\frac{U_0}{r}\sin\beta=R\sin\beta=R\beta \tag{2-23}$$

枢心通常位于船首与离船首 $L/4$ 处之间,如图 2-20 所示。因为较小的回转半径 R 伴随较大的漂角 β,而较大的 R 伴随较小的 β,所以对于不同的船或在不同的回转半径条件下,枢心位置的变化是不大的。

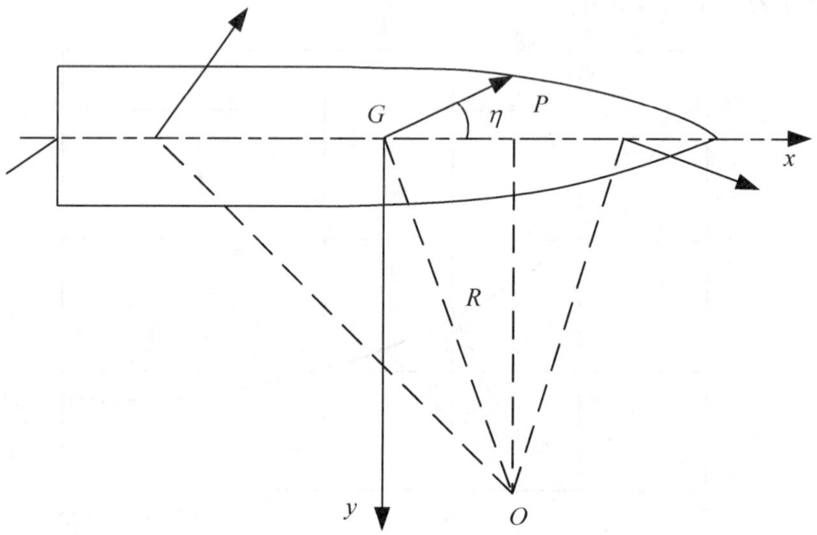

图 2-20　枢心位置示意图

三、回转运动的三个阶段

1. 转舵阶段

(1)定义:船舶从开始执行转舵命令起到实现命令舵角 δ_c 止的阶段,这段时间一般为 8~15 秒。

(2)特点:由于船的惯性很大,而舵力较小,转舵阶段中漂角 β 和回转角速度 r 很小,只有舵力起主要作用,船舶几乎按照原航向航行。

(3)水动力:若向右转一舵角 δ,舵上受到一个指向左舷的水动力作用,如图 2-21 所示。

①在 x 轴上的分量 $X_\delta\delta$ 使船舶前进阻力增加,船速下降。

②在 y 轴上的分量 $Y_\delta\delta$ 使船舶向左舷方向横移,即反向横移。

③舵力对船舶重心 G 的力矩 $N_\delta\delta$,使船舶向右舷回转。

(4)船舶运动方程

$$\begin{cases}(m-Y_{\dot{v}})\dot{v}-Y_{\dot{r}}\dot{r}=Y_\delta\delta\\-N_{\dot{v}}\dot{v}+(I_{zz}-N_{\dot{r}})\dot{r}=N_\delta\delta\end{cases} \tag{2-24}$$

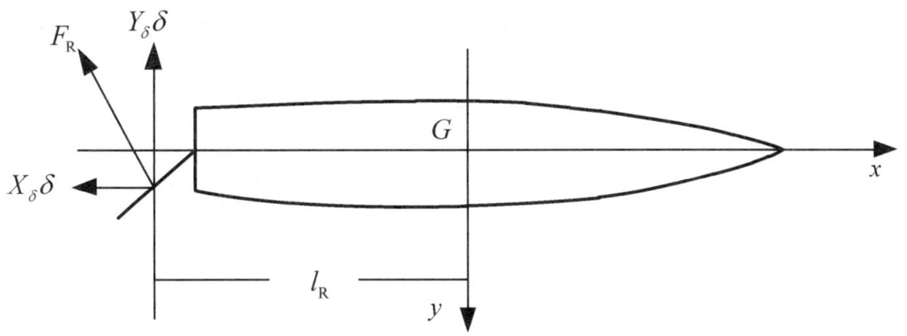

图 2-21 转舵阶段船体受力分析

式中：$\delta \leqslant \delta_c$，从而有

$$\dot{r} = \frac{[(m - Y_{\dot{v}})N_\delta + N_{\dot{v}}Y_\delta]}{(I_{zz} - N_{\dot{r}})(m - Y_{\dot{v}}) - Y_{\dot{r}}N_{\dot{v}}}\delta \tag{2-25}$$

假设船体接近前后对称，因而有 $N_{\dot{v}} \approx 0, Y_{\dot{r}} \approx 0$，进而略去小量，则有

$$\dot{r} \approx \frac{N_\delta\delta}{I_{zz} - N_{\dot{r}}} = C_p\delta \tag{2-26}$$

式中：C_p 是初始回转的有量纲角加速度，表示转单位舵角后，产生的角加速度。C_p 是船舶开始回转性能的一种标志，C_p 越大，表示船舶在转舵后能够越快进入回转运动。

假定回转初始阶段是等角加速度运动，则航向角

$$\psi = \frac{1}{2}\dot{r}t^2 = \frac{1}{2}C_p\delta t^2$$

$$\Rightarrow t = \sqrt{\frac{2\psi}{\delta}} \cdot \frac{1}{\sqrt{C_p}} \tag{2-27}$$

规定：舵角 δ_c 为 10°时，航向角改变 5°所需的时间为 $\frac{1}{\sqrt{C_p}}$。

由于无法实现阶跃操舵，根据实际经验，$\frac{1}{\sqrt{C_p}}$ 相当于操 15°舵角、航向改变 5°所需要的时间，$t_a = \frac{1}{\sqrt{C_p}}$ 称为**初始转首时间**。

《船舶操纵性标准》规定：操 10°舵角、航向变化 10°时间内，船舶航行距离不大于 2.5L，以此作为船舶初始回转能力的标准。

以前也有建议船舶初始回转能力的合理范围为：20°的航向角变化，对于 150 米的船舶，船速 6~12 节，用时在 80~30 秒。

2. 过渡阶段

(1)定义：从转舵终止到船舶进入定常回转的中间阶段。

(2)特点：$\dot{v}, \dot{r}, v$ 和 r 都不为 0，作用在船体上的水动力随时间发生变化。

(3)水动力分析(如图 2-22 所示)：

①船舶受舵力 $Y_\delta\delta$ 的作用 ⇒ 船舶产生横移速度 v ⇒ 重心处出现漂角 β ⇒ 产生横向水动

力 $Y_v v$，由于船体面积很大 $\Rightarrow |Y_v v| \gg |Y_\delta \delta|$，二者符号相反 $\Rightarrow$ 船舶运动由反向横移变为正向横移。

水动力 $Y_v v$ 是使船舶产生回转的真正和主要的力，它是由舵力 $Y_\delta \delta$ 诱发的水动力。这里可以把 $Y_\delta \delta$ 诱发 $Y_v v$ 的现象理解为一种放大效应。

注意：舵力 $Y_\delta \delta$ 除了诱导作用外，由于它指向旋回圈外侧，并不能够提供回转所需的向心力，所以它不是真正的回转动力。

② $Y_v v$ 的作用点位于重心之前 $\Rightarrow$ 产生了顺时针的偏航力矩 $N_v v \Rightarrow N_v v$ 使船舶绕重心回转 $\Rightarrow$ 产生回转角速度 $r \Rightarrow$ 产生水对船的阻尼力矩 $N_r r$，方向为逆时针方向。

当 $N_\delta \delta$，$N_v v$ 和 $N_r r$ 达到相互平衡时，角速度 r 不再增加，但不等于 0。

使船舶产生顺时针运动的主要作用力矩有 $N_v v$ 和 $Y_\delta \delta$。若 $Y_v v$ 的作用点位于重心之后，$N_v v$ 将为负值，船舶顺时针运动的力矩将由于 $N_v v$ 和 $Y_\delta \delta$ 符号相反、方向相反，而使船舶回转运动的力矩减小，甚至有可能为负值，这将恶化船舶回转性能，因此这种情形对于水面排水型船舶来说是不可能的。

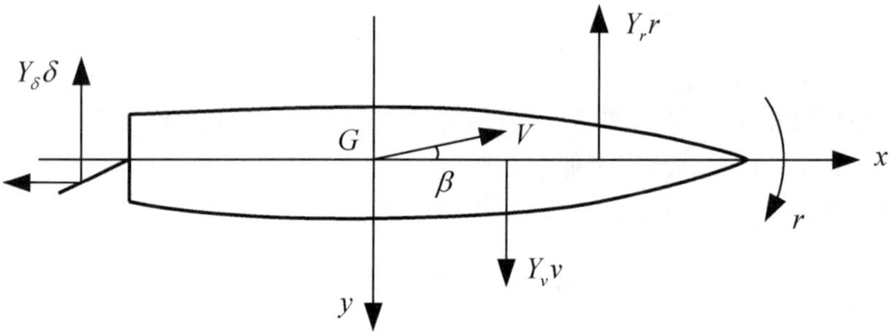

图 2-22　过渡阶段作用在船体上的水动力

(4) 运动方程：

$$\begin{cases} (m - Y_{\dot{v}})\dot{v} - Y_v v - Y_{\dot{r}}\dot{r} + (mu_0 - Y_r)r = Y_\delta \delta_c \\ -N_{\dot{v}}\dot{v} - N_v v + (I_{zz} - N_{\dot{v}}) - N_r r = N_\delta \delta_c \end{cases} \tag{2-28}$$

3. 定常阶段

(1) 定义：在回转运动中，过渡阶段终了，船舶运动参数开始稳定，达到新的平衡阶段。

(2) 特点：$\dot{v} = \dot{r} = 0, v = \text{const} \neq 0, r = \text{const} \neq 0, r = \text{const} \neq 0$，船舶的重心做匀速圆周运动的同时，又绕重心 G 做匀角速度运动。

(3) 水动力：作用在船体上的诸力矩达到平衡，而水动力沿轨迹法线方向保持常值，不再随时间改变。

(4) 运动方程

$$\begin{cases} -Y_v v + (mu_0 - Y_r)r = Y_\delta \delta_c \\ -N_v v - N_r r = N_\delta \delta_c \end{cases} \tag{2-29}$$

$$\Rightarrow\begin{cases} r = r_0 = \dfrac{-Y_vN_\delta + N_vY_\delta}{Y_vN_r + N_v(mu_0 - Y_r)}\delta_c \\ v = v_0 = \dfrac{-N_rY_\delta - (mu_0 - Y_r)N_\delta}{Y_vN_r + N_v(mu_0 - Y_r)}\delta_c \end{cases} \tag{2-30}$$

做圆周运动时,船舶重心处的线速度和角速度之间有下列关系:

$$V_G = R_0r_0 \tag{2-31}$$

式中:V_G 为船舶重心 G 处的线速度,在线性简化下,可近似取为回转运动初始时的纵向运动速度 u_0;r_0 是船舶定常回转运动阶段圆周运动的角速度。注意到船舶在定常运动阶段,一方面船舶自身做匀速旋转运动,另一方面船舶在空间上做匀速圆周运动,前一种运动对应于船舶转首角速度,后一种运动对应于圆周运动角速度。而这两种运动的角速度是相同的,因此式(2-31)是成立的。在研究船舶运动与控制领域,大多数涉及船舶运动的问题是把船舶看成理想化的质点,但是若要考察船体上某一点的运动,则需要将船体看成有形状的物体。$V_G = R_0r_0$,R_0 是重心轨迹的曲率半径,即**定常回转半径**,于是有

$$R_0 = \frac{V_G}{r_0} = \frac{Y_vN_r + N_v(mu_0 - Y_r)}{-Y_vN_\delta + N_vY_\delta}\cdot\frac{u_0}{\delta_c} \tag{2-32}$$

在 r_0 的表达式中,令舵角 $\delta_c = 1°$,另外注意到,船舶直线稳定性衡准数 $C = Y_vN_r + N_v(mu_0 - Y_r)$,于是有

$$r|_{\delta_c=1°} = \frac{-Y_vN_\delta + N_vY_\delta}{Y_vN_r + N_v(mu_0 - Y_r)} = \frac{-Y_vN_\delta + N_vY_\delta}{C} = K \tag{2-33}$$

$$R_0 = \frac{1}{K}\cdot\frac{u_0}{\delta_c} \tag{2-34}$$

$$D_0 = 2R_0 \tag{2-35}$$

K 为单位舵角引起的定常回转角速度,称为**回转性指数**。在一定舵角下,K 越大,定常回转角速度越大,回转直径越小,船舶的回转性越好。

各阶段船舶运动参数的历时曲线如图 2-23 所示。

四、影响定常回转直径的因素

(1) 船舶直线稳定衡准数 C

对于普通船舶,K 的表达式中 $Y_v < 0$,$N_\delta > 0$,$Y_\delta < 0$,N_v 为符号不定的小量,故 K 的分子一般为正值。

当船舶具有直线稳定性时,$C > 0$,此时

正的舵角 ⇒ 正的角速度 r(右转)⇒ $D_0 > 0$;

负的舵角 ⇒ 负的角速度 r(左转)⇒ $D_0 < 0$。

当船舶不具有直线稳定性时,$C < 0$,此时

正的舵角 ⇒ 负的角速度 r(左转)⇒ $D_0 < 0$;

负的舵角 ⇒ 正的角速度 r(右转)⇒ $D_0 > 0$。

这时在舵角为一定值的范围内,将出现“右舵左转,左舵右转”,即反操现象。反操现象对于日常的船舶操纵来说,并不会出现,但在船舶逆螺线试验中,将出现这种现象,它实际上是船舶不具有回转运动稳定性的一种表现形式。

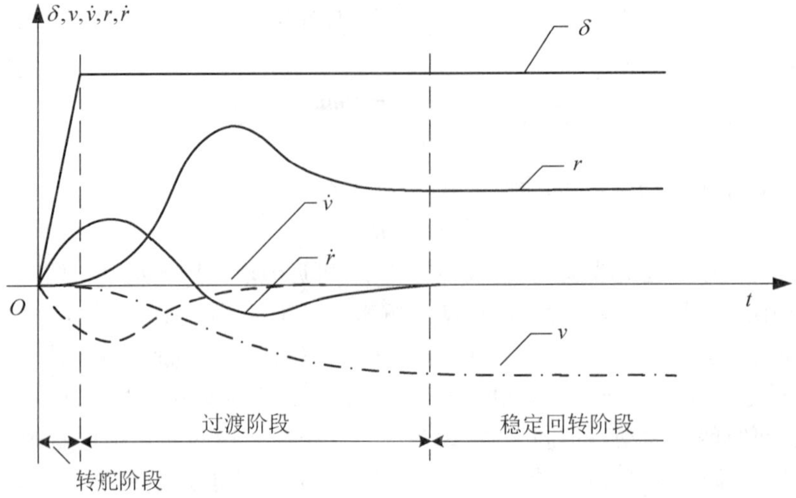

图 2-23 各阶段船舶运动参数的历时曲线

从 $r_0|_{\delta_c=1^\circ}$ 的表达式可以看出，C 越大，稳定性越好，因为 C 与 K 是反比例的关系，所以 C 增大将导致 K 减小，即回转性变差，回转直径增大。这说明船舶的回转性和直线稳定性是矛盾的。因此改善直线稳定性的方法，就是降低回转性的方法，反之亦然，例如：

减小尾部纵剖面面积 $\Rightarrow C$ 减小 $\Rightarrow K$ 增大 $\Rightarrow D_0$ 减小 $\Rightarrow$ 回转性变好；

增加尾部纵剖面面积 $\Rightarrow C$ 增大 $\Rightarrow K$ 减小 $\Rightarrow D_0$ 增大 $\Rightarrow$ 回转性变坏。

1946 年戴维逊（K. S. M. Davidson）和许夫（L. I. Schiff）发表的论文《回转和航向保持性》提出了航向稳定性和回转性相互制约的概念。巴辛 1949 年《船舶航向稳定性和回转性理论》一书在这方面做出了重大贡献。

对于一艘操纵性良好的船舶，应既能按照驾驶员的要求方便、稳定地保持运动状态，又要按驾驶者的要求迅速、准确地改变运动状态，即“静如处子，动如脱兔”，但实际上二者是很难兼顾的。因此对直线稳定性和回转性一般采取侧重某一方面的做法。对远洋航行的船舶和补给船（supply ship），偏重于直线稳定性，在港内受限水域时，使用拖船增加其回转性。对于中小型的河道、港内等受限水域的船舶，一般不需要拖船，因此偏重于回转性。

（2）舵

如果舵的性能变好，则 $|Y_\delta|$ 和 $|N_\delta|$ 增大，从而有定常回转直径 D_0 减小，回转性指数 K 增大，但是对直线稳定性影响不大。所以可以使用特种舵以改善船舶的回转性。

舵不转动时，起到稳定鳍的作用，而舵转动后提供一个使船转动的力矩，所以提高舵效对于稳定性和回转性都是有利的。当然，增大舵面积将引起舵装置体积、重量、舵机功率和航行阻力的增大，所以也需全面统筹考虑。

五、估算回转直径的经验公式

（1）赫夫加特-桑海和宝田直之助公式

船舶定常回转直径

$$D = \frac{2k_1\nabla}{C_F A_R \cos\delta} \tag{2-36}$$

式中：∇——船舶排水体积；

δ——舵角；

A_R——舵面积；

C_F——舵的法向力系数，利用乔赛尔公式计算

$$C_F = \frac{0.311\sin\delta}{0.195 + 0.305\sin\delta} \tag{2-37}$$

$k_1 = f(\nabla, L, S)$，计算 k_1 的图谱如图 2-24 所示，S 为船体湿水面积。

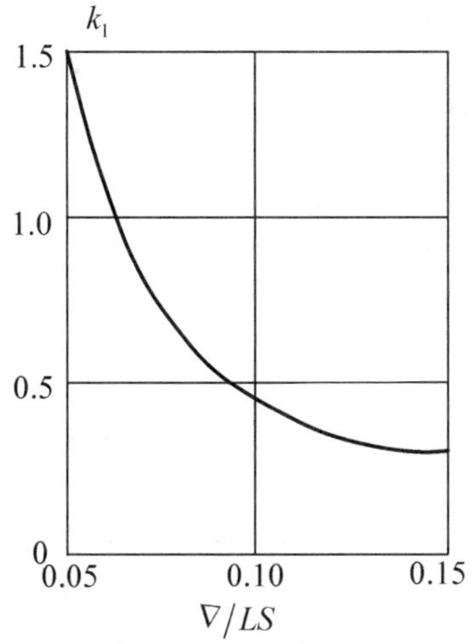

图 2-24　计算 k_1 的图谱

桑海修正式：

$$D_c = 2 \cdot \frac{k_1}{k_2} \cdot \frac{\nabla}{A_R} \tag{2-38}$$

式中：$k_2 = f(\delta)$。

为计算船舶回转战术直径，宝田给出了如下的修正式

$$D_T = k_4 \cdot k_5 \cdot D_{T_0} \tag{2-39}$$

式中：$k_4, k_5 = f(u_0, \theta)$，可参考图 2-25 查得；

u_0——船速；

θ——船体纵倾角。

D_{T_0}——无纵倾及 $V_{kt}/\sqrt{L_{ft}} = 1$ 时的战术直径，可参考图 2-26 按下式计算

$$D_{T_0} = \frac{2k_3\delta}{C_F A_R \cos\delta} \tag{2-40}$$

式中：V_{kt}——船速（节）；

L_{ft}——船长（英尺）；

$k_3 = f(\nabla/(LS), B/d)$，为经验系数，可由图 2-27 查得。

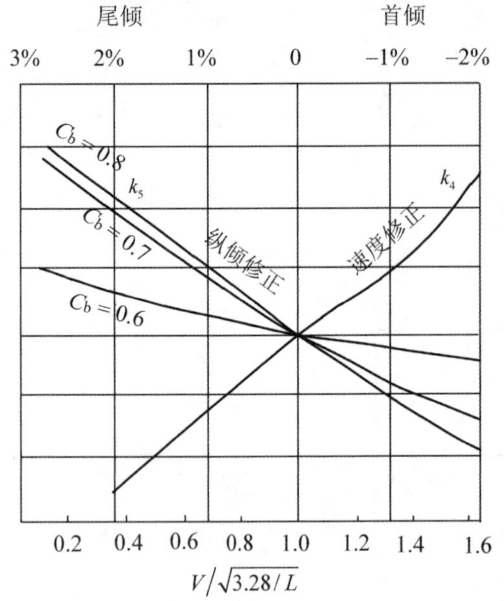

图 2-25　k_4 和 k_5 的经验曲线图

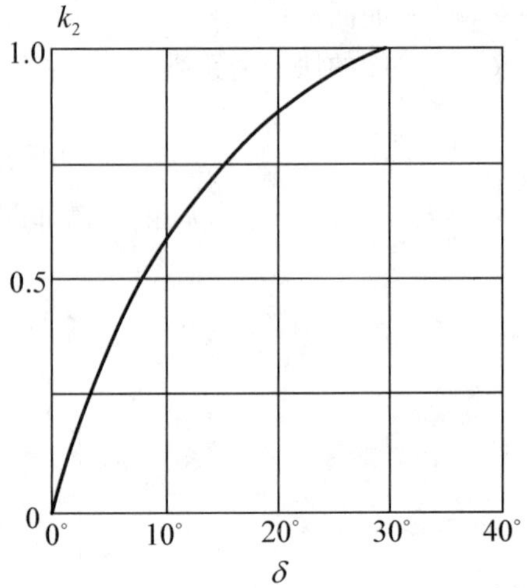

图 2-26　计算 $D_{T_0} = \dfrac{2k_3\delta}{C_F A_R \cos\delta}$ 的图谱

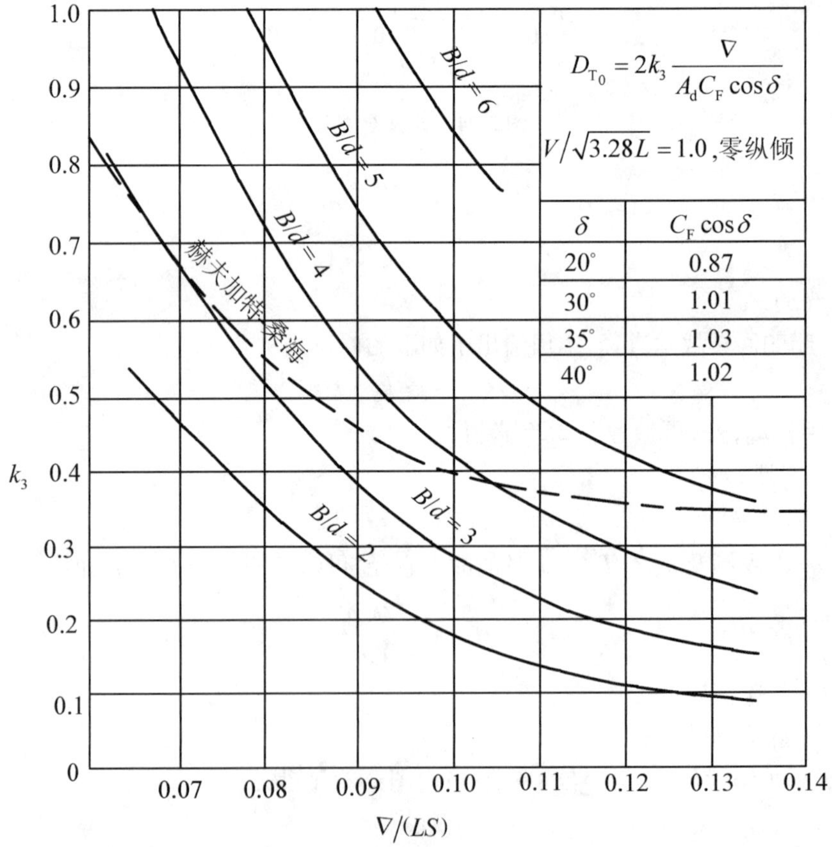

图 2-27　k_3 的经验曲线图

（2）杉原喜义公式

$$D = 1.028k\sqrt{L} \cdot u_0/E \tag{2-41}$$

式中：L ——船长（米）；

u_0——船速（节）；

E——回转速度参数，$E = (0.46u_0/\sqrt{L} - 0.36) \cdot \sin\delta + 0.11$；

k ——初始速度 u_0 与定常回转速度 V_0 的比值。

对于单桨船，按下式计算

$$k = 1.0 - 0.8C_b \frac{A_R}{Ld} \cdot \delta + 4.5 \frac{\tau}{L} \tag{2-42}$$

对于双桨船，按下式计算

$$k = 1.0 - \frac{\delta}{k_1} \cdot \frac{A_R}{S} \tag{2-43}$$

式中：C_b ——方形系数；

τ ——吃水差；

A_R ——舵面积；

$k_1 = f(\nabla/LS)$，由图谱查得。

（3）Lyster 公式

对于单桨船，按下式计算

$$\frac{D}{L} = 4.19 - 203\frac{C_b}{\delta} + 4.74\frac{\tau}{d} - 13\frac{B}{L} + \frac{194}{\delta} - 35.8\frac{S_p}{Ld}C_h(S_T - 1) + 38.2\frac{S_p}{Ld}(S_T - 2) + 7.79\frac{A_b}{Ld} + 0.7\frac{d}{d_L - 1} \cdot \frac{S}{|d_L - 1|} \cdot (S_T - 1) \tag{2-44}$$

式中：C_h ——舵弦长；

S_p ——舵展长（舵高）；

A_b ——船首浸水面积，向首柱突出为正，首柱向后空缺为负；

d ——吃水；

d_L ——设计吃水；

S_T ——艉型系数，敞水式艉型 $S_T = 1$，闭式艉型 $S_T = 2$。

（4）巴士裘宁公式

$$D = \frac{L_{WL}^2 d}{10A_R} \tag{2-45}$$

式中：L_{WL} ——水线长（m）；

d ——吃水（m）；

A_R ——舵的浸水面积（m^2）。

（5）季美（Thieme）公式

$$D = 0.25L_{WL}^{5/3} \tag{2-46}$$

六、回转运动中的耦合特性

船舶在水平面内做回转运动时，还会同时发生横摇、纵摇、升沉等运动，以及速降。这些可理解为船舶回转运动的耦合运动，其中以速降和横倾最为明显。

(一)速降

1. 速降的原因

(1)船舶在小舵角回转时，漂角很小，航速变化也不大，但是在满舵旋回时，漂角增大，因而使得船舶前进阻力增大，离心力在前进方向的分量也大大消耗了桨的推力。

(2)舵的阻力将随着舵角的增大而迅速增大，满舵时具有与船体阻力相同的量级。

(3)在船舶的旋回中，螺旋桨的工作条件发生改变，转速略有降低，推进效率也会降低，进而螺旋桨的推力减小。

2. 回转时主机外特性的三种形式

(1)主机的功率不变

对于主推进装置为涡轮机的船舶，回转时汽阀位置不变，由锅炉供给的蒸汽流量不变。

(2)主机的转矩不变

对于内燃机船舶，当主机的供油阀门固定时，每个循环的喷油量不变，回转时转速虽下降，但转矩可近似认为不变。这是船舶进出港、狭水道航行采用备车航行时主机所处的工况。

(3)回转中主机的转速不变

对于内燃机船舶，当主机的转速采用调速器控制时，主机的转速不变，这相当于船舶在海上“定速”航行。

船舶在回转过程中，随着船速的下降，螺旋桨推力的变化因主机的三种工况而不同。转速不变时，推力增大最多，航速下降最少；功率不变时，航速下降次之；转矩不变时，推力可能减小，船速下降最多。

3. 回转速降的经验公式

(1)费尔索夫公式 1

只要相对回转直径大于 1，就可以用费尔索夫由模型试验整理得出的经验公式来估计定常回转时的船舶速度。

$$\frac{V_c}{V_0}=\frac{R^2}{R^2+1.9L^2} \tag{2-47}$$

式中：V_0 是回转初速(即直线航行航速)，V_c 是定常回转航速。

回转直径越小，回转时的漂角越大，则回转速降也越大。不同的相对回转直径下的航速变化如图 2-28 所示。

从图中可见，速度的减小量可达到回转初速 60% 左右。

(2)费尔索夫公式 2

$$\left(\frac{V_c}{V_0}\right)^3\sin\left(\frac{\pi}{2}\cdot\frac{V_c}{V_0}\right)=\frac{5.9}{(R_0/L)^2}+1 \tag{2-48}$$

进行简化后得到

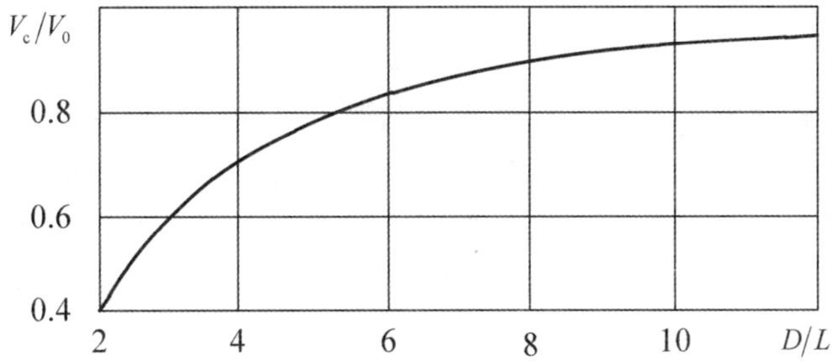

图 2-28 相对回转直径与航速变化的关系

$$\frac{V_c}{V_0} = \tanh\left(\frac{R}{2.45L}\right) \tag{2-49}$$

式中：$\tanh(x)$ 为双曲正切函数(hyperbolic tangent function)。

$$\tanh(x) = \frac{e^{2x} - 1}{e^{2x} + 1} \tag{2-50}$$

(3)费加耶夫斯基公式

费加耶夫斯基根据戴维逊的结果得到下列计算回转时速降的公式

$$f_1\left(\frac{V_c}{V_0}\right) = \frac{5.9}{(R_0/L)^2} + 1 \tag{2-51}$$

式中：R_0 为定常回转半径。由式(2-48)可得

$$f_1\left(\frac{V_c}{V_0}\right) = \left(\frac{V_c}{V_0}\right)^3 \sin\left(\frac{\pi}{2} \cdot \frac{V_c}{V_0}\right) \tag{2-52}$$

为了计算方便，费加耶夫斯基进一步将函数项 $f_1(V_c/V_0)$ 表示成如图 2-29 所示的关系曲线。

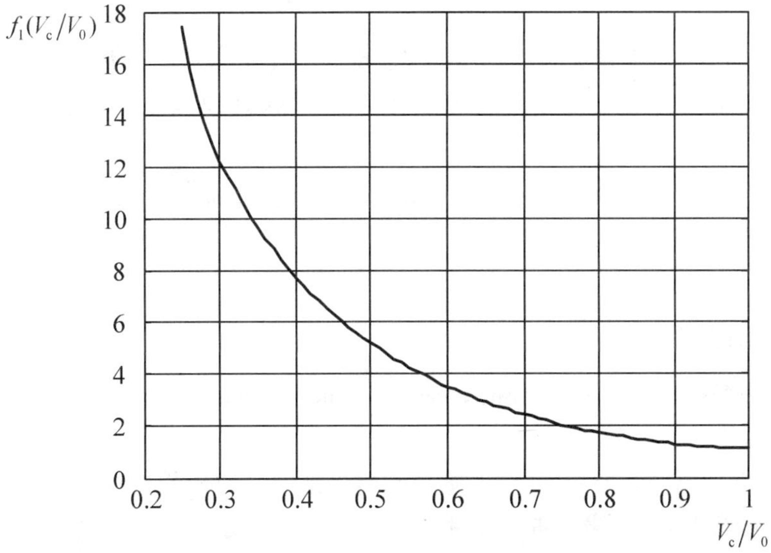

图 2-29 $f_1(V_c/V_0) \sim V_c/V_0$ 的变化曲线

(二)横倾

船舶静止漂浮于水面某一位置时,受到重力和浮力两个作用力,其大小相等,但方向相反,而且两者作用点在同一铅垂线上,这时船舶处于平衡状态。但船舶受到外力干扰时,会产生倾斜,这样就破坏了原来正浮时的平衡状态。如图 2-30 所示的是某船的横剖面,该船在外力(横斜力矩)作用下缓慢地倾斜一小角度,水线由正浮时的 WL 变成倾斜后的 W_1L_1,船的重量在倾斜前后没有改变,船的重心保持在原来的位置,故船的排水体积的大小亦没有变化。但由于水线位置的变化,船体的排水(水下)体积的形状已经改变,故浮心自原来位置 B 点移到 B_1 点。此时,浮心和重心不再位于同一铅垂线上,因而浮力和重力形成一个力偶,促使船回复到原来的位置。图 2-30 中 M 点称为**初横稳心**(initial transverse metacenter),简称**稳心**。它是正浮时浮力作用线和微倾后浮力作用线的交点。在微倾条件下,可证明上述两浮力作用线的交点 M 是定点。

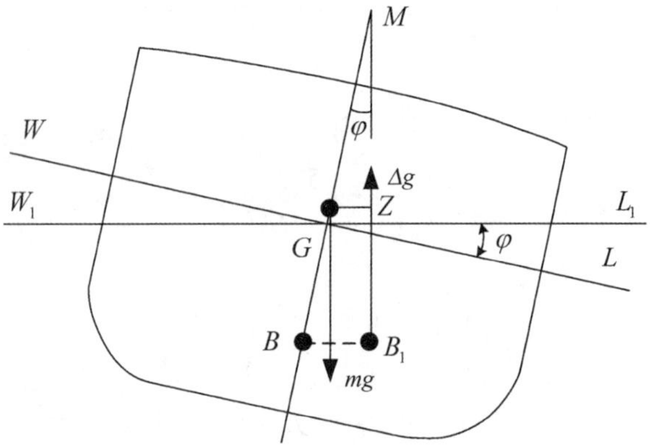

图 2-30　恢复力矩产生示意图

自重心 G 作直线 GZ 垂直于通过 B_1 的垂线(即浮力作用线),则力偶的矩等于 $\Delta\overline{GZ}$,称为**复原力矩**(righting moment),也称作**恢复力矩**、**扶正力矩**或**稳性力矩**(stability moment),通常以 M_R 表示,即

$$M_R = \Delta g\overline{GZ} = \Delta g\overline{GM}\sin\varphi = \Delta gh\sin\varphi \tag{2-53}$$

式中:Δ——排水量;

g——重力加速度;

$\overline{GZ}$——**复原力臂**;

$\overline{GM}$——**初横稳心高度**(initial transverse metacentric height);

φ——横倾角。

若复原力矩与倾斜力矩的方向相反,则它起着抵抗倾斜力矩的作用,M_R 为正值。此时,一旦外力消失,它能使船舶回复到原来正浮的平衡位置。若复原力矩与倾斜力矩的方向相同,则不仅不起抵抗倾斜的作用,反而促使船舶继续倾斜,此时 M_R 为负值。显然,只要 G 点位于 M 点之下,船舶就有稳性。

船舶在回转运动中,会出现绕 x 轴的横倾,回转中的横倾甚至可能会引起翻船。横倾运动的原因是船体所受到的横向力的作用点与船体的重心不在同一水平面上。基于同样的理由可知，随着各横向力作用点的位置不同，船体会表现出不同的横倾状态。下面仍分三个阶段来说明横倾过程，如图 2-31 至图 2-33 所示。

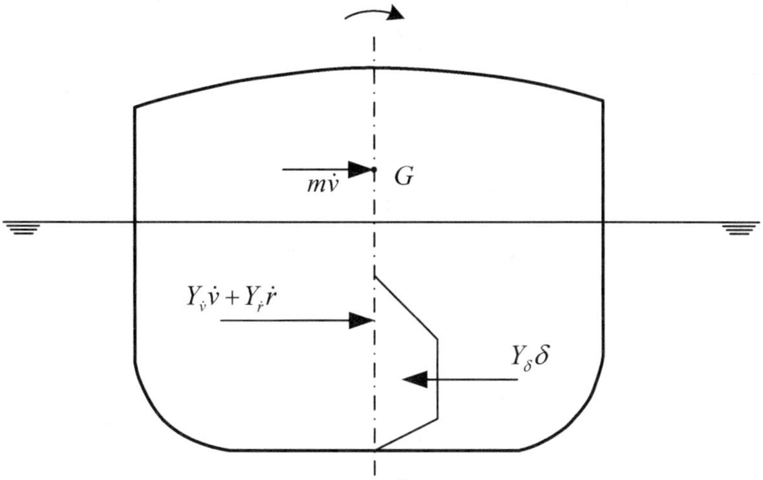

图 2-31 转舵阶段船体的受力分析

1. 转舵阶段

横向运动方程：

$$(m - Y_{\dot{v}})\dot{v} - Y_{\dot{r}}\dot{r} = Y_{\delta}\delta \tag{2-54}$$

根据力的成因，可改写为：

$$Y_{\delta}\delta - m\dot{v} + (Y_{\dot{v}}\dot{v} + Y_{\dot{r}}\dot{r}) = 0 \tag{2-55}$$

式中：$Y_{\delta}\delta$—— 舵力，可以近似地认为它作用在舵面积中心或约 1/2 舵高处，并指向左舷；

$m\dot{v}$—— 由 $\dot{v}$ 引起的船体惯性力，由于 $\dot{v} < 0$，故 $m\dot{v}$ 指向左舷；

$Y_{\dot{v}}\dot{v} + Y_{\dot{r}}\dot{r}$—— 由于 $Y_{\dot{v}} < 0$，$Y_{\dot{r}}$ 为一符号不定小量，故水动力之和为正值，指向右舷，作用点近似在 1/2 吃水处。

下面分析舵力 $Y_{\delta}\delta$ 和水动力 $Y_{\dot{v}}\dot{v} + Y_{\dot{r}}\dot{r}$ 的大小：

$$Y_{\delta}\delta - m\dot{v} + (Y_{\dot{v}}\dot{v} + Y_{\dot{r}}\dot{r}) = 0 \Rightarrow -|Y_{\delta}\delta| + |m\dot{v}| + |Y_{\dot{v}}\dot{v} + Y_{\dot{r}}\dot{r}| = 0$$

$$\Rightarrow -|Y_{\delta}\delta| + |Y_{\dot{v}}\dot{v} + Y_{\dot{r}}\dot{r}| < 0 \Rightarrow |Y_{\delta}\delta| > |Y_{\dot{v}}\dot{v} + Y_{\dot{r}}\dot{r}|$$

三个力对重心 G 取矩，可见船舶将产生向内侧（“内”和“外”是相对于旋回圈的内外而言）的倾斜，但是由于舵力较小，一般来说，船的内倾角是不大的。

2. 回转过渡阶段

横向运动方程：

$$(m - Y_{\dot{v}})\dot{v} - Y_{v}v - Y_{\dot{r}}\dot{r} + (mu_0 - Y_r)r = Y_{\delta}\delta_c$$

$$\Rightarrow Y_{\delta}\delta_c - (m\dot{v} + mu_0 r) + (Y_{\dot{v}}\dot{v} + Y_v v + Y_{\dot{r}}\dot{r} + Y_r r) = 0$$

在回转过渡阶段，漂角和加速度不断增大 ⇒ 作用于船体上的水动力亦不断增大 ⇒ 船体

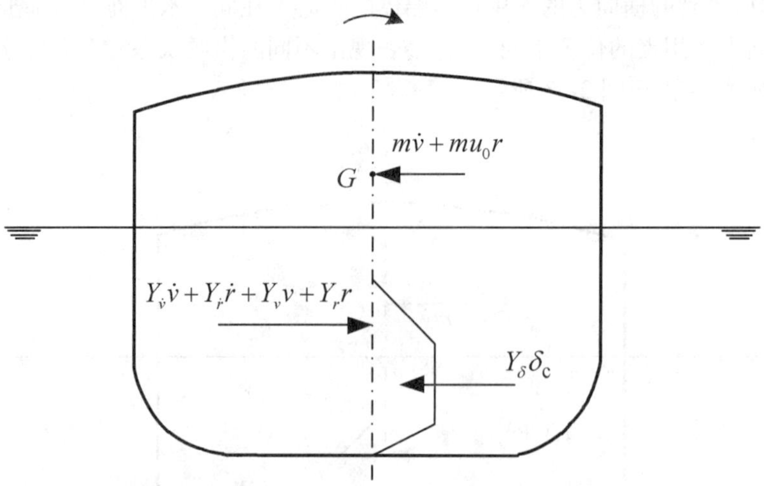

图 2-32　回转过渡阶段作用在船体上的水动力

上的水动力逐渐由次要作用变为主要作用 ⇒ 船舶由内倾变为外倾。

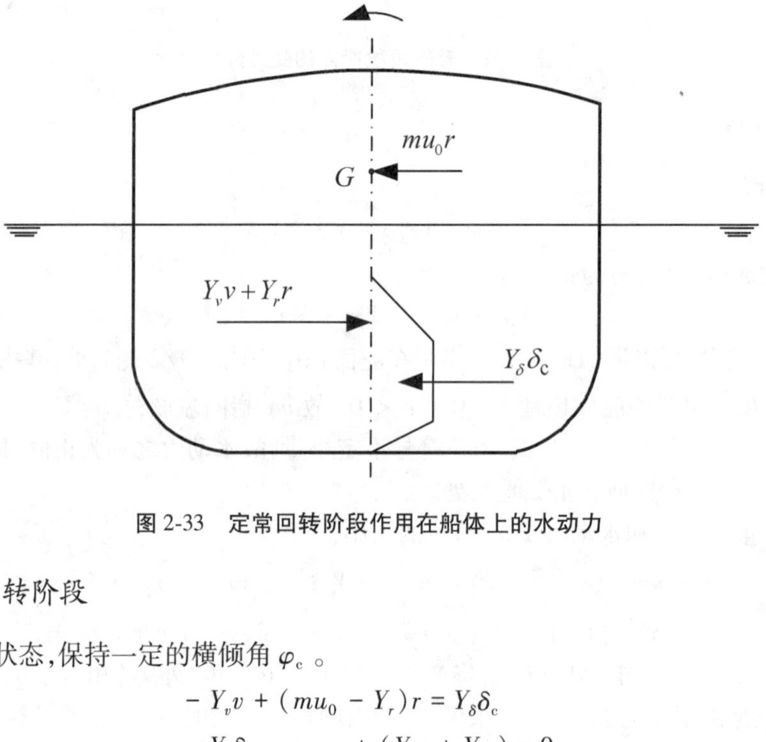

图 2-33　定常回转阶段作用在船体上的水动力

3. 定常回转阶段

进入定常状态,保持一定的横倾角 φ_c 。

$$-Y_v v+(mu_0-Y_r)r=Y_\delta\delta_c$$

$$\Rightarrow Y_\delta\delta_c-mu_0r+(Y_v v+Y_r r)=0$$

分析作用在船体各力:

$Y_R=Y_\delta\delta_c$ 为舵力,与作用在船体上的水动力相比为小量,负值,指向 Y 轴负向,即左舷。它作用在舵面积中心或约 1/2 舵高处。

$Y_H=Y_v v+Y_r r$ 为作用在船体上的水动力。$Y_v<0$,$v<0$,从而可知 $Y_v v$ 为较大正值;而 Y_r 为符号不定的小量,$r>0$,故 $Y_r r$ 为符号不定的小量。因此水动力 Y_H 指向 Y 轴正向,即右舷,其作用点近似在 1/2 吃水处。

$Y_G = -mu_0r$ 为作用于船体重心 G 处的离心力，$m > 0, u_0 > 0, r > 0$，从而可知 Y_G 为较大负值，指向 Y 轴负向，即左舷。

实际上，水动力的增加是很快的，在使船体由内倾转为外倾的倾侧力矩的作用下，船舶所能达到的**最大横倾角** φ_d（也称作**动横倾角**）要大于定常阶段的**稳定横倾角** φ_s（也称作**静横倾角**），并在 1~2 次摇摆后，最终稳定于 φ_s 值。φ_d 通常与转舵时间有关，转舵时间越短，φ_d 越大，通常有

$$\varphi_d = (1.3 \sim 2.2)\varphi_s \tag{2-56}$$

在回转过程中，横倾角的典型变化形式如图 2-34 所示。图中 φ_b 为回转的初倾角，它是在转舵阶段船舶向回转圈内侧横倾的最大角度。

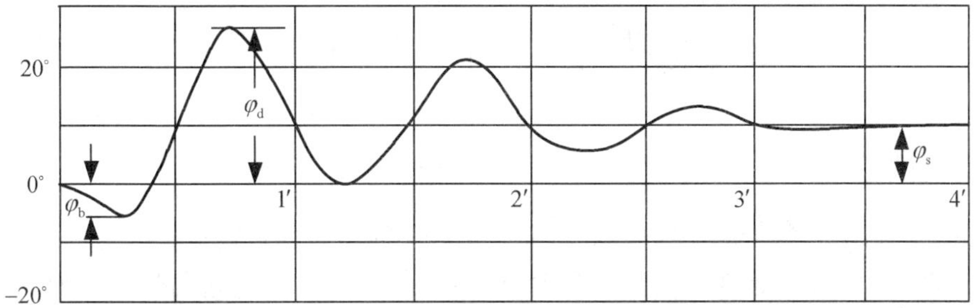

图 2-34　横倾角变化曲线图

应该注意到，在仅有水动力力矩 $Y_v v + Y_r r$ 和舵力力矩 $Y_\delta \delta_c$ 作用下，船体绕 X 轴发生转动，是不是会不断旋转下去呢？不会。随着横倾角的出现，出现了静力的扶正力矩，起到了阻尼的作用。

假设 $z_H \approx z_R$，如图 2-35 所示，则有

$$\begin{aligned} Y_H(z_G - z_H) - Y_R(z_G - z_R) &\approx (Y_H - Y_R)(z_G - z_H) \\ &= m\frac{V_c^2}{R}(z_G - z_H) \end{aligned} \tag{2-57}$$

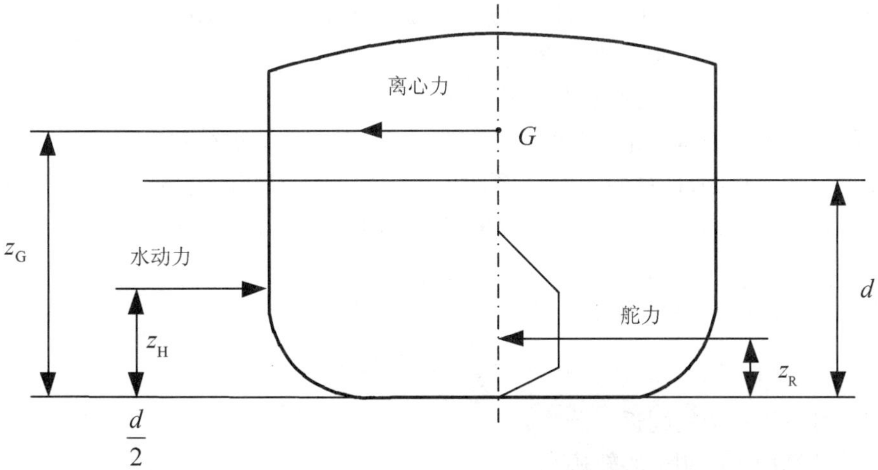

图 2-35　定常回转阶段船体上的作用力

假设横倾角不大，则有

$$mg\overline{GZ} = mg\overline{GM}\sin\varphi_s = mg\overline{GM}\varphi_s \tag{2-58}$$

式中：$\overline{GZ}$——稳性力臂；

$\overline{GM}$——初稳性高度。

假设 $z_H = \frac{1}{2}d$，d 为船体吃水，又由

$$\frac{V_c}{V_0} = \tanh\left(\frac{R}{2.45L}\right) \tag{2-59}$$

则可得定常回转横倾角 φ_s 的表达式为

$$\varphi_s = \frac{V_0^2}{g\overline{GZ}R}\left(z_G - \frac{d}{2}\right)\tanh^2\left(\frac{R}{2.45L}\right) \tag{2-60}$$

七、回转试验

回转试验的目的是测量船舶回转圈，从而确定船舶回转时的各要素。

回转试验通常用全航速在最大舵角及 15° 舵角，分别向左、右舷进行回转、操纵达到 540° 首向角变化，测量其回转圈。回转圈一经测定，除非船体和机器有较大的变化，否则不必重测。由于螺旋桨尾流的作用，在螺旋桨侧压力作用下，右转舵的回转圈较大，左转舵的回转圈较小。因此，如果只进行一个回转方向的试验，应采用右转舵的回转试验。亦宜另加中速和低速的回转试验。

回转试验大致操作步骤如下：

（1）调整好预定的航速和航向，并做记录。

（2）发出转舵口令，转舵应尽可能快，实船上舵从零度到满舵的时间不能超过 14 秒，同时按下秒表作为时间的原点。

（3）从转舵开始，首向角为 1°、5°、15°、30°、60°、90° 及以后每隔 30° 分别记下对应的时间和航速。

（4）当首向角变化达到 540° 以后，恢复直线航行，以准备下一次试验。

（5）试验过程中记录横倾角的变化。

回转试验结果根据如下步骤整理：

（1）把记录的船速和首向角以时间为横坐标绘图，对测量值进行初步校核。

（2）以枢心代替重心，计算船舶枢心 P 的位置。实船上安装的计程仪一般只能测量沿 x 方向的速度，这正是枢心处航速，ψ_0 就等于首向角 ψ，所以 P 点的坐标为

$$\begin{aligned} x_{0P} &= \int_0^t V\cos\psi \mathrm{d}t \\ y_{0P} &= \int_0^t V\sin\psi \mathrm{d}t \end{aligned} \tag{2-61}$$

上式积分可以用梯形法则近似计算。

（3）根据计算结果绘制枢心轨迹。

（4）假定枢心 P 位于重心 G 前 0.4L 处，即 $\overline{GP} = 0.4L$。然后在枢心的每个轨迹处画上船

体的首尾线,在每条首尾线上求出重心 G 的位置,绘出重心轨迹——回转圈,如图 2-36 所示。

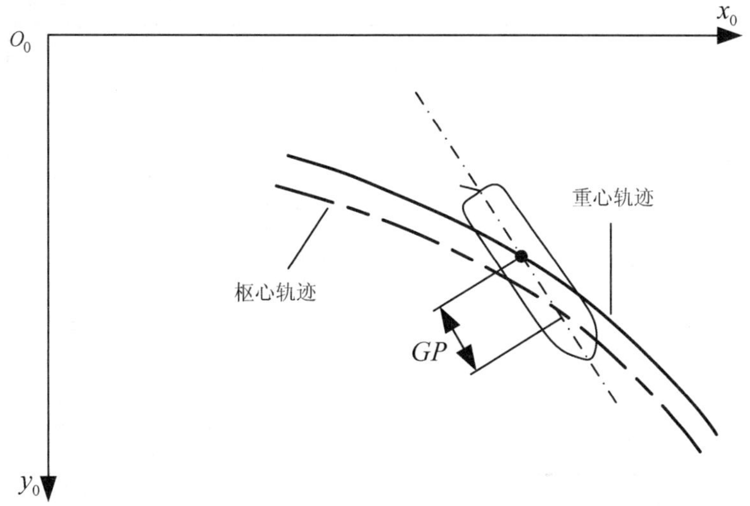

图 2-36 从枢心轨迹绘制重心轨迹

通常用罗经测量首向角,用计程仪(毕托管式或多普勒仪)测量船速。当然在回转运动中可以利用固定或标定物标连续测定船位,如利用三个岸标用六分仪测定船位,利用雷达测出离某固定物标的方位和距离以测定船位等,并把测量结果直接记录在大比例海图上或绘在极坐标图上,绘制出船舶回转圈。

如果只要求试验测出定长回转直径,可以采用更简单的方法。首先调整好航速航向,达到稳定后转舵,待船进入定常阶段后抛下一标记物,同时记下首向角,当首向角再变化 180° 时再抛下一浮标,然后调转船头,对着两个标记的连线穿过,用抛木块的方法记下两个标记之间距离,即定常回转直径 D。为了提高测量精度,最好在两舷同时抛下不同色的木块,以求得的平均值作为 D。

实船回转会影响营运,代价颇大,因此试验研究工作一般都采用缩尺船模在操纵性试验水池中进行。试验步骤相同,但测量方法较多,船模回转圈的测定方法有高塔观察跟踪法和光学仪器跟踪法等。前者只需要一个人操作,但要跟踪住目标必须双手操作、二维跟踪;后者由两个人同步做一维跟踪,较易操作。

光学仪器观察法的原理是:在岸上相距 L 处设两个与地面垂直的观察镜,根据两个观察镜跟踪目标(通常安装在船模中心上方的发光灯泡)时转过的角度 α,β, 可唯一确定一个三角形(见图 2-37),其顶点坐标即为船舶重心 G 的位置:

$$
\begin{aligned}
x_{0G} &= \frac{L\cos\alpha\sin\beta}{\sin(\alpha+\beta)} \\
y_{0G} &= \frac{L\sin\alpha\sin\beta}{\sin(\alpha+\beta)}
\end{aligned}
\qquad (2\text{-}62)
$$

操舵后,两个观察镜跟踪目标的角度 α,β 随时间 t 而变化,根据上式即可确定 x_{0G}, y_{0G} 随时间 t 的变化轨迹——回转圈。为了实现自动测试,可应用船模激光轨迹仪,激光束能够自动扫描寻找目标,并通过微机实现数据处理的自动化和实时化,不仅节省了时间,提高了工作效率,还能增加姿态、航速等要素测量,可扩大使用于其他项目的自航模操纵运动试验。

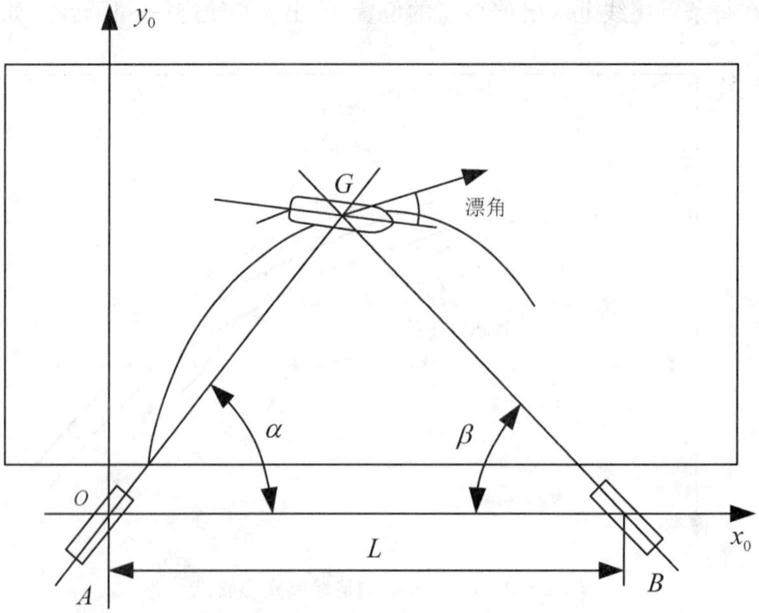

图 2-37　船模回转时其重心位置的确定

习题

1. 船舶操纵和船舶操纵性两个概念有什么区别?
2. IMO 船舶操纵性标准中,船舶操纵性包含哪几方面的内容?
3. 影响船舶直线稳定性的因素有哪些?
4. 影响船舶回转性的因素有哪些?
5. 利用水动力导数计算的 Clarke 公式,计算“育鲲”轮的直线稳定性指数。
6. 利用水动力导数计算的 Clarke 公式,计算“育鲲”轮的回转性指数。
7. 船舶直线稳定性和回转性之间的关系是什么? 并解释原因。
8. 在船舶初始回转运动中,舵的作用是什么?
9. 船舶在定常回转运动阶段,提供向心力的是哪个作用力? 为什么?
10. 船舶在旋回过程中,横倾角如何变化? 为什么?

第三章　船舶水平面运动数学模型

第一节　船舶运动数学模型概述

一般来说,船舶运动数学模型包括船舶水平面运动数学模型和船舶垂直面运动数学模型。下面主要针对船舶水平面运动数学模型进行讨论。

一、船舶运动数学模型的分类

从不同角度,船舶运动数学模型可以有多种分类。

1. 从模型结构的角度,船舶运动数学模型可以分为水动力模型和响应模型两种。

水动力模型(hydrodynamic force model)是基于包含了船体、桨、舵三者之间相互干涉影响的水动力而建立的船舶运动数学模型,包括以 Abkowitz 为代表的整体模型和以 MMG 为代表的分离模型。**响应模型**(response model)是以船舶控制量(舵角)为输入、以船舶运动状态为输出建立的船舶运动数学模型,包括二阶响应型模型和一阶响应型模型。从船舶设计的角度看,水动力模型比响应型模型能够更容易地考虑船舶操纵性能和船体形状之间的关系。

2. 从控制器设计的角度,船舶运动数学模型又可以分为真实模型和设计模型。

真实模型(true model),又称作**仿真模型**,是包含了系统的绝大部分信息的非线性数学模型。真实模型有可能因为比较复杂而不能直接用于控制器的设计,但可以把非线性数学模型简化后的模型(如线性模型)作为**设计模型**。一般来说,对于船舶运动数学模型,可以将水动力模型作为船舶的真实模型,而将响应模型作为自动舵的设计模型。

控制器设计完成之后,检验控制器的方法有两种:一种是在实际控制对象上进行控制器的检验工作,然而有可能成本太高,甚至是不可行的;另一种是利用计算机仿真技术在某种程度上替代实际控制对象检验控制器的设计。其中后一种方法成本低又安全,是目前船舶运动控制研究中常用的方法,但要求船舶运动数学模型具有相当高的精度。

3. 船舶运动数学模型还可以分为线性模型和非线性模型。

用线性微分方程描述的模型称为**线性模型**,用非线性微分方程描述的模型称为**非线性模型**。一般来说,水动力模型属于非线性数学模型。

二、船舶运动数学模型的研究意义

船舶运动数学模型可以用于控制器的设计、预报船舶操纵性以及航海模拟器的研制。

1. 船舶运动控制器的设计

船舶运动线性模型是关于船舶运动方程的一次近似。这种模型可应用于船舶运动稳定性分析,也可用于中等强度以下的船舶运动仿真计算,例如 10°/10° Z 形试验或 10°舵角的旋回试验中船舶运动参数和运动轨迹的计算。但最主要的是用于船舶运动控制器的设计,包括航向自动舵、航迹自动舵、防摇自动舵的设计,船舶动力定位控制系统设计等。在这些控制器和控制系统设计中,无论采用何种控制策略,船舶运动线性模型都要在不同程度上以不同的方式被应用。

2. 预报船舶操纵性

海上交通的发展促进了船舶的多样化、大型化,集装箱船、滚装船、液化天然气船以及巨型油船等的操纵性都有各自的特点和难度。船舶数量增多,航速提高,航道中航行密度加大,迫使船舶操纵日益困难,海上事故概率上升。海上交通管理要求更加严格。

1993 年国际海事组织在 A. 751(18)号决议中将过去把实船海试作为验证符合标准的单一要求,特别地扩展为在初期设计阶段可以用缩尺模型试验和/或采用数学模型的计算机仿真进行操纵性能预测。如果预报结果符合标准,则认为该船是符合标准的,可以不进行实船海试。

首次将船舶数学模型计算预报作为要求验证符合标准的一个措施,给数学模型计算预报提供了应用新途径,当然也给数学模型计算预报的精度提出了高要求,需要人们进行更深入的研究。在船舶初始设计阶段应用数学模型预报船舶操纵性能方面已进行了大量的研究工作。进行船舶操纵性预报的流程图如图 3-1 所示。

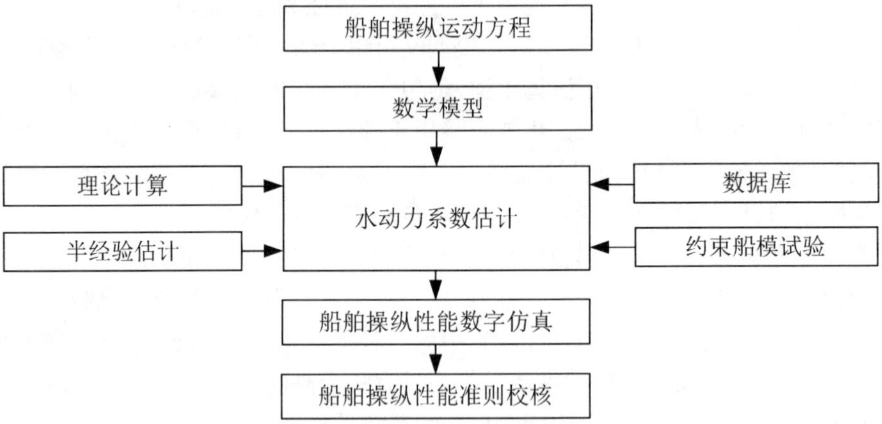

图 3-1 进行船舶操纵性预报的流程图

3. 研制各类航海模拟器

航海模拟器包括雷达避碰训练模拟器、船舶操纵模拟器、海上交通工程模拟器等。这些模拟器是现代模型化方法和仿真技术在交通领域有效应用的产物,它们的核心部分都不可缺少船舶运动数学模型。

20 世纪 70 年代开始建造的巨型油船,在操纵性方面显著区别于常规船舶。驾驶人员的心理和体力素质的重要性更加突出,人们认识到应用操纵模拟器进行研究和人员培训在改进船舶设计和提高船员技术水平方面都能发挥积极作用。正是在这种形势下,世界上第一台完整的实时船舶操纵模拟器 1971 年在荷兰海事研究所(MARIN)应运而生。

船舶操纵模拟器的成功设计取决于三个要素,即:精密全面的船舶运动非线性数学模型;先进的计算机仿真运动和动态成像系统;各种完善的仪器、仪表通信装置与教学设备。其中船舶运动数学模型是其核心。船舶操纵模拟器中的船舶运动数学模型的构成是模块式的,其组成模块如图 3-2 所示。

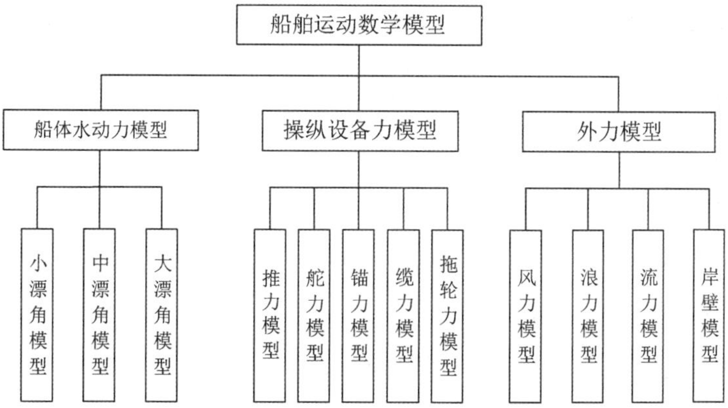

图 3-2　船舶操纵模拟器中船舶运动数学模型的组成模块

三、船舶运动数学模型的研究方法

从方法论的角度看,常见的系统建模方法有三种:(1) **机理建模法**,所建立的模型称为**白箱模型**。白箱模型是指那些内部规律比较清楚的模型。(2) **辨识建模法**,所建立的模型称为**黑箱模型**。黑箱模型是指一些其内部规律还很少为人们所知的模型。该方法实质上是一种测试法,即对于一个已经存在的系统施加某种特殊的信号,然后对试验中所获的系统输入输出数据在计算机上用参数辨识算法进行递推处理,从而建立数学模型。(3) 两种方法彼此结合,彼此补充,所建立的模型称为**灰箱模型**。灰箱模型是指那些内部规律尚不十分清楚,在建立和改善模型方面都还不同程度地有许多工作要做的模型。该方法在模型结构建立上应用机理方法,而在模型参数的确定方面则采用辨识方法。

相对应地,船舶运动数学模型有如下三种研究方法:(1) 计算法。建立数学模型,可以用理论或约束船模试验求出水动力导数,然后对模型分析,得到各种机动情况下船舶运动状态以及表征船舶操纵性的参数。(2) 试验法。船舶试验可分为船模试验和实船试验,其中船模试验又分为自航模试验和约束模试验。(3) 辨识法。该方法是通过测取船舶运动的输入输出数据,加以必要的处理和计算,以估计出船舶运动数学模型的一种建模方法。

第二节　整体模型:Abkowitz 操纵运动方程

整体模型虽然形式上较为复杂,但因其具有较高的精度,至今仍然广泛应用,并且通过整体模型可以更好地理解分离模型。

一、概述

1. 历史

整体模型是阿勃科维奇(M. A. Abkowitz)在丹麦水动力研究所的一次讲学中提出来的。他在1967年发表的报告"Lectures in Ship Hydrodynamics, Steering and Manoeuvability"中对整体模型进行了详细的阐述。

乞斯勒特(Chislett)在丹麦水池利用PMM(Planar Motion Mechanism:平面运动机构)对Mariner轮的缩尺模型进行了全面的试验,测定了该模型的流体动力系数,然后利用计算机对Mariner轮的旋回试验、Z型试验及螺线试验进行了全面的仿真计算,确定了可以用约束船模试验加计算机仿真来预报船舶操纵性能这一重要手段。

瑞典SSPA的诺宾(Norrbin)提出了两撇系统(bis system)的船舶运动数学模型。

2. 特点

(1)把船、桨、舵看作一个整体,不考虑船-桨-舵之间的干涉影响。

(2)从整体的角度把作用在船体上的流体动力对每个运动变量按泰勒级数展开,取至三阶(3rd-order truncated Taylor series expansion)。

3. 优缺点

(1)模型的流体动力导数取得多,所以具有较高的精度,船体各部分之间的相互影响已经在试验中自动考虑在内,不存在干扰问题。这些优点使得此种方法目前仍获得广泛的应用,特别是那些具有精良试验手段的研究机构乐于应用,尤其是在欧美国家使用较多。

(2)方程包含的项数很多,水动力导数达几十项之多,众多的水动力导数中有一些(尤其是高阶水动力导数)物理意义不明确。

(3)要用试验确定这些导数,工作量十分巨大。

(4)拘束船模试验仅能对特定的船型,并且是在特定的情况下进行,对于确定最佳舵面积、船体线型对操纵性的影响等船舶设计问题是不方便的。如修改一下舵的设计方案,即整个船-桨-舵系统改变了,就需要重新试验,这对船舶设计和积累资料是不方便的。

二、直航工作点下水动力函数的三阶泰勒展开式

由第一章第二节的讨论可知,在满足一定假设的条件下,水动力仅是船舶运动状态和操作控制量的函数,即

$$G = G(u, v, r, \dot{u}, \dot{v}, \dot{r}, \delta) \tag{3-1}$$

进一步假设函数G在展开点附近光滑,则有三阶泰勒展开式

$$G = G_0 + \sum_{k=1}^{3} \frac{1}{k!}\left\{\left[\Delta u \frac{\partial}{\partial u} + \Delta v \frac{\partial}{\partial v} + \Delta r \frac{\partial}{\partial r} + \Delta \dot{u} \frac{\partial}{\partial \dot{u}} + \Delta \dot{v} \frac{\partial}{\partial \dot{v}} + \Delta \dot{r} \frac{\partial}{\partial \dot{r}} + \Delta \delta \frac{\partial}{\partial \delta}\right]^k G\right\} \tag{3-2}$$

展开点对应于船舶运动的基准状态，即为 $\dot{u}_0=\dot{v}_0=\dot{r}_0=0, u_0=u, v_0=r_0=\delta_0=0$。

三、理想流体假设下水动力函数的三阶泰勒展开式

船舶水动力问题，即船舶与水之间的相互作用问题是十分复杂的。至今为止，很多问题尚未获得圆满解决，所以我们还不能提出全面和完善的理论对各种水动力问题做出完全确切的解释和妥善的解决。在工程上按照惯例，常常是接受一些相对合理的假设，使问题得以简化。

所做的一个重要的假设是认为势流理论中流体力与 $\dot{u}, \dot{v}$ 和 $\dot{r}$ 成比例的结论对实际流体近似成立。进而可以得到两点重要结论：

a. 流体黏性的存在对惯性力的影响不大 ⇒ 惯性力项与黏性力项互不相关 ⇒ 函数 G 中将不包含任何加速度项 $\dot{u}, \dot{v}, \dot{r}$ 与速度项 u, v, r, δ_r 的交叉耦合导数。

b. 惯性力仅与加速度项 $\dot{u}, \dot{v}, \dot{r}$ 有简单的线性关系 ⇒ 函数 G 中将不包含任何与 $\dot{u}, \dot{v}, \dot{r}$ 有关的高阶导数项。

于是，水动力函数可相应简化为：

$$G=G_0+\left(\Delta\dot{u}\frac{\partial}{\partial\dot{u}}+\Delta\dot{v}\frac{\partial}{\partial\dot{v}}+\Delta\dot{r}\frac{\partial}{\partial\dot{r}}\right)G+\sum_{k=1}^{3}\frac{1}{k!}\left\{\left[\Delta u\frac{\partial}{\partial u}+\Delta v\frac{\partial}{\partial v}+\Delta r\frac{\partial}{\partial r}+\Delta\delta\frac{\partial}{\partial\delta}\right]^k G\right\} \tag{3-3}$$

令

$\Delta u=u-u_0$,

$\Delta v=v-v_0=v$,

$\Delta r=r-r_0=r$,

$\Delta\dot{u}=\dot{u}-\dot{u}_0=\dot{u}$,

$\Delta\dot{v}=\dot{v}-\dot{v}_0=\dot{v}$,

$\Delta\dot{r}=\dot{r}-\dot{r}_0=\dot{r}$,

$\Delta\delta=\delta-\delta_0=\delta$。

进而有：

$$\begin{aligned}G=&G_0+\frac{\partial G}{\partial\dot{u}}\dot{u}+\frac{\partial G}{\partial\dot{v}}\dot{v}+\frac{\partial G}{\partial\dot{r}}\dot{r}+\frac{\partial G}{\partial u}\Delta u+\frac{\partial G}{\partial v}v+\frac{\partial G}{\partial r}r+\frac{\partial G}{\partial\delta}\delta\\&+\frac{1}{2}\left[\frac{\partial^2G}{\partial u^2}\Delta u^2+\frac{\partial^2G}{\partial v^2}v^2+\frac{\partial^2G}{\partial r^2}r^2+\frac{\partial^2G}{\partial\delta^2}\delta^2+2\frac{\partial^2G}{\partial u\partial v}\Delta uv\right.\\&\left.+2\frac{\partial^2G}{\partial u\partial r}\Delta ur+2\frac{\partial^2G}{\partial u\partial\delta}\Delta u\delta+2\frac{\partial^2G}{\partial v\partial r}vr+2\frac{\partial^2G}{\partial v\partial\delta}v\delta_r+2\frac{\partial^2G}{\partial r\partial\delta}r\delta\right]\\&+\frac{1}{3!}\left[\frac{\partial^3G}{\partial u^3}\Delta u^3+\frac{\partial^3G}{\partial v^3}v^3+\frac{\partial^3G}{\partial r^3}r^3+3\frac{\partial^3G}{\partial u^2\partial v}\Delta u^2v+\cdots+3\frac{\partial^3G}{\partial r\partial\delta^2}r\delta^2\right.\\&\left.+6\frac{\partial^3G}{\partial u\partial v\partial r}\Delta uvr+\cdots+6\frac{\partial^3G}{\partial v\partial r\partial\delta}vr\delta\right]\end{aligned}$$

简化起见，令

$G_0=G(u_0,0,0,0,0,0,0)$,

$$G_{\dot{u}}=\frac{\partial G}{\partial\dot{u}},G_{\dot{v}}=\frac{\partial G}{\partial\dot{v}},\cdots\cdots,G_{\delta}=\frac{\partial G}{\partial\delta},$$

$$G_{uu}=\frac{1}{2}\frac{\partial^2 G}{\partial u^2},\cdots\cdots,G_{\delta_r\delta_r}=\frac{1}{2}\cdot\frac{\partial^2 G}{\partial\delta_r^2},$$

$$G_{uv}=\frac{\partial^2 G}{\partial u\partial v},\cdots\cdots,G_{r\delta_r}=\frac{\partial^2 G}{\partial r\partial\delta},$$

$$G_{uuu}=\frac{1}{6}\cdot\frac{\partial^3 G}{\partial u^3},\cdots\cdots,G_{\delta\delta\delta}=\frac{\partial^3 G}{\partial\delta^3},$$

$$G_{uuv}=\frac{1}{2}\cdot\frac{\partial^3 G}{\partial u^2\partial v},\cdots\cdots,G_{r\delta_r\delta_r}=\frac{1}{2}\cdot\frac{\partial^3 G}{\partial u\partial\delta^2}。$$

注意:已把各阶次对应的系数 $\frac{1}{2}$、$\frac{1}{6}$ 并入了流体动力导数中去,这些水动力函数的偏导数在展开点的值,称为水动力导数。进而有简化形式

$$\begin{aligned}G=G_0&+G_{\dot{u}}\dot{u}+G_{\dot{v}}\dot{v}+G_{\dot{r}}\dot{r}+G_u\Delta u+G_v v+G_r r+G_\delta\delta+G_{uu}\Delta u^2+G_{vv}v^2\\&+G_{rr}r^2+G_{\delta\delta}\delta^2+G_{uv}\Delta uv+G_{ur}\Delta ur+G_{u\delta}\Delta u\delta+G_{vr}vr+G_{v\delta}v\delta+G_{uuu}\Delta u^3\\&+G_{vvv}v^3+G_{rrr}r^3+G_{\delta\delta\delta}\delta^3+G_{uuv}\Delta u^2v+\cdots+G_{r\delta\delta}r\delta+G_{uvr}\Delta uvr+\cdots+G_{vr\delta}vr\delta\end{aligned}\tag{3-4}$$

以下为零阶水动力系数:

G_0——展开点处的常值水动力系数。

以下为一阶水动力系数(线性水动力导数):

$G_{\dot{u}},G_{\dot{v}}$——加速度系数;

$G_{\dot{r}}$——角加速度系数;

G_u,G_v——速度系数;

G_r——角速度系数。

以下为二阶水动力系数(非线性水动力系数):

$G_{uu},G_{vv},G_{rr},G_{\delta\delta}$——二阶速度、角速度、舵角系数。

$G_{uv},G_{ur},G_{u\delta},G_{vr},G_{v\delta},G_{r\delta}$——二阶耦合系数。

以下是三阶水动力系数:

$G_{uuu},G_{vvv},G_{rrr},G_{\delta\delta\delta}$——三阶速度、角速度、舵角系数;

$G_{uuv},G_{r\delta\delta},G_{vvr},G_{vv\delta}$——三阶耦合导数。

四、水动力函数三阶泰勒展开式的简化分析

1. 流体惯性力项

流体惯性力项与 $\dot{u},\dot{v},\dot{r}$ 有关。

船体本身几何形状左右对称 ⇒ 横向加速度 $\dot{v}$ 和 $\dot{r}$ 不产生 x 向力 ⇒ $X_{\dot{v}},X_{\dot{r}}=0$;

船体本身几何形状左右对称 ⇒ 纵向加速度 $\dot{u}$ 也不产生 y 方向的力和力矩 ⇒ $Y_{\dot{u}},Y_{\dot{v}}=0$。

于是展开式中的流体惯性力项只剩下:

$$X:X_{\dot{u}}\dot{u}$$

$$Y: Y_{\dot{v}}\dot{v} + Y_{\dot{r}}\dot{r} \tag{3-5}$$
$$N: N_{\dot{v}}\dot{v} + N_{\dot{r}}\dot{r}$$

式中：$X_{\dot{u}}$，$Y_{\dot{v}}$ 和 $N_{\dot{r}}$ 称为**惯性类水动力导数，或加速度导数**。

$$X_{\dot{u}} = -m_x$$
$$Y_{\dot{v}} = -m_y \tag{3-6}$$
$$N_{\dot{r}} = -J_{zz}$$

$N_{\dot{v}}$ 和 $Y_{\dot{r}}$ 的数量级一般较小。

2. X 相关的黏性力项

X 相关的黏性力项与 u, v, r, δ 有关的水动力项进行如下的简化。

船体左右对称 ⇒ v, r, δ 为正或负引起的 x 方向的力是相同的 ⇒ X 是 v, r, δ 的偶函数 ⇒ X 是 v, r, δ 交叉乘积项的偶函数 ⇒ 不存在 X 对 v, r, δ 的一、三阶项，如 $X_{vvv}=0, X_v=0$ 等。从而 v，r, δ 交叉乘积项有

$$X_{vv}v^2, X_{rr}r^2, X_{\delta\delta}\delta^2, X_{vr}vr, X_{v\delta}v\delta, X_{r\delta}r\delta$$

当 $u = u_0 + \Delta u$ 时，与之交叉的项有

$$X_{vvu}v^2\Delta u, X_{rru}r^2\Delta u, X_{\delta\delta u}\delta^2\Delta u, X_{vru}vr\Delta u, X_{v\delta u}v\delta\Delta u, X_{r\delta u}r\delta\Delta u$$

又 X 是 u 的函数，于是有

$$X_0, X_u\Delta u, X_{uu}\Delta u^2, X_{uuu}\Delta u^3$$

3. Y, N 相关的黏性力项

船体左右对称 ⇒ v, r, δ 变动方向（正负号变化）时产生的横向流体动力 Y 和力矩 N 的方向也要变，而大小不变 ⇒ Y, N 应是 v, r, δ_r 奇函数 ⇒ Y, N 应是 v, r, δ_r 交叉乘积项的偶函数 ⇒ 不存在 Y, N 对 v, r, δ 的二阶项

$$Y: Y_v v, Y_r r, Y_\delta\delta, Y_{vvv}v^3, Y_{rrr}r^3, Y_{\delta\delta\delta}\delta^3, Y_{vvr}v^2r, Y_{vv\delta}u^2\delta, Y_{rrv}r^2v, Y_{rr\delta}r^2\delta, Y_{\delta\delta v}\delta^2v, Y_{\delta\delta r}\delta^2r, Y_{vr\delta}vr\delta$$

$$N: N_v v, N_r r, N_\delta\delta, N_{vvv}v^3, N_{rrr}r^3, N_{\delta\delta\delta}\delta^3, N_{vvr}v^2r, N_{vv\delta}v^2\delta, N_{rrv}r^2v, N_{rr\delta}r^2\delta, N_{\delta\delta v}\delta^2v, N_{\delta\delta r}\delta^2r, N_{vr\delta}vr\delta$$

与简化船舶一阶线性方程式不同的是，纵向速度 u 的变化将引起 y 方向的力和绕 z 轴的力矩。因为 Y 和 N 对 v 和 r 的二阶导数（包括交叉耦合二阶导数）为零，所以与 Δu 有关的项如下：

$$Y: Y_u\Delta u, Y_{vu}\delta\Delta u, Y_{ru}r\Delta u, Y_{\delta u}\delta u, Y_{vuu}v\Delta u^2, Y_{ruu}r\Delta u^2, Y_{\delta uu}\delta\Delta u^2$$

$$N: N_u\Delta u, N_{vu}\delta\Delta u, N_{ru}r\Delta u, N_{\delta u}\delta u, N_{vuu}v\Delta u^2, N_{ruu}r\Delta u^2, N_{\delta uu}\delta\Delta u^2$$

在整体模型中，考虑到直航状态下螺旋桨单向转动的不对称性对船舶造成的横向力和横向力矩，这种情形实际上是船舶受力不平衡的状态，所以整体模型中还包括如下项

$$X_0, Y_0, N_0$$

五、由分速度 *u* 变化引起的纵向力变化的分析

当直航航速出现变化 $\Delta u = u - u_0$，但其他各量仍保持为 $v = r = \delta = 0$ 时，分速度 u 变化引起的纵向力的表达式为

$$X(\Delta u) = X_u\Delta u + X_{uu}\Delta u^2 + X_{uuu}\Delta u^3 \tag{3-7}$$

$X(\Delta u)$ 实际上是由于航速变化造成的螺旋桨推力和船舶直航阻力之间的不平衡，$X(\Delta u)$ 又可表示为

$$X(\Delta u)=T(1-t_P)-R \tag{3-8}$$

式中：T——螺旋桨的推力；

R——船体的阻力；

t_P——推力减额系数。

$T=R+\Delta R$，加进桨后阻力增加，相当于推力减少，$\Delta R=\Delta T$。

$$t_P=\frac{\Delta T}{T}=\frac{T-R}{T} \tag{3-9}$$

从而有：

$$X(\Delta u)=k_T\rho n^2D_P^4(1-t_P)-\frac{1}{2}\rho u^2SC_t \tag{3-10}$$

式中：n——主机转速；

D_P——螺旋桨直径；

k_T——推力系数，$k_T=f\left(\frac{P}{D_P},\theta,Z,J\right)$；

P——螺距；

θ——盘面比；

Z——桨叶数；

J——进速系数，$J=\frac{u(1-w_P)}{nD_P}$；

w_P——伴流系数。

船体阻力计算表达式为

$$R=\frac{1}{2}\rho u^2SC_R \tag{3-11}$$

式中：S——湿水面积；

C_R——总阻力系数，是速度 u 的函数，$C_R=f(u)$；

$$C_R=C_f+C_r \tag{3-12}$$

C_f——摩擦阻力系数；

C_r——剩余阻力系数。

综合考虑式(3-7)和式(3-10)，从而有

$$\begin{aligned}X(\Delta u)&=T(1-t_P)-R \qquad (3\text{-}13)\\&=T(1-t_P)-R_0+\sum_{k=1}^{3}\frac{1}{k!}\left[\frac{\partial T}{\partial u}\Delta u(1-t_P)\right]^k-\sum_{k=1}^{3}\frac{1}{k!}\left[\frac{\partial R}{\partial u}\Delta u\right]^k\\&=\frac{\partial T}{\partial u}\Delta u(1-t_P)-\frac{\partial R}{\partial u}\Delta u+\frac{1}{2!}\left[\frac{\partial^2 T}{\partial u^2}\Delta u^2(1-t_P)\right]-\frac{1}{2!}\left[\frac{\partial^2 R}{\partial u^2}\Delta u^2\right]\\&\quad+\frac{1}{3!}\left[\frac{\partial^3 T}{\partial u^3}\Delta u^3(1-t_P)\right]-\frac{1}{3!}\left[\frac{1}{2}\frac{\partial^3 R}{\partial u^3}\Delta u^3\right]\end{aligned}$$

推力系数 K_T 和船体总阻力系数 C_R 都与 u 有关，即

$$\frac{\partial T}{\partial u}\Delta u = \frac{\partial K_T}{\partial u}\rho n^2 D_P^4(1 - t_P) = \frac{\partial K_T}{\partial J}\bigg|_{u_0}\frac{\partial T}{\partial u}\Delta u\rho n^2 D_P^2(1 - t_P) \tag{3-14}$$

$$= \frac{\partial K_T}{\partial J}\bigg|_{u_0}[(1 - w_P)\Delta u][\rho n D_P^3(1 - t_P)]$$

$$\frac{\partial R}{\partial u}\Delta u = C_{R0}\rho u_0 S\Delta u - \frac{\partial C_R}{\partial u}\bigg|_{u_0}\frac{1}{2}\rho u_0^2 S\Delta u \tag{3-15}$$

又注意到 R 是 C_R 的函数。从而有

$$X(\Delta u) = \left[\frac{\partial k_T}{\partial J}\bigg|_{u_0}(1 - w_P)\rho n D_P^3(1 - t_P) - C_{R0}\rho u_0 S - \frac{\partial C_R}{\partial \Delta u}\bigg|_{u_0}\frac{1}{2}\rho u_0^2 S\right] - \left[C_{R0}\frac{1}{2}\rho S + \frac{1}{2}\frac{\partial C_R}{\partial u}\bigg|_{u_0}\rho u_0 S\right]\Delta u^2 - \frac{1}{12}\left[\frac{\partial C_R}{\partial u}\bigg|_{u_0}\rho S\right]\Delta u^3 \tag{3-16}$$

六、Abkowitz 船舶运动数学模型

由如下的船舶水平面运动方程

$$\begin{cases}(m - X_{\dot u})\dot u = f_1(u, v, r, \delta) \\ (m - Y_{\dot v})\dot v + (m x_G - Y_{\dot r})\dot r = f_2(u, v, r, \delta) \\ (m x_G - N_{\dot v})\dot v + (I_{zz} - N_{\dot r})\dot r = f_3(u, v, r, \delta)\end{cases} \tag{3-17}$$

进而得非线性微分方程组

$$\begin{aligned}\dot u &= \frac{f_1(u, v, r, \delta)}{m - X_{\dot u}} \\ \dot v &= \frac{(I_{zz} - N_{\dot r})f_2(u, v, r, \delta) - (m x_G - Y_{\dot r})f_3(u, v, r, \delta)}{(m - Y_{\dot v})(I_{zz} - N_{\dot r}) - (m x_G - N_{\dot v})(m x_G - Y_{\dot r})} \\ \dot r &= \frac{(m - Y_{\dot v})f_3(u, v, r, \delta) - (m x_G - N_{\dot v})f_2(u, v, r, \delta)}{(m - Y_{\dot v})(I_{zz} - N_{\dot r}) - (m x_G - N_{\dot v})(m x_G - Y_{\dot r})}\end{aligned} \tag{3-18}$$

通过求解该微分方程组,就可得到各个船舶运动状态。

第三节 分离模型:MMG 模型

与整体模型相比,分离模型在结构上要简单得多,并且具有较高精度,因此也是一种广泛应用的船舶运动数学模型。

一、分离模型概述

1. 历史

1976 年起,日本的船舶操纵性数学模型小组(ship manoeuvring mathematical model group,

简称 MMG)利用几年的时间开发了分离式水动力模型,进行了系列化的拘束船模试验,系统地研究了船体、螺旋桨与舵的水动力及它们之间的干扰作用。代表人物有:小川阳弘、小濑邦治、平野雅祥、井上正祐。

鉴于低速、浅水域中操纵的重要性以及 MMG 模型的不足,日本成立了低速、浅水域操纵运动数学模型研究专门委员会(MSS),对低速、浅水域及其他限制条件下的操纵性能进行了卓有成效的研究。代表人物有:芳村康男、乌野庆一①、小濑邦治、贵岛胜郎。

目前为了考察数学模型的适用性,一般将船舶运动分成两个区域:

(1)**常速域**:前进速度接近船舶设计速度时的区域。在该区域船舶的运动特点是横向运动和首摇角速度较小,船舶运动的漂角不太大。在常速域一般有 $|\beta| \leqslant 30°$。

(2)**低速域**:前进速度接近于零,船舶运动的横向速度和首摇角速度与前进速度同量级。

2. MMG 模型适用的范围

(1)研究常规船舶的操纵运动,并以单螺旋桨常规船为考察对象,不包括产生异常现象的肥大船型。

(2)船舶具有相当的前进速度,船体的作用力中升力占支配地位,并且螺旋桨转速超过空转转速/额定转速。

(3)在深水中,以静止水面操纵运动为主,并考虑到以后能把浅水影响也包含进去。

(4)取 u,v,r,δ 和 n 为数学模型的变量。

(5)采用随船坐标系,坐标原点取在船中,可避免寻找重心的麻烦。

3. MMG 模型的要求

(1)数学模型中各项应具有明确的物理意义。

(2)便于做试验求得数学模型中的各种参数。

(3)能便于处理实船与船模之间相关问题。

(4)能便于船舶操纵性设计方案的局部修改。

4. MMG 模型的特点

(1)将船体、螺旋桨、舵的各自的单独性能作为基准。(这将有别于将三者作为整体考虑)

(2)简洁地表达出船体、螺旋桨、舵之间的干扰。

(3)尽量合理地表达出作用于船体上的流体动力。

二、MMG 数学模型结构描述

1. MMG 模型中无因次化采用的特征量

$\dot{u}', \dot{v}', \dot{r}' = \dot{u}(L/U^2), \dot{v}(L/U^2), \dot{r}(L^2/U^2),$

---

① 《船舶操纵性预报与港航操纵运动仿真》(乐美龙,上海交通大学出版社,2004)将"乌野庆一"译为"鸟野庆一",恐怕是不恰当的。日文汉字"乌"的平假名写法为"からす",对应的罗马字写法为"karasu"。从"烏野慶一"名字的罗马字写法"Keiichi KARASUNO"可见"烏"当为"乌"。另外,汉字"乌"的繁体写法为"烏",汉字"鸟"的繁体写法为"鳥",而"乌野庆一"的日文汉字写法为"烏野慶一",由此也可见"烏"当为"乌"。

$$u',\ v',\ r' = u/U,\ v/U,\ rL/U,$$

$$X',\ Y',\ N' = \frac{X}{\frac{1}{2}\rho LdU^2},\ \frac{Y}{\frac{1}{2}\rho LdU^2},\ \frac{N}{\frac{1}{2}\rho L^2dU^2}。$$

式中:L——船长;

d——吃水;

U——船舶的合速度,$U=\sqrt{u^2+v^2}$。

2. 作用于船体上的力和力矩的分解

包括两个部分:

①分解成船体、桨、舵的单独流体力和力矩;

②给出船体、桨、舵相互干涉力和力矩。

$$\begin{aligned}流体力 &= H_0 + H(P) + H(R) + H(PR)\ \text{Hull}\\ &+ P_0 + P(H) + P(R) + P(RH)\ \text{Propeller}\\ &+ R_0 + R(H) + R(R) + R(RH)\ \text{Rudder}\end{aligned} \tag{3-19}$$

式中:H_0,P_0 和 R_0 分别为裸船体、桨和舵上单独的流体动力和力矩,其余为它们之间相互产生的流体动力和力矩,如 $H(P)$ 表示桨对船体干涉的流体动力。

这样分解意义明确,但是试验时求取有些项会有一定困难,因为这些项数量级不大,可以忽略。于是可将作用船上的水动力以船体、螺旋桨和舵各自所贡献的分量之和形式表示,即

$$\begin{cases}X = X_{\text{H}} + X_{\text{P}} + X_{\text{R}}\\ Y = Y_{\text{H}} + Y_{\text{P}} + Y_{\text{R}}\\ N = N_{\text{H}} + N_{\text{P}} + N_{\text{R}}\end{cases} \tag{3-20}$$

考虑到螺旋桨引起的横向力和力矩通常较小,难以测定其值,也难以从测量值中分离出来,故常将 Y_{P},N_{P} 与 Y_{H},N_{H} 合并,即

$$\begin{cases}X = X_{\text{H}} + X_{\text{P}} + X_{\text{R}}\\ Y = Y_{\text{HP}} + Y_{\text{R}}\\ N = N_{\text{HP}} + N_{\text{R}}\end{cases} \tag{3-21}$$

3. 模型结构

在 MMG 模型中,随船坐标系的原点取在船中。采用的模型结构如下所示

$$\begin{cases}(m + m_x)\dot{u} - (m + m_y)vr = X_{\text{H}}\\ (m + m_y)\dot{v} + (m + m_x)ur = Y_{\text{H}}\\ (I_{zz} + J_{zz})\dot{r} = N_{\text{H}} - Y_{\text{H}}x_{\text{G}}\end{cases} \tag{3-22}$$

三、作用于裸船体上的流体力和力矩

考虑到第一章第二节中作用于船体上的水动力的分类,从而有

$$X_{HP} = X_I + X_{H1}$$
$$Y_{HP} = Y_I + Y_{H1} \tag{3-23}$$
$$N_{HP} = N_I + N_{H1}$$

式中：X_I, Y_I, N_I ——流体的惯性力和力矩；

X_{H1}, Y_{H1}, N_{H1}——流体的黏性力和力矩。

1. 惯性力

$$X_I = X_{\dot{u}}\dot{u} - Y_{\dot{v}}vr$$
$$Y_I = Y_{\dot{v}}\dot{v} + Y_{\dot{r}}\dot{r} + X_{\dot{u}}ur \tag{3-24}$$
$$N_I = N_{\dot{v}}\dot{v} + N_{\dot{r}}\dot{r}$$

假设船体前后对称

$$X_I = X_{\dot{u}}\dot{u} - Y_{\dot{v}}vr = -m_x\dot{u} + m_y vr$$
$$Y_I = Y_{\dot{v}}\dot{v} + X_{\dot{u}}ur = -m_y\dot{v} - m_x ur \tag{3-25}$$
$$N_I = N_{\dot{r}}\dot{r} = -J_{zz}\dot{r}$$

2. X 相关的黏性力

$$X_{H1} = X(u) + X_{vv}v^2 + X_{vr}vr + X_{rr}r^2 \tag{3-26}$$

式中：$X(u)$ ——船舶阻力，$X(u) = \frac{1}{2}\rho SC_t u^2$；

S ——湿水面积；

C_t ——总阻力系数。

当漂角大于 40° 时，已经不准确，可采用

$$X_{H1} = X(u) + X_{vv}v^2 + X_{vr}vr + X_{rr}r^2 + X_{vvvv}v^4 + X_{vvvr}v^3 r \tag{3-27}$$

一般模拟计算，可采用

$$X_{H1} = X(u) + X_{vr}vr \tag{3-28}$$

3. Y、N 相关的黏性力

线性模型通常具有很大的误差，非线性黏性流体动力不可避免要起作用，故 MMG 模型中明显地将黏性类流体动力和力矩分成线性项和非线性项，表示为

$$Y_{H1} = Y_L + Y_{NL}$$
$$N_{H1} = N_L + N_{NL} \tag{3-29}$$

式中：Y_L, N_L ——线性项，按下式计算

$$\begin{cases} Y_L = Y_v v + Y_r r \\ N_L = N_v v + N_r r \end{cases} \tag{3-30}$$

Y_{NL}, N_{NL} ——非线性模型，计算模型较为复杂，下面进行讨论。

(1)横流模型

通常将绕船舶某一横截面的流动称为**横流**。由于黏性的原因,横流流线在船体的下游会产生分离,流线分离引起动量损失,从而产生附加阻力,该阻力称为**横流阻力**。假设船舶为细长体,绕每一横截面的流体互不干扰,将作用在每一截面处的微元 dx 上的横流阻力沿船长积分,从而计算非线性流体动力和力矩,一般将这一方法称为**横流模型**。

在垂直于来流方向的机翼升力表达式为

$$L = C_{\mathrm{L}} \frac{1}{2}\rho S u^2 \tag{3-31}$$

式中:S ——机翼面积;

C_{L} ——升力系数;

u ——机翼与流体的相对速度。

设横截面 x 处的阻力系数为 $C_{\mathrm{D}}(x)$,与船体重心线垂直的横流流动速度为 $V_y(x) = v + rx$,在该横截面处微元 dx 上的阻力 dD_y 为

$$\mathrm{d}D_y = -\frac{1}{2}\rho V_y^2(x) C_{\mathrm{D}}(x) \cdot d \cdot \mathrm{d}x \tag{3-32}$$

式中: d 表示微面积处的吃水。则横流引起的作用在船体上的横向力和力矩为

$$Y_{\mathrm{NL}} = -\frac{1}{2}\rho d \int_{-\frac{L}{2}}^{\frac{L}{2}} (v + xr)\,|v + xr|\, C_{\mathrm{D}}(x)\,\mathrm{d}x \tag{3-33}$$

$$N_{\mathrm{NL}} = -\frac{1}{2}\rho d \int_{-\frac{L}{2}}^{\frac{L}{2}} (v + xr)\,|v + xr|\, x C_{\mathrm{D}}(x)\,\mathrm{d}x \tag{3-34}$$

横流速度分布如图 3-3 所示,在枢心 x_{p} 处 $V_y(x_{\mathrm{p}}) = 0$,由此可得枢心坐标为

$$x_{\mathrm{p}} = -\frac{v}{r} \tag{3-35}$$

一般来说,$C_{\mathrm{D}}(x)$ 可以表示成为 x 的多项式,可取为

$$C_{\mathrm{D}}(x) = a_0 + a_1 x + a_2 x^2 \tag{3-36}$$

但是从实用方面考虑,$C_{\mathrm{D}}(x)$ 取常数较为方便。

(2)三次项模型

$$\begin{aligned} Y_{\mathrm{NL}} &= Y_{vvv} v^3 + Y_{vvr} v^2 r + Y_{vrr} v r^2 + Y_{rrr} r^3 \\ N_{\mathrm{NL}} &= N_{vvv} v^3 + N_{vvr} v^2 r + N_{vrr} v r^2 + N_{rrr} r^3 \end{aligned} \tag{3-37}$$

三次项模型的精度要比横流模型高,但是至今还没有三次项流体动力导数的近似估算公式,原因在于这些流体动力导数与实验数据的相关性非常差;另外,缺乏理论依据,也就是不管是横流模型,还是细长体模型,基本上力与漂角的平方成比例。

(3)二次项模型

$$\begin{aligned} Y_{\mathrm{NL}} &= Y_{v|v|}\, v|v| + Y_{v|r|}\, v|r| + Y_{|r|r}\, |r|r \\ N_{\mathrm{NL}} &= N_{v|v|}\, |v|v + N_{v|r|}\, v|r| + N_{|r|r}\, |r|r \end{aligned} \tag{3-38}$$

注意从 Abkowitz 的整体模型可知,在 Y 和 N 方向上不会出现 v 和 r 的二次项,另外在水动力函数有任意阶偏导数的假设下做泰勒级数展开时,展开式是不会出现绝对值的。

事实上,这是对高阶项修正的近似替代方法,即用近似的二阶修正项代替高阶修正项。比

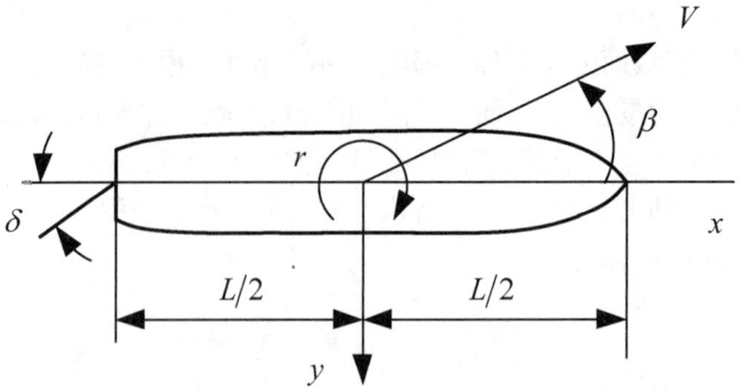

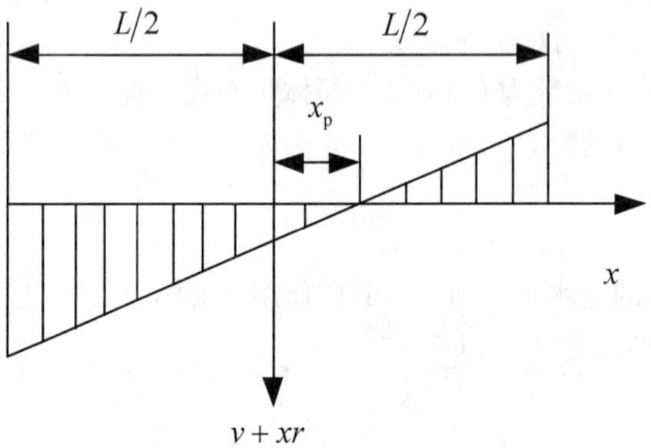

图 3-3 横流速度分布图

如对三阶项 $Y_{vvv}v^3$ 改为用 $Y_{v|v|}v|v|$代替。这样替代的好处是由三阶降为二阶处理,而仍能接近三阶的修正效果。

从试验曲线的拟合情况看,二次多项式和三次多项式的精度差不多,有时三次多项式的精度稍好些。

(4)井上模型

井上正祐结合了横流模型和三次项模型,将耦合项用三次项来表示,提出了下列模型

$$\begin{aligned} Y_{NL} &= Y_{|v|v}|v|v + Y_{|v|r}|v|r + Y_{|r|r}|r|r \\ N_{NL} &= N_{vvr}v^2r + N_{vrr}vr^2 + N_{|r|r}|r|r \end{aligned} \tag{3-39}$$

井上正祐用上述模型处理了船模长 2.5 米、10 类船型、24 种状态的试验结果,给出了各种流体动力导数与船型参数关系的估算图谱。

(5)贵岛模型

贵岛胜郎考虑到了现代船的特点,提出了如下的模型

$$\begin{aligned} Y_{NL} &= Y_{|v|v}|v|v + Y_{|r|r}|r|r + Y_{vvr}v^2r + Y_{vrr}vr^2 \\ N_{NL} &= N_{|v|v}|v|v + N_{|r|r}|r|r + N_{vvr}v^2r + N_{vrr}vr^2 \end{aligned} \tag{3-40}$$

贵岛胜郎利用上述模型处理了十种类型船舶在各种载态及水深下的系列模型试验数据,给出了各种流体动力导数与船型参数关系的回归公式。

第四节 响应模型：二阶 KT 方程

响应模型中参数少且便于确定，模型结构简单，建模过程中所需船舶物理背景知识少，特别适合对模型精度要求不高的情况下的应用。响应模型可分作二阶响应模型和一阶响应模型，其中的“阶”是指模型中变量导数的最高阶数。

一、响应模型概述

1. 历史

20 世纪 50 年代末，野本谦作（Nomoto）从控制工程的观点将船舶看成一个动态系统，舵角为系统的输入、首向角或首摇角速度为系统的输出，首先从简捷的物理考察上，建立了输入输出的响应关系的一阶响应模型。然后从状态空间型的线性船舶运动数学模型出发，建立了二阶响应模型。后来，根据实际的需要建立了非线性响应模型。图 3-4 为船舶传递函数示意图。

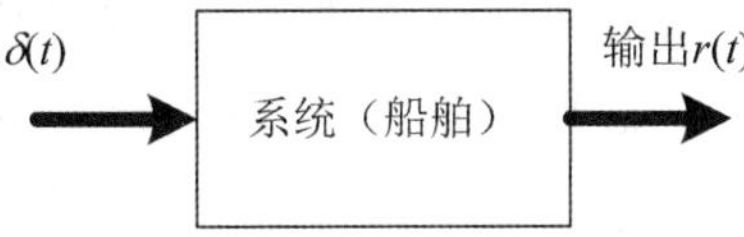

图 3-4 船舶传递函数示意图

2. 特点

从控制工程的观点，把由于改变舵角而引起的各种操纵运动，看作输出操纵运动对输入舵角的对应关系，故也可称作**操舵响应模型**。

3. 优点

（1）模型参数可以直接从实船试验中得到，这就自动消除了尺度效应。

（2）可应用于船舶航向、航迹自动控制的研究中，还可应用于航海模拟器，例如 VTS 模拟器中。

二、推导二阶线性 KT 方程

对于船舶的水面操纵运动，我们最关心的是首向角 ψ 和角速度 r 随时间变化的规律，为此将船舶操纵运动线性方程式中的第二、三式中的 v 消去，得到关于 r 的运动方程。

船舶操纵运动线性模型

$$\begin{cases}(m - Y_{\dot{v}})\dot{v} - Y_v v - Y_{\dot{r}}\dot{r} - (Y_r - mu_0)r = Y_\delta \delta \\ -N_{\dot{v}}\dot{v} - N_v v + (I_{zz} - N_{\dot{r}})\dot{r} - N_r = N_\delta \delta\end{cases} \tag{3-41}$$

我们的目标是把上式中有关 v 项消去，得到关于 r 的方程。考虑到对于二元一次方程

$$\begin{cases} a_{11}x_1 + a_{12}x_2 = b_1 \\ a_{21}x_1 + a_{22}x_2 = b_2 \end{cases} \tag{3-42}$$

式中:$a_{11}, a_{12}, a_{21}, a_{22}, b_1, b_2$——已知常数;

x_1, x_2——待解未知数。

则

$$\begin{cases} x_1 = \dfrac{a_{22}b_1 - a_{12}b_2}{a_{11}a_{22} - a_{21}a_{12}} \\ x_2 = \dfrac{-a_{21}b_1 + a_{11}b_2}{a_{11}a_{22} - a_{21}a_{12}} \end{cases} \tag{3-43}$$

对式(3-41)进行变形,可得

$$\begin{cases} (m - Y_{\dot{v}})\dot{v} - Y_v v = Y_{\dot{r}}\dot{r} + (Y_r - mu_0)r + Y_\delta \delta \\ -N_{\dot{v}}\dot{v} - N_v v = -(I_{zz} - N_{\dot{r}})\dot{r} + N_r r + N_\delta \delta \end{cases} \tag{3-44}$$

以 $\dot{v}$ 和 v 为未知变量,从上述方程解出 $\dot{v}$ 和 v 的表达式。为表述方便,可令

$$\dot{v} \triangleq \frac{\Psi}{M} = f(\dot{r}, r, \delta), v \triangleq \frac{\Phi}{M} = g(\dot{r}, r, \delta)$$

$$\Psi = -\underbrace{N_v}_{a_{11}}[\underbrace{Y_{\dot{r}}\dot{r} + (Y_r - mu_0)r + Y_\delta \delta}_{b_1}] - (\underbrace{-Y_v}_{a_{12}})[\underbrace{-(I_{zz} - N_r) + N_r r + N_\delta \delta}_{b_2}]$$

$$= [-N_v Y_{\dot{r}} - Y_v(I_{zz} - N_{\dot{r}})]\dot{r} + [-N_v(Y_r - mu_0) + Y_v N_r]r + Y_v N_\delta \delta - N_v Y_\delta \delta$$

$$\Phi = -(\underbrace{-N_{\dot{v}}}_{a_{21}})[\underbrace{Y_{\dot{r}}\dot{r} + (Y_r - mu_0)r + Y_\delta \delta}_{b_1}] + (\underbrace{m - Y_{\dot{v}}}_{a_{11}})[\underbrace{-(I_{zz} - N_{\dot{r}})\dot{r} + N_r r + N_\delta \delta}_{b_2}]$$

$$= [N_{\dot{v}}Y_{\dot{r}} - (m - Y_{\dot{v}})(I_{zz} - N_{\dot{r}})]\dot{r} + [N_{\dot{v}}(Y_r - mu_0) + (m - Y_{\dot{v}})N_r]r + [N_{\dot{v}}Y_\delta + (m - Y_{\dot{v}})N_\delta]\delta$$

$$M = (\underbrace{m - Y_{\dot{v}}}_{a_{11}})(\underbrace{-N_v}_{a_{22}}) - [\underbrace{-(N_{\dot{v}})}_{a_{21}}](\underbrace{-Y_v}_{a_{12}})$$

显然,有

$$\dot{v} = f(\dot{r}, r) = \frac{\mathrm{d}v}{\mathrm{d}t} = \frac{\mathrm{d}g(\dot{r}, r)}{\mathrm{d}t} \tag{3-45}$$

从而,Ψ 式对时间 t 求导得到 $\dot{\Psi}$,由于 $\dot{\Psi} = \Phi$,从而由 Ψ 和 Φ 的表达式进行整理得到

$$T_1 T_2 \ddot{r} + (T_1 + T_2)\dot{r} + r = KT_3\dot{\delta} + K\delta \tag{3-46}$$

式中:

$$T_1 T_2 = \frac{(m - Y_{\dot{v}})(I_{zz} - N_{\dot{r}}) - Y_{\dot{r}}N_{\dot{v}}}{C},$$

$$T_1 + T_2 = \frac{-N_r(m - Y_{\dot{v}}) - (I_{zz} - N_{\dot{r}})Y_{\dot{v}} - Y_{\dot{r}}N_{\dot{v}} + (mu_0 - Y_r)N_{\dot{v}}}{C},$$

$$T_3=\frac{Y_\delta N_{\dot{v}}+N_\delta(m-Y_{\dot{v}})}{Y_\delta N_v-N_\delta Y_v},$$

$$C=Y_vN_r+N_v(mu_0-Y_r)。$$

上式称为**二阶线性 KT 方程**(2nd-order Nomoto model),也称作**操纵响应模型**。

三、二阶线性 KT 方程的物理意义

1. 扰动方程

将式(3-46)写成

$$\ddot{r}+2p\dot{r}+qr=S\delta+ST_3\dot{\delta} \tag{3-47}$$

式中:$2p=\frac{1}{T_1}+\frac{1}{T_2},q=\frac{1}{T_1T_2},S=\frac{K}{T_1T_2}$。

令 $\delta=\dot{\delta}=0,r\rightarrow r+\Delta r$,则有

$$(\ddot{r}+\Delta\ddot{r})+2p(\dot{r}+\Delta\dot{r})+q(r+\Delta r)=0 \tag{3-48}$$

式(3-47)和式(3-48)两式相减,可得

$$\Delta\ddot{r}+2p\Delta\dot{r}+q\Delta r=0 \tag{3-49}$$

式(3-49)也称作角速度的扰动方程,其特征方程为

$$\lambda^2+2p\lambda+q=0 \tag{3-50}$$

当 $p^2\geqslant q$ 时,有通解

$$\Delta r=c_1\mathrm{e}^{\lambda_1t}+c_2\mathrm{e}^{\lambda_2t} \tag{3-51}$$

当 $p^2<q$ 时,若特征方程的解为

$$\begin{cases}\lambda_1=\alpha+i\beta\\ \lambda_2=\alpha-i\beta\end{cases} \tag{3-52}$$

有通解

$$\Delta r=\mathrm{e}^{\alpha t}[c_1\cos(\beta t)+c_2\sin(\beta t)] \tag{3-53}$$

从式(3-51)和式(3-53)可见,当 $t\rightarrow\infty$时,$\Delta r\rightarrow0$(即船舶直线稳定性)的条件为实数根 λ_1,λ_2 是负实数,或复数根 λ_1,λ_2 的实部 $\alpha<0$。

2. 稳定形式

特征方程(3-50)的根在复平面的不同分布情况决定了船舶的航向具有不同的稳定性。

(1)绝对稳定

此时特征方程(3-50)的根在负实轴上(如图 3-5 所示),船舶的航向是绝对稳定的(如图 3-6 所示),扰动方程(3-49)的通解为

$$\Delta r=c_1\mathrm{e}^{\lambda_1t}+c_2\mathrm{e}^{\lambda_2t} \tag{3-54}$$

对上面 Δr 的表达式两边积分,可得

$$\begin{aligned}\Delta\psi&=\int\Delta r\mathrm{d}t\\&=\int(c_1\mathrm{e}^{\lambda_1t}+c_2\mathrm{e}^{\lambda_2t})\,\mathrm{d}t\end{aligned}$$

$$= c_0 + \frac{c_1}{\lambda_1}e^{\lambda_1 t} + \frac{c_2}{\lambda_2}e^{\lambda_2 t} \tag{3-55}$$

令 $\lambda_1 < 0, \lambda_2 < 0$，当 $t \to \infty$ 时，$\Delta r \to 0, \Delta\psi \to c_0$。

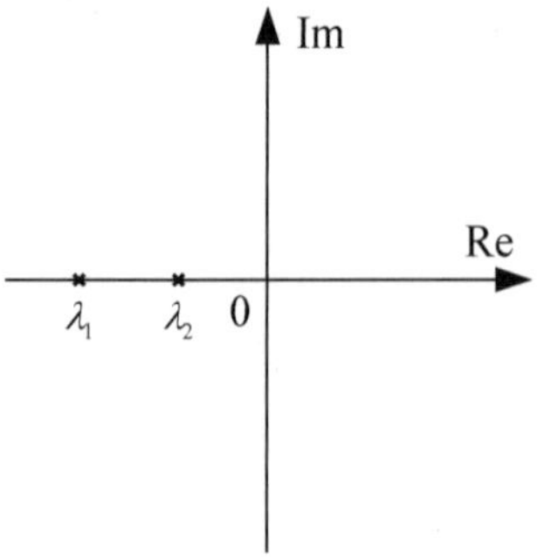

图 3-5　绝对稳定

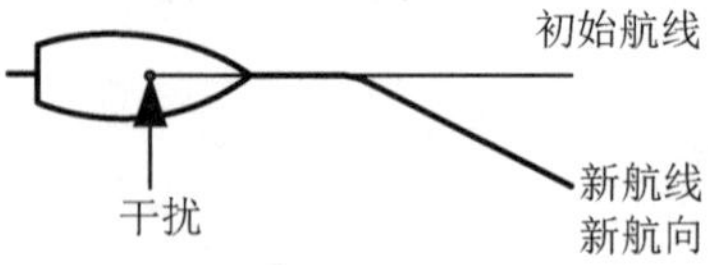

图 3-6　绝对稳定时的航向变化

λ_1, λ_2 的大小决定了扰动衰减的速度，λ_1, λ_2 越大，$\Delta\psi$ 衰减越快，新航向变化越小，λ_1 和 λ_2 称作**稳定性指数**。

从特征方程式中，可解出

$$\lambda_1 = -\frac{1}{T_1}, \lambda_2 = -\frac{1}{T_2} \tag{3-56}$$

(2)振荡稳定

此时特征方程(3-50)的一对共轭复根在二、三象限(如图 3-7 所示)，船舶的航向衰减振荡，处于衰减稳定状态，最后稳定在某一航向(如图 3-8 所示)，扰动方程(3-49)的通解为

$$\Delta r = e^{\alpha t}[c_1\cos(\beta t) + c_2\sin(\beta t)], \alpha < 0 \tag{3-57}$$

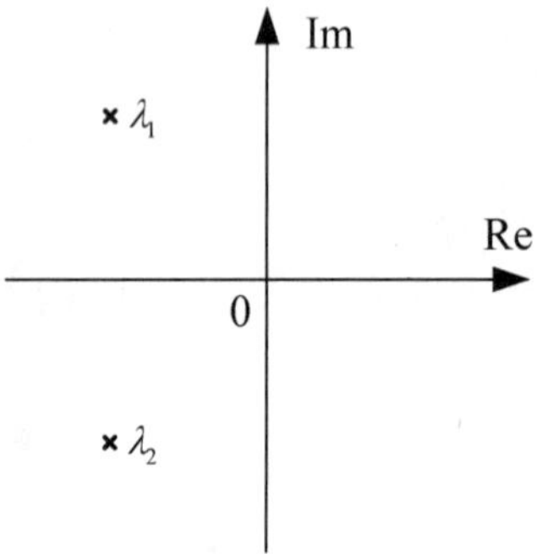

图 3-7　振荡稳定

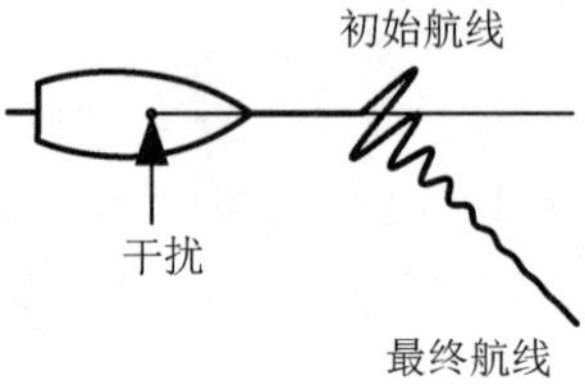

图 3-8　振荡稳定时的航向变化

(3)临界稳定

此时特征方程(3-50)的一对共轭复根在虚轴上(如图 3-9 所示)，船舶的航向等幅振荡，处于临界稳定状态(如图 3-10 所示)，扰动方程(3-49)的通解为

$$\begin{aligned}\Delta r &= e^{0t}[c_1\cos(\beta t) + c_2\sin(\beta t)] \\ &= c_1\cos(\beta t) + c_2\sin(\beta t)\end{aligned} \tag{3-58}$$

$$\alpha = 0, \beta \neq 0 \tag{3-59}$$

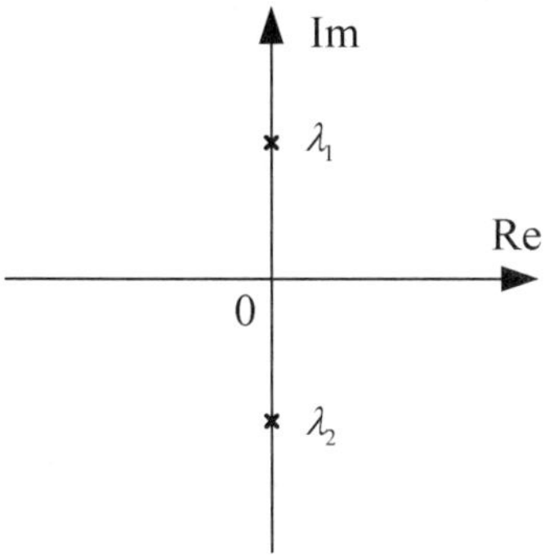

图 3-9 临界稳定

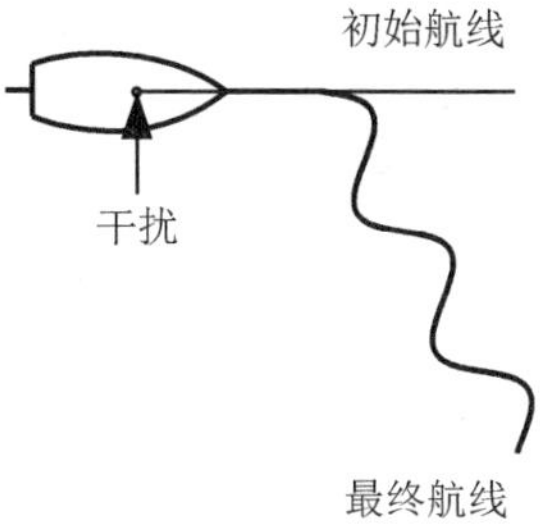

图 3-10 临界稳定时的航向变化

(4)不稳定

此时特征方程(3-50)的一对共轭复根在复平面的右半平面一、四象限(如图 3-11 所示),船舶的航向不稳定(如图 3-12 所示),扰动方程的通解为

$$\Delta r = e^{\alpha t}[c_1\cos(\beta t) + c_2\sin(\beta t)], \alpha > 0 \tag{3-60}$$

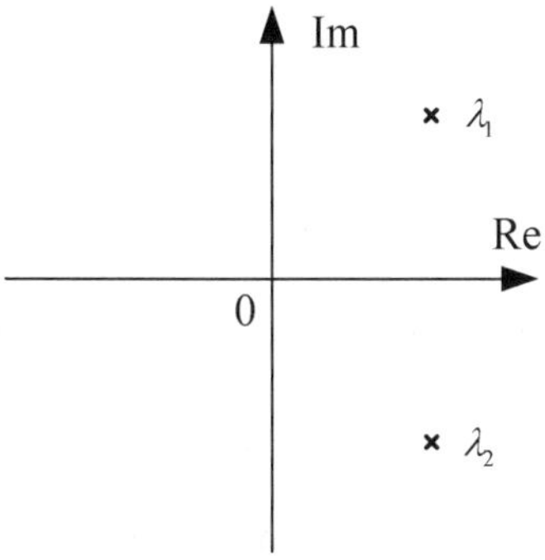

图 3-11 不稳定

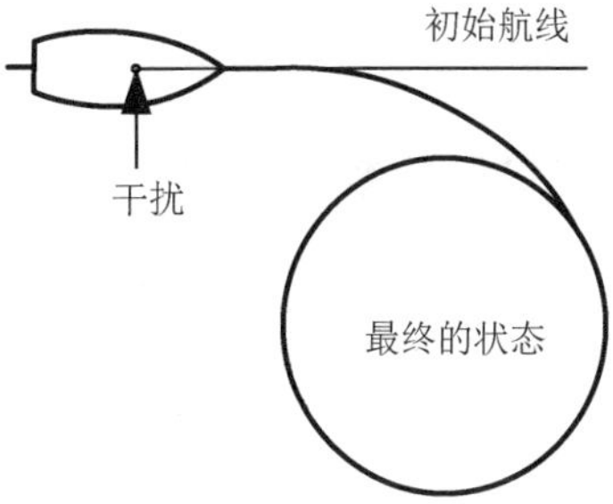

图 3-12 不稳定时的航向变化

四、船舶航向控制稳定性

1. 扰动方程

由改写的二阶 KT 方程

$$\ddot{r} + 2p\dot{r} + qr = S\delta + ST_3\dot{\delta} \tag{3-61}$$

航向角为 ψ,设有扰动后航向角有增量 $\Delta\psi$,于是有

$$\Delta\dddot{\psi} + 2p\Delta\ddot{\psi} + q\Delta\dot{\psi} = S\Delta\delta + ST_3\Delta\dot{\delta} \tag{3-62}$$

控制目标为当 $t\to\infty$时,$\Delta\psi = 0$。

使用比例微分控制(P-D 控制):

$$\Delta\delta = -K_p\Delta\psi - K_d\Delta\dot{\psi} \tag{3-63}$$

式中:K_p,K_d 为系数。

将式(3-63)代入式(3-62),可得

$$\Delta\dddot{\psi} + 2\bar{p}\Delta\ddot{\psi} + \bar{q}\Delta\psi + SK_p\Delta\psi = 0 \tag{3-64}$$

式中：$2\bar{p} = 2p + ST_3K_d$，$\bar{q} = q + (ST_3K_p + SK_d)$。

由式(3-64)得其特征方程：

$$\lambda^3 + 2\bar{p}\lambda^2 + \bar{q}\lambda + SK_p = 0 \tag{3-65}$$

2. 船舶航向控制稳定性分析

扰动方程稳定的充要条件是：特征方程(3-65)的根具有负实部。

根据 Ruth 判据知：三阶系统

$$a_3\lambda^3 + a_2\lambda^2 + a_1\lambda + a_0 = 0 \tag{3-66}$$

稳定的充分必要条件是：特征方程的所有系数为正，且 $a_1a_2 > a_0a_3$。从而有

$$\begin{cases} 2\bar{p} > 0 \\ \bar{q} > 0 \\ SK_p > 0 \\ 2\bar{p}\bar{q} > 1 \cdot SK_p \end{cases} \tag{3-67}$$

调整 K_p 和 K_d 使得式(3-67)成立。

五、二阶非线性响应模型

我们知道，当 $C > 0$ 时，船舶的航向是稳定的；当 $C < 0$ 时，船舶的航向是不稳定的；当 C 接近 0 时，船舶的航向是临界稳定的。

在临界稳定时，C 随 r 非线性变化，可取 $C = C_0 + nr^2$，其中 C_0 表示 r 为零时的 C 值，r 的二次幂是考虑到 C 对船舶转首角速度具有对称性而假设的，n 是一个新引进的常数。

$$C = C_0 + nr^2 = C_0 \cdot \frac{C_0 + nr^2}{C_0} = C_0 \cdot \left(1 + \frac{n}{C_0}r^2\right) \tag{3-68}$$

已知二阶线性 KT 方程如下

$$T_1T_2\ddot{r} + (T_1 + T_2)\dot{r} + r = KT_3\dot{\delta} + K\delta \tag{3-69}$$

将式(3-68)代入式(3-69)，注意到 C 处于分母上，故可将式(3-69)两边同时乘以 $\left(1 + \frac{n}{C_0}r^2\right)$，并令 $\alpha = \frac{n}{C_0}$，则式(3-70)即为

$$T_1T_2\ddot{r} + (T_1 + T_2)\dot{r} + r + \alpha r^3 = K\delta + KT_3\dot{\delta} \tag{3-70}$$

将式(3-70)即为**非线性转首响应模型**。

非线性的影响由 αr^3 体现，当船舶定常回转的时候，有 $\ddot{r} = \dot{r} = \dot{\delta} = 0$，于是有

$$r + \alpha r^3 = K\delta \tag{3-71}$$

假如 r 和 δ 已知，就可求出系数 α 和 K 的值。对于给定的船舶，舵角不同则转首角速度也不同，测定舵角 δ 和转首角速度 r 之间对应关系的试验就是螺旋试验和逆螺旋试验。

贝奇(Bech)和瓦格纳史密斯(Wagner Smith)在 1969 年提出的非线性二阶野本模型(non-linear extension of Nomoto's 2nd-order model)具有如下的形式

$$\begin{cases} T_1T_2\ddot{r} + (T_1 + T_2)\dot{r} + KH_B(r) = K(\delta + T_3\dot{\delta}) \\ H_B(r) = b_3r^3 + b_2r^2 + b_1r + b_0 \end{cases} \tag{3-72}$$

式中：$H_B(r)$ 由逆螺旋试验确定。

六、(正)螺旋试验

(正)螺旋试验(spiral manoeuvre 或 Dieuconne spiral)也称**(正)螺线试验**，是由迪厄顿尼(J. Dieuconne)于1949年提出来的，目的是评价船舶的直线稳定性。根据直线稳定性的定义，应当在直航中给船舶以扰动，通过观察扰动去掉后船舶是否能够恢复直航来判定直线稳定性。但是实际海域中总是不断出现各种外界扰动，因而无法直接判断直线稳定性，只能进行间接的试验，螺旋试验就是其中的一种方法。

1. 试验步骤

(1)首先在预定航线上保持匀速直航，并在操舵前测出初始航速、舵角及螺旋桨转速。

(2)执行操舵，以尽可能快的速度将舵转至一般规定的舵角(如右舷15°)，并保持舵角不变，使船舶进入回转运动，待回转角速度 r 达到定值时，记录下 r 值和相应的舵角 δ 值。

(3)改变舵角值重复以上过程，测出定常 r 及相应的 δ 值。在本试验中舵角从右舷15°开始，并按以下次序改变：右15°→右10°→右5°→右3°→右1°→0°→左1°→左3°→左5°→左10°→左15°。

进行此试验，回转圈直径由小到大，就其整个回转过程而言，其运动轨迹极似一条螺旋线，故称螺线试验。

2. 试验结果

具有直线稳定性的船舶，其螺线试验结果如图3-13所示，r 和 δ 单值对应，即打右舵向右转，打左舵向左转(右舵 $\delta > 0$，左舵 $\delta < 0$)。

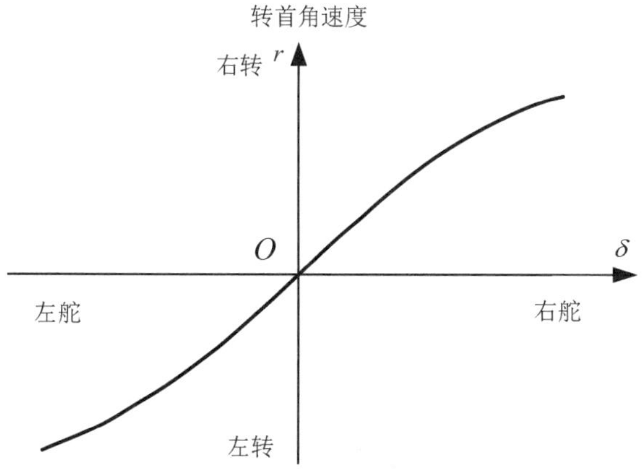

图3-13 直线稳定船舶的螺线试验结果

不具有直线稳定性的船舶，其螺线试验结果如图3-14所示，舵角存在一个范围(图中 a，b 之间)，在此范围之外，操右舵角，船向右转；操左舵角，船向左转。随着舵角 δ 的增加，回转直径减小。

而当舵角在此范围之内时，r 与 δ 不是单值曲线，船的回转角速度 r 取决于运动的历史。当舵角由右舷向左舷变化时，回转角速度沿曲线 $g \to e \to d \to A \to a \to f \to h$ 变化，舵角在 a 前后即使有很小的变化，回转角速度也会从对应于右转的 A 点突然变化到对应于左转的 f 点。同样，当 r 沿曲线 $h \to f \to c \to B \to b \to e \to g$ 变化时，会发生从 B 点到 e 点的跳跃，即定常回转角速度 r 与舵角 δ 不是单值曲线。

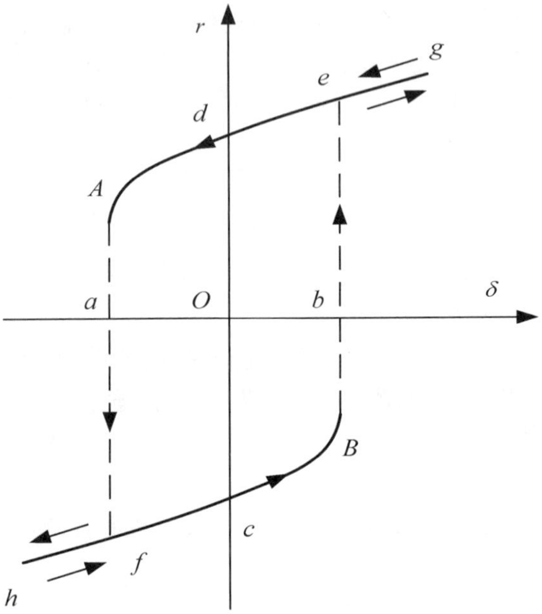

图 3-14 不具有直线稳定性船舶的螺线试验结果

在两舷舵角 a,b 之间，零舵角对应的角速度在 c,d 之间的范围内，$r-\delta$ 曲线出现了一个回环，称为**滞后环**、**迟滞曲线**或**不稳定环**（hysteresis loop）。a,b 之间的距离称为**不稳定环宽**（loop width）；c,d 之间的距离称为**不稳定环高**（loop height）。显然，环高和环宽可以作为不稳定程度的一种度量。

在实际的航向保持操舵中，一旦发现船舶偏离航向即进行纠偏，而不会等到船进入定常回转才纠偏，故使船舶实际的航向不稳定性得以改善。对于某些不稳定环宽和环高相当大的肥大船型，由于其时间常数大，进入定常回转的时间特别长，因此在航向保持操舵中，实际的航向不稳定环宽和环高并不大，仍有可能保持航向。单螺线试验曲线的环高和环宽增大，会使操舵频率增大。

3. 缺点

小舵角情况下，旋回圈直径非常大，要求试验水域面积较大，且进入定常回转十分缓慢。整个试验将花费很长的时间，尤其是对那些时间常数（T 值）大的船，如超级油船。为了保证试验的精度，必须选择平稳海面，一般要求在 2~3 级海况以下，超过 5 级海况就不可能得到可靠的数据，应该终止试验。在实船螺线试验过程中如遇到障碍物，为了紧急规避，往往要实施高速大舵角操舵，再使其恢复到试验状态，又需要花去很长的时间。

总之，螺线试验需要的试验时间长，水域面积大，且对海面环境要求苛刻。对于自航模螺线试验，一般要受水池面积的限制而无法进行。为此，伯奇(Bech)在1966年提出“逆螺线试验”。

七、逆螺线试验

逆螺线试验(reverse spiral test)也称作**逆螺旋试验**。

1. 步骤

与螺线试验相反，事先规定一系列回转角速度 r_0 值，操适当的舵角，当达到预定的 r 值时，通过自动驾驶仪或人工操舵的方法，使船舶尽可能精确地保持该角速度值定常回转，测定此舵角的平均值。

2. 试验结果

对于具有直线稳定性的船舶来说，其螺线试验与逆螺线试验结果相同。只是对于不具有直线运动稳定性的船舶，逆螺线试验曲线与螺线试验曲线略有不同，如图3-15所示。

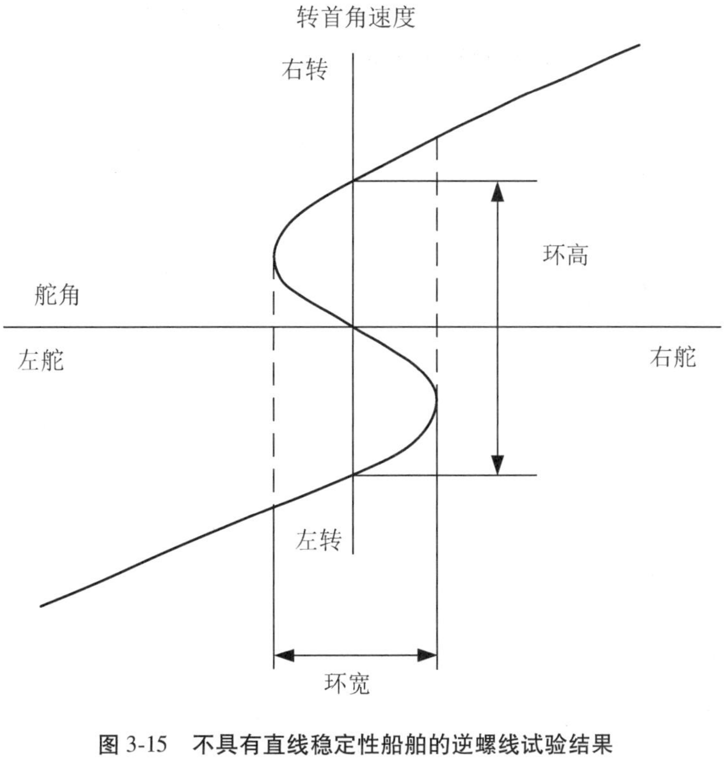

图3-15 不具有直线稳定性船舶的逆螺线试验结果

3. 优点

(1)由于它是固定 r_0 而改变 δ，与螺线试验固定 δ 而 r 任其发展到 r_0 的操纵方式相反，所以大大缩短了试验时间。由实际试验可知，仅需30分钟。

(2)在小舵角回转时，船舶易受风、浪等外来扰动影响，使螺线试验结果不可靠，而对逆螺线试验采用主动操舵而保持在 r_0 定值，使得抗外界干扰能力增强。

八、船舶回转运动稳定性

按照运动稳定性的定义，设船舶以转首角速度 r 做稳定回转，某种扰动使角速度产生增量 Δr 后自行消失。在操舵不变的情况下，若 $t \to \infty$时，有 $\Delta r \to 0$，则称原来的定常回转运动具有自动稳定性，或称**回转运动稳定性**①(dynamically stable in a turn)；否则，就不具有自动稳定性。

$$T_1T_2\ddot{r} + (T_1 + T_2)\dot{r} + r + \alpha r^3 = K\delta + KT_3\dot{\delta} \tag{3-73}$$

上式为扰动运动方程，$t = 0$，在外干扰下，$r \to r + \Delta r$，于是

$$T_1T_2(\ddot{r} + \Delta\ddot{r}) + (T_1 + T_2)(\dot{r} + \Delta\dot{r}) + (r + \Delta r) + \alpha(r + \Delta r)^3 = K\delta + KT_3\dot{\delta} \tag{3-74}$$

则式(3-73)和式(3-74)两边相减，省去 Δr 的高阶项，得扰动过后船舶自由运动的方程为

$$T_1T_2\Delta\ddot{r} + (T_1 + T_2)\Delta\dot{r} + (1 + 3\alpha r^2)\Delta r = 0 \tag{3-75}$$

改写为：

$$\Delta\ddot{r} + 2p\Delta\dot{r} + q\Delta r = 0 \tag{3-76}$$

其中

$$2p = \frac{1}{T_1} + \frac{1}{T_2} = \frac{-N_r(m - Y_{\dot{v}}) - (I_{zz} - N_{\dot{r}}) - Y_{\dot{r}}N_{\dot{v}} + (mu_0 - Y_r)N_{\dot{v}}}{(m - Y_{\dot{v}})(I_{zz} - N_{\dot{r}}) - N_{\dot{r}}N_{\dot{v}}} \triangleq \frac{B}{A}$$

$$q = \frac{1 + 3\alpha r^2}{T_1T_2} = \frac{C(1 + 3\alpha r^2)}{(m - Y_{\dot{v}})(I_{zz} - N_{\dot{r}}) - N_{\dot{r}}N_{\dot{v}}} \triangleq \frac{C_1}{A}$$

由二阶系统的稳定性分析可知，当 $p > 0$ 且 $q > 0$ 时，系统具有稳定性。由第二章第二节分析船舶直线稳定性衡准式过程，可知 $A > 0, B > 0$。因此在非线性响应模型下，船舶是否具有回转运动稳定性，取决于以下条件是否满足

$$C_1 = C(1 + 3\alpha r^2) > 0 \tag{3-77}$$

式中：C_1 称作**回转运动稳定性衡准数**。从而可见，回转运动稳定性除了与直线稳定性衡准数 C 有关外，还与回转的角速度 r 及 α 值有关。当 $r = 0$ 时，与直线稳定性衡准数一致。

若 $r \neq 0, \alpha \neq 0$，有下面三种情形：

(1)当 $C > 0, \alpha > 0 \Rightarrow$ 船舶具有直线稳定性。在任何角速度 r 时，都有 $C_1 > C > 0 \Rightarrow$ 船舶具有回转运动稳定性。

(2)当 $C < 0, \alpha < 0 \Rightarrow$ 船舶不具有直线稳定性。当 $r < 1/\sqrt{3|\alpha|}$ 时，船舶不具有回转运动稳定性；而当 $r > 1/\sqrt{3|\alpha|}$ 时，则具有回转运动稳定性。

(3) $C > 0$、$\alpha < 0$ 和 $C < 0$、$\alpha > 0$，对于普通商船是不存在的。

从上面的分析可见，具有直线稳定性的船舶在任何角速度下都具有回转运动稳定性，对于不具有直线稳定性的船舶，存在一个临界角速度 r_k。

令 $(1 + 3\alpha r^2)C = 0$，可得回转稳定的临界角速度：

$$r_k = \frac{1}{\sqrt{3|\alpha|}} \tag{3-78}$$

---

① A ship is said to be dynamically stable in a turn if, after its motion has been with slightly disturbed from a given circular turn with fixed control surfaces, it resumes a motion in a turn of the same diameter, with a slight displacement of the path.

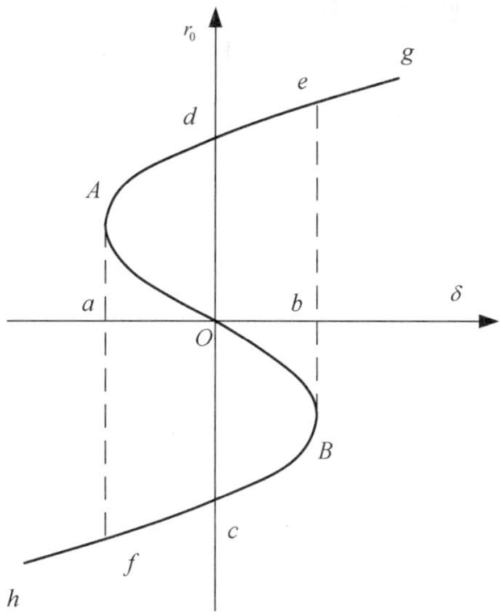

图 3-16 不具有直线稳定性船舶的回转运动稳定性

可见,对于不具有直线稳定性的船舶($C<0$),存在一个临界角速度 r_k。当 $r>r_k$ 时,非线性转首运动具有稳定性,而 $r\leqslant r_k$ 时不具有回转运动稳定性,如图 3-16 所示。对应于临界角速度,存在一个临界舵角 δ_k。在定常回转的情况下,有

$$\dot{r}=0,\ddot{r}=0\Rightarrow r+\alpha r^3=K\delta \tag{3-79}$$

将 r_k 代入上式,可得

$$\delta_k=\frac{1}{k}\left[\frac{1}{\sqrt{3|\alpha|}}+\alpha\frac{1}{(\sqrt{3|\alpha|})^3}\right]=\frac{2\sqrt{3}}{9}\cdot\frac{1}{K\sqrt{\alpha}}\approx\frac{0.385}{K\sqrt{\alpha}} \tag{3-80}$$

$[\delta_k,r_k]$ 临界值在螺线试验曲线上的值对应于 A 和 B 点。可见对于不具有直线稳定性的船舶,要进行保向,施加的舵角必须大于临界舵角。否则,就会出现“反操”现象。但是大的舵角又会使船舶航向出现左右偏荡,不易把定的困难。

下面对螺线试验曲线的其他特殊点进行计算,如对于 $\delta=0$ 的情形,有

$$r+\alpha r^3=0 \tag{3-81}$$

对于 $C_1<0$ 的船舶,有 $\alpha<0$,则上式可写成

$$r-|\alpha|r^3=0 \tag{3-82}$$

解得

$$r_{01}=0,r_{02,03}=\pm 1/\sqrt{|\alpha|} \tag{3-83}$$

$r_{01}<r_k$,所以是不稳定的,对应于 O 点;

$r_{02,03}>r_k$,所以是稳定的,舵角 $\delta=0$ 时,船舶能够以角速度 $r_0=1/\sqrt{|\alpha|}$ 或 $-1/\sqrt{|\alpha|}$ 做稳态回转。要使船舶脱离此回转,必须向回转的反方向施加一个不小于 δ_k 的舵角。

从而可得滞环的环宽 $ab=2\delta_k$,环高 $dc=2r_{02}$。

类似地,可研究 $\pm\delta_k$ 之内任意舵角产生稳定回转角速度的各种可能性,即 $r-|\alpha|r^3=K\delta$ 的全部根。理论上应有三个根,其中两个对偶根 $r_{2,3}$ 分别在 $\overset{\frown}{edA}$ 和 $\overset{\frown}{Bcf}$ 上,代表的是稳定的回转运动;还有一个根是在 $\overset{\frown}{AoB}$ 上,代表的是不稳定的回转运动,但在实际上无法存在,除非加以

某种自动控制措施，像进行逆螺线试验时所做的那样。

上面利用非线性二阶响应方程研究了不具有直线稳定性的船舶螺线试验曲线，下面对具有直线稳定性船舶的螺线试验曲线进行研究。

$$T_1T_2\ddot{r} + (T_1 + T_2)\dot{r} + r + \alpha r^3 = K\delta + KT_3\dot{\delta} \tag{3-84}$$

在原点处，$\dot{r} = 0, \ddot{r} = 0, \dot{\delta} = 0$，则有

$$r + \alpha r^3 = K\delta \tag{3-85}$$

$$\Rightarrow \delta = \frac{1}{K}(r + \alpha r^3)$$

$$\left.\begin{aligned} &\Rightarrow \frac{\mathrm{d}\delta}{\mathrm{d}r} = \frac{1}{K}(1 + 3\alpha^2) \\ &\frac{\mathrm{d}r}{\mathrm{d}\delta} \cdot \frac{\mathrm{d}\delta}{\mathrm{d}r} = 1 \end{aligned}\right\}$$

$$\Rightarrow \frac{\mathrm{d}r}{\mathrm{d}\delta} = \frac{1}{\mathrm{d}\delta/\mathrm{d}r} = \frac{K}{(1 + 3\alpha r^2) \cdot C} = \frac{Y_\delta N_v - N_\delta Y_v}{(1 + 3\alpha r^2) \cdot C}$$

研究 0 点处（$\delta = r = 0$）的斜率

$$\left.\frac{\mathrm{d}r}{\mathrm{d}\delta}\right|_{r=\delta=0} = \frac{Y_\delta N_v - N_\delta Y_v}{C} = K \tag{3-86}$$

所以，螺线试验曲线在 $\delta = 0$ 处的斜率 $\frac{\mathrm{d}r}{\mathrm{d}\delta}$ 越小，则 K 值越小，C 值越大，表示越不容易产生船舶转首角速度 r 扰动，这表明船舶具有较大程度的直线稳定性。

第五节　响应模型：一阶 KT 方程

一阶 KT 方程是由二阶 KT 方程推导而来的，该模型在船舶操纵运动所涉及的多个研究领域都有广泛应用。它是船舶航向控制研究中最为常见的模型，也可应用在船舶操纵运动辨识建模和航迹控制中，甚至还可进行简单的操纵运动仿真。

一、一阶 KT 方程推导

1. 拉氏变换

$$F(s) = \int_0^{+\infty} f(t)\mathrm{e}^{-st}\mathrm{d}t = L[f(t)] \tag{3-87}$$

式中：s 为复参量，$s = j\omega$。

在下面一阶 KT 方程的推导过程中，要用到拉氏变换的微分性质：当初始 $f(0) = f'(0) = \cdots f(0) = 0$ 时，有 $L[f'(t)] = sF(s)$，$L[f''(t)] = s^2F(s)$，$\cdots$，$L[f^{(n)}(t)] = s^nF(s)$。

2. 一阶 KT 方程

一阶 KT 方程由二阶 KT 方程得到。二阶 KT 方程

$$T_1T_2\ddot{r} + (T_1 + T_2)\dot{r} + r = K\delta + KT_3\dot{\delta} \tag{3-88}$$

通过拉氏变换,并对初始值假设 $\dot{r}(0) = 0, r(0) = 0, \delta(0) = 0$ 成立,则由拉氏变换的微分性质可得:

$$T_1T_2s^2R(s) + (T_1 + T_2)sR(s) + R(s) = K\Delta(s) + KT_3s\Delta(s) \tag{3-89}$$

$$\Rightarrow H(s) = \frac{R(s)}{\Delta(s)} = \frac{K(1 + T_3s)}{(1 + T_1s)(1 + T_2s)} \tag{3-90}$$

$H(s)$ 称作**船舶转首对操舵响应的传递函数**。

对 $H(s)$ 在 $s = 0$ 点进行泰勒级数展开

$$H(s) = K\{1 - (T_1 + T_2 - T_3)s + (T_1^2 + T_2^2 + T_1T_2 - T_2T_3 - T_3T_1)s^2 + \cdots\} \tag{3-91}$$

对于一般的船舶操纵运动,考虑到操舵机构所能实施的操舵速度是有限的,且船舶本身的惯性很大,故对高频扰动响应很小,所以在操舵响应中,主要是低频运动。

(1)对舵的响应基本上是一种缓慢的运动;

(2)船舶运动是低频运动,如万吨级的货船横摇周期为 8~10 秒,操舵速度不大于 3°/s;

(3)外界干扰如风浪的扰动频率都比较高。

考虑到操纵运动是低频运动,s 值($s = j\omega, \omega$ 是系统的响应频率,接近于 0)较小,从而有

$$H(s) = K[1 - (T_1 + T_2 - T_3)]s \tag{3-92}$$

假设一阶传递函数

$$H_1(s) = \frac{K}{1 + Ts} = K[1 - Ts + T^2s^2 - \cdots] \tag{3-93}$$

与式(3-91)一样,略去 s 的高阶项,可得

$$H_1(s) = K[1 - Ts] \tag{3-94}$$

对比式(3-92)和式(3-94),设

$$T = T_1 + T_2 - T_3 \tag{3-95}$$

则有

$$H(s) = H_1(s) \tag{3-96}$$

可见,对于小的 s 值, $H_1(s)$ 是 $H(s)$ 的最好近似。相应地,二阶转首操舵响应方程(3-88)可近似简化为一阶转首操舵响应方程,即

$$T\dot{r} + r = K\delta \tag{3-97}$$

式(3-97)也称作**操纵运动一阶 KT 方程**,因该方程最早是由野本谦作(Nomoto)在 1957 年提出来的,故也称为**野本方程**。它既能抓住其响应特性本质,又能比二阶方程更为简化,其中 K 和 T 称为操纵性指数。

$$T = T_1 + T_2 - T_3 \tag{3-98}$$

式中: T_1 和 T_2 是船舶固有运动响应时间常数,在有良好稳定性的条件下, T_1 和 T_2 为正实数,且 $T_2 \ll T_1$; T_3 是操舵时间常数,数值一般与 T_2 相近。

需要指出的是,线性运动方程只适用于小扰动情况。当船舶运动较大时,线性运动方程就不再适用,而必须用非线性运动方程。另外,响应模型中的参数一般通过实船或自航模试验来确定,而不必通过水动力导数来计算。

3. 类比建模法

上面的推导是从二阶 KT 方程的 Taylor 级数展开式的角度来分析的。野本的推导过程如

下：假设一物体的转动惯量为 I，当以角速度 r 回转时，所遭受的黏性阻尼为 Nr，N 是阻尼系数；当舵面转过一个角度 δ 时，会产生一个作用在物体上的力矩 $M\delta$，M 表示单位舵角产生的力矩，则该物体的运动方程为

$$I\dot{r} = -Nr + M\delta \tag{3-99}$$

上式两边同时除以 N，则得到

$$\frac{I}{N}\dot{r} + r = \frac{M}{N}\delta \tag{3-100}$$

对比式(3-99)和式(3-97)，则有

$$T = \frac{I}{N} = \frac{\text{船舶的惯性}}{\text{每单位回转角速度的黏性阻尼}} \tag{3-101}$$

$$K = \frac{M}{N} = \frac{\text{每单位舵角的回转力矩}}{\text{每单位回转角速度的黏性阻尼}} \tag{3-102}$$

以上采用的是类比建模的方法，因为实际船舶操纵运动应是转首 r 和横漂 v 两种运动的耦合，它与单一的纯回转运动只是在形式上和物理本质上类似，而并不是完全相等。

4. 一阶非线性野本方程

诺宾(Norrbin)在1963年提出如下的模型

$$\begin{cases} T\dot{r} + H_N(r) = K\delta \\ H_N(r) = n_3r^3 + n_2r^2 + n_1r + n_0 \end{cases} \tag{3-103}$$

其中，$H_N(r)$ 是包含了船舶操纵特性的非线性函数，一般可取 $H_N(r) = \alpha_1 r + \alpha_3 r^3$，则可得一阶非线性野本方程(Nonlinear extension of Nomoto's 1st-order model)

$$T\dot{r} + \alpha_1 r + \alpha_3 r^3 = K\delta \tag{3-104}$$

其中，对于航向稳定的船舶，$\alpha_1 = +1$，而对于不具有航向稳定性的船舶，$\alpha_1 = -1$；系数 α_3 由螺线试验确定。

5. 船舶操纵运动的一阶 KT 方程仿真实例

某船操纵运动方程式

$$T\dot{r} + r + \alpha r^3 = K\delta \tag{3-105}$$

式中：$T = 50, K = 0.1, \alpha = 1\,000(\text{rad}^{-2}), U = 10$ kt。

微分方程式：

$$\begin{cases} \dot{r} = -r - \alpha r^3 + K\delta(t) \\ \dot{\psi} = r \\ \dot{x}_0 = U\cos\psi \\ \dot{y}_0 = U\sin\psi \end{cases} \tag{3-106}$$

式中：(x_0, y_0) 表示船舶的位置坐标。该船旋回试验的仿真结果见图3-17和图3-18。图3-17所示为船舶旋回角速度 r 和航向角 ψ 的历时曲线。图3-18所示为船舶的旋回圈仿真。

二、利用一阶 KT 方程研究船舶操纵性

下面我们来讨论一阶 KT 方程中系数 K 和 T 的物理意义。

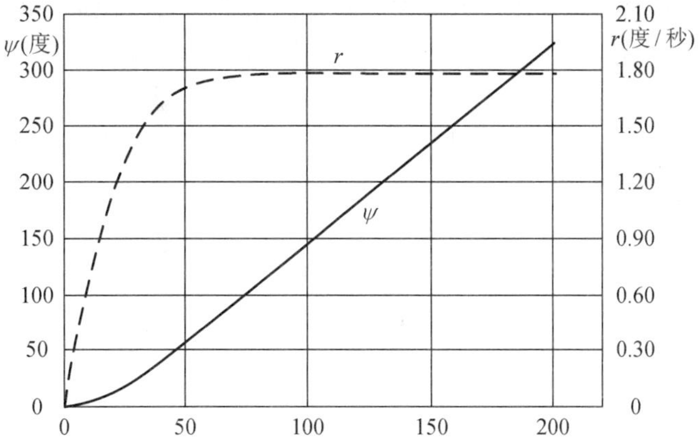

图 3-17 旋回过程中 r 和 ψ 的历时曲线

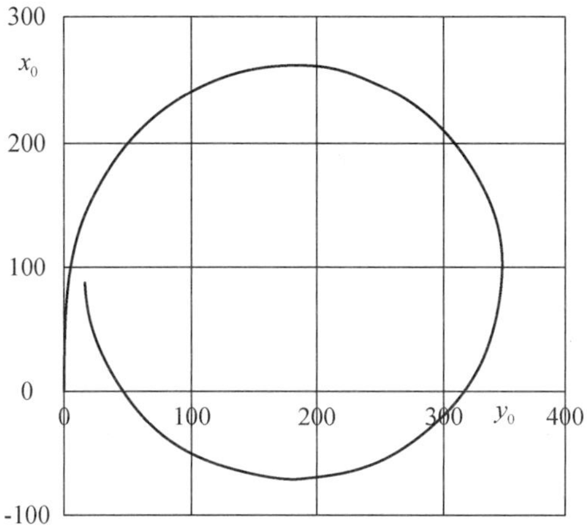

图 3-18 旋回圈仿真

1. 船舶直线稳定性

直线航行的船舶($\delta=0$),因受干扰而产生初始回转角速度 r_0,去掉干扰之后,船舶回转运动方程为

$$T\dot{r}+r=0 \tag{3-107}$$

$$\Rightarrow \frac{T}{r}\frac{\mathrm{d}r}{\mathrm{d}t}=-1\Rightarrow \frac{T}{r}\mathrm{d}r=-\mathrm{d}t\Rightarrow\int\frac{T}{r}\mathrm{d}r=-\int\mathrm{d}t \tag{3-108}$$

$$\Rightarrow \ln r=-\frac{1}{T}+C\Rightarrow r=\exp\left(-\frac{t}{T}+C\right) \tag{3-109}$$

由初始条件 $r(0)=r_0$,得

$$r_0=\exp(C)\exp\left(-\frac{0}{T}\right) \tag{3-110}$$

进而得方程的特解为

$$r=r_0\exp\left(-\frac{t}{T}\right) \tag{3-111}$$

从上式可见，回转角速度 r 按指数规律衰减。对于具有直线稳定性的船舶应有 $T>0$，而其稳定的程度与指数衰减快慢有关。T 越小，r 越快地趋于零，船的直线稳定性越好。反之，T 越大，船的直线稳定性越差。由此可见 T 的符号规定了船舶是否具有直线稳定性，T 的绝对值规定了衰减的快慢，即恢复到直线运动时间的长短。因此 T 的数值可以作为衡量直线稳定性的指标，T 称作**直线稳定性指数**。

从传递函数的角度看，$H(s)=\dfrac{1}{Ts+1}$ 称作惰性单元，也称惯性环节。自变量 t 与 T 结合成 t/T 出现，参数 T 具有时间尺度的性质，故称为时间常数。t 与 T 具有同样的量纲。

2. 船舶回转性

假定船舶最初以零舵角直线航行（$r=0$），在时刻 $t=0$ 将舵瞬间转至某一舵角 δ（阶跃操舵），以后一直保持该舵角，此时方程为

$$T\dot{r}+r=K\delta \tag{3-112}$$

$$\Rightarrow T\frac{\mathrm{d}r}{\mathrm{d}t}+r=K\delta \Rightarrow \frac{\mathrm{d}r}{-r+K\delta}=\frac{1}{T}\mathrm{d}t \tag{3-113}$$

$$\Rightarrow -\frac{\mathrm{d}(r-K\delta)}{r-K\delta}=\frac{1}{T}\mathrm{d}t \Rightarrow -\ln(r-K\delta)=\frac{1}{T}t+C \tag{3-114}$$

$$\Rightarrow r=K\delta+\exp\left(-\frac{1}{T}t-C\right) \tag{3-115}$$

当 $t=0$ 时，$r=0$，则有

$$0=K\delta-\exp(C)\exp\left(-\frac{1}{T}t\right) \Rightarrow C=\ln(K\delta) \tag{3-116}$$

将 C 的表达式代入 r 的表达式，则有

$$r=K\delta\left[1-\exp\left(-\frac{1}{T}t\right)\right] \tag{3-117}$$

对上式在区间 $[0,t]$ 进行积分，则有

$$\psi=K\delta\left[t-T+T\cdot\exp\left(-\frac{t}{T}\right)\right] \tag{3-118}$$

该表达式反映了阶跃操舵后船舶航向角的变化规律。对于具有直线稳定性的船舶，随着时间的增长，角速度将趋于定值，如果把 $t\to\infty$ 时的 r 记作 r_c，则有

$$r_c=K\delta \tag{3-119}$$

由此可见，定常回转角速度 r_c 由系数 K 和舵角 δ 决定，K 为单位舵角引起的定常回转角速度，称为**回转性指数**。

另外，由 ψ 的表达式也可看到，船舶达到稳定回转的快慢是由 T 决定的。当 t 增加时，指数项 $1-\exp(-t/T)$ 随 T 值的不同而趋于 1 的快慢是不一样的。T 越小，指数项趋于 1 的速度越快，这表明在操舵之后，船很快地改变首向并进入定常回转，即跟从性好。由此也说明船舶的直线稳定性与跟从性是一样的。T 称为**应舵指数**（或**跟从性指数**）。

总之，一阶操纵性运动方程的两个系数 K,T 较全面地定义了船舶的操纵性。其中 K 表示回转性，T 表示船舶对舵的快速应答性（应舵性）和航向稳定性。由此称 K,T 为船舶的**操纵性**

指数(manoeuvrability coefficient, manoeuvring indices)。

显然,操纵性良好的船应具有大的正 K 值、小的正 T 值。由于船舶的回转性和直线稳定性之间是互相矛盾的,所以往往船舶的 K 大、T 也大,K 小、T 也小。

回转性指数 K 大,表示回转性好,定常回转直径小;应舵指数 T 小,表示船舶的稳定性和跟从性好,操舵之后很快地改变航向进入定常回转。

如图 3-19 所示,B 船的回转性指数 K 较大,因此它具有较小的定常回转直径;A 船的应舵指数 T 较小,因此它能够较快地实现回转或进入新的航向,虽然它的回转半径较大。从操纵性的角度来看,具有小的 K 和小的 T 的 A 船在回转初期优于 B 船,尽管 A 船有较大的回转半径。考虑到实际航行时总是需要向左、向右不停地操舵,此时单凭定常回转直径来判定操纵性的优劣显然是片面的。

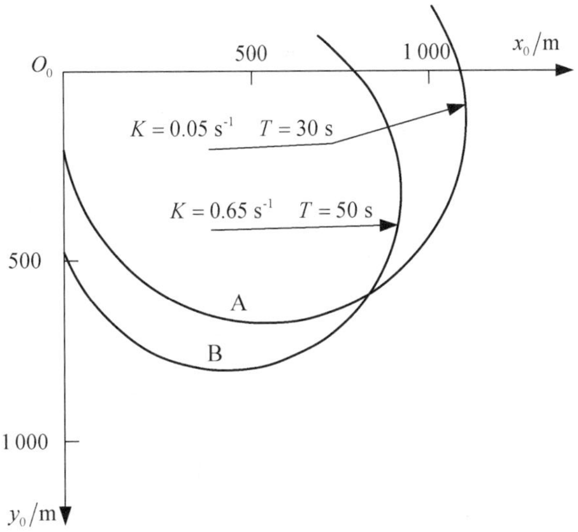

图 3-19 船舶 A 和 B 的操纵性评价

为了便于对不同船长和航速的操纵性分析,也常把 K 和 T 化为无因次量形式

$$K' = K\left(\frac{L}{V}\right) \tag{3-120}$$

$$T' = T\left(\frac{V}{L}\right) \tag{3-121}$$

3. 转首指数

诺宾(Norrbin)于 1965 年提出"转首指数"P(也称为航向改变性指数)。根据式(3-118),可以得到单位舵角下首向角的变化为

$$\frac{\psi}{\delta} = K\left[t + T\cdot\exp\left(-\frac{t}{T}\right) - T\right] \tag{3-122}$$

转舵初期,航速变化较小,仍可认为以回转初速 V_0 航行。这时船舶航行一个船长 L 所需的时间为 $t = L/V_0$。令单位舵角相应的首向角变化用 P 表示,则有

$$P = \left(\frac{\psi}{\delta}\right)\Bigg|_{t=L/V_0} = K\left[\frac{L}{V_0} + T\cdot\exp\left(-\frac{L}{TV_0}\right) - T\right] \tag{3-123}$$

考虑到 K,T 指数的无因次形式，则上式可以写成

$$P = K'\left[1 - T' + T'\exp\left(-\frac{1}{T'}\right)\right] \tag{3-124}$$

若 T' 足够大，可对上式中的 $\exp(-1/T')$ 进行泰勒展开，则可以写成

$$P = K'T'\left\{\frac{1}{2}\left(\frac{1}{T'}\right)^2 + \frac{1}{6}\left(\frac{1}{T'}\right)^3 + \cdots\right\} \approx \frac{1}{2}\frac{K'}{T'} \tag{3-125}$$

P 代表操舵后船舶移动一个船长时，用以判别操舵效应的每单位舵角引起的首向角改变值，称为**转首指数**。它是船舶转首性的重要衡准指标。

对于直线稳定的船，指数 P 是一个很好的操纵性衡准，能比较恰当地反映出船舶是否易于改变航向。P 值越大，船舶的转首性越好，越容易改变航向。因此对于港口、江河和急流航道的船舶要求具有较大的 P 值。一般海船的 P 值可小些。

实船试验表明：用不同的舵角的 Z 形操纵性试验求得的 K,T 指数是不同的，但两者有几乎相同的变化率。因此转首指数 P 是比较稳定的，这是它的一个重要优点。许多实船 Z 形操纵性试验结果表明，$P > 0.3$ 可以保证船舶具有合理的转首性。对于肥大船型，只要 $P > 0.2$ 就足够了。

由 K,T 的表达式(3-101)和式(3-102)，考虑用无因次形式表示，则有

$$P = \frac{1}{2}\frac{N'_\delta}{I'_{zz}},\quad I'_{zz} = \frac{I_{zz}}{\frac{1}{2}\rho L^5} \tag{3-126}$$

若用 C_M 表示 N'_δ，用 C_I 表示 I'_{zz}，则也可写成 $P = \frac{1}{2}\frac{C_M}{C_I}$。

可见，转首指数 P 仅与舵效及船的惯性有关，而与回转阻尼无关。因此转首指数与船的稳定性无直接关系。对于直线不稳定或稳定性较差的船，转首指数必须与表示稳定性的指数联合使用，才能全面反映操纵性能。

三、Z 形操纵试验

Z 形操纵试验也称 **Z 形操舵试验**(zig-zag manoeuvre / Kempf manoeuvre)。Z 形操纵试验是肯普夫(G. Kempf)于 1943 年提出的测量船舶操舵响应的一种很重要的操纵性试验。该试验用于衡量船舶的机动性能，评价船舶在中小舵角下改变或保持航向的能力。自 1957 年野本谦作提出利用 Z 形试验结果测定 K,T 参数以来，该试验得到了广泛重视。至今，不论对实船还是对自航船模，操纵性试验都将此作为一项不可缺少的试验内容。

为了使对试验数据的处理更为合理，在一段时间内，曾有不少人提出很多分析方法，如：对首向角进行拟合的最小二乘法及考虑非线性的相平面分析法。目前，Z 形操纵试验是公认的确定 K,T 的方法，也是 2002 年 IMO《船舶操纵性标准》中评价船舶直线稳定性的标准操纵试验(standard trial manoeuvre)。

1. 试验步骤

(1)船舶按预定航速直线航行达到稳定以后，以尽可能快的速度将舵转到右舷规定的舵角，如 $\delta = 10°$，作为**第一次操舵**(first execute)，δ 称为**执行舵角**。

(2)当船首偏离原首向 ψ 度(如 ψ =10°)时,立即转舵到左舷相同的舵角 δ 度,称为**第二次操舵**(second execute),ψ 称为**换舵首向角**。

(3)操上述反舵后,船仍朝原方向继续回转,但回转角速度逐渐减小,直到回转运动消失,然后船向左舷回转。

(4)当首向角偏离原航向左达 ψ 度,再操右舵角 δ 度,作为**第三次操舵**(third execute)。

(5)上述过程一直继续到完成五次操舵为止。

试验过程中舵角和航向角的变化如图 3-20 所示,同时还可记录螺旋桨转速和航速的变化。

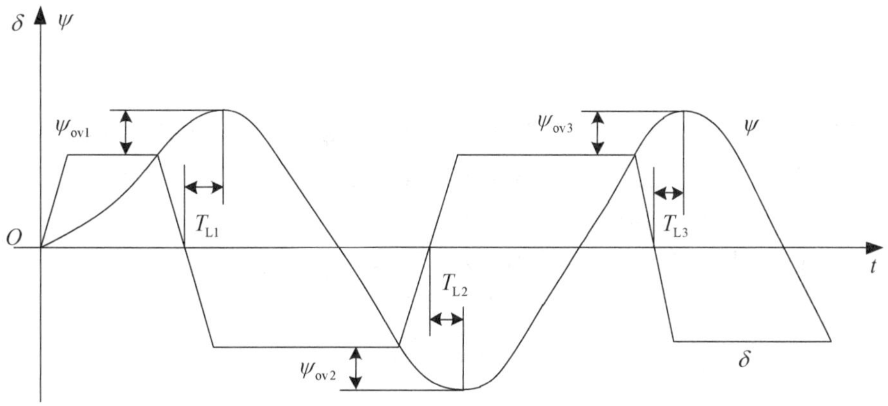

图 3-20 Z 形操纵试验中舵角和航向角的变化

Z 形操纵试验中执行舵角和换舵首向角的标准值为 10°,记作 10°/10°(分子为执行舵角,分母为换舵首向角)。根据需要也可采用 5°/5°、15°/15°、20°/20° 的 Z 形试验。例如在通常情况下,保持航向的舵角 δ = 5° 左右,因此采用 δ = 5° 和 ψ = 5° 的 Z 形操纵试验可以更确切地评价船舶使用稳定性的好坏。在海上改变航向时,除了紧急情况外,最常用的舵角是 15° 左右。由此看出,采用 δ =10° 和 ψ =10° 作为 Z 形操纵试验的标准值是一个理想的中间状态。对于一些直线稳定性差的船舶,也可以进行 10°/5°、20°/5°、20°/10° 等执行舵角和换舵首向角不相等的变形 Z 形试验。

Z 形操纵试验通常在最大操纵速度(接近船舶服务航速)下进行,若有需要也可考虑中速和低速试验。

操纵性的试验结果与船舶的回转方向有关,国际海上航行规则规定应急回转应向右转,因此特别感兴趣的是用右舵来回转或纠正首向偏离的能力,所以标准的 Z 形试验是从右舵开始的。

2. 试验曲线的特征参数

(1)超越角 ψ_{ov}(overshoot angle)

超越角是操反舵瞬时的首向角和最大首向角之间的差值,是从反向转舵瞬时起,直到船舶反向转首瞬时的航向角的变化,可以作为衡量船舶是否易于转向的一个总度量。超越角 ψ_{ov},尤其是第一超越角 ψ_{ov1},在船舶实际避碰机动中具有重要意义。这个角度越小,船舶越易于转向,它正比于指数 K 和 T 的乘积。

$$\psi_{ov} = KT\delta_0 \tag{3-127}$$

因此,跟从性好而回转性差的船,与跟从性差而回转性好的船,有可能达到相同的超越角。

(2)转首滞后 T_L

转首滞后是指反向转舵通过零舵角位置的瞬时直到船舶达到最大转首角时所经历的时间。也有文献将转首滞后定义为:从操反舵开始到船停止朝原方向回转的时间。可以想象,当反向操舵后,惯性作用使船首转向角继续增大所持续的时间,表示从时间意义上对回转惯性的一种度量,对船舶驾驶人员操作有一定参考意义。

考虑到舵左右切换可能引起的不对称,常取第二、三次操舵相对应的 T_{L2},T_{L3} 之平均值作为 T_L, 即

$$T_L = \frac{1}{2}(T_{L2} + T_{L3}) \tag{3-128}$$

T_L 的无因次量 $T'_L = T_L V_0 / L$, 可以作为跟从性的度量。T'_L 小,跟从性好; T'_L 大,跟从性差。无因次转首滞后 T'_L 与无因次应舵指数 T' 有着较强的相关性。图 3-21 表示了由若干实船和自由自航模的操纵性试验数据整理出的关系。

由图 3-21 可见,只要 T' 或 T'_L 足够小, $1/T'$ 和 $1/T'_L$ 之间呈直线关系,即

$$\frac{1}{T'_L} = k\frac{1}{T'} \tag{3-129}$$

比例系数 $k > 1$。

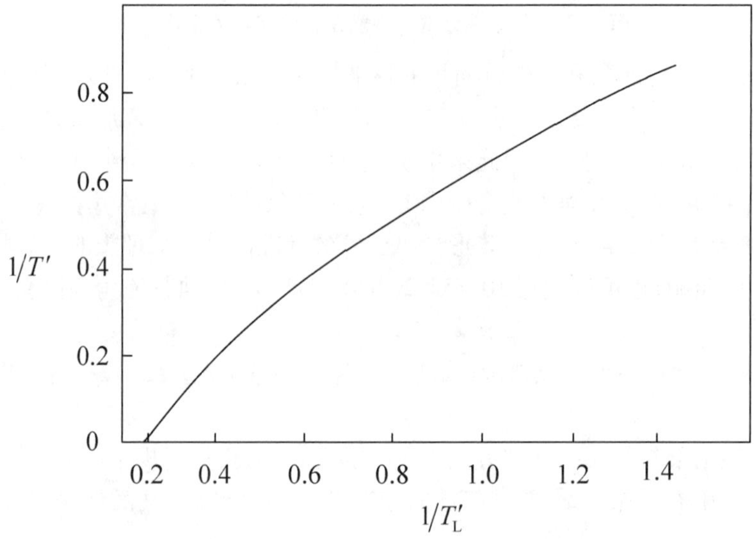

图 3-21　无因次转首滞后 T'_L 与无因次应舵指数 T' 关系图

3. 纠偏和保向性能标准

《船舶操纵性标准》对船舶纠偏和保向性能要求如下:

(1)在 10°/10° Z 形试验中第一超越角的值不应超过:

- 10°, 如果 $L/V < 10$ 秒;
- 20°, 如果 $L/V \geq 30$ 秒;

- $\left(5+\dfrac{L}{2V}\right)$ 度,如果 10 秒 $\leqslant L/V \leqslant$ 30 秒。

其中 L 和 V 的单位分别是秒和米/秒。

(2) 10°/10° Z 形试验中的第二超越角不应超过:

- 25°, 如果 $L/V <$ 10 秒;
- 40°, 如果 $L/V \geqslant$ 30 秒;
- $\left(17.5+0.75\dfrac{L}{V}\right)$ 度,如果 10 秒 $\leqslant L/V \leqslant$ 30 秒。

(3) 20°/20° Z 形试验中,第一超越角不应大于 25°。

其中船长(L)是指船舶首尾柱之间的长度;试验速度(V)是指不低于主机 85%最大输出功率时船速的 90%。

4. $K-T$ 的标准算法

考虑到由于螺旋桨尾流的不对称性及其他因素的影响,当舵位于正中时,船舶通常不能保持直线航行,而会缓慢地回转。因此,船舶欲保持直线航行,须转某一舵角 δ_r。

$$T\frac{\mathrm{d}\dot{\psi}}{\mathrm{d}t}+\dot{\psi}=K\delta=K(\delta_m+\delta_r) \tag{3-130}$$

式中:δ_m 是试验时的测量舵角;δ_r 是剩余舵角(也称直航压舵角),考虑了船体、螺旋桨等不对称因素对船舶操纵运动的影响,是一个待确定的常数。$K-T$ 分析运用试验测量的值由式(3-130)来确定 K,T 和 δ_r 值,具体做法如下:

在试验曲线 ψ, δ_m-t 上,于 $t=0$ 处作首向角 $\psi(t)$ 曲线之切线,其斜率记为 $\dot{\psi}(0)$,并在首向角 $\psi(t)$ 曲线上作切线 $\psi(0)$ 之平行线,在三个峰上的切点分别为 e,e′和 e″,其对应的时间分别为 t_e,$t_{e'}$ 和 $t_{e''}$,此三点上的斜率显然为 $\dot{\psi}(t_e)=\dot{\psi}(t_{e'})=\dot{\psi}(t_{e''})=\dot{\psi}(0)$,此三点上对应的首向角分别为 $\dot{\psi}(t_e)$,$\dot{\psi}(t_{e'})$ 和 $\dot{\psi}(t_{e''})$,可从试验曲线(如图 3-22 所示)上量得。对操舵曲线 $\delta(t)$ 按次序记为 $t_1,t_2,\cdots,t_7$,分别对应于 $\delta_m(t)$ 曲线各转折点相应的时间。其中,t_2,t_4 和 t_6 三处对应的首向角 $\psi(t_2)=\delta_1$,$\psi(t_4)=\delta_2$ 和 $\psi(t_6)=\delta_3$,其相应的转首角速度为 $\dot{\psi}(t_2)$,$\dot{\psi}(t_4)$ 和 $\dot{\psi}(t_6)$ 可分别从 $\psi(t)$ 曲线上的斜率而得到,整个计算过程对上述六个特征点进行。对 KT 方程在任意时间间隔 t_a 至 t_b 计算得

$$T[\dot{\psi}(t_b)-\dot{\psi}(t_a)]+[\psi(t_b)-\psi(t_a)]=K\int_{t_a}^{t_b}\delta_m\mathrm{d}t+K\int_{t_a}^{t_b}\delta_r\mathrm{d}t \tag{3-131}$$

第 1 步:对方程(3-130)由 $t=0$ 分别积分至 $t_{e'}$ 和 $t_{e''}$,得

$$T\dot{\psi}(t)\Big|_0^{t_{e'}}+\psi(t)\Big|_0^{t_{e'}}=K\int_0^{t_{e'}}\delta_m\mathrm{d}t+K\int_0^{t_{e'}}\delta_r\mathrm{d}t \tag{3-132}$$

由于 $T\dot{\psi}(t)\Big|_0^{t_{e'}}=0$,$K\int_0^{t_{e'}}\delta_r\mathrm{d}t=K\delta_r t_{e'}$,可得

$$\psi(t_{e'})=K\int_0^{t_{e'}}\delta_m\mathrm{d}t+K\delta_r t_{e'} \tag{3-133}$$

类似,下式成立

$$\psi(t_{e''})=K\int_0^{t_{e''}}\delta_m\mathrm{d}t+K\delta_r t_{e''} \tag{3-134}$$

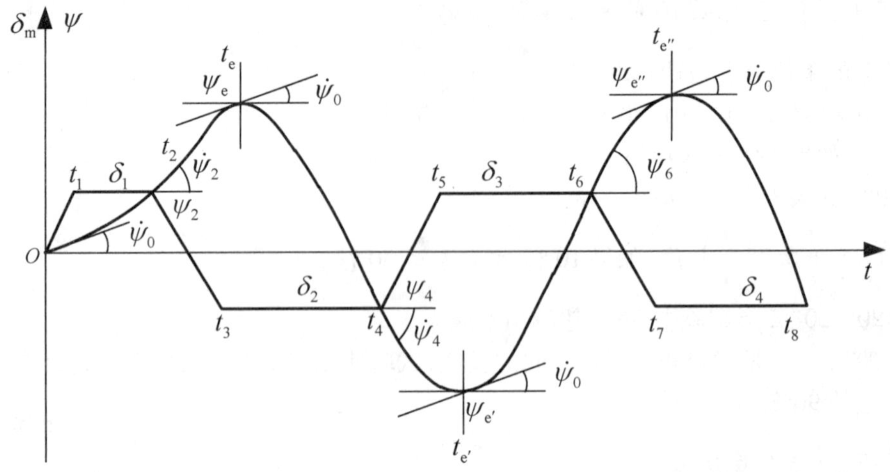

图 3-22　用以分析 Z 形试验的曲线

式中：$K\int_0^{t_{e''}}\delta_m dt$ 从图中量得。将上面两式联立求解 K 和 δ_r，并将 K 记为 $K_{⑥⑧}$。

第 2 步：将方程(3-130)由 $t=0$ 至 t_e 积分，得

$$\psi(t_e)=K\int_0^{t_e}\delta_m dt+K\delta_r t_e \tag{3-135}$$

并将上面已求得的 δ_r 代入上式，即可解得 K，记为 $K_{④}$。取 $K_{⑥⑧}$ 和 $K_{④}$ 的平均值作为整个试验过程中之 K 值。

$$K=\frac{1}{2}(K_{⑥⑧}+K_{④}) \tag{3-136}$$

第 3 步：将方程(3-130)由 $t=t_2$ 至 t_e 积分，得

$$T[\dot{\psi}(0)-\dot{\psi}(t_2)]+\psi(t_e)-\psi(t_2)=K\int_{t_2}^{t_e}\delta_m dt+K\delta_r(t_e-t_2) \tag{3-137}$$

将前已求得的 δ_r 和 $K_{④}$ 代入式(3-137)，解得 T，记为 $T_{④}$。

第 4 步：分别对方程(3-130)由 $t=t_4$ 至 $t_{e'}$ 和 $t=t_6$ 至 $t_{e''}$ 积分

$$T[\dot{\psi}(0)-\dot{\psi}(t_4)]+\psi(t_{e'})-\psi(t_4)=K\int_{t_4}^{t_{e'}}\delta_m dt+K\delta_r(t_{e'}-t_4) \tag{3-138}$$

$$T[\dot{\psi}(0)-\dot{\psi}(t_6)]+\psi(t_{e'})-\psi(t_6)=K\int_{t_6}^{t_{e''}}\delta_m dt+K\delta_r(t_{e''}-t_6) \tag{3-139}$$

将 δ_r 和 $K_{⑥⑧}$ 代入上面两式中，可分别解得 T 值，并取二者之平均值记为 $T_{⑥⑧}$，再取 $T_{⑥⑧}$ 与 $T_{⑥⑧}$ 的平均值作为整个试验结果中之 T 值。

$$T=\frac{1}{2}(T_{⑥⑧}+T_{④}) \tag{3-140}$$

至此，由 Z 形试验曲线可求得 K,T。无因次化后可得 K',T'。

$$K'=K\left(\frac{L}{V}\right) \tag{3-141}$$

$$T'=T\left(\frac{V}{L}\right) \tag{3-142}$$

式中：V 可取为平均速度（米/秒），在测不出平均速度时，可用试验初始直航速度。

在上述求解过程中，各特征量可由试验曲线直接取得。对舵角 δ_m 的积分，可以按不同的积分限，分别以折线来代替舵角随时间的变化关系。

以上介绍了野本谦作提出的 K,T 指数标准算法。应注意到上述方法只能求一阶 KT 方程的系数，对二阶 KT 方程的系数 T_1,T_2,T_3,K 可用过程辨识方法求取。

5. 比较 K, T 的两种计算方法

（1）利用约束船模试验所获得的线性导数计算 K,T；

（2）通过自由自航模操纵试验，获得试验得到的首向角 $\psi(t)$ 和舵角 δ 的记录曲线，进而求取模型的系数 K,T。

方法（1）只适用于小扰动（小舵角）、航向较稳定的船舶操纵运动。这时操舵响应较为缓慢。在实施中等舵角的较频繁操舵时，应使用二阶线性操舵响应方程。

而在实际操纵过程中，欲改变航向或避碰，有时还需要较大舵角及进行较为急剧的舵角变化。一般直线稳定性很差的船在操小舵角时，以及直线稳定性尚好的船在中等舵角时，就已存在非线性的回转阻尼作用。

采用方法（2）求得的 K,T 意味着是在某种操舵角情况下的平均值 $\overline{K}$ 和 $\overline{T}$。这时的 KT 方程相当于与非线性操舵响应相等价的拟线性方程。从这一"平均"的概念出发所重新定义的 K,T 的适用范围可引申到 20°/20° 甚至 30°/30° 的 Z 形操舵响应，以及临界航向不稳定船的情况。

习题

1. 船舶运动整体型数学模型研究历程中代表性人物是谁？有哪些工作？

2. 船舶运动整体型数学模型的特点是什么？优缺点是什么？

3. 船舶运动整体型数学模型的水动力导数在简化过程中，用到了哪些假设？这些假设如何简化水动力导数？

4. 船舶运动分离型数学模型的特点和要求是什么？分离模型中非线性水动力项的模型有哪几种？

5. 船舶运动二阶响应型模型的系数 T_1,T_2 和船舶航向稳定性之间的关系是什么？

6. 船舶跟随性和直线稳定性有何异同？为什么？

第四章 常速域船舶运动仿真

在船舶操纵运动四种数学模型中,分离模型兼具建模精度较高和结构较简单的优点,因此常作为船舶操纵运动的真实模型。本章按分离模型的结构特点将船舶所受水动力分作船体、螺旋桨和舵三部分分别阐述,其中对船体上的水动力又分为惯性力和黏性力进行讨论。

第一节 作用于船体上的惯性类水动力的确定

研究船舶的操纵性需要结合一定的数学模型,所以对每一特定船舶如何确定出数学模型中的各参数,即各水动力导数值或其组合值,是非常必要的。

在操纵运动数学模型中,作用在船体上的水动力按其成因,可分为惯性力和黏性力两部分,其中惯性类水动力为物体在理想流体中做变速运动时产生的作用于船体的作用力。

本节利用 3 种方法求取作用于船体上的惯性力,即理论计算法、试验法和经验公式法。

一、理论计算法

1. 利用势流理论计算

假设物体在密度为 ρ 的理想流体中做变速运动,此时物体表面所受到的力仅由压力 p 引起,故物体所受的水动力、力矩为

$$\boldsymbol{F} = \int_S p \cdot \boldsymbol{n} \mathrm{d}S \tag{4-1}$$

$$\boldsymbol{M} = \int_S p \cdot (\boldsymbol{r} \times \boldsymbol{n}) \mathrm{d}S \tag{4-2}$$

式中:$\boldsymbol{F}$,$\boldsymbol{M}$ ——物体所受流体力、力矩的主矢和;

S ——物体的表面积;

p ——物体表面微元处的压力;

$\boldsymbol{n}$ ——物体表面微元处的法向量;

$\boldsymbol{r}$ ——物体表面微元距离其动坐标系原点的矢径;

$\cdot$ ——点乘;

$\times$ ——叉乘。

流场中任一点的压力 p 由拉格朗日积分给出

$$p = -\rho \frac{\partial \varphi}{\partial t} - \frac{1}{2}\rho(\varphi_x^2 + \varphi_y^2 + \varphi_z^2)$$

$$= -\rho\frac{\partial\varphi}{\partial t} - \frac{1}{2}\rho(\nabla\varphi\cdot\nabla\varphi) \tag{4-3}$$

式中：φ 是物体在静止流体中运动而引起的速度势（velocity potential），可表示为固定坐标系坐标和时间 t 的函数，即

$$\varphi = \varphi(x_0, y_0, z_0, t) \tag{4-4}$$

两积分式可统一表达为

$$m_{ij} = -\rho\int_S \varphi_i \frac{\partial\varphi_j}{\partial n}\mathrm{d}S \tag{4-5}$$

式中：φ_j ——相对应于动坐标系中物体沿 j 方向运动而产生的流场单位速度势；

m_{ij} ——统称为附连水质量。

显然，m_{ij} 是一个 6×6 的矩阵，其中各元素并不都具有"质量"的量纲。若 $i,j=1,2,3$，则 m_{ij} 的量纲是质量。若 $i=1,2,3, j=4,5,6$，或反之 $i=4,5,6, j=1,2,3$，则 m_{ij} 为**附加质量静矩**（或称为**附加质量矩**）。若 $i,j=4,5,6$，则 m_{ij} 为**附连水质量惯性矩**，它与角速度的乘积表示动量矩。

$m_x = m_{11}, m_y = m_{22}, m_z = m_{33}, J_{xx} = m_{44}, J_{yy} = m_{55}, J_{zz} = m_{66}, m_y\alpha_x = m_{26}, m_y\alpha_z = m_{35}$，其中 α_x，α_z 表示附加质量 m_y 作用中心的 x, z 坐标值。附加质量与附加惯性矩和加速度流体动力导数本质上是一致的，即 $m_x = -X_{\dot{u}}, m_y = -Y_{\dot{v}}, m_{26} = -Y_{\dot{r}}, m_{62} = -N_{\dot{v}}, J_{zz} = -N_{\dot{r}}$。

船舶在平面运动时，作用于船体上的流体惯性力可简化为

$$\begin{cases} X_{\mathrm{I}} = -m_x\dot{u} + m_y vr + m_{yr}r^2 \\ Y_{\mathrm{I}} = -m_y\dot{v} - m_x ur - m_{yr}r^2 \\ N_{\mathrm{I}} = -J_{zz}\dot{r} - m_{yr}\dot{v} - (m_y - m_x)uv - m_{yr}ur \end{cases} \tag{4-6}$$

式中：m_x —— x 方向的附连水质量，$m_x = (0.03 \sim 0.05)m$；

m_y —— y 方向的附连水质量，$m_y = (1.2 \sim 2.0)m$；

J_{zz} ——绕 z 轴附加质量惯性矩；

$m_{yr} = m_y\alpha$；

α ——横向附加质量重心至船舶重心的纵向距离。

当船舶在匀速直航运动状态下，即 $\dot{u} = \dot{v} = \dot{r} = r = 0, U \neq 0$（$U = \sqrt{u^2 + v^2}$），则有

$$\begin{cases} X_{\mathrm{I}} = 0 \\ Y_{\mathrm{I}} = 0 \\ N_{\mathrm{I}} = -(m_y - m_x)uv \end{cases} \tag{4-7}$$

这说明物体在理想流体中匀速直线运动（包括 $v\neq0$ 的斜航运动），所受总阻力为零，只受惯性力矩作用，该惯性力矩就是**孟克力矩**（Munk moment）。物体所受阻力为零与其实际阻力状况不相符合，常称为**达朗贝尔佯谬**（D'Alembert's paradox）或**达朗贝尔疑题**，这最早是由出生于法国巴黎的学者让·勒朗·达朗贝尔（Jean-le-Rond D'Alembert，1717—1783）在 1752 年《流体阻尼的一种新理论》一文中提出的。达朗贝尔佯谬产生的原因是没有考虑流体的黏性，这也说明利用势流理论求不出与速度成比例的流体动力。

本节给出的流体惯性力公式都是在理想流体的假设下推导出的，从式（4-6）可以看出：

（1）流体惯性力是物体运动加速度和速度的函数。流体惯性力与物体运动加速度之间有

线性关系，与物体运动速度之间有单纯的二次函数关系。这里“惯性力”泛指惯性力和惯性力矩；“加速度”泛指加速度和角加速度；“速度”泛指速度和角速度。

(2)流体惯性力不含速度的一次项，也不含三次项及三次以上的高阶项。当然也不包含加速度的二次和二次以上项，以及加速度和速度的任何形式的耦合项。

(3)流体惯性力基本公式中所有加速度项的系数和速度二次项的系数都毫无例外地是附加质量或其负值，或两个附加质量的代数和。这些系数都是与速度、加速度大小无关的常数。

应该注意到，在利用势流理论求作用在船体上的惯性力的时候，存在速度项。实际上，流体作用力中速度增量的二次项既包含流体黏性力，也包含流体惯性力，而流体作用力中速度增量的三次项及以上的高次项只包含流体黏性力。

2. 基于简单几何形状物体附加质量的修正方法

附加质量的计算，关键是单位速度势 φ_i 的计算，即求满足物体表面上和无穷远处边界条件的拉普拉斯方程的解。但只对简单的二维、三维物体有解析解。对于像船体这样的复杂形状，只能采用数值方法求解，如有限元法、有限差分法、边界元法等。这些修正方法以几种简单的几何形状物体附加质量的精确解为基础，再加以适当的修正，进而获得船舶的附加质量。

(1)二维椭圆柱体的附加质量和附加惯性矩

对于如图 4-1 所示的坐标系，二维椭圆柱体的附加质量和附加惯性矩为

$$\begin{cases} m_x = \rho\pi b^2 \\ m_y = \rho\pi a^2 \\ J_{zz} = 1/8\rho(b^2 - a^2)^2 \end{cases} \tag{4-8}$$

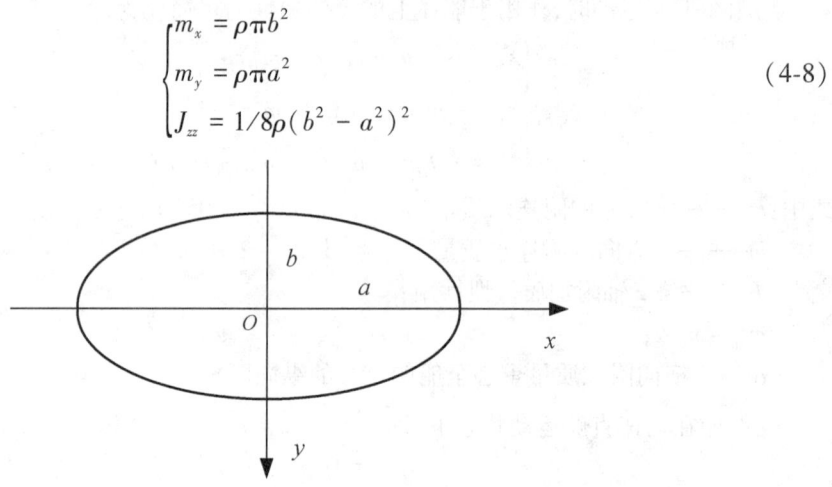

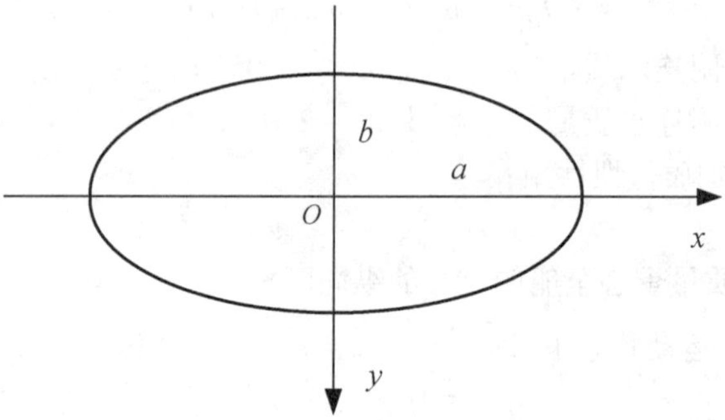

图 4-1 椭圆柱体的坐标及尺度

(2)回转椭圆体的附加质量和附加惯性矩

兰伯(Lamb)依据理想流体的势流理论，得到了长轴 $2a$、短轴 $2b$ 的回转椭圆体[①]分别沿 ox、oy 平移及绕 z 轴旋转时附加质量和附加惯性矩的表达式

① 椭圆沿其一轴旋转而形成**回转椭圆体**(spheroid)，回转椭圆体是一般概念的**椭球**，例如橄榄球，其三视图中有一个是圆，两个是椭圆。这里将船长取为长轴，这种椭圆体也称**长轴(旋转)椭圆体**(prolate spheroid)，简称**长球体**。

$$m_x = k_1 \frac{4}{3}\rho\pi ab^2 = k_1 m$$

$$m_y = k_2 \frac{4}{3}\rho\pi ab^2 = k_2 m \tag{4-9}$$

$$J_{zz} = k_z \frac{4}{15}\rho\pi ab^2 = k_z m$$

式中：m,I_{zz} 为回转椭圆体的质量和转动惯性矩。

$$k_x, k_y, k_z = f\left(\frac{b}{a}\right) \tag{4-10}$$

k_x,k_y 和 k_z 的取值见图 4-2。

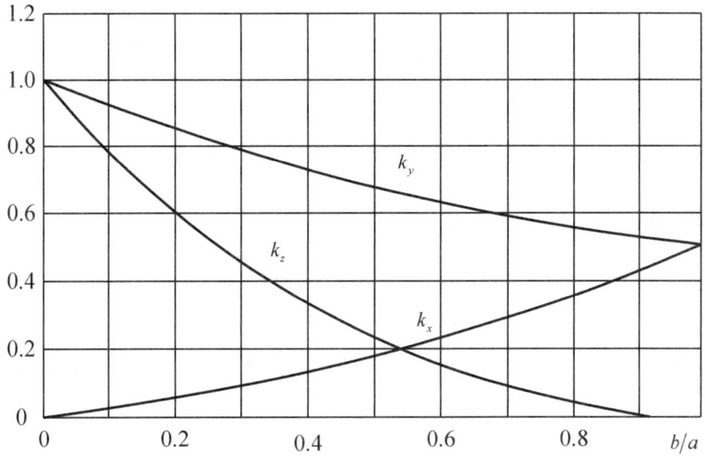

图 4-2 回转椭圆体的附加质量和附加惯性矩系数

在缺乏资料时，可将船体看成回转椭圆体，两轴半长分别取为

$$a = L/2, b = d \tag{4-11}$$

这样的估算计算结果尽管很粗略，但对纵向附加质量而言，由于其数值比船舶小得多，仅在 0.1m 左右，故通常不必精确计算，由此求得的数值可满足使用要求。

(3)船舶附加质量和附加惯性矩

这是一种基于回转椭圆体修正的计算方法。将船近似地看成回转椭圆体，其长轴取为船长 L，短轴取为吃水 d 的 2 倍，考虑到船体形状与回转椭圆体的差别，亚柯比(W. R. Jocobs)提出了下列修正计算式

$$m_x = k_x m$$

$$m_y = k_y\rho \frac{1}{2}\int_0^L \pi C_S(x) d_S^2(x)\,dx \tag{4-12}$$

$$J_{zz} = k_z\rho \frac{1}{2}\int_0^L \pi C_S(x) d_S^2(x) x^2\,dx$$

式中：k_x,k_y,k_z ——表达式与回转椭圆体的公式相同，由于船舶 $L \gg d$，则纵向附加质量较小，一般不做修正；

$C_S(x)$ ——x 处船体横剖面形状的修正系数，布鲁哈斯加给出修正系数 $C_S(x)$ 的图谱见

图 4-3；

$d_S(x)$ —— x 处船体的局部吃水值。

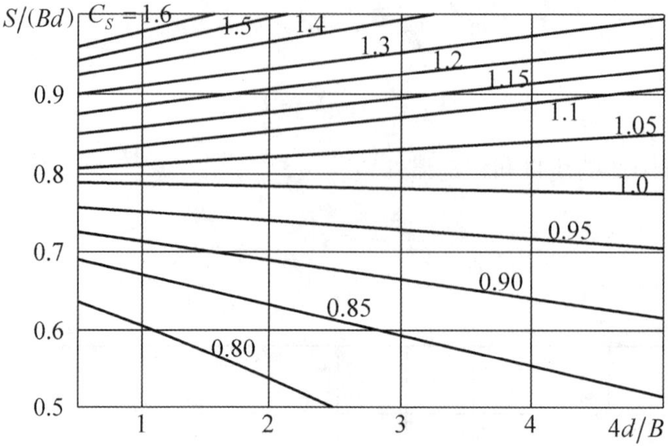

图 4-3　二因次剖面形状修正系数

3. 基于切片理论估算船舶附加质量和附加惯性矩

将船体沿纵向分作若干个横剖面，称之为切片，并假设绕每一切片的流动都是简单的二因次流动，且互不干扰。这样得每一切片的二因次横向运动附加质量 $m_{22}^2(x)$，则沿船长方向积分，就能得到整个船体的值。在切片理论中，横向运动附连水质量可表示为

$$m_{22} = \int_L M_{22}^2(x)\,\mathrm{d}x \tag{4-13}$$

$$m_{26} = \int_L M_{22}^2(x)\,x\,\mathrm{d}x \tag{4-14}$$

$$m_{66} = \int_L M_{22}^2(x)\,x^2\,\mathrm{d}x \tag{4-15}$$

式中：$M_{22}^2(x)$ 表示 x 处切面的二因次横向运动附连水质量。

这样，基于切片理论将三因次问题简化为二因次，只要能求得二因次切面的附加质量，则整个问题得到解决。

在 Lewis 剖面法中，对船型剖面采用两个参数来表示：

$$\sigma_i = \frac{S_i}{B_i d_i} \tag{4-16}$$

$$\lambda_i = \frac{2d_i}{B_i} \tag{4-17}$$

式中：S_i ——沿船长某处剖面面积；

B_i ——沿船长某处船宽；

d_i ——沿船长某处吃水。

根据已知的船型剖面几何形状参数 σ_i，λ_i，可方便地查图 4-4 得附连水质量系数 C_H：

$$C_H = \frac{a_{22}^2}{\pi/2\rho d_i^2} \tag{4-18}$$

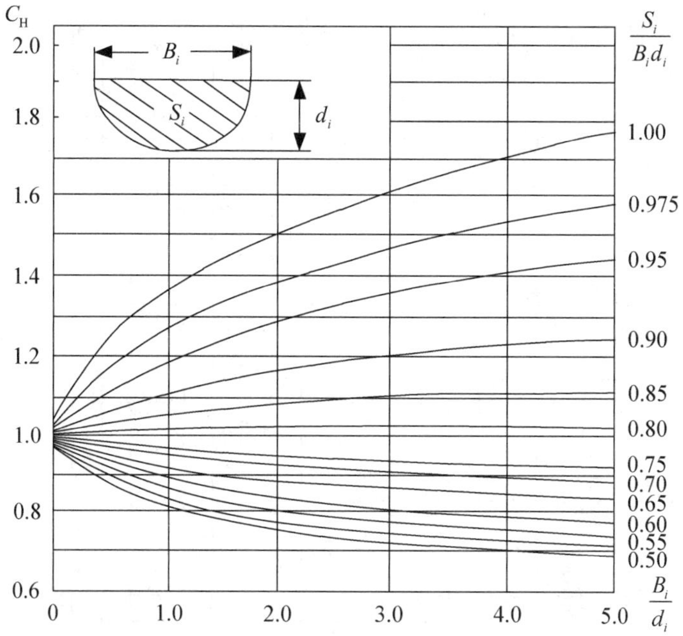

图 4-4 附连水质量系数 C_H

则船体的附连水质量可表示为：

$$m_{22} = \frac{\rho}{2}\pi\int_{-\frac{L}{2}}^{\frac{L}{2}} C_H(x)\,d_i^2(x)\,dx \tag{4-19}$$

$$m_{26} = \frac{\rho}{2}\pi\int_{-\frac{L}{2}}^{\frac{L}{2}} C_H(x)\,d_i^2(x)\,x\,dx \tag{4-20}$$

$$m_{66} = \frac{\rho}{2}\pi\int_{-\frac{L}{2}}^{\frac{L}{2}} C_H(x)\,d_i^2(x)\,x^2\,dx \tag{4-21}$$

4. 运用三轴椭球体资料粗估附加质量和附加惯性矩

半轴长分别为 a、b、c 的三轴椭球体①，可用理论方法求得单位速度势。从而求得附连水质量。图 4-5、图 4-6 和图 4-7 所示分别为三轴椭球体的纵向、横向附加质量 m_{11}，m_{22} 和对 z 轴的附加惯性矩 m_{66} 的无因次值。若将船体近似作为一个三轴椭球体，则船体的附加质量可以 $L/2$，$B/2$，d 为三轴椭球体的相应值的一半。

$$\begin{aligned} m_{11} &= m'_{11}m \\ m_{22} &= m'_{22}m \\ m_{66} &= m'_{66}I_{zz} \end{aligned} \tag{4-22}$$

式中：m ——船体的质量；

I_{zz} ——船体对 z 轴的转动惯性矩。

① **三轴椭球体**(triaxial ellipsoid)用画法几何中的三视图法表示时，其三视图均为椭圆。

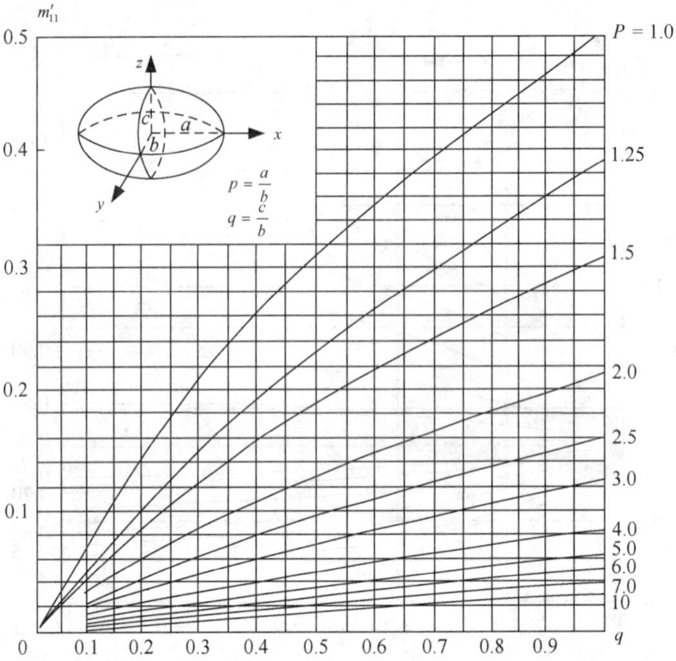

图 4-5　三轴椭球体纵向附加质量的无因次值

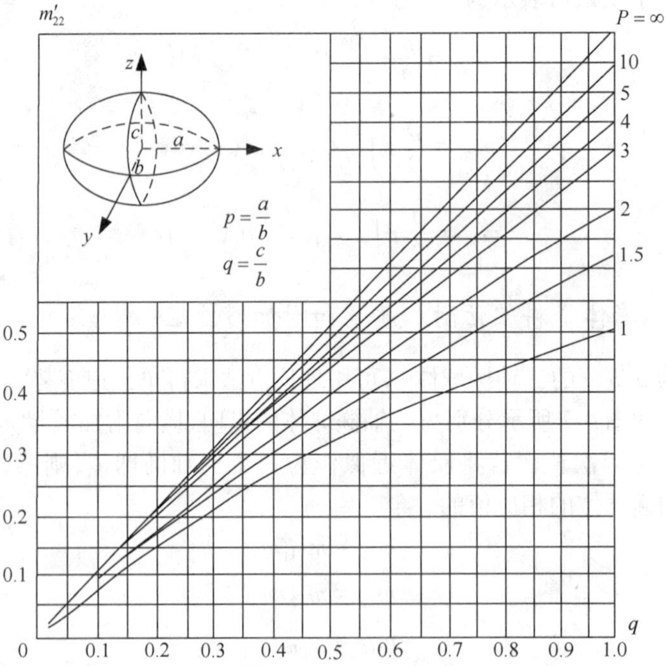

图 4-6　三轴椭球体横向附加质量的无因次值

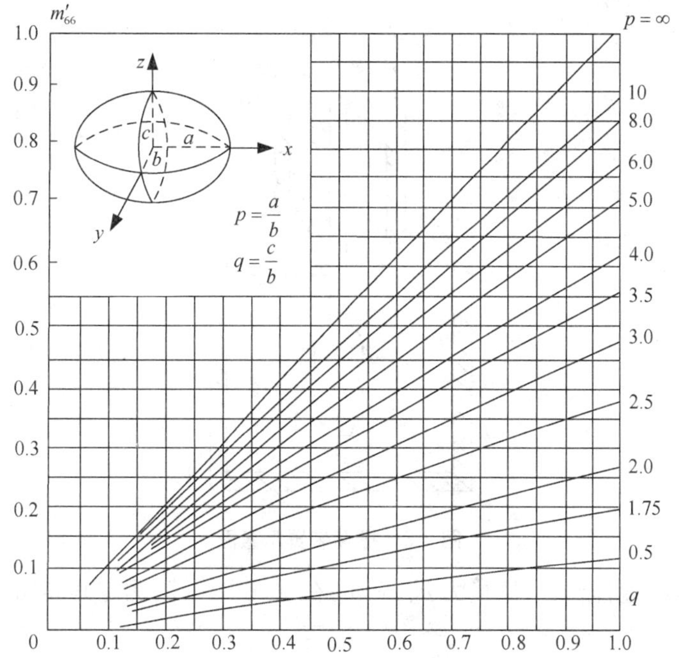

图 4-7 三轴椭球体对 z 轴的附加惯性矩的无因次值

二、试验法

由于船舶形状复杂，理论上还不能精确地计算附加质量和附加惯性矩，而试验法是较精确地确定船舶附加质量和附加惯性矩的合适方法，也是检验理论计算结果的唯一手段。

1. 振荡法

质量 m 的重叠船模置于水箱中，并用专门的连杆将它与弹性系数 c 的平板弹簧相连，后者端部被刚性地固定在振荡装置（如图 4-8 所示）本体上。试验时，让船模-连杆系统做垂向无阻尼振荡。为此采用了基于电铃原理的电磁铁和断续器所组成的专门设备，用电磁力抵消阻尼力。这里需要用到影像原理的基本假设，即船舶运动速度不大，引起的兴波较小，用一个镜面处理自由液面。

振荡频率 ω 、弹性系数 c、物体的质量 m 有下列关系：

$$\omega^2 = \frac{c}{m} \tag{4-23}$$

进而可得振荡周期

$$T = \frac{2\pi}{\omega} = 2\pi\sqrt{\frac{m}{c}} \tag{4-24}$$

三个步骤：

第 1 步：不含船模的光连杆系统质量为 m_0，测定周期 T_0

$$T_0 = 2\pi\sqrt{\frac{m_0}{c}} \tag{4-25}$$

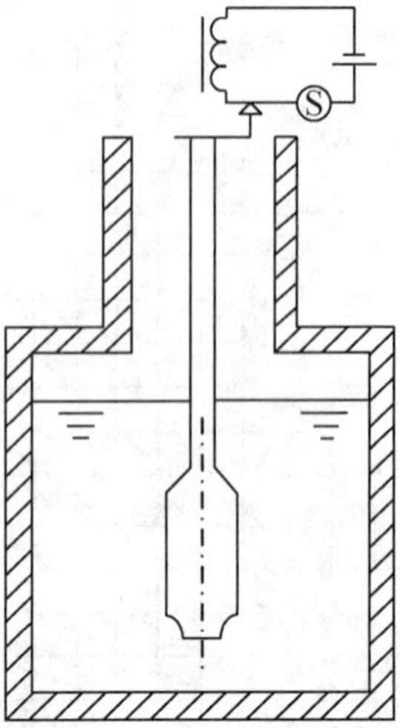

图 4-8　振荡装置示意图

第 2 步：船模与连杆相连，质量为 $m_0 + m$，在空气中振荡，测定其周期 T_1

$$T_1 = 2\pi\sqrt{\frac{m_0 + m}{c}} \tag{4-26}$$

第 3 步：连杆、船模在水中振荡，质量为 $m + m_0 + m_x$，测定其周期 T_2

$$T_2 = 2\pi\sqrt{\frac{m_0 + m + m_x}{c}} \tag{4-27}$$

消去 m_0 和 c，可得

$$m_x = m\frac{T_2^2 - T_1^2}{T_1^2 - T_0^2} \tag{4-28}$$

同理，可测 m_y。为确定附加惯性矩 J_{zz}，也可采用相似的装置，不同之处仅在于，将船模随吊杆上下运动改为旋转运动。

振荡法具有如下的优点：工作量小；可估算流体的黏性对附加质量的影响。缺点是不能估算自由液面对附加质量的影响。

2. 冲击法

冲击试验方法是由日本著名学者元良诚三首创的，其试验装置如图 4-9 所示。

试验过程：一吊杆加重锤，悬挂在支点上，试验时使重锤从夹角 α 处下落撞击船舶。

设船舶质量为 m，重锤重量用 w_p 表示，吊杆长 L_E，吊杆加重锤的转动惯性半径为 k_p^2，于是吊杆重锤的转动惯量 I_p 为

$$I_p = \frac{w_p}{g}k_p^2 \tag{4-29}$$

(1) 吊杆重锤系统

最高点：势能为 $\frac{w_p}{g}gl_E(1 - \cos\alpha_0)$，动能为 0。

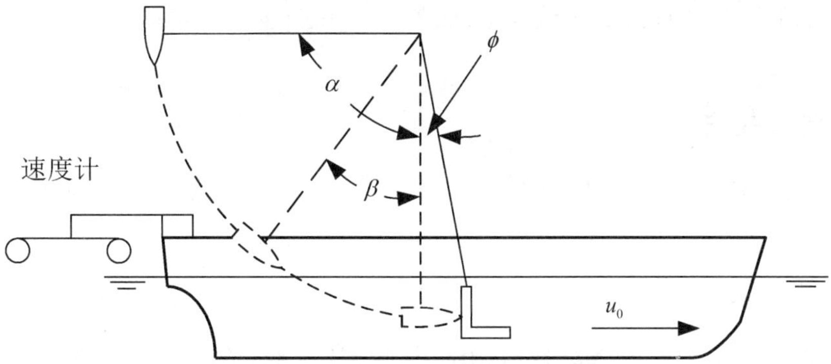

图 4-9 冲击法的试验装置

最低点:在即将撞击船舶瞬间,角速度为 $\dot{\alpha}$, 此时

势能为 0,动能 $\frac{1}{2}I_{\mathrm{p}}\dot{\alpha}^2=\frac{1}{2}\frac{w_{\mathrm{p}}}{g}v^2=\frac{1}{2}\frac{w_{\mathrm{p}}}{g}\dot{\alpha}^2k_{\mathrm{p}}^2$。(注意到 $v=k_p\dot{\alpha}$)

根据能量守恒,则有

$$\dot{\alpha}=-\sqrt{2gl_{\mathrm{E}}(1-\cos\alpha_0)}\frac{1}{k_{\mathrm{p}}} \tag{4-30}$$

同理,讨论撞击后吊杆重锤系统的能量转换关系,可得撞击后瞬间系统的反弹角速度为

$$\dot{\beta}=-\sqrt{2gl_{\mathrm{E}}(1-\cos\beta_0)} \tag{4-31}$$

故撞击前后角动量的变化为

$$I_{\mathrm{p}}(\dot{\alpha}-\dot{\beta}) \tag{4-32}$$

物理学冲量定理表明,在给定时间间隔内,系统总动量的变化量等于在同一时间间隔内作用的外力的总冲量。设吊杆重锤系统的总冲量为 F, 总冲量到支点的距离为 l_p, 根据冲量定理,冲量矩应等于角动量的变化,即:

$$Fl_{\mathrm{p}}=I(\dot{\alpha}-\dot{\beta}) \tag{4-33}$$

(2)船舶系统

撞击前船舶静止,撞击后速度为 u_0, 则撞击前后,船舶的动量变化为

$$(m+m_x)u_0 \tag{4-34}$$

吊杆重锤系统与船舶两者撞击,其冲量应该相等,即船舶系统所受的冲量为 F, 故对船舶系统有

$$F=m(m+m_x)u_0 \tag{4-35}$$

进而有:

$$\begin{aligned} m+m_x&=\frac{F}{u_0}=\frac{1}{u_0}\frac{I_{\mathrm{p}}}{l_{\mathrm{E}}}(\dot{\alpha}-\dot{\beta}) \\ &=\frac{1}{u_0}\frac{k_{\mathrm{p}}}{l_{\mathrm{p}}}\sqrt{\frac{2l_{\mathrm{E}}}{g}}(\sqrt{1-\cos\alpha_0}+\sqrt{1-\cos\beta_0}) \end{aligned} \tag{4-36}$$

可见,试验中只要测得 α_0,β_0,u_0, 即可求出纵向附加质量 m_x。

同理,若用吊杆重锤撞击船舶,使之做横向运动,测量 α 和 β, 以及横向运动速度 v_0, 即可求出横向的附加质量 m_y。

对于船舶的附加惯性矩 J_{zz}，试验中，测量 α,β 和船舶转动角速度 $\dot{\psi}$，用同样的道理可求出。

三、经验公式法

利用在大量船模试验结果的基础上整理得来的半经验公式或图谱计算附加质量和附加惯性矩。

1. 元良图谱法

日本学者元良诚三（Seizo Motora）利用冲击实验法对系列船模进行了试验，给出了计算船舶纵向、横向附加质量 m_x，m_y 和附加惯性矩 J_{zz} 的图谱，如图 4-10、图 4-11 和图 4-12 所示。在图 4-12 中，$J_{zz}=K_{z1}^2 m$。对于一般商船来说，其估算结果基本令人满意，在日本和我国至今仍得到广泛的应用。

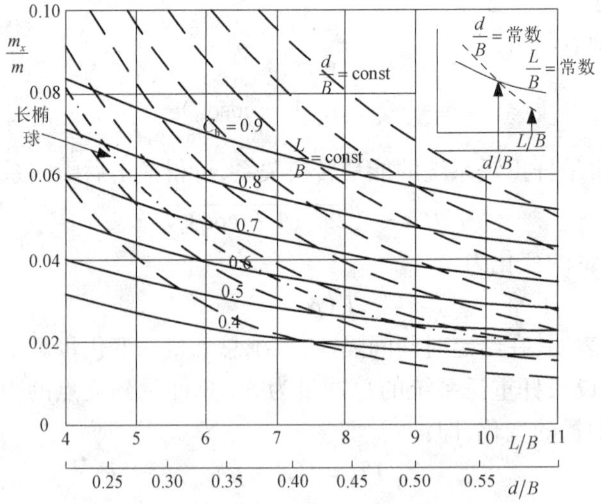

图 4-10　估计 m_x/m 的元良图谱

2. 周昭明回归公式

周昭明（多用途货船的操纵性预报与计算，船舶工程，No. 6，1983）对日本著名的元良图谱进行了多元回归分析，得到下式

$$m_x=\frac{m}{100}\left[0.398+11.97C_b\left(1+3.73\frac{d}{B}\right)-2.89C_b\frac{L}{B}\left(1+1.13\frac{d}{B}\right)+0.175C_b\left(\frac{L}{B}\right)^2\left(1+0.54\frac{d}{B}\right)-1.107\frac{L}{B}\frac{d}{B}\right] \tag{4-37}$$

$$m_y=m\left[0.882-0.54C_b\left(1-1.6\frac{d}{B}\right)-0.156(1-0.673C_b)\frac{L}{B}+0.826\frac{d}{B}\frac{L}{B}\left(1-0.678\frac{d}{B}\right)-0.638C_b\frac{d}{B}\frac{L}{B}\left(1-0.669\frac{d}{B}\right)\right] \tag{4-38}$$

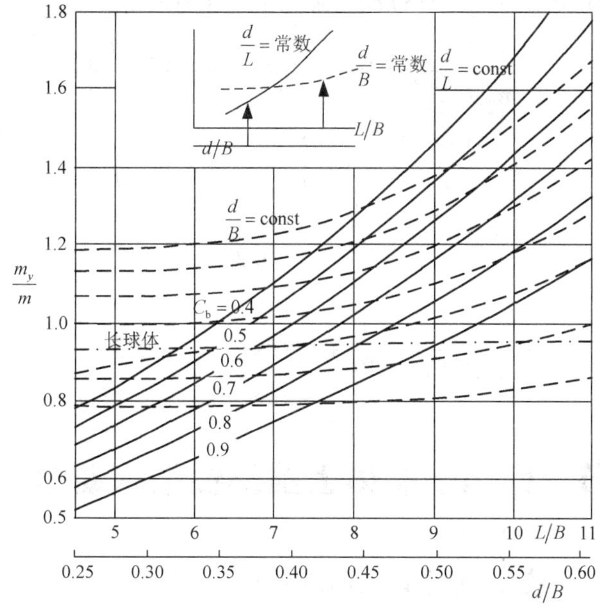

图 4-11 估计 m_y/m 的元良图谱

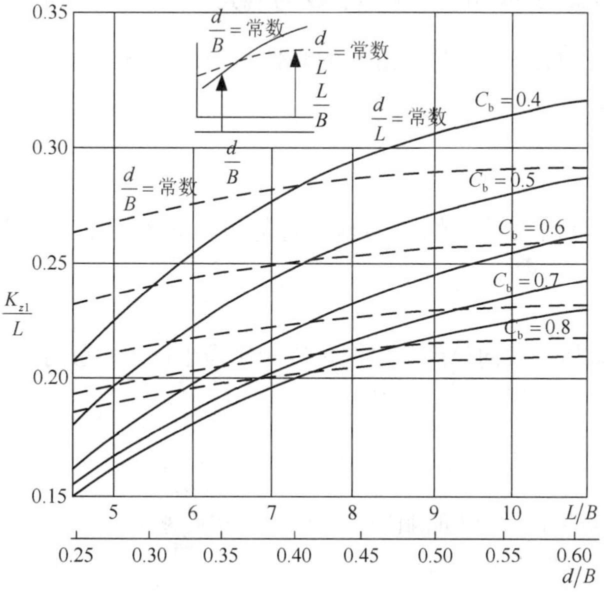

图 4-12 估计 K_{z1}/L 的元良图谱

$$(J_{zz}/m)^{0.5} = \frac{1}{100}L\left[33 - 76.85C_b(1 - 0.784C_b) + 3.43\frac{L}{B}(1 - 0.63C_b)\right] \quad (4\text{-}39)$$

3. PMM 试验结果的回归式

大卫·克拉克(David Clarke)(The application of manoeuvring criteria in hull design using linear theory, the Naval Architect, 1983)提出了如下一组计算式

$$-\frac{Y'_v}{\pi(d/L)^2}=1+0.16C_b\frac{B}{d}-5.1\left(\frac{B}{d}\right)^2 \tag{4-40}$$

$$-\frac{N'_r}{\pi(d/L)^2}=0.67\frac{B}{L}-0.0033\left(\frac{B}{d}\right)^2 \tag{4-41}$$

$$-\frac{N'_v}{\pi(d/L)^2}=1.1\frac{B}{L}-0.041\frac{B}{d} \tag{4-42}$$

$$-\frac{N'_r}{\pi(d/L)^2}=\frac{1}{12}+0.017C_b\frac{B}{d}-0.33\frac{B}{L} \tag{4-43}$$

第二节　作用于船体上的黏性类水动力的确定

船体纵向的水动力一般属于船舶阻力的研究范畴。本节将船体上 Y,N 自由度的黏性力和船体阻力分开进行讨论。

一、Y, N 自由度黏性水动力(矩)导数的确定

与船体惯性力类似,船体上 Y,N 自由度的黏性力的确定方法也有理论计算法、模型试验法和经验公式估算法。

1. 理论计算法

确定船体上 Y,N 自由度的黏性力的理论计算方法现在已较少使用,因此仅进行简单介绍。

1)细长体理论

所谓**细长体**是指物体的横向尺度与纵向尺度相比为小量。一般可定义一个无量纲的细长体参数

$$\varepsilon=\frac{d}{L} \tag{4-44}$$

式中:d——物体的最大横向尺寸(船舶最大宽度或二倍吃水);

L——物体长度(如船长)。

对于细长体,参数 ε 是小量。船舶外形基本上满足细长体的要求。细长体升力理论是在假设 ε 是小量的基础上研究流体动力的近似解。

2)机翼理论

曾有学者利用机翼理论来解释水动力导数 Y_v,N_v,Y_r,N_r。在使用机翼理论应用重叠船模时,船长 L 起着翼弦的作用。船舶的展弦比一般为 $0.02\leqslant\lambda\leqslant0.20$,因此船体可视为极小展弦比的机翼。

不论是细长体升力理论还是小展弦比升力面理论,仅能给出横向力 Y 和力矩 N 的弱非线性计算模型,至于纵向力 X 和强非线性时的 Y 和 N 还无法完全用理论方法进行计算,而且 Y 和

N 的计算结果与实际还有一定差距。

2. 模型试验法

研究船舶操纵运动的数学模型,不管是线性的还是非线性的,其中都包含各种流体动力导数,它们与船舶主尺度、线型和附体等要素有关。虽然可用理论方法进行近似估算,但采用模型试验方法来测定是目前最可靠和精确的途径。理论计算值也常以此检验正确性。通常采用的约束模型试验有:直线拖曳试验、旋臂试验和平面运动机构试验。

1)直线拖曳试验

直线拖曳试验也称作**斜航试验**,可在普通长水池(船模阻力试验池)中进行。由此可测定与纵向速度 u 、横向速度 v 、舵角 δ 以及它们彼此之间的耦合水动力导数等。

测量时,每次可以先变化一个参数,其他参数为 0,据所测得的力(力矩)分别求得对单一参数的流体动力(力矩)导数。若同时改变两个参数,还可测出两个参数之间的交叉导数。在多个参数情况下,用多元回归分析法可以同时求得多个参数间的流体动力(力矩)的各种高阶交叉导数。

以 X_v,Y_v 和 N_v 的测量为例,分析直线拖曳试验的方法。试验时把船模安装于沿水池纵向运动的拖车上。船模的中纵剖面与水池中心线呈某一个夹角 β, 拖车以不变的速度 U 直线航行。此时 $\dot{u}=\dot{v}=\dot{r}=r=\delta=0$。

从图 4-13 中可见,此时相当于在船模以速度 u 沿 ox 轴方向匀速直线运动上叠加一侧向的扰动速度 v。

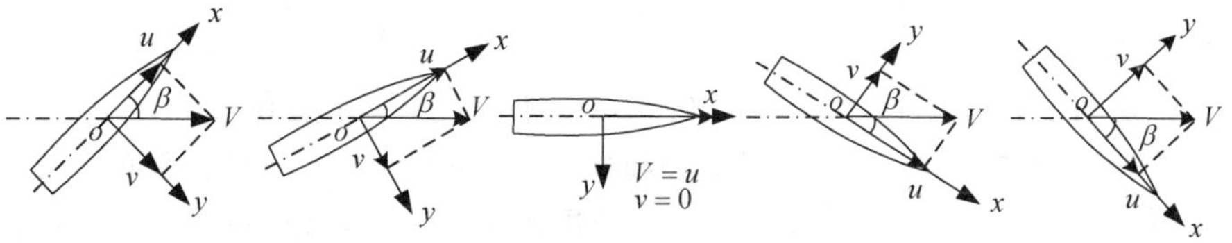

图 4-13 直线拖曳试验速度矢量分解

船模所受的水动力可以通过力测量仪测得,其中船体所受的水动力通常用机械式或电测式六分力测力仪测量。测力仪的一般形式是拖车向下伸出一刚性支杆,其下端深入船模腹腔内,通过六分力仪与船模相连。测力仪的测力元件一般采用应变片。它可直接测量力。此外两个应变片保持一定距离安装也可测量力矩。应使测力仪的测力元件与船模坐标原点重合,这样就可以测量船模所受到的各向力和力矩。此外,船模的舵的受力用舵力仪测量,可测量 X_δ,Y_δ 和 N_δ 三个力和力矩;螺旋桨的推力、扭矩用螺旋桨动力仪测量。通常各测量信号还要经过低通滤波、放大、A/D 转换和求均值等处理。

为测量船模在不同漂角 β 或不同横向速度 v 下的水动力,应取舵角为零和分别取不同 β 值做拖航试验。设船模航速为 U, 可求得:

$$\begin{cases} u = U\cos\beta \\ v = U\sin\beta \end{cases} \tag{4-45}$$

据此可以绘出以 β 或 v 为横轴的水动力 X,Y 和 N 试验曲线,如图 4-14 所示。

按照水动力系数定义,在 $u=U$,$v=\delta_r=0$ 点的水动力系数 X_v,Y_v 和 N_v 分别是图 4-14 中三

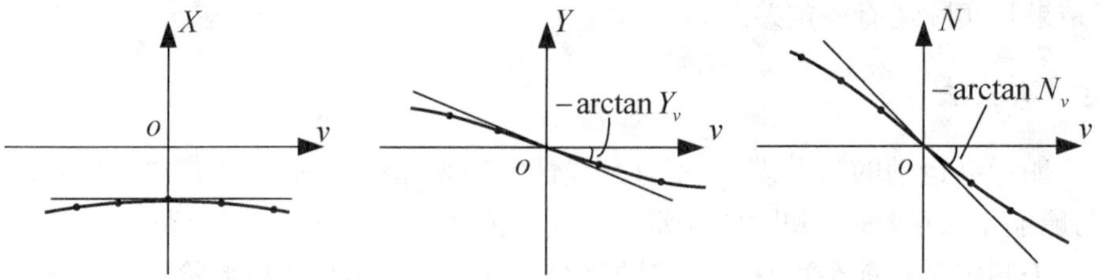

图 4-14　水动力系数 X_v，Y_v 和 N_v 的试验测定

条曲线在 $v=0$ 点的斜率值。

为测量不同舵角下的水动力系数，将船模的中纵剖面与水池中心线平行固定不变，改变舵角做拖航试验，可得到图 4-15 的试验曲线。曲线在原点处的斜率就分别是 Y_δ 和 N_δ 的值。

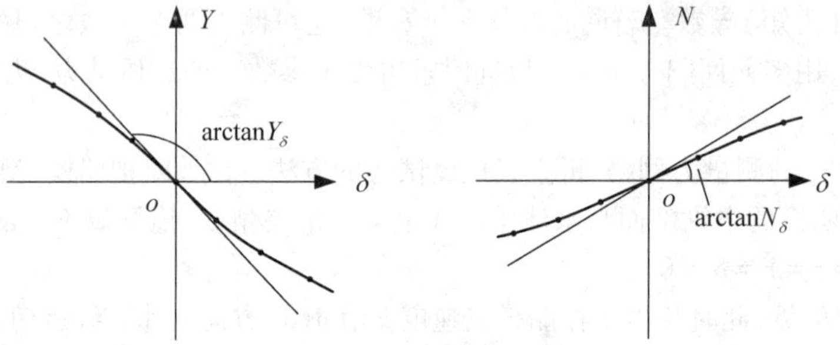

图 4-15　水动力系数 Y_δ 和 N_δ 的试验测定

2）旋臂试验

旋臂试验在圆形的旋臂水池中进行，主要用来测定角速度导数和与角速度有关的耦合水动力系数。如图 4-16 所示，水池有一旋臂（rotating arm），一端置于环状水池壁的轨道上，可绕水池中心以不同的角速度 r 旋转。船模以某一漂角 β 和舵角 δ 安装在旋臂的某一半径 R 处，随旋臂旋转。

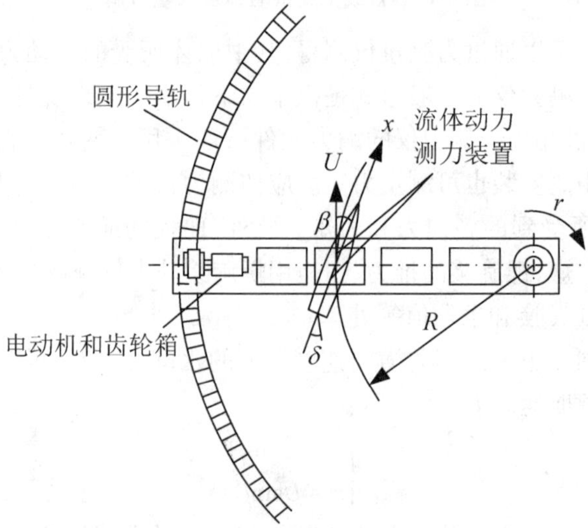

图 4-16　旋臂装置

船模所受水动力可通过与前述相似的测力仪测得。但因回转时船模本身有离心惯性力和力矩会被测力仪测量,所以必须在测量结果中扣除。为确定这个离心惯性力和力矩,在试验之前,必须称重和确定重心位置。一个可行的代换办法是保持同样状态在空气中转一次,所测得的数值就是应扣除之值。

测量时,旋臂回转角速度 r 和船模安装位置 R 可以改变。由于 $U = Rr$, 可以看到,为在接近零的角速度 r 下得到足够大的速度 U, 半径 R 必须足够大。这实际上是要求旋臂水池规模要很大,因此旋臂水池的造价也必定很高。为使测定结果准确,做旋臂试验时,要求启动、加速、稳速和测量必须在一周内完成,以免船模进入自身产生的运动水流中,并且要求必须在水波平静后再开始做下一次试验。

下面测量在不同角速度 r 下船模所受的水动力。测量时保持 $\beta = v = \delta = 0$ 和 $u = U$。旋臂试验最后得到的试验曲线如图 4-17 所示。旋臂试验无法测得的 $r = 0$ 点可用外插法得到。根据水动力导数的定义,曲线在 $r = 0$ 点处的斜率就是 Y_r 和 N_r 之值。

图 4-17 中曲线 $Y = Y(r)$ 所在象限,因外形不同可能会有不同,比如有可能取虚线所在的象限。

旋臂试验中,在不同漂角 β 下系列改变 r 可测得 $Y(v,r)$ 和 $N(v,r)$ 曲线,通过这两个曲线相除可得到一阶旋转水动力导数之外,还可获得与旋转有关的高阶水动力导数和耦合水动力导数。但因旋臂试验中始终 $r \neq 0$, 故它不能用来测与旋转无关的水动力导数。

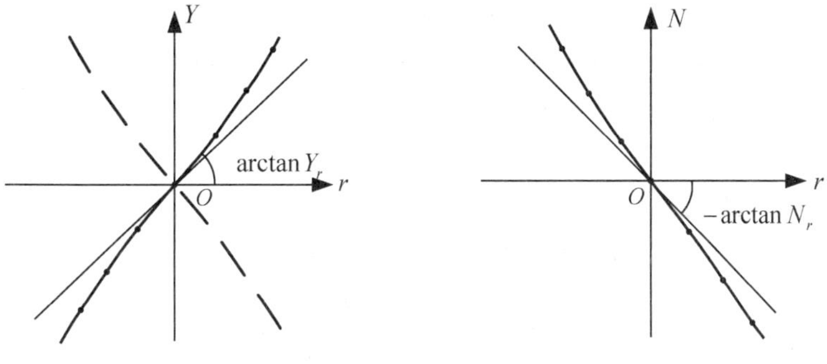

图 4-17 水动力系数 Y_r 和 N_r 的试验测定

美国金特尔(Gentler)和古德曼(Goodman)所研制的平面运动机构(PMM)系统可在普通长水池中强迫船模做拖曳运动,可方便地求取各种流体动力导数,包括流体动力的线性速度导数和非线性速度导数,另外还可以测量加速度导数。

3. 经验公式估算法

就目前情况,确定流体黏性力最现实、精确的方法是进行约束船模试验。但是要进行这种试验需要专门的设备,而且还需费时、费钱,因此很多学者设法基于已有的试验资料,提出经验估算公式,以便于在已知船型参数情况下,估算其水动力导数。

1)拟合

如图 4-18 所示,获取的数据有 $p_1(x_1,y_1),p_2(x_2,y_2),\cdots,p_k(x_k,y_k)$。$x = [x_1\ x_2 \cdots x_k]$;$y = [y_1\ y_2 \cdots y_k]$。注意到,对于如图所示的线性关系,只需要两组试验数值,就可通过求解二元一次方程组进行求解线性关系的系数,这样两组意外的测量数据似乎就是多余的了。可以使用最小二乘法,以充分利用所测量的数据,提高拟合精度。

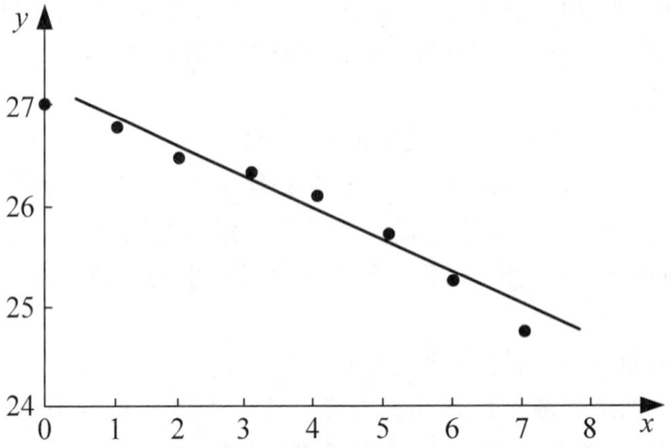

图 4-18 数据点拟合

科学和工程问题可以通过诸如采样、实验等方法获得若干离散的数据,根据这些数据,我们往往希望得到一个连续的函数(也就是曲线)或者更加密集的离散方程与已知数据相吻合。这个过程叫作**拟合**。

在 Matlab 软件中,已经提供了如下的函数进行数据的拟合

$$\boldsymbol{p} = \mathrm{polyfit}(\boldsymbol{x}, \boldsymbol{y}, n) \tag{4-46}$$

式中:$\boldsymbol{x} = [x_1\ x_2\ \cdots\ x_k]$,$\boldsymbol{x}_i$ 应是依 k 单调的,$\boldsymbol{y} = [y_1\ y_2\ \cdots\ y_k]$,$k$ 为数据点的个数,n 为所拟合多项式的最高次幂,拟合所得多项式函数为 $f(x) = p_1 x^n + p_2 x^{n-1} + \cdots + p_n x + p_{n+1}$,$\boldsymbol{p} = [p_1\ p_2 \cdots p_n]$。

2)线性水动力导数的估算公式

MMG 模型中线性水动力和水动力力矩的无量纲表达式为

$$\begin{aligned} Y'_{\mathrm{L}} &= N'_v v' + Y_r r' \\ N'_{\mathrm{L}} &= N'_v v' + N'_r r' \end{aligned} \tag{4-47}$$

(1)诺宾(Norrbin)公式

$$\begin{aligned} Y'_v &= -\pi\left(\frac{d}{L}\right)^2\left(1.69 + 0.08\frac{C_{\mathrm{b}}}{\pi}\frac{B}{d}\right) \\ Y'_r &= -\pi\left(\frac{d}{L}\right)^2\left(-0.645 - 0.38\frac{C_{\mathrm{b}}}{\pi}\frac{B}{d}\right) \\ N'_v &= -\pi\left(\frac{d}{L}\right)^2\left(0.64 - 0.04\frac{C_{\mathrm{b}}}{\pi}\frac{B}{d}\right) \\ N'_r &= -\pi\left(\frac{d}{L}\right)^2\left(-0.47 - 0.18\frac{C_{\mathrm{b}}}{B}\frac{B}{d}\right) \end{aligned} \tag{4-48}$$

(2)井上(Inoue)公式

井上正祐以 10 艘各种类型远洋船的船模(油船 3 艘,货船 3 艘,集装箱船、液化天然气船、滚装船、汽车轮渡各 1 艘),在满载与压载吃水之间的不同吃水和纵倾共计 24 种状态,进行了斜拖试验和旋臂试验。将船体的水动力导数整理成多项式如下:

$$
\begin{aligned}
Y_v &= -\frac{1}{2}\rho L d V\left(\frac{\pi}{2}\lambda + 1.4C_b\frac{B}{L}\right)(1 + 0.67\tau') \\
Y_r &= \frac{1}{2}\rho L d V\frac{\pi}{4}\lambda(1 + 0.80\tau') \\
N_v &= -\frac{1}{2}\rho L^2 d V\lambda\left(1 - 0.27\frac{\tau'}{l_v}\right) \\
N_v &= -\frac{1}{2}\rho L^2 d V(0.54\lambda - \lambda^2)(1 + 0.30\tau')
\end{aligned}
\tag{4-49}
$$

式中：$\tau = d_A - d_F$ 为吃水差（尾纵倾为正）；$d = (d_A + d_F)/2$ 为平均吃水；$\lambda = 2d/L$ 为展弦比；$l_v = \lambda/\left(\frac{\pi}{2}\lambda + 1.4C_b\frac{B}{L}\right)$；$\tau' = \frac{\tau}{d}$。

（3）贵岛（Kijima）公式（1990）

这是贵岛胜郎在 1990 年的论文《On the manoeuvring performance of a ship with the parameter of loading condition》（日本造船学会论文集，第 168 号）中提出来的。贵岛胜郎选了 10 艘实用船型（如：集装箱船、滚装船、汽车运输船），考虑了吃水差的影响，得到如下水动力计算公式

$$
\begin{aligned}
Y'_\beta &= \frac{1}{2}\pi k + 1.4C_b B/L \\
Y'_r - (m' + m'_x) &= -1.5C_b B/L \\
N'_\beta &= k \\
N'_r &= -0.54k + k^2
\end{aligned}
\tag{4-50}
$$

吃水差修正：

$$
\begin{aligned}
Y'_\beta(\tau) &= Y'_\beta(0)\left[1 + (25C_b B/L - 2.25)\frac{\tau}{d_m}\right] \\
Y'_r(\tau) &= Y'_r(0)\{1 + [571(d_m(1 - C_b)/B)^2 - 81d_m(1 - C_b)/B + 2.1]\tau'\} \\
N'_\beta(\tau) &= N'_\beta(0)(1 - \tau') \\
N'_r(\tau) &= N'_r(0)[1 + (34C_b B/L - 3.4)\tau']
\end{aligned}
\tag{4-51}
$$

（4）贵岛公式（2003）

2003 年 8 月，在日本举行的 MARSIM'03 会议上，贵岛胜郎又提出了考虑到船型尾部的水线面系数和棱形系数等因素对操纵性的影响，进一步提高了船舶设计阶段对船舶操纵性预报的精度。在 1990 年工作的基础上加入了 5 种新的模型，共 15 种船型（包括集装箱船、散货船、油船、杂货船等）、48 种载态。

$$
\begin{aligned}
Y'_\beta &= \frac{1}{2}\pi k + 1.9257\left(C_b\frac{B}{L}\right)\sigma_a \\
N'_\beta &= k\left\{\left[15.0668\left((1 - C_b)\frac{d}{B}e'_a\right)K\right]^2 - 23.819(1 - C_b)\frac{d}{B}e'_a K + 1.802\right\} \\
Y'_r - (m' + m'_x) &= \frac{1}{4}\pi k + 0.052e'_a - 0.45 \\
N'_r &= -0.54k + k^2 - 0.0477e'_a K + 0.0368
\end{aligned}
\tag{4-52}
$$

吃水差修正的线性水动力导数

$$Y'_{\beta}(\tau)=Y'_{\beta}(0)\left\{1+\left[26.059\left(C_{b}\frac{d}{B}\right)\sigma_{a}-2.425\right]\frac{\tau}{d}\right\}$$

$$N'_{\beta}(\tau)=N'_{\beta}(0)\left(1-0.935\frac{\tau}{d}\right)$$

$$Y'_{r}(\tau)-(m'+m'_{x})=[Y'_{r}(0)-(m'+m'_{x})]\left(1-0.307\frac{\tau}{d}\right) \tag{4-53}$$

$$N'_{r}(\tau)=N'_{r}(0)\left[1+(0.917C_{b}e'_{a}-2.5625)\frac{\tau}{d}\right]$$

式中

$$e_{a}=\frac{L}{B}(1-C_{Pa})$$

$$e'_{a}=e_{a}\Big/\sqrt{\frac{1}{4}+\frac{1}{(B/d)^{2}}}$$

$$\sigma_{a}=\frac{1-C_{Wa}}{1-C_{Pa}}$$

$$K=\left(\frac{1}{e'_{a}}+\frac{1.5}{L/B}-0.33\right)(0.95\sigma_{a}+0.40)$$

e_{a}，e'_{a}，σ_{a} 和 K 用来表示船体后部的形状特征。

C_{Wa}：船体尾部 A. P. 和 S. S. 5 之间的水线面系数(water plane area coefficient)。

C_{Pa}：船体尾部 A. P. 和 S. S. 5 之间的棱形系数。

$C_{W}=\dfrac{A_{W}}{L\times B}$，式中 A_{W} 是水线面面积，L 是船长，B 是船宽。

$C_{P}=\dfrac{\nabla}{L\times A_{m}}$，式中 ∇ 是排水体积，A_{m} 是中剖面面积。

$Y'_{v}(0)$，$N'_{\beta}(0)$，$Y'_{r}(0)$ 和 $N'_{r}(0)$ 表示无纵倾时的水动力系数。

3)非线性水动力导数的估算公式

(1)井上模型中无吃水差修正，下面为中船第 708 研究所周昭明的回归公式：

$$Y_{vv}=\frac{1}{2}\rho Ld\left[0.048265-6.293(1-C_{b})\frac{d}{B}\right]$$

$$Y_{vr}=\frac{1}{2}\rho L^{2}d\left[-0.3791+1.28(1-C_{b})\frac{d}{B}\right]$$

$$Y_{rr}=\frac{1}{2}\rho L^{3}d\left[0.0045-0.445(1-C_{b})\frac{d}{B}\right]$$

$$N_{rr}=\frac{1}{2}\rho L^{4}d\left[-0.0805+8.6092\left(C_{b}\frac{B}{L}\right)^{2}-36.9816\left(C_{b}\frac{B}{L}\right)\right] \tag{4-54}$$

$$N_{vvr}=\frac{1}{2}\rho L^{3}d\left[-6.0856+137.4735\left(C_{b}\frac{B}{L}\right)-1029.514\left(C_{b}\frac{B}{L}\right)+2480.6082\left(C_{b}\frac{B}{L}\right)^{3}\right]$$

$$N_{vrr}=\frac{1}{2}\rho L^4 d\left[-0.0635+0.04414\left(C_b\frac{d_m}{B}\right)\right]$$

(2)贵岛模型(1990)

贵岛模型(1990)中包含了吃水差的影响。非线性水动力计算式如下

$$Y_{vv}=\frac{1}{2}\rho Ld\left[-2.5(1-C_b)\frac{B}{d}-0.5\right]\left[1-\left(35.7C_b\frac{B}{L}\right)\tau'\right]$$

$$Y_{rr}=\frac{1}{2}\rho L^3 d\left(0.343C_b\frac{d}{B}-0.07\right)\left[1+\left(45C_b\frac{B}{L}-8.1\right)\tau'\right]$$

$$Y_{vrr}=\frac{1}{2}\rho L^3 d\left[-5.95(1-C_b)\frac{d}{B}\right]\left\{1+\left[40(1-C_b)\frac{d}{B}-2\right]\tau'\right\}$$

$$N_{vv}=\frac{1}{2}\rho L^2 d\left[0.96(1-C_b)\frac{d}{B}-0.066\right]\left[1+\left(58(1-C_b)\frac{d}{B}-5\right)\tau'\right] \tag{4-55}$$

$$N_{vrr}=\frac{1}{2}\rho L^4 d\left(0.5C_b\frac{B}{L}-0.05\right)\left\{1+\left[48\left(C_b\frac{B}{d}\right)^2-16\left(C_b\frac{B}{d}\right)+1.3\right]\times 10^2\tau'\right\}$$

$$N_{vvr}=\frac{1}{2}\rho L^3 d\left[-57.5\left(C_b\frac{B}{d}\right)^2+18.4\left(C_b\frac{B}{d}\right)-1.6\right]\left\{1+\left[3\left(C_b\frac{B}{d}\right)-1\right]\tau'\right\}$$

(3)贵岛模型(2003)

贵岛模型(2003)中也包含了吃水差的影响。非线性水动力计算式如下

$$Y_{vv}=\frac{1}{2}\rho Ld\left[-2.5(1-C_b)\frac{B}{d}-0.5\right]\left[1-\left(35.7C_b\frac{B}{L}\right)\tau'\right]$$

$$Y'_{\beta\beta}=-1.199C_b\sigma_a+1.05$$

$$Y'_{rr}=0.225\left(C_b\frac{d}{B}\right)e'_a-0.12$$

$$Y'_{\beta rr}=7.1256\left[(1-C_b)\frac{d}{B}\right]$$

$$Y'_{\beta\beta r}=10.443\left\{\left[(1-C_b)\frac{d}{B}\right]e'_a\right\}^2-9.374\left[(1-C_b)\frac{d}{B}\right]e'+1.227$$

$$N'_r=-0.54k+k^2-0.0477e'_aK+0.0368 \tag{4-56}$$

$$N'_{\beta\beta}=43.857\left\{\left[(1-C_b)\frac{d}{B}e'_a\right]K\right\}^2-3.671\left\{\left[(1-C_b)\frac{d}{B}e'_a\right]K\right\}+0.086$$

$$N'_{rr}=0.15K-0.068$$

$$N'_{\beta rr}=-0.4086C_b+0.27$$

$$N'_{\beta\beta r}=-0.826[d-(1-C_b)/B]e'_a-0.026$$

对上述水动力计算式的吃水差修正如下：

$$Y'_{\beta\beta}(\tau)=Y'_{\beta\beta}(0)\left\{1-\left[71.404\left(C_b\frac{d}{B}\right)\sigma_a-6.533\right]\frac{\tau}{d}\right\}$$

$$Y'_{rr}(\tau)=Y'_{rr}(0)\left\{1+\left[0.572\left(\frac{B}{d}\right)e'_a-14.23\right]\frac{\tau}{d}\right\}$$

$$Y'_{\beta rr}(\tau)=Y'_{\beta rr}(0)\left[1-(82.8kC_b-3.6)\frac{\tau}{d}\right]$$

$$Y'_{\beta\beta r}(\tau)=Y'_{\beta\beta r}(0)\left[1+(7.747C_{b}e'_{a}K-3.508)\frac{\tau}{d}\right] \tag{4-57}$$

$$N'_{\beta\beta}(\tau)=N'_{\beta\beta}(0)$$

$$N'_{rr}(\tau)=N'_{rr}(0)\left(1+0.173\frac{\tau}{d}\right)$$

$$N'_{\beta rr}(\tau)=N'_{\beta rr}(0)\left\{1-\left[1.98(e'_{a})^{2}-14.64e'_{a}+27.311\right]\frac{\tau}{d}\right\}$$

$$N'_{\beta\beta r}(\tau)=N'_{\beta\beta r}(0)\left(1-0.39\frac{\tau}{d}\right)$$

式中：$Y'_{\beta\beta}(0),\cdots,N'_{vvr}(0)$ 表示无纵倾时的水动力系数。

二、纵向流体动力导数的近似计算公式

船舶航行阻力的计算有多种方法，这方面的研究较为成熟，计算结果的精度也较高。然而目前还不能使用理论方法计算，一般是用船模试验结合理论分析的方法来计算。

$$X'_{H}=X'(u')+X'_{vv}v'^{2}+X'_{vr}v'r'+X'_{rr}r'^{2} \tag{4-58}$$

式中：$X'(u')=-\frac{S}{Ld}C_{t}u'^{2}=X'_{uu}u'^{2}$；

S ——船体浸湿面积；

C_{t} ——总阻力系数。

目前有两种计算方法：一是弗劳德在 1871 年提出的**二因次法**，即将总阻力分为摩擦阻力和剩余阻力两部分；二是休斯（Hughes）在 1954 年提出来的**三因次换算法**或称**（1+k）法**，即粘压阻力与摩擦阻力合并为黏性阻力进行计算，而将兴波阻力单独计算。考虑到已经可以满足精度要求，下面主要讨论弗劳德二因次法进行计算船舶直航阻力，即采用如下阻力模型

$$X'_{uu}=-\frac{S}{Ld}C_{t}=-\frac{S}{Ld}(C_{f}+C_{r}+\Delta C_{f}) \tag{4-59}$$

式中：C_{f} ——摩擦阻力系数；

C_{r} ——剩余阻力系数；

ΔC_{f} ——粗糙度补贴系数。

船舶在航行时，由于黏性作用，必然带动一部分水一起运动，这就是边界层。为携带这部分水一起前进，在运动过程中，船体将不断供给这部分水质点以能量，因而产生**摩擦阻力**（frictional resistance，或 viscous resistance），用 R_{f} 表示。

剩余阻力（residual resistance）又称**压差阻力**，分为涡流阻力和兴波阻力。在船体曲度骤变处，特别是较丰满船的尾部常产生旋涡。产生旋涡的根本原因也是水具有黏性。产生旋涡要消耗能量，进而产生**涡流阻力**（eddy-making resistance），或**旋涡阻力**，或**粘压阻力**。船舶在航行时产生波浪，船体必须提供兴波所需的能量，因而产生**兴波阻力**（wave-making resistance）。

粗糙度补贴（skin friction correction）由于实船表面比较粗糙而引起。船模具有光滑表面，所以不存在粗糙度问题。

世界上许多船模试验池通过大量船模试验，已分析整理出一些图谱以供应用时选用。如美国的泰勒图谱、系列 60 图谱，蓝波-奥芬凯勒（Lap-Keller）图谱、方尾图谱等。

蓝波-奥芬凯勒图谱是由荷兰瓦格根宁船模试验水池所做的107艘单螺旋桨大型船舶的模型试验结果分析整理而给出来的。1954年奥芬凯勒对蓝波发表的图谱进行修正和扩充后给出了供单螺旋桨民用船估算阻力的图谱。蓝波-奥芬凯勒阻力估算法将船的剩余阻力和摩擦阻力分开进行计算，其中摩擦阻力按照桑海公式计算，而粗糙度补贴系数 ΔC_f 根据船长选取。

1. 船舶浸湿面积的估算

(1)桑地公式

$$S = k\sqrt{\nabla L_{WL}} \tag{4-60}$$

式中：∇——排水体积(m^3)；

L_{WL}——水线长；

k——面积系数，可由中横剖面系数 C_m 与船宽吃水比 B/d_m 的函数，查图谱取得，如图4-19所示。

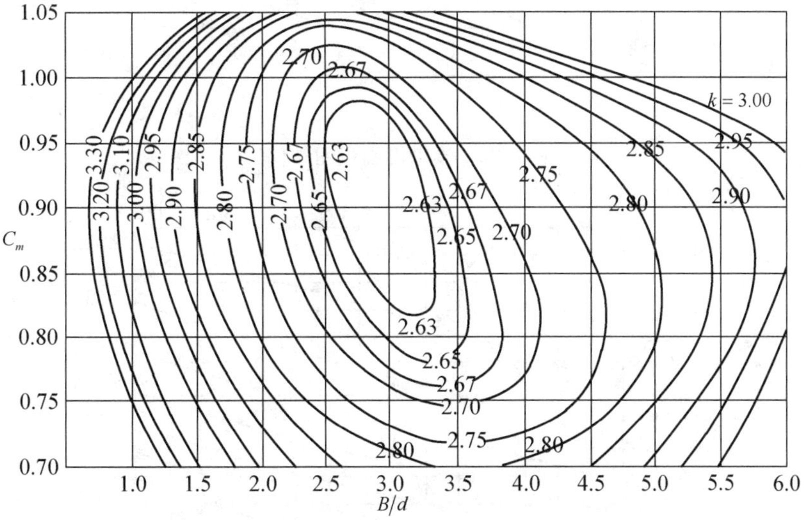

图 4-19 估算湿表面积系数的桑地图谱

(2)泰勒公式

$$S = C_S\sqrt{\nabla L_{WL}} \tag{4-61}$$

式中：C_S 为面积系数，可由图谱查得，如图4-20~图4-22所示。

(3)单桨商船

$$S = \nabla^{\frac{2}{3}}\left(3.432 + 0.305\frac{L_{WL}}{B} + 0.433\frac{B}{d_m} - 0.643C_b\right) \tag{4-62}$$

式中：∇——排水量；

B——船宽；

d_m——平均吃水；

C_b——方形系数。

该公式用于60系列船型，精度在 ±0.55%以内。

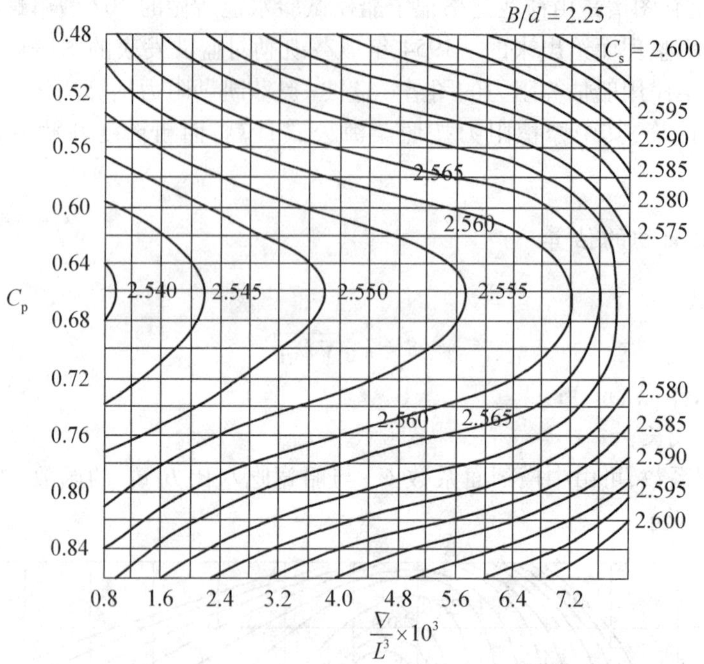

图 4-20　泰勒湿面积图谱(a)

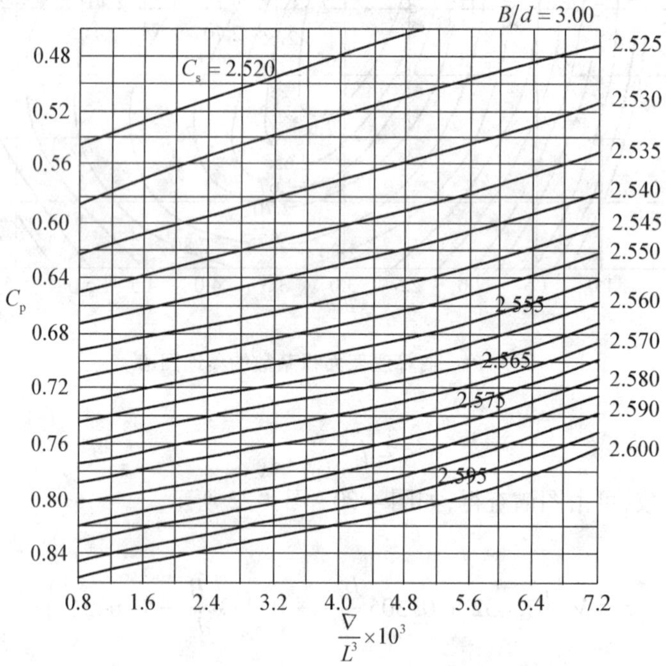

图 4-21　泰勒湿面积图谱(b)

(4)双桨商船

$$S = \left(1.54d_{\mathrm{m}} + 0.45B + 0.904BC_{\mathrm{b}} + 0.026C_{\mathrm{b}}\frac{B^2}{d_{\mathrm{m}}}\right)L_{\mathrm{WL}} \tag{4-63}$$

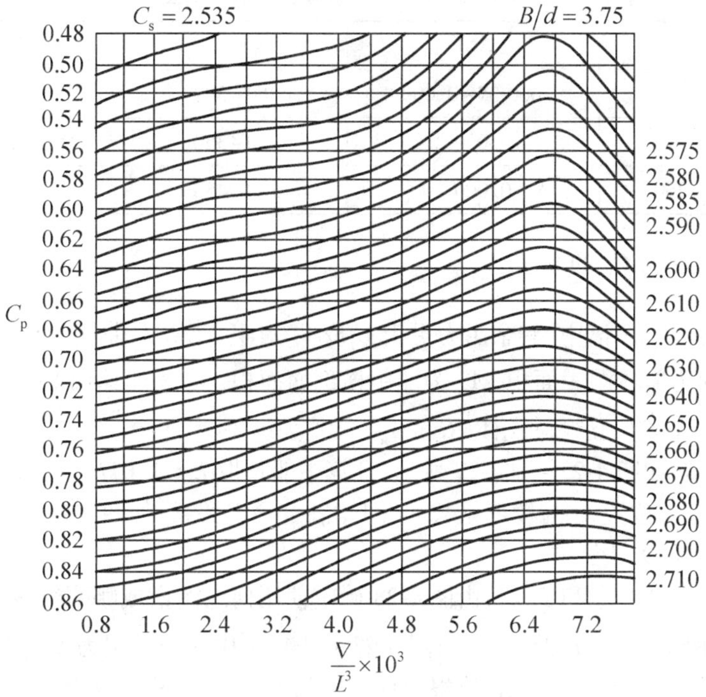

图 4-22　泰勒湿面积图谱(c)

该公式适用于 60 系列船型、方形艉型。

2. 摩擦阻力系数 C_f 的估算

(1) 普朗特-施里希廷(Prandtl-Schlichting)公式

$$C_f = \frac{0.455}{(\lg Re)^{2.58}} \tag{4-64}$$

式中: $\lg Re$ 表示以 10 为底的对数,即 $\log_{10} Re$。

(2) 桑海(Schoenherr)公式

$$\frac{0.242}{\sqrt{C_f}} = \lg(Re C_f) \tag{4-65}$$

该式在 $Re = 4\times10^6 \sim 4\times10^9$ 时,亦可表示成下式:

$$C_f = \frac{0.4631}{(\lg Re)^{2.6}} \tag{4-66}$$

(3) ITTC1957 公式

$$C_f = \frac{0.075}{(\lg Re - 2)^2} \tag{4-67}$$

3. 粗糙度补贴系数 ΔC_f 的估算

ΔC_f 根据船长由表 4-1 选取。

表 4-1　粗糙度补贴系数 ΔC_f 的数据表

船长/m	ΔC_f	船长/m	ΔC_f
50~150	0.000 35~0.000 4	260~300	0
150~210	0.000 2	300~350	-0.000 1
210~260	0.000 1	350~450	-0.000 25

4. 剩余阻力系数 C_r 的估算

在蓝波-奥芬凯勒图谱中,剩余阻力可由 C_rS/A_m 对 $V_s/\sqrt{C_pL}$ 曲线图谱查得。这里 C_r 为剩余阻力系数,S 为船体湿表面积,A_m 为船中横剖面面积,V_s 为船速(以 m/s 计)。剩余阻力图谱共分为 A、B、C、D、E 五组,每组以 $C_rS/A_m\times10^3$ 为纵坐标,$V_s/\sqrt{C_pL}$ 为横坐标,C_p 为参变数。给出一张图谱,如图 4-23~图 4-27 所示,计算中船长取 $L=1.01L_{BP}$ 或者 L_{WL},视何者大而定。各组的浮心纵向位置 x_c 与棱形系数 C_p 间均满足一定关系,如图 4-28 所示。

确定剩余阻力的方法:

(1) 根据设计船的 C_p 和 x_c 值,由图 4-28 确定使用何组图谱或哪两组图谱进行内插。

(2) 根据实船 $V_s/\sqrt{C_pL}$ 及 C_p 值由图 4-23~图 4-27 中相应的阻力图谱查得 C_rS/A_m。

(3) 因图谱以 $L/B=6.5$ 给出,故根据计算船的 L/B 值依图 4-29 对 C_r 进行修正。

(4) 因图谱以 $B/d=2.4$ 给出,故在获得总阻力 R_t 后,对总阻力应做如下修正。

$$\Delta R_t=\pm0.005R_t\left(\frac{B}{d}-2.4\right)\tag{4-68}$$

当 $2.4<B/d<3.0$ 时,上述修正量取正号,否则取负号。

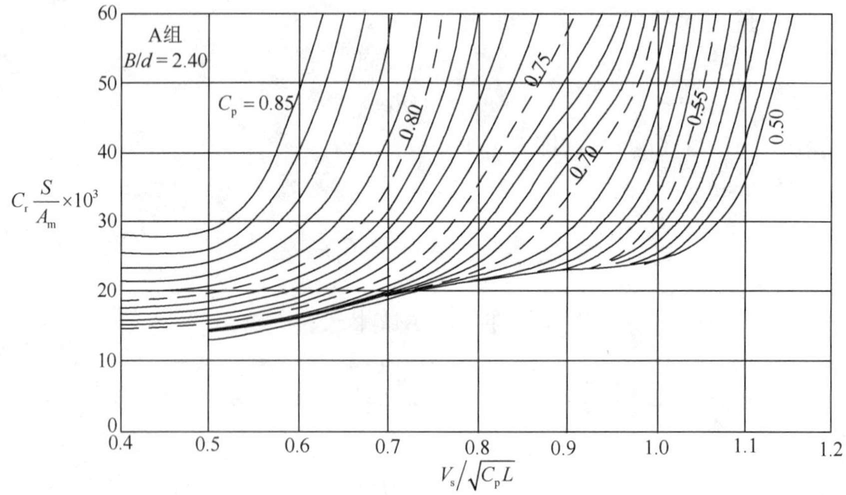

图 4-23　蓝波-奥芬凯勒图谱-A 组

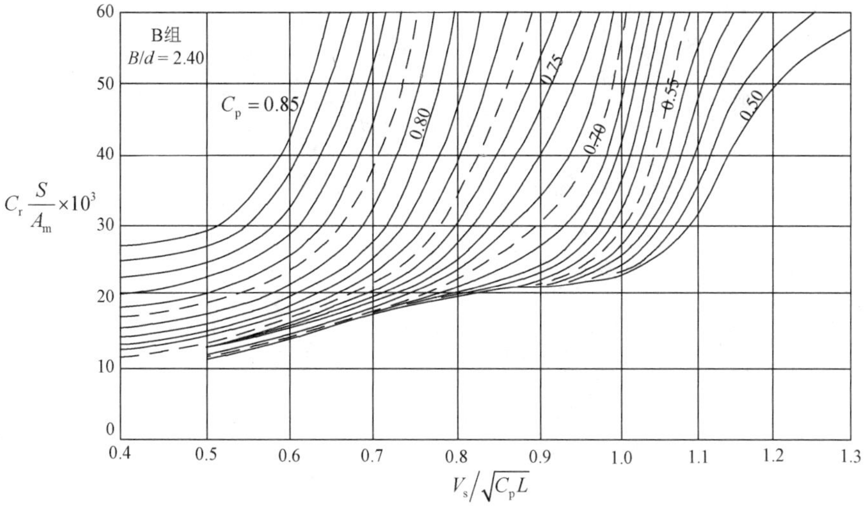

图 4-24 蓝波-奥芬凯勒图谱-B 组

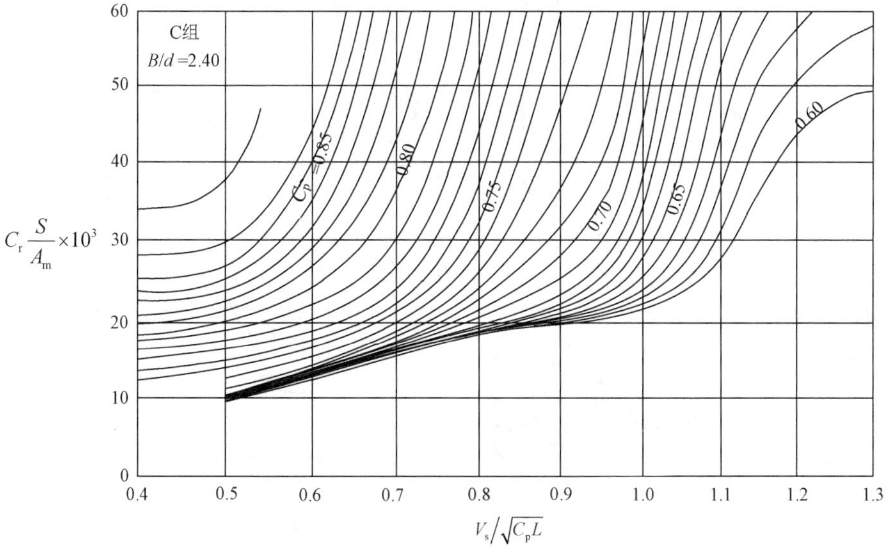

图 4-25 蓝波-奥芬凯勒图谱-C 组

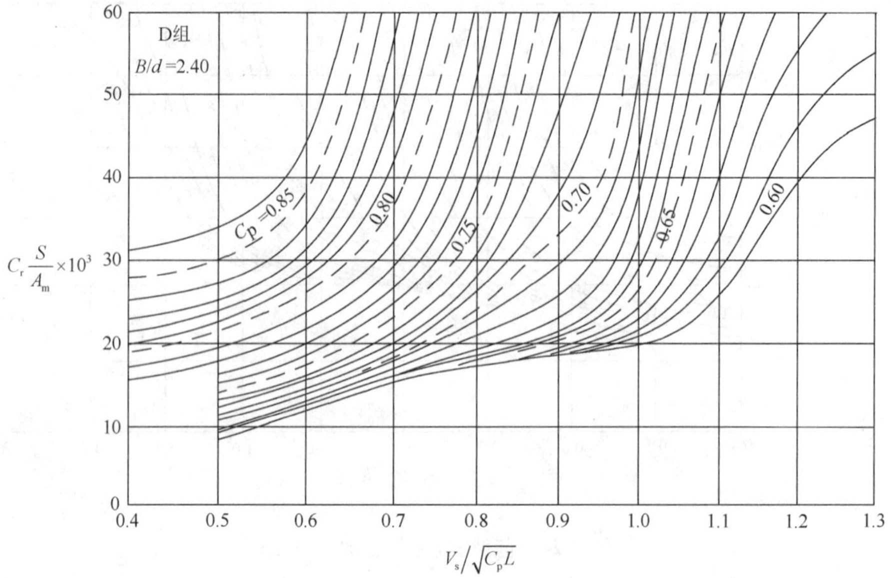

图 4-26　蓝波-奥芬凯勒图谱-D 组

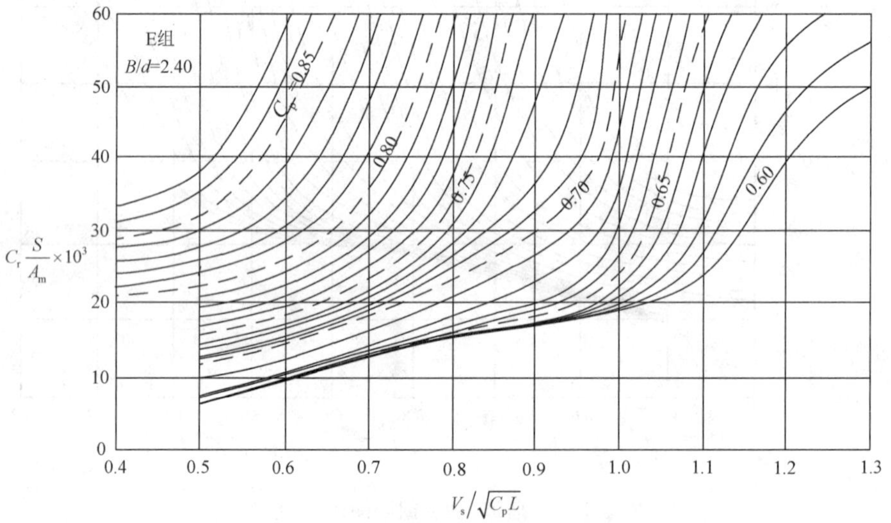

图 4-27　蓝波-奥芬凯勒图谱-E 组

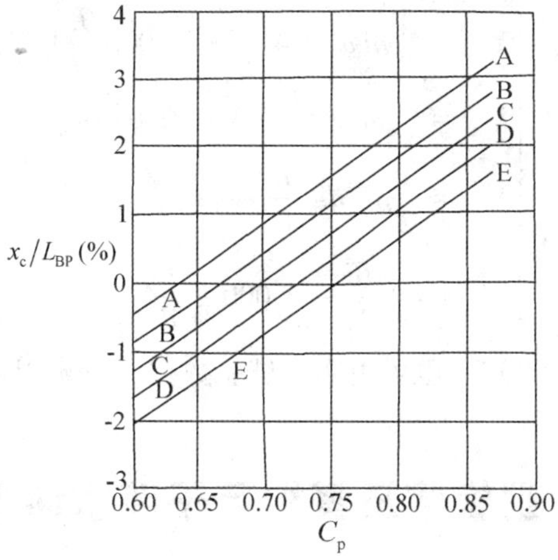

图 4-28 蓝波-奥芬凯勒法的浮心位置分组图

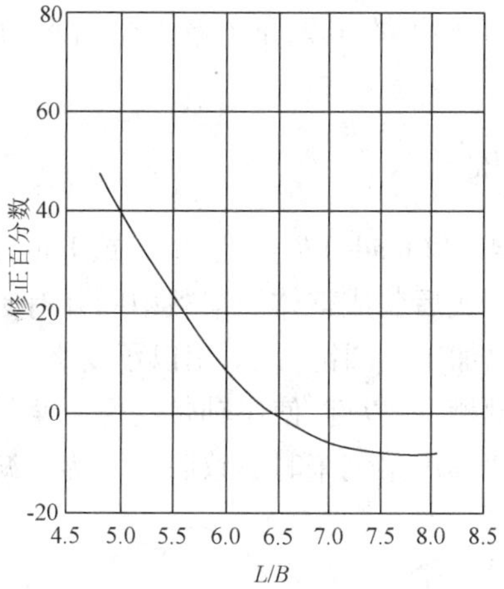

图 4-29 蓝波-奥芬凯勒法对 C_r 的修正值

经过修正后的实船总阻力为 $R_t + \Delta R_t$。

为了便于进行计算机模拟，将该图谱进行数字化。根据船型参数，可由计算机检索，内插求 C_r。

近似计算时可使用公式：

$$C_r = \frac{1}{100}\sqrt{\frac{35\nabla}{L^3}} \tag{4-69}$$

5. 其他流体动力导数的估算

对于纵向水动力导数 X_{vv},X_{vr},X_{rr}，松本宪洋根据 6 条船模试验结果分析得出：

$$
\begin{cases}
X'_{vv} = \dfrac{1}{2}\rho L d\left(0.4\dfrac{B}{L} - 0.006\dfrac{L}{d}\right) \\
X'_{vr} = C_{\mathrm{m}} m'_{y}(1.11C_{\mathrm{b}} - 0.07)m_{y} \\
X'_{rr} = \dfrac{1}{2}\rho L^{2} d\alpha\dfrac{L}{d} \\
X'_{vvvv} = 4\dfrac{B}{L} - 0.0002\dfrac{L}{d}
\end{cases}
\tag{4-70}
$$

式中：α 为一系数，通常取 0.000 5，也可由实船试验数据进行辨识得到。

第三节　螺旋桨及其相互干涉水动力的计算

螺旋桨水动力计算的理论方法较为复杂，本节仅介绍常用的基于螺旋桨图谱的方法。螺旋桨位于船体尾部，受到船体的影响，本节先介绍敞水桨的水动力计算方法，然后介绍船体与桨的相互干涉水动力。

一、螺旋桨的形状与结构

如图 4-30 所示，螺旋桨由**桨叶**(blade)和**桨毂**(boss 或 hub)组成。一般桨叶和桨毂制成整体，直径较大的螺旋桨则分别制成后装成整体。桨毂中间开有圆锥台形的孔，以便让**尾轴**(tail shaft)的后部穿入。尾轴后部也加工成圆锥台形，用以承受螺旋桨的推力。桨毂和尾轴两圆锥台形互相贴合，贴合面处开一键槽，镶以键，使尾轴带动螺旋桨旋转。尾轴后端有螺纹，将它穿入螺旋桨桨毂后用螺母旋紧，使螺旋桨倒车时不致脱落。为了减小阻力，螺母外罩以整流帽。

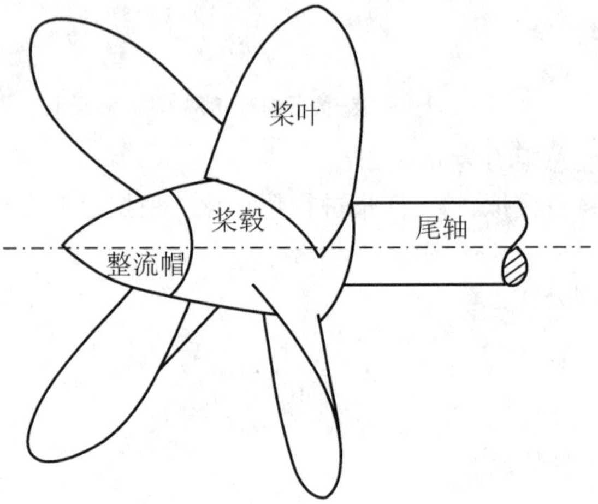

图 4-30　螺旋桨的结构

螺旋桨的桨叶是一种扭曲的机翼。桨叶的叶面通常是螺旋面(helicoidal surface)的一部分，如图 4-31 所示。而在螺旋面上沿半径 r 所划的线 EGF 是一条螺旋线。如图 4-32(a)所示，假如将一张纸做成一个圆柱筒，其半径为 r，将纸筒一方面绕轴线旋转，另一方面沿轴线前进，则 A 点所划出的轨迹 ACB 就是一条螺旋线，而桨叶上 EGF 是 ACB 螺旋线的一段。A 点旋转

360°时到达 B 点，AB 间的前进距离称为**螺距**(pitch)，以符号 P 表示。将纸筒沿 AB 线剖开并展平。如图 4-32(b)所示，AA' 是圆筒所围圆的周长，即等于 $2\pi r$。螺旋线 ACB 在展平后的平面上为螺旋线 ACB'。$EGFK$ 为桨叶在半径 r 处的**叶剖面**(blade section)。经展平后，则把桨叶剖面沿圆筒的旋转前进运动转换成平面运动，这样可便于理解螺旋桨的工作原理。

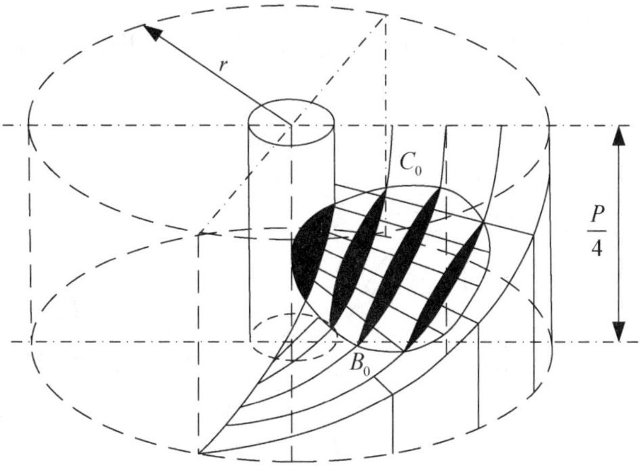

图 4-31 螺旋桨的叶面是螺旋面的一部分

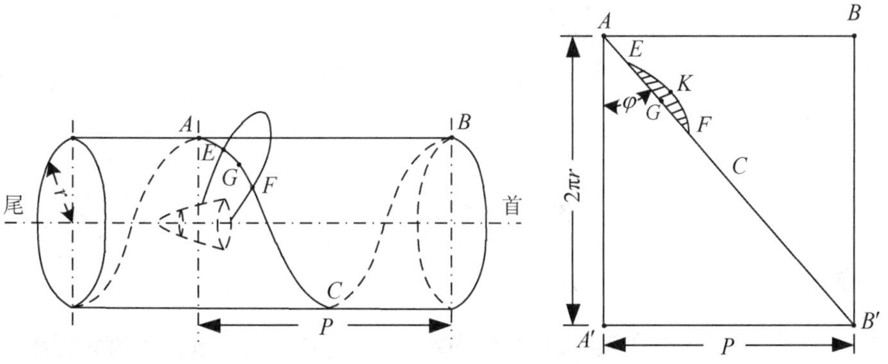

(a) (b)

图 4-32 螺旋桨的螺旋线

图 4-32(b)中 $\triangle A'AB'$ 称为**叶剖面的几何三角形**，而 $\angle B'AA'$ 称为半径 r 处的**螺距角** φ。螺距角的大小对螺旋桨工作时的效能有显著的影响。由图 4-32(b)可见

$$\tan\varphi = \frac{P}{2\pi r} \tag{4-71}$$

显然，当螺距 P 为定值时，桨叶上不同半径 r 处的螺距角 φ 是不同的。对于整个螺旋桨，则用**螺距比** $\frac{P}{D_P}$ (pitch ratio)来表征其螺距角，D_P 为**螺旋桨的直径**(propeller diameter)。

过叶梢的端点与轴线上基准点的连线称为桨叶的**母线**(generator line)。对于运输船舶螺旋桨，其桨叶的轮廓形状对母线不对称。对大载荷螺旋桨则采用对称轮廓(拖船、大油船)。叶剖面形状，一般为机翼剖面，大载荷桨则为圆背剖面。

图 4-33 中 d_0 为**桨毂直径**(boss diameter), $l=\frac{D_P-d_0}{2}$ 为**叶长**, b 为**叶宽**, e 为**叶厚**(半径 r 处的最大厚度), $S=\int_{\frac{d_0}{2}}^{\frac{D_P}{2}} b\mathrm{d}r$ 为**桨叶面积**(blade area), ZS 为整个桨叶面积, $\frac{\pi}{4}D_P^2$ 为**桨盘面积**。桨叶的叶尖称为**叶梢**(blade tip),桨叶与桨毂的连接部分称为**叶根**(blade root)。桨叶正转时,前面的叶边称为**导边**(leading edge),后面的叶边称为**随边**(trailing edge)。

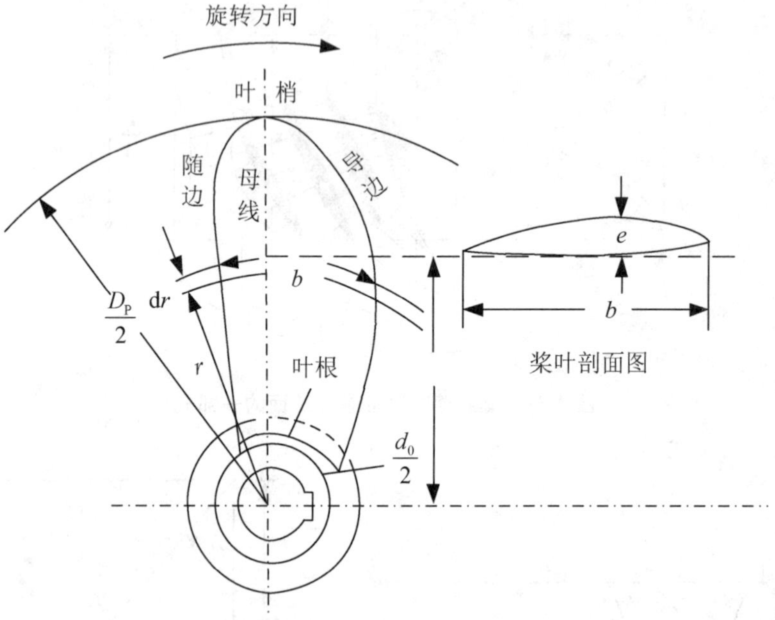

图 4-33　螺旋桨的结构

二、螺旋桨的滑脱比

如图 4-34 所示,对于螺母和螺杆,将螺母固定,螺杆旋转一周前进的距离为螺距 P。若螺杆转速为 n,则其前进速度为 nP。对于水和螺旋桨,因水有流动性,若螺旋桨转速为 n,而螺旋桨对广大水域的前进速度为 u,它与 nP 有差值。这个差值称为**滑脱速度**,即

$$滑脱速度=nP-u \tag{4-72}$$

上式表明螺旋桨在水中旋转和螺杆在螺母内旋转的差别,这种差别在于螺旋桨有滑脱速度。

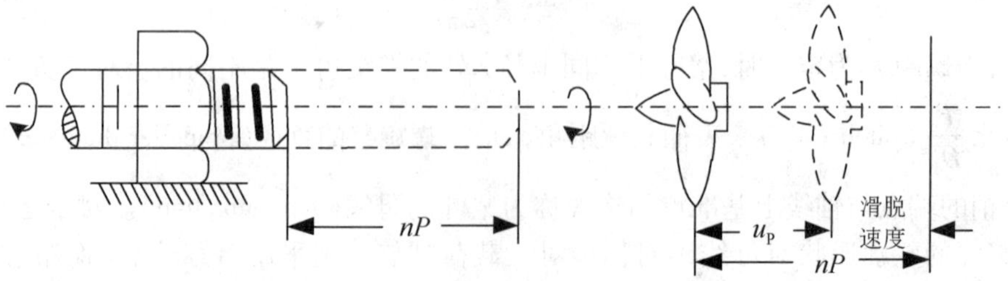

图 4-34　滑脱速度

滑脱速度与 nP 之比称为**滑脱比**(slip ratio),即

$$S=\frac{nP-u}{nP} \tag{4-73}$$

上式为**表观滑脱比**(apparent slip ratio)。这是因为 $nP-u$ 为螺旋桨对广大水域的滑脱速度,是一种表观的速度。实际上螺旋桨与其所在位置的相对速度为进速 u_P,即螺旋桨对水的**实际滑脱速度**为

$$\text{实际滑脱速度}=nP-u_{\mathrm{P}} \tag{4-74}$$

而**实效滑脱比**(real slip ratio)则为

$$S_{\mathrm{r}}=\frac{nP-u_{\mathrm{P}}}{nP} \tag{4-75}$$

通常,船舶直航时有 $S_{\mathrm{r}}>S$。可以想见,螺旋桨是否具有推船前进推力,取决于是否具有实效滑脱速度,实效滑脱速度越大就意味着推力越大。

三、敞水桨推力的计算

螺旋桨单独地在均匀水流中工作的流体动力特性,称为**敞水螺旋桨特性**。

$$\begin{cases}T=\rho n^2 D_{\mathrm{P}}^4 K_{\mathrm{T}}\\ Q=\rho n^2 D_{\mathrm{P}}^5 K_{\mathrm{Q}}\end{cases} \tag{4-76}$$

式中:ρ ——水密度;

n ——转速;

D_{P} ——桨的直径;

K_{T} ——推力系数;

K_{Q} ——转矩系数。

B4-40 水动力特性曲线如图 4-35 所示。

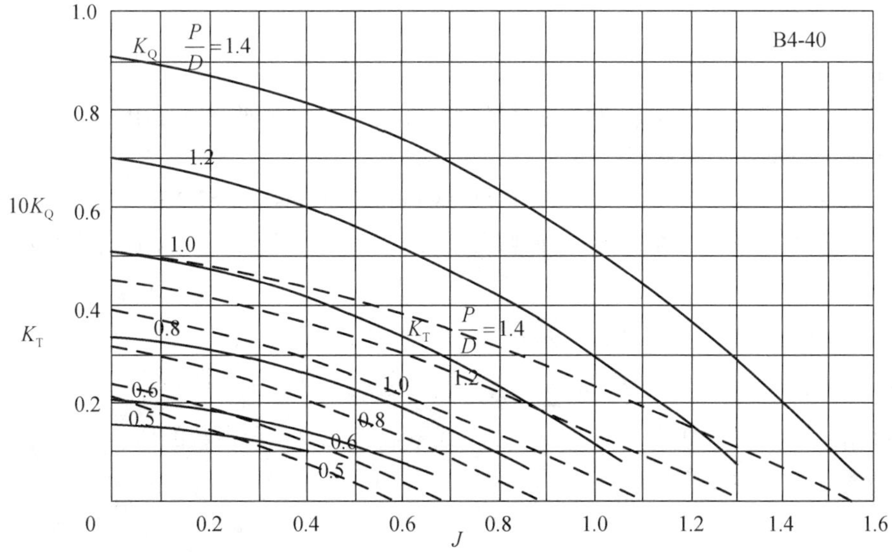

图 4-35 B4-40 水动力特性曲线

计算推力的关键在于求取 K_T 和 K_Q：

$$K_T, K_Q = f\left(\frac{P}{D_P}, \theta, J, Z\right) \tag{4-77}$$

式中：$\frac{P}{D_P}$——螺距比；

θ——**盘面比**(blade area ratio)，$\theta = \dfrac{ZS}{\frac{\pi}{4}D_P^2}$；

J——**进速系数**(advance coefficient)，$J = \dfrac{u}{nD_P}$；

Z——桨叶数：

2 叶仅用于机帆船和小艇；

3~4 叶在商船和军舰上常用；

5 叶及以上常用于负荷大而又受吃水限制的船。

对于一个给定的螺旋桨来说，其 K_T 和 K_Q 只与进速系数 J 有关。在船舶运动仿真中，为便于模拟，系数可写作：

$$\begin{cases} K_T = a_0 + a_1 J + a_2 J^2 \\ K_Q = b_0 + b_1 J + b_2 J^2 \end{cases} \tag{4-78}$$

因为进速系数 J 正比于船速 u，故有 $K_T \propto u$。从图 4-35 中可见，船舶螺旋桨的推力随着船速的增大而减小，其中 $u = 0$ 时，推力最大，此时的推力称作**系柱推力**(bollard pull)，此时的推力系数称为**系柱推力系数**。

为了求取 K_T 和 K_Q，一般会用到螺旋桨图谱。将桨叶数 Z 和片面比 θ 保持数值不变，而变化螺距比 $\frac{P}{D_P}$，然后绘在同一图谱中。目前，已经有不少性能优良的螺旋桨系列，其中比较著名的有：

(1) 荷兰的 B 系列桨；

(2) 日本的 AU 型桨以及改进后的 MAU 型桨(由日本船舶研究所提出)；

(3) 瑞典的 SSPA 型螺旋桨。

Van Lammeren et al(the Wageningen B-Screw Series. Trans. of SNAME, vol. 77, 1969)针对四叶和五叶螺旋桨的试验结果，运用回归分析方法，提出了下列多项式形式的推力系数和转矩系数公式：

$$K_T = \sum C_{xyz}[\theta]^x[P/D_P]^y[J]^z \tag{4-79}$$

$$K_Q = \sum D_{xyz}[\theta]^x[P/D_P]^y[J]^z \tag{4-80}$$

表 4-2 给出了式(4-79)和式(4-80)中多项式系数 C_{xyz}，D_{xyz} 和指数的值。

表 4-2　B 系列 4 叶螺旋桨的多项式系数

C_{xyz}	x	y	z	D_{xyz}	x	y	z
−0. 719 975≠−2	0	0	0	+0. 964 375≠−2	0	0	0
−0. 790 916≠−1	1	0	0	−0. 104 103≠−1	1	0	0
−0. 179 541≠0	0	0	1	+0. 512 431≠−2	2	0	0
−0. 625 748≠−1	1	0	1	+0. 109 936≠−1	3	0	0
−0. 311 639≠0	0	0	2	−0. 453 419≠−2	0	0	1
+0. 143 160≠0	2	0	3	+0. 216 078≠−1	1	0	1
+0. 531 326≠0	0	1	0	−0. 507 337≠−1	0	0	2
−0. 114 389≠0	1	1	1	+0. 377 970≠−1	1	0	2
+0. 625 376≠−1	0	1	2	−0. 549 486≠−1	2	0	3
+0. 125 537≠0	0	1	3	−0. 507 319≠−1	3	1	0
−0. 523 821≠−1	1	1	3	+0. 368 649≠−1	0	1	1
−0. 207 108≠0	0	2	0	−0. 106 520≠0	1	1	1
+0. 270 781≠0	1	2	0	+0. 465 315≠−1	3	1	2
+0. 134 182≠0	0	2	1	+0. 883 010≠−1	2	1	3
−0. 121 086≠0	1	2	1	+0. 112 619≠−1	0	2	0
−0. 189 764≠−1	3	2	1	+0. 104 825≠−1	1	2	1
−0. 439 535≠−1	3	2	2	−0. 449 154≠−1	1	2	1
−0. 624 937≠−1	0	2	3	+0. 378 780≠−1	2	2	1
−0. 496 939≠−2	2	6	0	+0. 177 304≠−1	0	2	2
+0. 115 986≠−1	2	6	1	−0. 164 687≠−1	1	2	2
				−0. 344 328≠−1	2	2	2
				−0. 249 132≠−1	3	2	2
				−0. 233 007≠−1	1	2	3
				−0. 120 209≠−2	0	6	0
				−0. 118 997≠−2	3	6	0
				+0. 458 084≠−2	1	6	1

注意表 4-2 中不等号的含义：

$$(-0.719\,975 \neq -2) \triangleq (-0.719\,975 \times 10^{-2}) \tag{4-81}$$

应注意到，上面讨论的是敞水桨的情形，也就是单独的桨的推力，然而实际的船用螺旋桨显然并非是敞水桨的情形，而是位于船的尾部复杂的流场作用中。另外，在讨论 MMG 模型时，给出的水动力计算模型为：

$$\begin{aligned} X' &= X'_{\mathrm{H}} + X'_{\mathrm{P}} + X'_{\mathrm{R}} \\ Y' &= Y'_{\mathrm{H}} + Y'_{\mathrm{R}} \\ N' &= N'_{\mathrm{H}} + N'_{\mathrm{R}} \end{aligned} \tag{4-82}$$

式中：X'_{P} 中含有与船体和舵互相干扰的影响。

四、船体对桨的干涉水动力

1. 成因及估算公式

船舶以某一速度 v 向前航行时,附近的水受到船体的影响而产生运动,其表现为船体周围将存在一股水流以某一速度随船前进,这股水流称作**伴流**(wake)或**迹流**。伴流的存在使得船后螺旋桨附近流场中水流与桨的相对速度和船速不同,从而使螺旋桨产生的推力与敞水桨也不同。

若船速为 u, 桨盘面处伴流的平均轴向速度为 u', 则螺旋桨与该处水流的相对速度(即进速) u_P 为:

$$u_P = u - u' \tag{4-83}$$

则

$$w_P = \frac{u'}{u} = \frac{u - u_P}{u} \Rightarrow u_P = (1 - w)u \tag{4-84}$$

式中: w_P 称作**伴流分数**(wake fraction)。伴流由三部分组成:

$$w_P = w_t + w_f + w_w \tag{4-85}$$

式中:w_t ——势伴流;

w_f ——摩擦伴流;

w_w ——兴波伴流。

伴流分数的估算方法较多,这里给出泰勒(D. W. Taylor)的方法。泰勒在卢克(Luke)工作的基础上提出了如下公式:

单桨船:

$$w_{P0} = 0.5C_b - 0.05 \tag{4-86}$$

双桨船:

$$w_{P0} = 0.55C_b + 0.20 \tag{4-87}$$

2. 横向运动和旋转运动对伴流分数的影响

船舶在操纵运动中不仅做纵向运动,还产生横向和旋转运动,螺旋桨将工作于流速分布非常复杂的斜流中。为了考察斜流的影响,MMG 模型对 $(1 - w_P)$ 随操纵运动变化的模型,常以直航时的 $(1 - w_P)$ 为基础通过修正而得到

$$(1 - w_P) = (1 - w_{P0}) + f(v', r') \text{ 或} \tag{4-88}$$

$$(1 - w_P) = (1 - w_{P0}) f(v', r') \tag{4-89}$$

井上(S. Inoue)在 A Practical Calculation Method of Ship Maneuvering Motion 一文中提出了如下模型:

$$(1 - w_P) = (1 - w_{P0})[1 + \tau(v' + C_P |v'_P| v'_P)] \tag{4-90}$$

式中:$v'_P = v' + x'_P r'$。

$1 - w_{P0} = 0.68 \sim 0.69$。

$t = 1.9 \sim 2.0, c_P = -0.6 \sim -0.7$, 对于 $v'_P > 0$;

$t = 5.7 \sim 5.8, c_P = -1.0 \sim -1.1$, 对于 $v'_P < 0$。

$x'_P = -0.42$。

常用的公式为：

$$w_P = w_{P0}\exp(-4.0\beta'^2_P) \tag{4-91}$$

$$\beta'_P = \beta - x'_P r',\ x'_P = -0.5 \tag{4-92}$$

五、螺旋桨对船体的干涉水动力

1. 成因及估算公式

螺旋桨在船后工作时，它的抽吸作用（如图4-36所示）使桨盘前的水流速度增大。根据伯努利定理，该处压力必然下降。船尾处压力降低导致船体压阻力增加。

螺旋桨在船后工作时引起的船舶附加阻力称为**阻力增额**。若螺旋桨发出的推力为 T，其中一部分用于克服船体本身的阻力 ΔR，即

$$T = R + \Delta R \tag{4-93}$$

ΔR 称为**推力减额**，并以 ΔT 表示，$\Delta T = \Delta R$，

$$t_{P0} = \frac{\Delta T}{T} = \frac{T - R}{T} \tag{4-94}$$

式中：t_{P0} 为**推力减额分数**（thrust deduction fraction）。船舶做匀速直线运动时，有效推力 T_e 即操纵方程中的 X_P，应与阻力平衡，故有

$$X_P = (1 - t_{P0})T \tag{4-95}$$

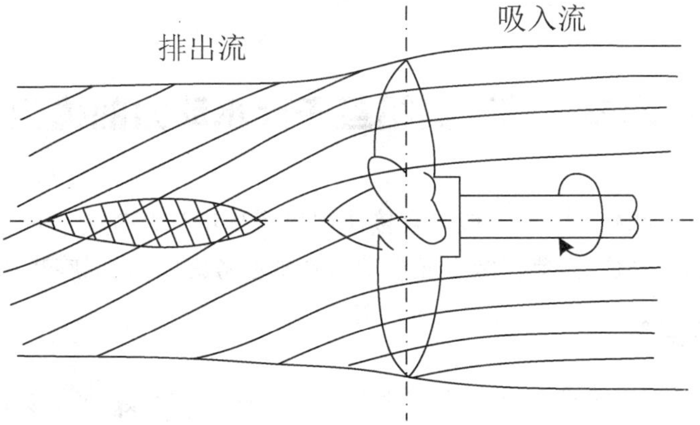

图4-36 螺旋桨的抽吸作用

推力减额分数近似估算公式较多，这里仅给出商赫公式。对于单螺旋桨船

$$t_P = kw_{P0} \tag{4-96}$$

式中：$k = 0.50 \sim 0.70$，适用于装有流线型舵或反应舵者；

$k = 0.70 \sim 0.90$，适用于装有方形舵柱和双板舵者；

$k = 0.90 \sim 1.05$，适用于装有单板舵者。

对于双桨船，采用轴包架（bossing）者：

$$t_P = 0.25w_{P0} + 0.14 \tag{4-97}$$

对于双桨船，采用轴支架（propeller bracket）者：

$$t_P = 0.70w_{P0} + 0.06 \tag{4-98}$$

2. 横向和旋转运动对推力减额分数的影响

一般采用的公式为：

$$(1 - t_P) = (1 - t_{P0}) + f(v',r') \text{ 或} \tag{4-99}$$

$$(1 - t_P) = (1 - t_{P0})f(v',r') \tag{4-100}$$

介绍一个常用的：

$$(1 - t_P) = (1 - t_{P0}) + f(v',r') \tag{4-101}$$

式中：$f(v',r') = k_t\beta_R$；

$\beta_R = \beta - l_R \dfrac{r}{v}$，为舵处的漂角；

$l_R = (-0.9 \sim 1.0)L$；

$k_t = 0.00023(\gamma_A L/D_P) - 0.028$；

$\gamma_A = 1.3\dfrac{B}{d}(1 - C_b - 3.1l_{cb})$；

$l_{cb} = 100x_c/L$；

x_c 为浮心纵坐标。

倒车时，可取

$$1 - t_P = 0.16 - 0.0398J \tag{4-102}$$

式中：J——螺旋桨的进速系数。

第四节　舵及其相互干涉水动力的确定

舵叶外形为较规则的流线型，一般可直接使用机翼理论计算舵力。舵位于船体和螺旋桨之后，其周围流场非常复杂，需要在敞水舵水动力基础上考虑船体、螺旋桨和舵之间的干涉力。

一、舵的几何要素

舵可以视为小展弦比的机翼，其几何形状可用表征机翼的参数表示，如图 4-37 所示。

(1) **舵面积**，用 A_R 表示，指未转动的舵叶轮廓在中纵剖面的投影面积。

(2) **舵高**，用 h 表示，为沿舵杆轴线方向，舵叶上缘至下缘的垂直距离。

(3) **舵宽**，用 b 表示，为舵叶前、后缘之间的水平距离。对于矩形舵，舵宽即各剖面弦长；对于非矩形舵，可用平均舵宽 b_m 表示：

$$b_m = \frac{A_R}{h} \tag{4-103}$$

(4) **展弦比**，用 λ 表示，指舵高与舵宽之比值，对矩形舵叶，则

$$\lambda = \frac{h}{b} \tag{4-104}$$

对非矩形舵叶，则有

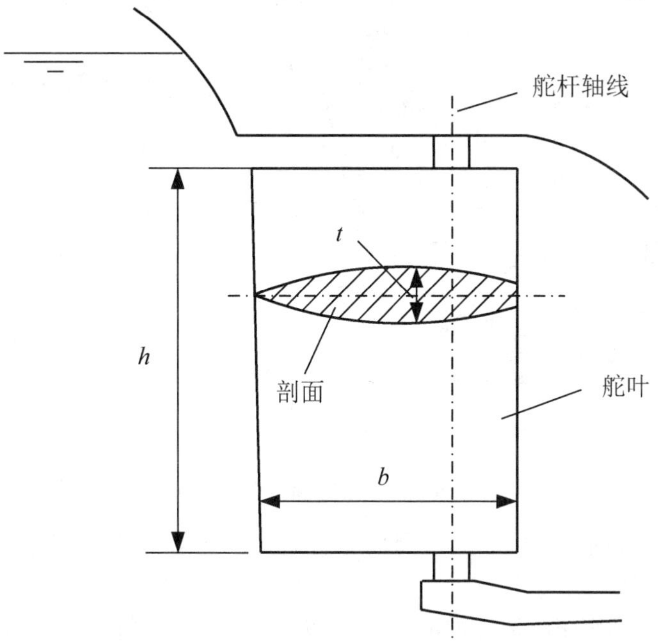

图 4-37 舵的几何形状

$$\lambda = \frac{h}{b_m} = \frac{h^2}{A_R} = \frac{A_R}{b_m^2} \tag{4-105}$$

(5) **平衡比**,又称**平衡系数**,用 e 表示,指舵杆轴线前的舵面积与整个舵面积的比值。对不平衡舵,舵杆轴线在舵的导缘, $e = 0$。

(6) **厚度比**,用 $\bar{t}$ 表示,为舵剖面的最大厚度与舵宽的比值。

(7) **面积比**,用 μ 表示,为舵面积与船体垂线间长 L_{BP} 和设计吃水 d 的乘积的比值:

$$\mu = \frac{A_R}{L_{BP} d} \tag{4-106}$$

(8) **舵剖面**,指与舵杆轴线垂直的舵叶剖面。对沿高度方向厚度不变的矩形舵,在整个高度方向其剖面是一样的。

二、敞水舵的水动力特性

单独舵(或称**敞水舵**)的水动力性能是指没有与船体和螺旋桨配合时作用在舵上的水动力和力矩。设来流速度 V 以攻角 α 流向舵剖面,则作用在舵上的水动力如图 4-38 所示。

图 4-38 中各符号的定义为:

(1) 攻角 α, 为水流方向与舵剖面弦线方向的夹角,一般对称剖面的攻角 α 即为舵角 δ。

(2) 舵杆轴线离前缘距离 a, 对矩形舵, a/b 即平衡比 e,b 为舵剖面的弦长。

(3) 压力中心 x_P, 即水动力合力作用点离前缘距离,压力中心系数

$$C_P = \frac{x_P}{b} \tag{4-107}$$

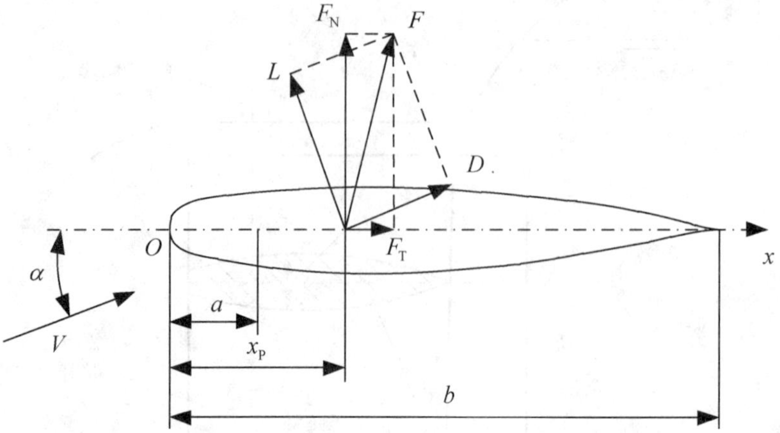

图 4-38　作用在舵剖面的力

(4)作用于舵上的水动力合力 F，可将其分解为升力 L 和阻力 D 、法向力 F_N 和切向力 F_T。

升力 L 是水动力垂直于来流方向的分量,阻力 D 为水动力平行于来流方向的分量,法向力 F_N 为垂直于剖面弦长方向的水动力分量,切向力 F_T 为平行于剖面弦长方向的水动力分量。

水动力合力 F 与相关分量之间的关系为:

$$F = \sqrt{L^2 + D^2} = \sqrt{F_N^2 + F_T^2} \tag{4-108}$$

$$F_N = L\cos\alpha + D\sin\alpha \tag{4-109}$$

$$F_T = D\cos\alpha - L\sin\alpha \tag{4-110}$$

升力系数:

$$C_L = \frac{L}{\frac{1}{2}\rho A_R U_R^2} \tag{4-111}$$

阻力系数:

$$C_D = \frac{D}{\frac{1}{2}\rho A_R U_R^2} \tag{4-112}$$

正压力系数:

$$C_N = \frac{F_N}{\frac{1}{2}\rho A_R U_R^2} \tag{4-113}$$

式中:A_R ——舵面积;

U_R ——流速。

当冲角不大时,由机翼理论可得:

$$C_N = \left.\frac{\partial C_L}{\partial \alpha}\right|_{\alpha = 0} \cdot \alpha_R \tag{4-114}$$

在舵力计算中,可取

$$C_N = \left.\frac{\partial C_L}{\partial \alpha}\right|_{\alpha=0} \cdot \sin\alpha_R \tag{4-115}$$

应当注意到，对于普通商船，最大舵角一般为35°。舵角 $\alpha_R \leqslant 35°$ 是有原因的。因为在 $\alpha_R \leqslant 35°$ 时，C_N 随着舵角 α_R 的增大而增大；而当 $\alpha_R > 35°$ 之后，C_N 随着舵角 α_R 的增大而减小，也就是舵角 $\alpha_R > 35°$ 时，舵力不增反降。舵力随舵角的变化趋势如图 4-39 所示。

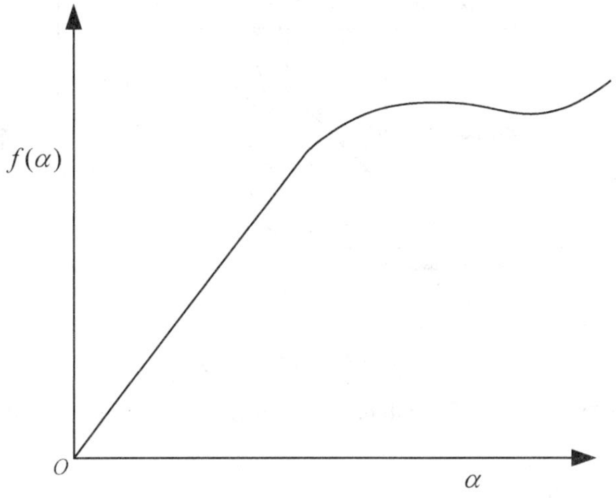

图 4-39　舵力随舵角的变化趋势

藤井（Fujii）公式：

$$C_N = \frac{6.13\lambda}{\lambda + 2.25} \cdot \sin\alpha_R \tag{4-116}$$

该公式的适用范围为 $\lambda = 0.3 \sim 3.0$。

三、船体、桨对舵的干涉水动力的计算

分析舵力公式，对一给定的舵，ρ，A_R 和 λ 都是一定的，流速 U_R 和舵角 α_R 为可变量。下面就讨论船体和桨对这两个参数的影响。当然，舵的存在也会对船体和桨发生作用。第三节中桨的推力减额系数 t_P 已包含了舵的影响。

考虑了船体、桨干涉的舵正压力计算公式为：

$$F_N = \frac{1}{2}\rho A_R U_R^2 \frac{6.13\lambda}{2.25 + \lambda} \cdot \sin\alpha_R \tag{4-117}$$

1. 舵处有效来流速度的计算

流入舵的有效速度分为两部分，一部分是经船体伴流影响后直接流入舵的有效速度 u_{R0}，另一部分是桨增速后尾流以及船体伴流影响 u_{RP}，如图 4-40 所示。

（1）经船体伴流影响后直接流入舵的有效速度的计算

类似螺旋桨，舵处也存在伴流，舵处的伴流也用伴流分数表示，经船体伴流的影响后直接流入舵的有效纵向速度为：

$$u_{R0} = (1 - w_{R0})u \tag{4-118}$$

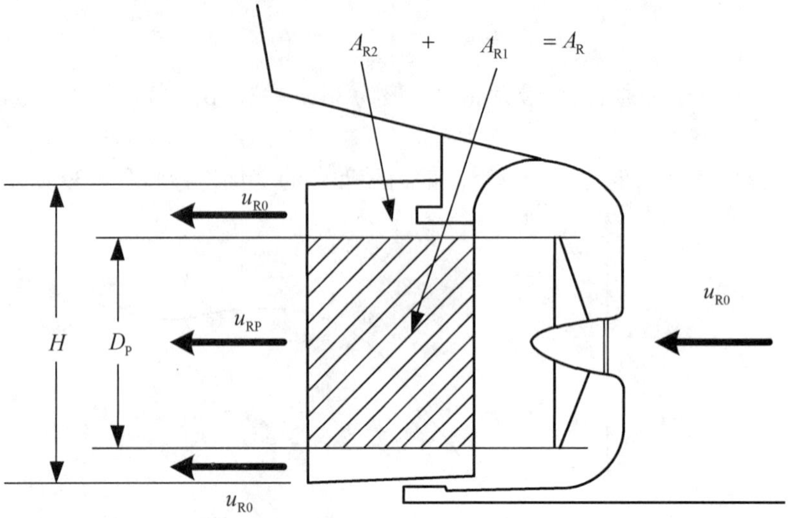

图 4-40 流入舵的流速分布

式中：w_{R0} 为直航时舵处的伴流分数(effective wake fraction coefficient at rudder in straight forward moving)。

已知螺旋桨处来流的速度表示为：

$$u_P = (1 - w_{P0})u \tag{4-119}$$

上面两式联立，消去流速 u，则得

$$u_{R0} = \frac{1 - w_{R0}}{1 - w_{P0}} u_P = \varepsilon u_P \tag{4-120}$$

一般可取

$$\varepsilon = \frac{1 - w_{R0}}{1 - w_{P0}} = 1.1 \sim 1.2 \tag{4-121}$$

w_{R0} 对一般船型在 0.15 ~ 0.30 之内取值。

在斜航状态下，舵处的伴流系数为：

$$w_R = \frac{w_P}{w_{P0}} w_{R0} \tag{4-122}$$

$$\frac{w_P}{w_{P0}} = \exp(-4.0\beta_P^2) \tag{4-123}$$

(2)螺旋桨尾流中舵的有效来流速度的计算

在介绍螺旋桨的推力减额的时候，介绍过伯努利定律的影响，推力减额产生的原因是桨前后的压力有突变。设压力差为 Δp，桨前流速为 u_P，桨后无穷远处流速为 u_∞，则有

$$p_0 + \Delta p + \frac{1}{2}\rho u_P^2 = p_0 + \frac{1}{2}\rho u_\infty^2 \tag{4-124}$$

式中：Δp 为两参考点之间的压力差，由上式可得

$$\Delta p = \frac{1}{2}\rho(u_\infty^2 - u_P^2) \tag{4-125}$$

伯努利定律

$$p + \frac{1}{2}\rho v^2 + \gamma Z = 常数 \tag{4-126}$$

在质量力只有重力作用的不可压缩理想流体的定常流动中，任一根流线上所有各点的单位质量流体的动能、位能和压力能（总机械能）均为一常数。

根据螺旋桨推力产生的原因，可有：

$$T = \rho n^2 D_P^4 k_T = \Delta p A_0 = \Delta p \cdot \pi\left(\frac{D_P}{2}\right)^2 \tag{4-127}$$

式中：A_0 为桨盘面面积。

进而有

$$\rho k_T D_P^4 n^2 = \frac{1}{2}\rho(u_\infty^2 - u_P^2) \cdot \pi \cdot \left(\frac{D_P}{2}\right)^2 \tag{4-128}$$

$$\Rightarrow k_T D_P^2 n^2 = \frac{1}{8}(u_\infty^2 - u_P^2)\pi \tag{4-129}$$

$$\left.\begin{aligned} &\Rightarrow\left(\frac{u_\infty}{u_P}\right)^2 = \frac{8k_T D_P^2 n^2}{u_P^2} + 1 \\ &J = \frac{u_P}{nD_P} \end{aligned}\right\} \Rightarrow u_\infty = u_P\left(\sqrt{1 + \frac{8k_T}{\pi J^2}} - 1\right) \tag{4-130}$$

螺旋桨处流场速度分布如图 4-41 所示。

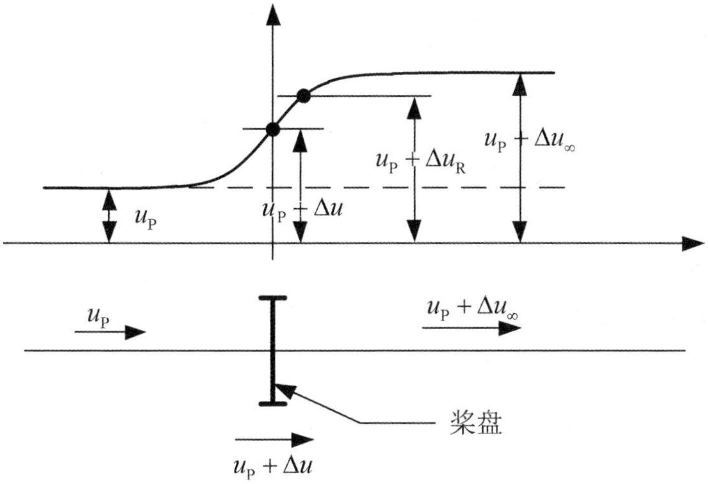

图 4-41 螺旋桨处流场速度分布

从图中可知：

$$u_\infty = u_P + \Delta u_\infty \tag{4-131}$$

由理论可知：

$$\Delta u = \frac{1}{2}\Delta u_\infty \tag{4-132}$$

式中：Δu ——螺旋桨抽吸作用使得流速相对于桨前流速 u_P 的增加量；

Δu_∞ ——桨后无穷远处流速相对于桨前流速 u_P 的增加量。这是在桨后无穷处的情形，

在舵处

$$\Delta u_R = k_x \Delta u_\infty \tag{4-133}$$

式中：Δu_R ——舵处流速相对于桨前流速 u_P 的增加量；

k_x ——增速系数，k_x 可取 0.6。

Δu，Δu_R 和 Δu_∞ 的含义还可参见图 4-41。

已知舵在螺旋桨尾流之外部分受到的有效来流速度为 u_{R0}。可见舵在桨的尾流之内部分受到的有效来流速度为：

$$\begin{aligned} u_{RP} &= u_{R0} + \Delta u_R \\ &= u_{R0} + k_x \Delta u_\infty \\ &= u_P \left[\varepsilon + k_x \left(\sqrt{1 + \frac{8k_T}{\pi J^2}} - 1 \right) \right] \end{aligned} \tag{4-134}$$

使用面积平均的方法：

$$\begin{aligned} u_R &= \sqrt{\frac{A_{R1}}{A_R} \cdot u_{RP}^2 + \frac{A_{R2}}{A_R} \cdot u_{R0}^2} \\ &= \sqrt{\eta u_{RP}^2 + (1 - \eta) u_{R0}^2} \end{aligned} \tag{4-135}$$

式中：A_{R1}——桨尾流中的部分舵面积；

A_{R2}——不在尾流中的部分舵面积；

$\eta = \dfrac{A_{R1}}{A_R} = \dfrac{B \cdot D_P}{B \cdot H} = \dfrac{D_P}{H}$。

从而

$$u_R = \varepsilon u_P \sqrt{\eta \left[1 + k \left(\sqrt{1 + \frac{8k_T}{pJ^2}} - 1 \right) \right]^2 + (1 - \eta)} \tag{4-136}$$

式中：$k = \dfrac{k_x}{\varepsilon} \approx \dfrac{0.6}{\varepsilon}$。

除了上面模型之外，还可以使用芳村模型计算舵处的有效来流速度

$$\frac{U_R}{U} \approx \frac{u_R}{U} = (1 - w_R)[1 + k_2 \cdot g(s)]^{0.5} \tag{4-137}$$

$$g(s) = \eta k[2 - (2 - k)s]s/(1 - s)^2 \tag{4-138}$$

式中：U_R ——舵处的有效来流速度(effective rudder inflow fraction)；

u_R ——舵处水流的轴向(纵向，x 向)分量；

w_R ——船做操纵运动时舵处的伴流系数(effective rudder wake fraction)；

$k_2 \cdot g(s)$ ——螺旋桨滑脱对 u_R 的影响(the effect of the propeller slip-stream on u_R)；

k_2—— 系数，对左舵 $k_2 = 1.065$，对右舵 $k_2 = 0.935$；

$s = 1 - \dfrac{u(1 - w_P)}{nP}$，$P$ 为螺旋桨的螺距；

$\eta = \dfrac{D_P}{H}$，H 为舵高，D_P 为螺旋桨的直径；

$k = 0.6\dfrac{1 - w_P}{1 - w_R} = \dfrac{0.6}{\varepsilon}$。

2. 舵有效来流冲角的计算

舵处有效来流横向速度 v_R 的计算：

$$v_R = v_{RP} - \gamma_R(v + l_R r) \tag{4-139}$$

式中：v_{RP} ——正舵时，因螺旋桨单向旋转的不对称作用而引起的横向平均流速；

$v + l_R r$ ——由船舶运动产生的横向速度；

l_R ——可视为舵的纵向坐标，概念上应为 $-\dfrac{L}{2}$，但是大量的模型试验表明，l_R 约为 $-\dfrac{L}{2}$ 的 2 倍；

γ_R ——船体的整流系数。

则有效冲角（effective inflow angle）α_R 的计算方法为：

$$\begin{aligned}\alpha_R &= \delta - \arctan\frac{v_R}{u_R} \\ &\approx \delta - \frac{v_R}{u_R} \\ &= \delta - \frac{v_{RP}}{u_R} + \frac{\gamma_R(v + l_R r)}{u_R} \\ &= \delta + \delta_0 - \gamma\beta'_R\end{aligned} \tag{4-140}$$

式中：δ ——舵角；

δ_0——零正压力舵角，$\delta_0 = \dfrac{\pi s_0}{90}$，$s_0$ 是螺旋桨直航时的滑脱比；

γ ——整流系数（flow rectification coefficient 或 flow straightening coefficient），γ 采用汤室模型计算如下

$$\gamma = C_P \cdot C_S \tag{4-141}$$

C_P ——螺旋桨的整流系数

$$C_P = 1/[1 + 0.6\eta(2 - 1.4s)s/(1 - s)^2]^{0.5} \tag{4-142}$$

C_S ——船体的整流系数，按照井上模型计算，随操纵强度而变化，当运动达到一定程度时，C_S 可取恒定值：

$$\begin{cases} C_S = 0.45\beta_R,\ \beta_R \leqslant \dfrac{C_{S0}}{0.45} \\ C_S = C_{S0},\ \beta_R > \dfrac{C_{S0}}{0.45} \end{cases} \tag{4-143}$$

C_{S0}——常数，其值随船体的丰满程度而变，对瘦削的船舶取 0.3，对肥大的船舶取 0.7，平均值 $C_{S0} = 0.5$；

β_R ——舵处几何冲角，按下式计算

$$\beta'_R = \beta - 2x'_R r'$$
$$x'_R = \frac{x_R}{L} \approx 0.5, r' = rL/U \tag{4-144}$$

四、舵对船体的干涉流体水动力的计算

如图 4-42 所示，操舵时，产生作用在舵上的横向力，同时在船体上产生诱导横向力 ΔY_{R0}，以由 ΔY_{R0} 产生绕船舶重心的力矩 ΔN_{R0}。这后两者就是舵对船体的干涉流体动力：

$$\begin{aligned} Y_R &= Y_{R0} + \Delta Y = Y_{R0} + \frac{\Delta Y}{Y_{R0}} Y_{R0} \\ &= Y_{R0} + a_H Y_{R0} = (1 + a_H) Y_{R0} \end{aligned} \tag{4-145}$$

a_H：由操舵引起的船体横向力增加的修正系数（ratio of additional drag）；

x_H：由操舵引起的船体横向力增加量作用中心坐标（distance between the center of gravity of ship and center of additional lateral force）。

$$\begin{aligned} N_R &= Y_{R0} x_R + \Delta Y x_H = Y_{R0} x_R + a_H Y_{R0} x_H \\ &= (x_R + a_H x_H) Y_{R0} \end{aligned} \tag{4-146}$$

式中：

$$\begin{aligned} x_R &= \frac{1}{2} L \\ a_H &= 0.6784 - 1.3374 C_b + 1.8891 C_b^2 \\ x_H &= -0.45L \end{aligned} \tag{4-147}$$

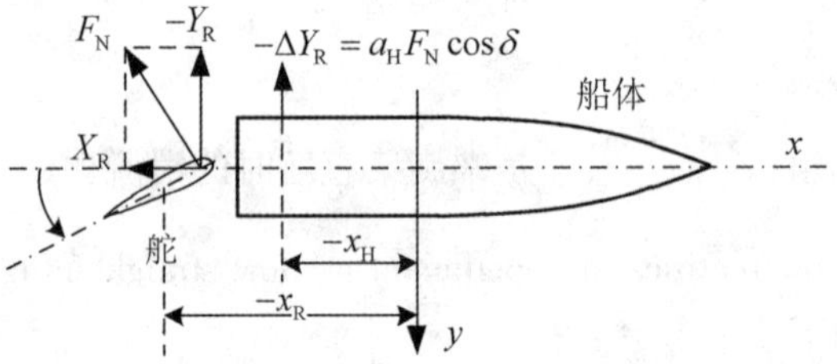

图 4-42　舵对船体干涉示意图

五、舵的水动力计算模型

$$\begin{cases} X_R = -(1 - t_R) F_N \sin\delta \\ Y_R = -(1 + a_H) F_N \cos\delta \\ N_R = -(x_R + a_H x_H) F_N \cos\delta \end{cases} \tag{4-148}$$

式中：t_R 为舵阻力减额系数（coefficient for additional drag）；舵的正压力 F_N 分解为舵的纵向阻力 $F_N \sin\delta$，舵的横向力 $F_N \cos\delta$，以及转舵力矩 $-x_R F_N \cos\delta$。实际上，操舵引起的阻力增加比 $F_N \sin\delta$ 略小。

$$t_R = 0.2618 + 0.0539 C_b + 0.1755 C_b^2 \tag{4-149}$$

习题

1. 论述使用振荡法测定船舶附加质量 m_x 的试验方法。

2. “育鲲”轮两柱间长为 116 米，水线长为 105 米，船宽为 18 米，吃水为 5.4 米，排水量 5 735.5 吨，服务航速 16.7 节，浮心纵向位置为 -0.686 米，方形系数为 0.559 5，棱形系数为 0.730 0，单桨，剩余阻力系数为 0.002 0。计算“育鲲”轮在服务航速时的直航阻力。

3. 反映了船体、螺旋桨和舵三者之间相互干涉的参数有哪些？

4. 什么是达朗贝尔疑题？出现达朗贝尔疑题的原因是什么？

第五章　船舶运动辨识建模

在船舶运动模型领域中,机理建模方法占主导地位,也是技术相对成熟的一种方法。由于船舶运动模型中包含了大量的水动力参数需要大量的试验进行一一确定,所以,开辟新的建模方法对于节能减排、降低成本有着重要意义。辨识建模是20世纪70年代初发展起来的,是通过测取被研究过程的输入输出数据,加以必要的处理和计算,以估计出过程数学模型的一种建模方法。目前国内外的许多专家致力于这方面的研究,这项技术也日趋成熟。

船舶运动辨识方法种类繁多,本章在给出辨识建模的基本知识之外,重点介绍其中具有代表性的两种方法,即最小二乘算法和局部加权学习算法。不论是船舶水平面运动,还是船舶垂直面运动,都可以通过辨识方法建模,本章主要介绍船舶水平面运动的辨识建模方法。

第一节　模型辨识的基本知识

一、辨识的定义

Zadeh 给辨识下的定义是:辨识就是在输入和输出数据的基础上,从一组给定的模型类中,确定一个与所测系统等价的模型。Ljung 关于辨识的定义在本质上与上面是相同的,但更为明确:"辨识有三要素——数据、模型和准则。辨识就是按照一个准则在一组模型类中选择一个与数据拟合得最好的模型。"从数学角度讲,就是找出最接近输入与输出之间映射的一个函数。因此,数据是辨识的基础。在模型参数辨识方面,最小二乘算法是最基本、应用最广泛的一种方法,但是该法对状态空间形式的模型参数估计不能直接应用。模型是研究者利用已有的先验知识,选定某种模型结构形式。准则是在辨识过程中要优化的目标函数,通过优化目标函数来获取高精度的参数估计。

二、研究现状概述

船舶操纵性难点之一就是确定水动力导数。目前,有四种方法可用于在船舶设计阶段确定数学模型中的水动力导数:数据库或经验公式方法、约束船模试验方法、理论与数值计算方法以及结合模型试验的系统辨识方法。其中,数据库或经验公式方法受船型影响较大,应用范围十分有限。约束船模试验方法不仅需要特殊的试验设施,费时、费力,而且存在"尺度效应"的问题。理论与数值计算方法可以计算作用在船体上的流体水动力和力矩,但要计算所有的水动力导数,特别是非线性水动力导数,目前还有很大的困难,不能满足所需要的工程精度。

结合模型试验的系统辨识方法是一种船舶操纵运动建模的有效方法,有很长的发展和应用历史。传统的船舶操纵运动辨识建模方法主要是运用 Kalman 滤波技术、极大似然估计技术以及最小二乘技术辨识船舶模型参数,国内近年的主要成果有辛元欧、邹早建等利用最小二乘法及其改进算法辨识了船舶响应模型的 K,T 指数。这些传统的方法首先要求建立精确的数学模型,这对于严重非线性的船舶操纵运动来说有一定的难度。

基于人工智能技术的神经网络克服了传统系统辨识方法的固有缺陷,为系统辨识方法提供了强有力的手段。程启明、范余明应用神经网络辨识了船舶操纵运动模型,并对船舶回转性能进行了预报。罗伟林基于支持向量机法进行了船舶操纵运动的预报。

随着现代试验测量技术和系统辨识方法的不断发展,辨识在许多领域都有广泛应用。(1)用于船舶运动控制系统的设计和分析:利用辨识的模型计算控制器的参数,以提高原有控制系统的性能;(2)用于船舶运动在线控制,例如船舶航向自适应控制系统,用辨识所得的模型参数设计控制器,使两者在风浪流干扰、航道和吃水变化、装载不同时均能保持最优匹配,达到以变应变的效果和最好的控制质量;(3)为复杂系统动态仿真器提供较准确的模型参数,例如船舶操纵模拟器对模型精度的要求甚高,在小尺度船模试验中所得的无量纲流体动力导数用于实船运动模拟存在着尺度效应问题,而应用由辨识计算所得的流体动力导数,不但可以改进这些参数的精度,还有可能对尺度效应做深入的研究。

三、辨识建模的一般步骤

在介绍辨识建模的步骤之前,需要了解辨识建模方法中常用的概念:

(1)样本点:辨识的首要因素就是数据,通过系统输入与输出的数据信息学习系统动态特性。样本点是预先采集的系统输入与输出数据组成的数据对。样本点既要有效,还要能有效覆盖系统特性范围。

(2)预测点:通过辨识算法训练好模型后,可以根据模型预测系统输出。预测点是预测系统输出时,给定已知的系统输入数据。预测点可以是样本点中的输入数据,也可以不同于样本输入数据。

(3)目标函数:又称损失函数,是辨识优化的目标。辨识的目的是最小化目标函数,也就是误差越小越好,即让模型输出与系统输出尽可能接近。极小化目标函数是辨识的一般准则。

辨识就是从采样数据中学习得到研究对象的数学模型。一般而言,辨识建模方法步骤包括:

(1)明确辨识目的。辨识首先要明确辨识的目的,建立研究对象的黑箱模型,选择非参数辨识算法。应用对象不同,对模型精度要求有差异。

(2)试验设计。试验设计要能充分激励研究对象的物理特性,选择系统输入信号、采样间隔、数据量等,记录输入和输出数据作为样本数据或测试数据。

(3)数据处理。直接记录的原始试验数据,由于各种原因不能直接用于辨识计算,如干扰、数据丢包等。对数据进行预处理,使之能适用于辨识算法计算。

(4)模型学习。采用辨识算法学习预处理之后的样本数据,建立研究对象的数学模型。

(5)模型检验。采用测试试验检验所建立模型是否能恰当地描述研究对象特性,检验模型一方面检验模型的精度,另一方面检验模型的泛化性。

四、船舶模型辨识

如图 5-1 所示,辨识理论用于船舶非线性运动数学模型中的各种流体动力导数估计问题的一般框架。

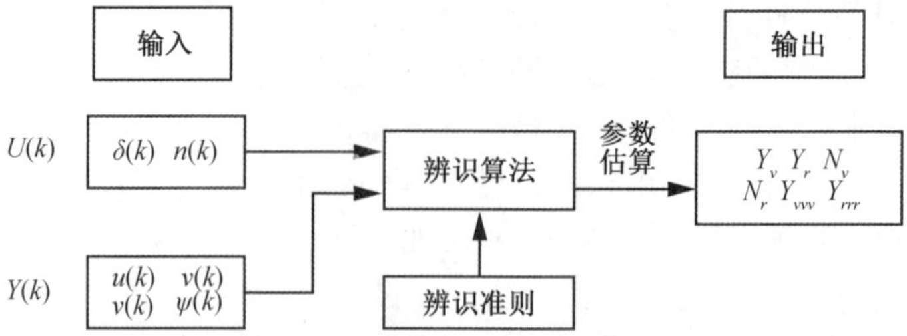

图 5-1 过程辨识应用于船舶模型参数估计

船舶运动的控制量：舵角 δ（由舵角传感器测量）、螺旋桨转速 n（由测速发电机测量），以及能够测量的部分船舶运动状态变量：前进速度 u 和横漂速度 v（由双轴多普勒计程仪测量）、航向角 ψ（由陀螺罗经测量）、转首角速度 r（由角速度陀螺测量，或者对经过平滑后的 ψ 信号进行数学微分求得），对辨识算法而言都是输入量，辨识算法的输出量是参数向量的估计值，它的分量即各种流体动力导数。对于辨识算法，本章将简要介绍 Kalman 滤波算法、人工神经网络算法、支持向量机算法，主要侧重介绍最小二乘辨识算法、局部加权学习算法。

第二节 常见的辨识算法

应用系统辨识方法进行船舶操纵运动建模已经有四十多年的历史。近年来，这类方法持续不断得到开发和应用，充分表明它仍是一种相当有效的方法。并且，随着系统辨识技术和试验测量技术的进步，这种方法有望在复杂环境条件下的船舶操纵运动建模中发挥更大的作用。

一、Kalman 滤波器

对含噪声的动态系统，最小二乘法一般处理为系统误差，并且不能直接应用于状态空间形式的模型，因为它要求所有状态变量都是可测的，所以其应用受到一定的限制。Kalman 滤波器的出现促进了系统辨识方法的发展。

经典的 Kalman 滤波器研究动态噪声 $\boldsymbol{w}(t)$ 和量测噪声 $\boldsymbol{v}(t)$ 的线性系统

$$\begin{cases} \dot{x}(t) = \boldsymbol{A}\boldsymbol{x}(t) + \boldsymbol{B}u(t) + \boldsymbol{w}(t) \\ \dot{y}(t) = \boldsymbol{C}\boldsymbol{x}(t) + \boldsymbol{v}(t) \end{cases} \tag{5-1}$$

式中：$\boldsymbol{A}$ 是系统的矩阵，$\boldsymbol{B}$ 是输入矩阵，$\boldsymbol{C}$ 是输出矩阵，且都是与时间无关的常阵。$\boldsymbol{x}(t)$ 是系统的状态矩阵，$\boldsymbol{u}(t)$ 是系统的输入矩阵。动态噪声是由外部环境的干扰（例如船舶运动中受风、浪的影响）造成的，而量测噪声则是由量测仪器内部的热噪声引起的，二者均属于随机变量，人们无法知道它们在每一时刻的确切数值。通过引入噪声的统计特性对系统的状态做出尽可能精确的估计就是本算法的精要，Kalman 滤波器在此方面具有最优越的性能。Kalman 滤波器工作时，首先对系统的状态进行预报，然后再根据预报结果进行状态修正。算法目标是尽可能滤除量测噪声的影响，以获得在系统输入和动态噪声共同作用下关于状态变量的准确估计。为了将该算法应用于非线性系统和参数估计，进一步提出了扩展 Kalman 滤波、极大似然估计和回归预报误差方法。

1980 年,Abkowitz 运用扩展 Kalman 滤波技术对“大阪号”油船模型进行了成功的辨识,取得了良好的效果,并根据建模结果对 Abkowitz 模型进行了修正。“大阪号”油船是一艘 278 000 载重吨的 VLCC(Very Large Crude Carrier)。海试于 1977 年 7 月底在墨西哥湾进行,历时 8 天,为许多后来的研究者提供了一个验证他们各自所建立的数学模型准确性的参考平台。

Kalman 滤波技术对于状态空间模型是一种有效的方法,可以用于估计不可测的状态变量和模型参数,曾受到广泛的应用和研究,但是其收敛性和稳定性有待于进一步研究,而且对使用者的先验知识和算法参数的选择依赖性较大。在进行参数估计时,对数学模型结构和估计初值的依赖性很大,特别是对变量估计初值和参数估计初值的依赖性,设计不当往往容易导致估计值发散,特别是对于复杂的多参数非线性系统。

二、人工神经网络算法

人工神经网络因其高度的并行性、分布式存储、自适应学习能力等显著的特点,而在人工智能、模式识别、信号处理和机器人及非线性控制等领域得到广泛的应用。对于船舶操纵运动的非线性和复杂性,人工神经网络也提供了一种有效的研究手段,其非线性映射能力使得其适用于船舶操纵性建模研究。应用动态递归神经网络(Recursive Neural Network, RNN)进行的包括水下运载器和水面船舶的操纵运动建模以及在线预报方面的研究取得巨大成功。其中,美国海上战争中心(Naval Surface Warfare Center)的研究人员 Hess 和 Faller 等人在近年来应用神经网络对船舶水动力性能(包括操纵性和耐波性)问题进行了广泛而卓有成效的研究。

许多学者研究人工神经网络致力于获得高效的学习算法,基于负梯度法(或称梯度下降法)的 BP(Back Propagation)神经网络是 1986 年由 Rumelhart 和 McClelland 提出的一种多层网络模型,其核心是误差反向传播算法。该法标准做法是依据负梯度下降方向迭代调整网络的权值和阈值,以实现训练误差函数最小化。由于 BP 神经网络存在着诸如收敛速度慢和易陷入局部极小值的缺点,为此,人们提出了很多改进算法。这些算法都是针对黑箱建模和预报方面,这对于揭示船舶操纵运动机理是十分有限的。Haddara 等人则将 BP 神经网络运用于机理建模方面的研究。早期的改进大都期望通过改进网络训练的迭代规则来解决 BP 神经网络收敛速度慢和易陷入局部极小值的问题。张心光则通过一种改进神经网络的结构描述和激励函数开发出了一种基于切比雪夫正交基的神经网络,解决了 BP 神经网络的固有缺陷,并在国际上首次将其应用于 Abkowitz 模型中的非线性函数关系辨识。

目前来看,应用神经网络在辨识过程中直接获取水动力导数还只能限于线性水动力模型,因为此时神经网络可以采用线性激活函数,线性水动力导数可直接从神经网络结构中获取,但是对于非线性水动力导数却无能为力。采用多项式激活函数或许可以解决这一问题,但是目前还没有这方面的研究。

三、支持向量机算法

大多数的系统辨识方法都依赖于传统的统计学,采用的是经验风险最小化准则来建立输入与输出之间的映射关系,因此,要想获得理想的最优解,样本数目必须无穷多。而事实上,用于系统辨识的样本数目往往是有限的。这就容易导致过学习问题,使建立的模型泛化性差。支持向量机从原理上有效解决了这一问题。

最优超平面的思想是苏联学者 Vapnik 和 Chervonenkis 在 1974 年提出的。之后,由美国 AT&T 贝尔实验室 Vapnik 领导的小组对其进行了进一步的发展。由于最优超平面的解最后完全由支持向量决定,所以该法后来被称为支持向量机(Support Vector Machine,SVM),并广泛应用于各行领域。SVM 最早是针对模式分类和识别问题提出的,随着不敏感损失函数的引入,已经能够成功应用于非线性函数的回归估计。其基本思想是进行经验风险最小化时引入 Occam 剃刀原则,寻找使得经验风险最小的最简单函数,以获得学习器的良好泛化性能。

有别于传统统计学的大样本学习,SVM 研究有限样本情况下的机器学习规律。其基本做法是将样本映射到高维空间,通过引入结构风险函数,求解凸二次规划问题,获得全局最优解,并通过引入核函数解决了维数灾难问题。

SVM 的优点在于:(1)以结构风险最小化准则进行学习,不仅考虑了经验风险值,而且考虑了置信范围值,提高了算法的泛化性;(2)凸二次规划问题保证了解的全局最优性;(3)核函数的引入解决了维数灾难问题。

罗伟林将最小二乘支持向量机应用于船舶操纵运动建模领域,后来该小组又进一步发展了支持向量机在船舶操纵运动方面的应用,并取得了良好的效果。然而,在实际运用 SVM 算法时发现了两个难点:第一,样本数量的选择,过多过少的样本数量都会影响辨识结果的准确性;第二,核函数的选择,尤其是采用多项式核函数时,多项式次数的确定是比较困难的。

第三节　最小二乘辨识算法

在实际工程中,我们经常会遇到这样的问题,根据测量结果来确定两个变量 z 和 t 之间的未知对应关系。但每次测量都存在随机误差,而且测量随机误差的统计特性未知。此时,可以用含有未知参数的 t 的多项式的一般形式来表示二者之间的函数关系,采用最小二乘法来确定这些参数。

最小二乘法是数学家 Gauss 在 1794 年提出来的,之后,由 Markov 完善了 Gauss 的工作,并证明了最小二乘法估计是最优线性无偏估计。最小二乘法在系统辨识和参数估计领域应用最为广泛,也是最基础的一种算法,大多数的估计算法都与最小二乘法有关。

一、最小二乘法的原理

为了说明最小二乘法的一般原理,我们引入一个实例:通过实验确定一个热敏电阻的电阻 R 和温度 t 的关系。

按照先验知识可得热敏电阻与温度之间的数学模型结构近似为:

$$R = a + bt \tag{5-2}$$

式中:a 和 b 为待估计参数。

如果没有误差,只需要两个不同温度下的电阻值,便可以解出 a 和 b。但是每次测量中总存在随机误差,即

$$y_i = R_i + v_i \text{或} \ y_i = a + bt_i + v_i \tag{5-3}$$

将每次测量误差相加,可以构成总的误差

$$\sum_{i=1}^{N} v_i = v_1 + v_2 + \cdots + v_N \tag{5-4}$$

选择目标函数

$$J_{\min} = \sum_{i=1}^{N} v_i^2 = \sum_{i=1}^{N} [y_i - (a + bt_i)]^2 \tag{5-5}$$

由于目标函数是平方运算并且求取目标函数最小,故被称为最小二乘法。

利用求极值的方法,使目标函数最小,有

$$\begin{cases} \left.\dfrac{\partial J}{\partial a}\right|_{a=\hat{a}} = -2\sum_{i=1}^{N}(y_i - a - bt_i) = 0 \\ \left.\dfrac{\partial J}{\partial b}\right|_{b=\hat{b}} = -2\sum_{i=1}^{N}(y_i - a - bt_i)t_i = 0 \end{cases} \tag{5-6}$$

对上式进一步整理有

$$\begin{cases} N\hat{a} + b\sum_{i=1}^{N} t_i = \sum_{i=1}^{N} y_i \\ \hat{a}\sum_{i=1}^{N} t_i + b\sum_{i=1}^{N} t_i^2 = \sum_{i=1}^{N} y_i t_i \end{cases} \tag{5-7}$$

解方程组(5-6),可得

$$\begin{cases} \hat{a} = \dfrac{\sum_{i=1}^{N} y_i \sum_{i=1}^{N} t_i^2 - \sum_{i=1}^{N} y_i t_i \sum_{i=1}^{N} t_i}{N\sum_{i=1}^{N} t_i^2 - \left(\sum_{i=1}^{N} t_i\right)^2} \\ \hat{b} = \dfrac{N\sum_{i=1}^{N} y_i t_i - \sum_{i=1}^{N} y_i \sum_{i=1}^{N} t_i}{N\sum_{i=1}^{N} t_i^2 - \left(\sum_{i=1}^{N} t_i\right)^2} \end{cases} \tag{5-8}$$

至此,我们就通过样本数据估计出了模型中的未知参数。

二、最小二乘法在船舶操纵运动预报中的应用

考虑线性响应模型

$$\ddot{\psi}(t) = \frac{K}{T}\delta(t) - \frac{1}{T}\dot{\psi}(t) \tag{5-9}$$

式中:$\psi(t)$ ——船舶的首向角;

$\dot{\psi}(t)$ ——船舶转向角速度;

$\ddot{\psi}(t)$ ——船舶转向角加速度;

$\delta(t)$ ——船舶舵角;

K ——旋回性指数;

T ——追随性指数。

首先给出常差分的基本定义方法,设定义在整数集上的函数 $x_n = f(n)$, $n = \cdots, -2, -1,$

$0,1,2,\cdots$, 函数 $x_n=f(n)$ 在 n 时刻的一阶差分定义为：$\Delta x_n=x_{n+1}-x_n=f(n+1)-f(n)$；函数在 n 时刻的二阶差分定义为：$\Delta^2 x_n=\Delta x_{n+1}-\Delta x_n=x_{n+2}-2x_{n+1}+x_n$。同理可依次定义 k 阶差分 $\Delta^k x_n$。

由于样本数据是一系列离散的点，所以进行辨识之前，首先需要将系统方程进行离散化处理，同时这样也能方便计算机进行处理。采用前向差分格式如下：

$$\dot{\psi}(t)=\frac{\psi(k+1)-\psi(k)}{h},\dot{\delta}(t)=\frac{\delta(k+1)-\delta(k)}{h}$$

$$\ddot{\psi}(t)=\frac{\dot{\psi}(k+1)-\dot{\psi}(k)}{h}=\frac{\psi(k+2)-2\psi(k+1)+\psi(k)}{h^2}$$

式中：h 为样本数据采样间隔。将系统式(5-9)离散化的步骤如下

首先将前向差分格式带入式(5-9)，有

$$\frac{\psi(k+2)-2\psi(k+1)+\psi(k)}{h^2}=\frac{K}{T}\delta(k)-\frac{1}{T}\frac{\psi(k+1)-\psi(k)}{h} \tag{5-10}$$

化简变形得

$$\begin{aligned}&[\psi(k+2)-\psi(k+1)]-[\psi(k+1)-\psi(k)]\\&=\frac{K}{T}h^2\delta(k)-\frac{1}{T}h[\psi(k+1)-\psi(k)]\end{aligned} \tag{5-11}$$

令 $y(k+1)=\psi(k+1)-\psi(k),k=1,2,\cdots,M-2$, M 为样本数量。则离散化结果如下：

$$y(k+2)-y(k+1)=\frac{K}{T}h^2\delta(k)-\frac{1}{T}hy(k+1) \tag{5-12}$$

令

$$\boldsymbol{Y}=\begin{bmatrix}y(3)-y(2)\\y(4)-y(3)\\\vdots\\y(3)-y(2)\end{bmatrix}_{(M-2)\times 1},\boldsymbol{\beta}=\begin{bmatrix}\beta_1\\\beta_2\end{bmatrix}=\begin{bmatrix}\frac{K}{T}\\\frac{1}{T}\end{bmatrix} \tag{5-13}$$

$\boldsymbol{P}=(p_{ij})_{(M-2)\times 2}$ 为$(M-2)\times 2$ 阶矩阵，其中元素为

$$\begin{cases}p_{i1}=h^2\delta(k)\\p_{i2}=-hy(k+1)\end{cases}\quad i=1,2,\cdots,M-2 \tag{5-14}$$

则得到

$$\boldsymbol{Y}=\boldsymbol{P\beta} \tag{5-15}$$

由上式，带入样本数据点，可解得

$$\hat{\boldsymbol{\beta}}=[\boldsymbol{P}^{\mathrm{T}}\boldsymbol{P}]^{-1}\boldsymbol{P}^{\mathrm{T}}\boldsymbol{Y} \tag{5-16}$$

从而解得

$$K=\frac{\hat{\beta}_1}{\hat{\beta}_2},\quad T=\frac{1}{\beta_2} \tag{5-17}$$

第四节 局部加权学习算法

从辨识建模的目标看,船舶运动辨识建模的方法可以分为船舶运动参数辨识建模和船舶运动非参数辨识建模。**船舶运动参数辨识建模**是通过求取船舶运动数学模型中的水动力导数,进而解算船舶运动方程得到船舶运动状态,本质上属于船舶运动建模的间接方法,对应于辨识方法中的灰箱建模。而**船舶运动非参数辨识建模**,是从已有船舶试验数据直接预报船舶运动状态,辨识过程中不出现水动力导数,对应于辨识方法中的黑箱建模。

人工神经网络、支持向量机和局部加权学习(Locally Weighted Learning,LWL)均是常见的船舶运动非参数辨识建模方法。其中局部加权学习算法具有结构简单、易于工程实现、辨识精度较高的优点。

一、算法概述

局部加权学习算法是一种将普通回归算法改进升级之后的对样本点(通过试验预先测定的具有典型代表的输入输出数据对)拟合的方法。局部加权学习算法是一种可以直接用数学表达式表示的函数逼近的方法,根据每个预测点的位置逼近该点附近的局部函数模型,所以比普通回归效果更好,其优良性就体现在“局部”和“加权”两个概念上。局部是指与预测点相关的样本点组成的一个邻域。加权是指根据样本点与预测点距离的远近为邻域内的每个点加权。其本质是在预测点出现后,利用局部邻域拟合出局部线性模型,预测输出。对于严重非线性问题,许多逼近方法都在寻找更复杂的逼近函数,或者使用网络万能逼近器,不仅计算量大,而且结构复杂。而 LWL 算法则将样本分割成许多不同邻域,分别在局部进行线性逼近,因此该方法与其他逼近方法相比结构简单,计算简便。

LWL 最早由 William S. Cleveland 在 1979 年提出了一维输入一维输出的局部加权回归模型。其基本的做法就是根据样本点离预测点的远近程度对样本点赋予不同的权重,离预测点越近,权重越大;离预测点越远,权重越小。然后选取一个多项式模型,利用最小二乘法对样本点进行拟合。在 LWL 算法被提出来几年之后,Stefan Schaal 和 Christopher G. Atkeson 将其引入到机器人控制领域。他们将 LWL 与最优控制相结合,完成了极具挑战性的机器人杂耍动作,此算法学习速度极快。随后,Stefan Schaal 提出了适合机器人控制的基于 LWL 的学习算法,并证明了 LWL 算法可以学习到很复杂的动作。这种方法指导思想简单,对非线性问题具有很好的学习能力,并成功应用于多个领域,为 LWL 算法未来引入船舶运动控制领域奠定了坚实基础。

二、几个基本概念

1. 距离

对样本点加权可以视为对相似点的重视和对较远点的舍弃。而一种简单的鉴别相似度的方法就是计算预测点与样本点之间的距离,即距离就是用来表示样本点与预测点之间的远近关系的一种度量。常用的是一种简单的欧氏距离:

$$d(\boldsymbol{x}_i,\boldsymbol{q}) = \sum_{j=1}^{m}(x_{ij}-q_j)^2 = \sqrt{(\boldsymbol{x}_i-\boldsymbol{q})^{\mathrm{T}}(\boldsymbol{x}_i-\boldsymbol{q})} \tag{5-18}$$

式中：$d(\boldsymbol{x}_i,\boldsymbol{q})$ 表示样本点 $\boldsymbol{x}_i$ 与预测点(查询点) $\boldsymbol{q}$ 之间的距离。

2. 核函数

核函数(或称加权函数)利用预测点与样本点之间的距离计算每个样本点的权重值。典型的加权函数是高斯核函数：

$$K(d) = \mathrm{e}^{-d^2} \tag{5-19}$$

核函数通过半径因子来决定接受域(接受域是由权值不为零的点组成,即被局部模型所接受的样本点所组成的邻域)的大小。通常半径因子有两种形式,一种是隐性半径因子,这种半径因子以矩阵的形式隐藏在距离测度中,在式(5-18)中构成了标准的欧氏距离。另一种使用的则是显性半径因子 h。

$$K(d) = \mathrm{e}^{-\frac{1}{2h^2}d^2} \tag{5-20}$$

式中：d 为距离函数,可采用欧氏距离计算预测点与样本点之间的距离。h 为距离测度,是算法中非常关键的参数,通过 h 直接调节接受域的大小。算法邻域的大小和形状都取决于 h 的大小,其决定了算法预测的精度,可使用留一交叉验证方法训练得到 h 的值,更新方式如下

$$h(k) = h_{\min} + \mathrm{e}^{\frac{k\ln(h_{\max}-h_{\min}+1)}{\zeta}} \tag{5-21}$$

式中：$h_{\max}$,$h_{\min}$ 为距离测度设定的最大值和最小值；ζ 为采样个数；$k = 1,2,\cdots,\zeta$,为学习步数。

3. 评判准则

为了说明算法拟合效果,引入评判准则。

$$J = \sum_i (\hat{y}_i - y_i)^2 \tag{5-22}$$

式中：$\hat{y}_i$ 为预测值；y_i 为船舶操纵运动样本。算法拟合的目标是使目标函数达到最优,即式(5-22)函数值达到最小值,选取最小目标函数值对应的距离测度为最优距离测度。

4. 留一交叉验证

交叉验证是一种模型选择方法,与其他方法有所不同,是一种没有任何前提假定而直接估计泛化误差的模型选择方法,由于没有任何假定,可以应用于各种模型选择中,因此具有应用的普遍性。又由于其操作的简便性,被人们认为是一种行之有效的模型选择方法。该法的主要思想是将数据集进行一次切分,一部分用来训练模型,另一部分用来测试。留一交叉验证(Leave-one-out cross validation)是交叉验证方法中最常见的一种方法,其基本思想是每次从个数为 N 的样本集中取出一个样本作为验证集,剩下的 $N-1$ 个样本作为训练集,重复进行 N 次,依次取遍所有 N 个数据作为验证集,最后将平均的 N 个数据的结果作为泛化误差的估计。留一交叉验证已经被认为是一种渐近无偏的估计,针对小样本问题是一种行之有效的方法。

三、LWL 算法

选择标准的回归模型

$$y = f(X) + \varepsilon \tag{5-23}$$

式中：$X = [x_1, x_2, \cdots, x_j]^T$ 是 N 维输入向量；y 是模型的输出；ε 是均值为零的噪声项。采用线性回归映射：

$$\hat{y} = \bar{X}_q \beta \tag{5-24}$$

式中：$\bar{X}_q = [1, x_1, x_2, \cdots, x_7]$ 是预测点的增广矩阵，x_1 至 x_7 分别为舵角、船舶前进速度、横移速度、转首角速度、前进加速度、横移加速度和转首角加速度；$\beta = [\beta_0, \beta_1, \cdots, \beta_8]^T$ 是系统的回归参数矩阵，算法的主要目的就是求解回归参数；$\hat{y}$ 是拟合值，拟合的目标是使目标函数(即评判准则)式(5-22)达到要求的指标。

选择直接对样本点加权的情况进行讨论。首先，用每个样本点减去预测点，然后计算预测点与每个样本点之间的距离。这样，通过高斯函数我们就可以计算出每个样本点相对于预测点的权重了。

$$w_i = K[d(x_i, q)] \tag{5-25}$$

将计算所得的权重分别加在每个对应的样本点上，即：存放样本点输入的矩阵 X 和样本点输出的矩阵 y 的每一行都乘以对应的权值，记为新的矩阵 Z 和 v，即

$$\begin{cases} z_i = w_i x_i \\ v_i = w_i y_i \end{cases} \tag{5-26}$$

式中：x_i, y_i 分别为单个样本点的输入和输出；z_i, v_i 分别为加权后每个样本点的输入和输出；w_i 为每个样本点对应的权值。

$$\begin{cases} Z = WX \\ v = Wy \end{cases} \tag{5-27}$$

式中：$Z = [z_1, z_2, \cdots, z_i]$，$W = \mathrm{diag}\{w_1, w_2, \cdots, w_i\}$，$v = [v_1, v_2, \cdots, v_i]$，$y = [y_1, y_1, \cdots, y_i]$。

选取目标函数

$$J = (v - \hat{v})^2 \tag{5-28}$$

选择回归映射

$$\hat{v} = Z\beta \tag{5-29}$$

将式(5-29)带入式(5-28)中有：

$$J = (v - Z\beta)^2 \tag{5-30}$$

由最小二乘法，通过求导，使目标函数最小，即对目标函数求偏导：

$$\frac{\partial J}{\partial \beta} = 2(v - Z\beta)(-Z) \tag{5-31}$$

令式(5-31)等于 0，解得：

$$\begin{cases} (Z^T Z)\beta = Z^T v \\ \beta = (Z^T Z)^{-1} Z^T v \end{cases} \tag{5-32}$$

这里需要注意，由于赋给较偏远点的权重值太小可能会导致实际计算时出现奇异[式(5-

32）中分母过小趋于0，使得$\boldsymbol{\beta}$趋于无穷大]，因此式（5-32）需要做一个小的改动

$$\begin{cases}(\boldsymbol{Z}^{\mathrm{T}}\boldsymbol{Z}+\boldsymbol{\Lambda})\boldsymbol{\beta}=\boldsymbol{Z}^{\mathrm{T}}\boldsymbol{v}\\ \boldsymbol{\beta}=(\boldsymbol{Z}^{\mathrm{T}}\boldsymbol{Z}+\boldsymbol{\Lambda})^{-1}\boldsymbol{Z}^{\mathrm{T}}\boldsymbol{v}\end{cases} \tag{5-33}$$

式中：$\boldsymbol{\Lambda}$为一个对角阵，对角线上的元素为很小正数λ_i^2。

将式（5-33）代入式（5-24），则*LWL*对预测点的计算式为：

$$\hat{y}_{\mathrm{q}}=\boldsymbol{q}\boldsymbol{\beta}=\boldsymbol{q}(\boldsymbol{Z}^{\mathrm{T}}\boldsymbol{Z}+\boldsymbol{\Lambda})^{-1}\boldsymbol{Z}^{\mathrm{T}}\boldsymbol{v} \tag{5-34}$$

综上所述，将利用局部加权学习算法的船舶操纵运动辨识建模步骤总结如下：

（1）假设预测点为$\boldsymbol{q}$，用于训练的样本点集为$\{\boldsymbol{x}_i,\ \boldsymbol{y}_i\}$，其中$\boldsymbol{x}_i$为$n$维向量，$n$为样本点的数量。

（2）将样本点的输入构造矩阵$\boldsymbol{X}=[\boldsymbol{x}_1\ \boldsymbol{x}_2\ \cdots\ \boldsymbol{x}_i]$，其中，$\boldsymbol{x}_i=[\delta\quad u\quad v\quad r\quad \dot{u}\quad \dot{v}\quad \dot{r}\quad 1]^{\mathrm{T}}$，所有样本点的输出构造向量$\boldsymbol{y}=[\boldsymbol{y}_1\ \boldsymbol{y}_2\ \cdots\ \boldsymbol{y}_i]^{\mathrm{T}}$。

（3）计算加权的对角阵$\boldsymbol{W}$，$\boldsymbol{w}_{ii}=\mathrm{e}^{-\frac{1}{2h_i^2}(x_i-q)^{\mathrm{T}}(x_i-q)}$。

（4）计算局部模型系数$\boldsymbol{\beta}=(\boldsymbol{X}^{\mathrm{T}}\boldsymbol{W}\boldsymbol{X})^{-1}\boldsymbol{X}^{\mathrm{T}}\boldsymbol{W}\boldsymbol{y}$。

（5）计算预测点的输出$y_{\mathrm{q}}=[\boldsymbol{q}^{\mathrm{T}}\ 1]\boldsymbol{\beta}$。

（6）运用留一交叉验证法，重复以上步骤训练出满足要求的半径因子h。

（7）利用式（5-24）中计算所得半径因子h，按第（3）和（4）步分别计算加权对角阵和模型系数，按第（5）步计算得到预测点的输出。

习题

1. 常见的船舶运动建模方法有哪几种？
2. 利用最小二乘法辨识船舶操纵运动的Nomoto方程。
3. 船舶操纵运动局部加权学习辨识建模方法的步骤是什么？

第六章 船舶垂直面运动建模

船舶运动建模包括船舶水平面运动建模和船舶垂直面运动建模。对于水面排水型船舶而言,船舶水平面运动建模时,船舶周围流体的黏性作用一般来说不可忽略,而船舶垂直面运动建模常可忽略流体的黏性,从而使用势流理论方法研究。

第一节 切片理论

切片理论是船舶垂直面运动建模的经典方法,最早在20世纪50年代由科文-克劳科夫斯基提出。目前切片理论已经成为船舶垂荡和纵摇运动的一种常规的实用手段,为数众多的试验研究和实践证明,由于船舶细长的特点,在许多情况下切片法已经足以准确描述船舶的运动。

一、基本假设

研究船舶在波浪中的纵摇垂荡运动时,需要引进一些假定:

(1)假定船舶是一个刚体,忽略它的弹性。

(2)不考虑水的黏性和可压缩性。

(3)假定船舶摇荡的幅值是微小的,此时船舶在波浪中的受力与运动都可以作为线性问题处理,因而可以应用叠加原理。

(4)假定作用在船体上的是微幅规则波。一般情况下,大洋表面波的波高与波长之比不大于1/20,在这样的波倾角范围内,线性理论是成立的。

研究船舶在波浪中运动性能时,仍然基于两个基本理论:

(1)线性理论:波浪是微幅的,因而船舶的摇荡运动也是微幅的。

(2)切片理论:把船体摇荡时周围流体运动的空间问题化为平面问题,即平面流假设。也就是把船体当作一个细长体,取一微小的横剖段来考虑,流体在每个横剖段做二因次流动,不考虑流体动力沿船长方向的相互干扰。在切片理论中有普通切片法和新切片法两种主要方法,这里首先详细介绍普通切片法。

二、规则波波面的数学模型

规则波波面在空间坐标系 $o_0x_0y_0z_0$(如图6-1所示,o_0 为海平面上一点)的数学模型为

$$\zeta = \zeta_a \cos(kx_0 + \omega t) \tag{6-1}$$

式中:ζ_a ——波幅;

λ ——波长;

$k = 2\pi/\lambda$ ——波的个数；

ω ——波的圆频率。

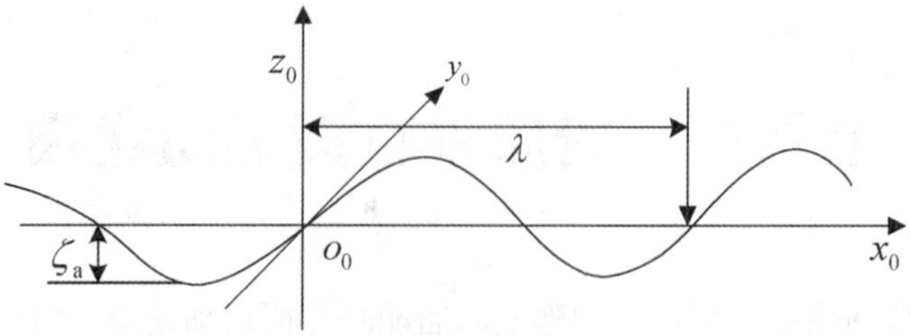

图 6-1 空间固定坐标系 $o_0x_0y_0z_0$

坐标系 $oxyz$ 的原点 o 位于海平面上，将在空间固定坐标系波浪表面模型转换到随船平移的右手坐标系 xyz 上，有 $x_0 = x + vt$，故

$$kx_0 + \omega t = kx + (\omega + kv)t = kx + \omega_e t \tag{6-2}$$

式中：ω_e 是船与波的遭遇频率。随船坐标系下波面方程为

$$\zeta = \zeta_a \cos(kx + \omega_e t) \tag{6-3}$$

三、船舶迎浪垂荡纵摇运动方程

选取随船运动坐标系 $Gxyz$ 的原点为船舶重心 G，Gx 平行于船体基线，指向船首，Gz 垂直于船体水线面，则船舶垂荡位移和纵摇角方程为

$$\begin{cases} z = z_a \cos(\omega_e t + \varepsilon_{z\zeta}) \\ \theta = \theta_a \cos(\omega_e t + \varepsilon_{\theta\zeta}) \end{cases} \tag{6-4}$$

式中：z 是船舶重心的垂向位移，θ 是船舶相对于水平面的纵摇角，$\varepsilon_{z\zeta}$，$\varepsilon_{\theta\zeta}$ 是简谐因变量相对于简谐自变量相对于 $\zeta|_{x=0}$ 时的相位。

作用在船体上的外力 F 和外力矩 M 为

$$\begin{cases} F = \rho \nabla \ddot{z} = \int_L (F'_1 + F'_2 + F'_3)\mathrm{d}x \\ M = I_{yy}\ddot{\theta} = -\int_L (F'_1 + F'_2 + F'_3)x\mathrm{d}x \end{cases} \tag{6-5}$$

根据船舶升沉与纵摇运动的切片理论，并计入船速的影响，各剖面的力可以表示为

$$\begin{cases} F'_1 = -2\rho g y_w (z - x\theta - \zeta^*) \\ F'_2 = -N'(\dot{z} - x\dot{\theta} + u\theta - \dot{\zeta}^*) \\ F'_3 = -\dfrac{d}{\mathrm{d}t}[m'(\dot{z} - x\dot{\theta} + u\theta - \dot{\zeta}^*)] \\ = -m'(\ddot{z} - x\ddot{\theta} + 2u\dot{\theta} - \ddot{\zeta}^*) + u\dfrac{\mathrm{d}m'}{\mathrm{d}x}(\dot{z} - x\dot{\theta} + u\theta - \dot{\zeta}^*) \end{cases} \tag{6-6}$$

式中：ρ 为液体密度，L 为船长，y_w 为各个剖面的水线半宽，m' 为各个剖面的附加质量，N' 为各个剖面的阻尼系数。因为船舶在波浪中的压力梯度与在静水中的压力梯度不同，ζ^* 为修正后的有效波面坐标。

结合式(6-4)、式(6-5)及式(6-6)得出两个耦合的二阶微分方程，其系数是频率的函数

$$
\begin{aligned}
&(a+\rho\nabla)\ddot{z}+b\dot{z}+cz-d\ddot{\theta}-e\dot{\theta}-g\theta=F_{\mathrm{a}}\cos(\omega_{\mathrm{e}}t+\varepsilon_{\mathrm{F}\zeta})\\
&(A+I_{yy})\ddot{\theta}+B\dot{\theta}+C\theta-D\ddot{z}-E\dot{z}-Gz=M_{\mathrm{a}}\cos(\omega_{\mathrm{e}}t+\varepsilon_{\mathrm{M}\zeta})
\end{aligned}
\tag{6-7}
$$

上式 a,b,c,d,e,g 及 A,B,C,D,E,G 等水动力系数的积分式中都含有 $m',N',\frac{\mathrm{d}m'}{\mathrm{d}x}$ 等项。只要求出这些项数,所有水动力系数便可以求出。我们可以用格林函数法并结合相对应的在波浪中运动的边界条件求出流体速度势,从而可以得出附加质量和附加阻尼等系数,接着利用切片理论,并沿着船长方向积分,便可得到水动力系数,进而解出船舶运动方程。

普通切片法只考虑弗劳德-克雷洛夫力(入射波力),且只适用于船舶迎浪运动。新切片法适用于任何浪向下船舶各个自由度的摇荡运动,其不仅仅受到入射波力,还受到绕射力(由波浪遇到船体发射时产生)和辐射力(船体做升沉纵摇运动产生)。从流体力学的观点来讲,新切片法比普通切片法严密,对于纵向迎浪运动,两种方法差别不大,都可以用于耐波性预报。

式(6-7)中系数的近似计算公式为

$$a_{zz}=0.8H_0^*C_{\mathrm{w}}M$$

$$b_{zz}=[5.4(C_{\mathrm{w}}/C_{\mathrm{p}})(H_0^*)^{1/2}-4.7]W/(gL)^{1/2}$$

$$c_{zz}=\rho gA_{\mathrm{w}}$$

$$a_{z\theta}=\frac{V}{w_{\mathrm{e}}^2}b_{zz}-a_{zz}x_{\mathrm{b}}$$

$$b_{z\theta}=-b_{zz}x_{\mathrm{b}}+Va_{zz}$$

$$a_{\theta\theta}=0.83H_0^*C_{\mathrm{p}}^2(0.25L)^2(W/g)^{1/2}$$

$$b_{\theta\theta}=0.08H_0^*WL^2/(gL)^{1/2}$$

$$c_{\theta\theta}=\rho g\nabla\overline{GM}_{\mathrm{L}}$$

$$a_{\theta z}=-a_{zz}x_{\mathrm{b}}$$

$$b_{\theta z}=-b_{zz}x_{\mathrm{b}}$$

$$c_{\theta z}=-\rho gA_{\mathrm{w}}x_{\mathrm{b}}-Vb_{zz}$$

式中:C_{w} 为水线面系数;$H_0{}^*=B/(2d)$;B 为船宽;d 为平均吃水;C_{p} 为棱形系数;L 为船长;W 为船舶排水量;A_{w} 为水线面面积;ρ 为海水密度;V 为船速;x_{b} 为浮心的坐标位置;C_{b} 为方形系数;∇ 为排水体积;$\overline{GM}_{\mathrm{L}}$ 为纵稳性高度,其计算公式为

$$\overline{GM}_{\mathrm{L}}=\frac{L^2(5.55C_{\mathrm{w}}+1)^3}{3\,450C_{\mathrm{b}}d}\tag{6-8}$$

四、船舶垂荡纵摇运动的一阶波浪力计算模型

一阶波浪力也称作高频波浪干扰力,即假设波浪为微幅波,引起船舶的摇荡不大的情况下,认为船舶受到与波高呈线性关系并且与波浪同频率的波浪力。一阶波浪力最主要的是引起船舶的纵摇和垂荡运动,对横摇的影响稍次之,对横漂和首摇运动的影响相对小一些。这里使用规则波来研究波浪产生的一阶波浪力。

基于以下三点假设建立规则波的波面方程:

(1)流体是无黏性的、不可压缩的理想流体;

(2)流体质点的运动是无旋的势流运动;

(3)波高相对于波长是一个小值。

由此得到的规则波可以近似看成微幅谐振波,即可以表示成时间和频率的正弦或余弦函数。在随船运动坐标系下,规则波浪的波面方程可以描述为

$$\zeta(x,y,t)=a\cos[kx\cos\chi-ky\sin\chi-\omega_e t] \tag{6-9}$$

式中:a 为波幅;k 为波数;χ为波向角,以艉向线基准来计量波浪的来向,以逆时针为正,变动范围为 $0\sim2\pi$;ω_e 为遭遇频率,按下式计算:

$$\omega_e=\omega-Uk\cos\chi \tag{6-10}$$

式中:ω 为波浪频率;U 为船舶前进速度。

在计算一阶波浪力时,采用弗劳德-克雷诺夫(Froude-Krylov)假设,即在规则波中船舶的存在不影响波浪中的压力分布。

在深水规则波中,作用在船体某一点处的压力梯度可以描述为

$$\Delta p(x,y,z)=-\rho ga\mathrm{e}^{-kz}\cos(kx\cos\chi-ky\sin\chi-w_e t) \tag{6-11}$$

由Δp 引起的作用于船体的流体动力和力矩,即为规则波中波浪干扰力和力矩。若已知流场中的压力分布,则作用于船体上的流体动力和力矩为

$$\begin{cases}\boldsymbol{F}_{\text{wave}}=-\iint_S\Delta p\boldsymbol{n}\mathrm{d}S\\ \boldsymbol{M}_{\text{wave}}=-\iint_S\Delta p(\boldsymbol{n}\times\boldsymbol{r})\,\mathrm{d}S\end{cases} \tag{6-12}$$

式中:S 是船体的湿表面面积;$\boldsymbol{n}$ 是 S 的单位外法线矢量。

对上式应用高斯定理,可将沿表面的积分化为沿体积的积分,并且将波浪干扰力和力矩投影到随船运动坐标系中,于是可得波浪作用在船上的力和力矩如下:

$$Z_{\text{wave}}=-\iiint_V\frac{\partial\Delta p}{\partial z}\mathrm{d}V \tag{6-13}$$

$$M_{\text{wave}}=-\iiint_V\left[\left(\frac{\partial\Delta p}{\partial x}\right)z-\left(\frac{\partial\Delta p}{\partial z}\right)x\right]\mathrm{d}V \tag{6-14}$$

式中:V 为船舶浸水体积。在随船运动坐标系中的压力梯度为

$$\frac{\partial\Delta p}{\partial x}=\rho gak\mathrm{e}^{-kz}\cos\chi\sin(kx\cos\chi-ky\sin\chi-\omega_e t) \tag{6-15}$$

$$\frac{\partial\Delta p}{\partial z}=-\rho gak\mathrm{e}^{-kz}\cos(kx\cos\chi-ky\sin\chi-\omega_e t) \tag{6-16}$$

于是可得波浪对船舶的一阶波浪力和力矩为

$$Z_{\text{wave}}=-\rho gak\int_L\frac{\sin\left(k\dfrac{B(x)}{2}\sin\chi\right)}{k\dfrac{B(x)}{2}\sin\chi}\mathrm{e}^{-kd(x)}A(x)\cos(kx\cos\chi-\omega_e t)\,\mathrm{d}x \tag{6-17}$$

$$M_{wave}=\rho gak\int_L\frac{\sin\left(k\dfrac{B(x)}{2}\sin\chi\right)}{k\dfrac{B(x)}{2}\sin\chi}\mathrm{e}^{-kd(x)}xA(x)\cos(kx\cos\chi-\omega_e t)\,\mathrm{d}x \tag{6-18}$$

式中:$B(x)$为船舶横截面的局部宽度;$d(x)$为船舶横截面的局部吃水。

利用上述公式计算波浪的干扰力和力矩,需要详细的船舶结构数据资料,特别是型线图,然后进行数值积分,计算较为复杂。在确保一定精度的前提下,利用简单的计算方法是十分必要的。为此,假设船舶为一箱形船,即外形为正六面体,吃水 $d(x)$ 和船宽 $B(x)$ 不随 x 变化,截面面积 $A(x)$ 为常数,进而可得下面的简单计算公式:

$$Z_{\text{wave}} = \rho gak \frac{\sin\left(k\dfrac{B}{2}\sin\chi\right)}{k\dfrac{B}{2}\sin\chi} e^{-kd} BdL \frac{\sin\left(k\dfrac{L}{2}\cos\chi\right)}{k\dfrac{L}{2}\cos\chi} \cos(\omega_e t) \tag{6-19}$$

$$M_{\text{wave}} = \rho gak \frac{\sin\left(k\dfrac{B}{2}\sin\chi\right)}{k\dfrac{B}{2}\sin\chi} e^{-kd} Bd \times \frac{2\sin\left(k\dfrac{L}{2}\cos\chi\right) - kL\cos\chi\cos\left(k\dfrac{L}{2}\cos\chi\right)}{k^2\cos^2\chi} \sin(\omega_e t) \tag{6-20}$$

式中:χ 为遭遇浪向角;ω_e 为遭遇频率;k 为波数;a 为波幅;ρ 为水的密度。在利用上述公式计算一阶波浪力和力矩时,首先要知道波高 h 和频率 ω 或波浪周期 T_W,这两者都与风速 U_T 密切相关,基于 Price 和 Bishop 的数据,给出了两个近似的回归公式:

$$h = 0.015U_T^2 + 1.5 \tag{6-21}$$

$$T_W = -0.0014U_T^3 + 0.042U_T^2 + 5.6 \tag{6-22}$$

式中:h 的单位为 m;T_W 的单位为 sec;U_T 的单位为 m/sec。

第二节 势流理论简介

流场中各点的流体微团的旋转角速度为零的流动称为无旋流动(有势流动)。一般来讲,具有黏性的实际流体都做有旋运动。实际流体运动,只有在切应力较小,可以忽略不计时,才可作为理想流体处理,有可能按有势流来求得近似解。

流体无旋条件为

$$\Omega = \nabla \times \boldsymbol{v} = 0 \tag{6-23}$$

式中:Nabla 算子 $\nabla = \dfrac{\partial}{\partial x}\boldsymbol{i} + \dfrac{\partial}{\partial y}\boldsymbol{j} + \dfrac{\partial}{\partial z}\boldsymbol{k}$。

由场论可得流场速度

$$\boldsymbol{v} = \nabla\phi \tag{6-24}$$

则式(6-23)可写为

$$\nabla \times \nabla\phi \equiv 0 \tag{6-25}$$

速度 $\boldsymbol{v}$ 的三个分量为 v_x, v_y 和 v_z,不可压势流的质量守恒方程是

$$\frac{\partial v_x}{\partial x} + \frac{\partial v_y}{\partial y} + \frac{\partial v_z}{\partial z} = 0 \tag{6-26}$$

结合式(6-24)及式(6-26),得到拉普拉斯方程

$$\nabla^2\phi = \frac{\partial^2\phi}{\partial x^2} + \frac{\partial^2\phi}{\partial y^2} + \frac{\partial^2\phi}{\partial z^2} = 0 \tag{6-27}$$

式中：∇^2 为拉普拉斯算子，$\nabla^2=\nabla\cdot\nabla=\frac{\partial^2}{\partial x^2}+\frac{\partial^2}{\partial y^2}+\frac{\partial^2}{\partial z^2}$。

式(6-27)是不可压势流的质量守恒方程。拉普拉斯方程的解可以叠加，若 $\varphi_1,\varphi_2,\cdots,\varphi_n$ 分别是它的解，则 $\varphi_1+\varphi_2+\cdots+\varphi_n$ 也是该方程的解。所谓势流叠加，就是指拉普拉斯方程的解可以叠加这种性质。如果有若干基本解叠加，就有可能得到复杂的无旋流动结果。

一、边界条件

定常不可压势流的运动学方程是拉普拉斯方程，动力学方程是伯努利方程，这两个方程组为

$$\begin{cases}\nabla^2\phi=0\\ \dfrac{v^2}{2}+\dfrac{p}{\rho}+gz=C\end{cases}\tag{6-28}$$

解该方程组关键是求解拉普拉斯方程。数学上，凡是满足拉普拉斯方程的函数都称为调和函数，要找一个能代表绕流问题的解，就是要找一个能符合绕流边界条件的调和函数，这种问题在数学上称为边值问题。所谓边界条件就是在流场边界上对流动规定的条件。

二、船舶在波浪运动中要满足的基本方程及边界条件

1. 基本方程

波浪运动是理想不可压缩流体的无旋运动，因此存在速度势 $\Phi(x,z,t)$，它满足拉普拉斯方程

$$\frac{\partial^2\Phi}{\partial x^2}+\frac{\partial^2\Phi}{\partial z^2}=0\ (-d\leqslant z\leqslant\zeta,\ -\infty<x<+\infty)\tag{6-29}$$

通过 Φ 确定速度，再对伯努利方程进行柯西-拉格朗日积分就可以得到压力分布，即

$$\frac{v^2}{2}+\frac{p}{\rho}+gz+\frac{\partial\Phi}{\partial t}=C(t)\tag{6-30}$$

若令

$$\varphi=\Phi+\frac{p_a}{\rho}t-\int_0^t C(t)\,dt\tag{6-31}$$

则式(6-30)可以写成

$$\frac{v^2}{2}+\frac{p-p_a}{\rho}+gz+\frac{\partial\varphi}{\partial t}=0\tag{6-32}$$

式中：p_a 为自由液面上的大气压力。速度的平方 v^2 可用速度势表达，即

$$v^2=\left(\frac{\partial\varphi}{\partial x}\right)^2+\left(\frac{\partial\varphi}{\partial z}\right)^2\tag{6-33}$$

速度势 φ 满足拉普拉斯方程，即

$$\frac{\partial^2\varphi}{\partial x^2}+\frac{\partial^2\varphi}{\partial z^2}=0\tag{6-34}$$

以上式(6-32)和式(6-34)组成波浪运动的基本方程组。

2. 固体壁面上运动学边界条件

底面不可穿透边界条件可表述为：水深为 d 的底部法向分速等于零，即

$$\left.\frac{\partial \varphi}{\partial n}\right|_{z=-d}=0 \tag{6-35}$$

船体 S 也是不可穿透的固体壁面，构成流域边界一部分。则 S 应为

$$\left.\frac{\partial \varphi}{\partial n}\right|_{S}=U_n \tag{6-36}$$

式中：$\frac{\partial}{\partial n}$ 指的是物面法线 $\boldsymbol{n}$ 方向的偏导数。

式(6-36)左端表示 S 上流体质点的法向速度，右端 U_n 则为物面 S 上某点运动速度的法向投影。

3. 自由表面上动力学及运动学边界条件

自由表面上动力学边界条件是：在自由表面上液体压力等于大气压力，换言之，自由表面上液体的相对压力为零。将此条件用于式(6-32)，得自由表面上动力学边界条件的一种表达式：

$$\zeta=-\frac{1}{g}\left(\frac{v^2}{2}+\frac{\partial \varphi}{\partial t}\right)_{z=\zeta} \tag{6-37}$$

自由表面上运动学边界条件是：自由表面上的液体质点永远在自由表面上。可以用拉格朗日法推导这个条件的表达式。设自由表面方程为

$$F(x,z,t)=0 \tag{6-38}$$

自由表面上某质点 P 的坐标为

$$\begin{cases}x=f(a,b,t)\\ z=h(a,b,t)\end{cases} \tag{6-39}$$

式中：a,b 为 $t=0$ 时该质点的坐标。

根据运动学条件，P 点的坐标应永远满足自由表面方程，于是

$$F[f(a,b,t),h(a,b,t)]\equiv 0 \tag{6-40}$$

式中：a,b 为常量。因此有

$$\frac{\mathrm{d}F}{\mathrm{d}t}=\frac{\partial F}{\partial t}+\frac{\partial F}{\partial x}\cdot\frac{\mathrm{d}x}{\mathrm{d}t}+\frac{\partial F}{\partial z}\cdot\frac{\mathrm{d}z}{\mathrm{d}t}=0 \tag{6-41}$$

因为 $F(x,z,t)=\zeta(x,t)-z$（ζ 为波高），代入上式，得

$$\frac{\partial \zeta}{\partial t}+\frac{\partial \zeta}{\partial x}\cdot\frac{\mathrm{d}x}{\mathrm{d}t}-\frac{\mathrm{d}z}{\mathrm{d}t}=0 \tag{6-42}$$

式中：$\frac{\mathrm{d}z}{\mathrm{d}t}$ 为质点 P 的 z 方向分速度，即 $\frac{\mathrm{d}z}{\mathrm{d}t}=\left.\frac{\partial \varphi}{\partial z}\right|_{z=\zeta}$；$\frac{\mathrm{d}x}{\mathrm{d}t}$ 为 x 方向的分速度，即 $\frac{\mathrm{d}x}{\mathrm{d}t}=\left.\frac{\partial \varphi}{\partial x}\right|_{z=\zeta}$。

因此，式(6-42)可以写成

$$\left.\frac{\partial \varphi}{\partial z}\right|_{z=\zeta}=\frac{\partial \zeta}{\partial t}+\left.\frac{\partial \varphi}{\partial x}\right|_{z=\zeta}\frac{\partial \zeta}{\partial x} \tag{6-43}$$

式(6-43)就是自由表面上所要求的运动学条件。可以看出,自由表面上质点的垂向分速度由两部分组成: $\partial\zeta/\partial t$ 是随着自由表面升降的速度;最后一项则是质点在自由表面上移动产生的垂直分速度。

第三节　格林函数法

一、格林公式

格林公式的基础是高斯公式,或称散度定理,即

$$\iiint_{\tau} \nabla\cdot \boldsymbol{A}\mathrm{d}\tau = \iint_{s} \boldsymbol{n}\cdot \boldsymbol{A}\mathrm{d}s \tag{6-44}$$

式中: τ 为三维流场中的有界区域, $\mathrm{d}\tau=\mathrm{d}x\mathrm{d}y\mathrm{d}z$; s 为 τ 的边界表面,它应是充分光滑的; $\boldsymbol{n}$ 为曲面 s 的单位外法线矢量,从所研究的流体域指向外部;矢量 $\boldsymbol{A}$ 在闭区域 $\tau+s$ 内连续,在 τ 内有连续偏导数的任意矢量函数。

现令 $\boldsymbol{A}=\phi\nabla\psi$, ϕ 和 ψ 为使 $\boldsymbol{A}$ 满足上述条件的两个任意的标量函数,于是

$$\nabla\cdot \boldsymbol{A}=\nabla\cdot(\phi\nabla\psi)=\nabla\phi\cdot\nabla\psi+\phi\nabla^2\psi,\ \boldsymbol{n}\cdot\boldsymbol{A}=\boldsymbol{n}\cdot(\phi\nabla\psi)=\phi\boldsymbol{n}\cdot\nabla\psi=\phi\frac{\partial\psi}{\partial n}$$

由高斯公式(6-44)得格林第一公式为:

$$\iint_{s}\phi\frac{\partial\psi}{\partial n}\mathrm{d}s=\iiint_{\tau}\nabla\phi\cdot\nabla\psi\mathrm{d}\tau+\iiint_{\tau}\phi\nabla^2\psi\mathrm{d}\tau \tag{6-45}$$

同理可令 $\boldsymbol{A}=\psi\nabla\phi$,得出类似式(6-45)的表达式

$$\iint_{s}\psi\frac{\partial\phi}{\partial n}\mathrm{d}s=\iiint_{\tau}\nabla\phi\cdot\nabla\psi\mathrm{d}\tau+\iiint_{\tau}\psi\nabla^2\phi\mathrm{d}\tau \tag{6-46}$$

上式两者之差可得格林第二公式为:

$$\iint_{s}\left(\varphi\frac{\partial\psi}{\partial n}-\psi\frac{\partial\varphi}{\partial n}\right)\mathrm{d}s=\iiint_{\tau}(\varphi\nabla^2\psi-\psi\nabla^2\varphi)\mathrm{d}\tau \tag{6-47}$$

它对在 τ 内二阶连续可微,在 $\tau+s$ 内有一阶偏导数的任意函数均成立。若函数 ϕ 和 ψ 在 τ 内处处调和,即 $\nabla^2\psi=\nabla^2\phi=0$,那么有

$$\iint_{s}\left(\phi\frac{\partial\psi}{\partial n}-\psi\frac{\partial\phi}{\partial n}\right)\mathrm{d}s=0 \tag{6-48}$$

现设 $\varphi(x,y,z)$ 为要求的速度势,它是一个调和函数, $\nabla^2\phi=0$。如果能够恰当地选择函数 $\psi(x,y,x)$,使式(6-47)右端为

$$\iiint_{\tau}\phi(Q)\nabla^2\psi(P,Q)\mathrm{d}\tau_Q=\phi(P)\ (P\in\tau) \tag{6-49}$$

式中: $P(x,y,z)$ 是域内任一场点, $Q(\xi,\eta,\zeta)$ 为域内变点。则势函数 $\varphi(x,y,z)$ 为

$$\varphi(P)=\varphi(x,y,z)=\iint_{s}\left[\varphi(Q)\frac{\partial\psi(P,Q)}{\partial n}-\psi(P,Q)\frac{\partial\varphi(Q)}{\partial n}\right]\mathrm{d}s \tag{6-50}$$

即势函数在域内任一点 P 上的值可由其边界上的函数值 $\varphi(Q)$ 和法向导数 $\dfrac{\partial\varphi(Q)}{\partial n}$ 决定。

现在研究内部流域问题。设场点 $P(x,y,z)$ 在曲面 s_0 所围的闭区域内部[见图 6-2(a)]，在 P 点上的函数 ψ 有奇性。现环绕场点 $P(x,y,z)$ 作一半径为 ε 的小球,小球的表面记为 s_1。于是,在表面 s_0 和 s_1 所围成的流体域内到处有 $\nabla^2\psi=0$，这一流域的边界面为 $s=s_0+s_1$。利用式(6-48),可得

$$\iint_{s_0}\phi\frac{\partial\psi}{\partial n}\mathrm{d}s+\iint_{s_1}\phi\frac{\partial\psi}{\partial n}\mathrm{d}s=\iint_{s_0}\psi\frac{\partial\phi}{\partial n}\mathrm{d}s+\iint_{s_1}\psi\frac{\partial\phi}{\partial n}\mathrm{d}s \tag{6-51}$$

在小球表面 s_1 上，$r=\varepsilon$

$$\frac{\partial\psi}{\partial n}=-\frac{1}{4\pi}\frac{\partial}{\partial n}\left(\frac{1}{r}\right)=\frac{1}{4\pi}\frac{\partial}{\partial r}\left(\frac{1}{r}\right)=-\frac{1}{4\pi\varepsilon^2} \tag{6-52}$$

利用积分的中值定理易得

$$\lim_{\varepsilon\to0}\iint_{s_1}\varphi\frac{\partial\psi}{\partial n}\mathrm{d}s=\lim_{\varepsilon\to0}\left(\phi\cdot\frac{-1}{4\pi\varepsilon^2}\cdot4\pi\varepsilon^2\right)=-\phi_{|\varepsilon\to0}(P) \tag{6-53}$$

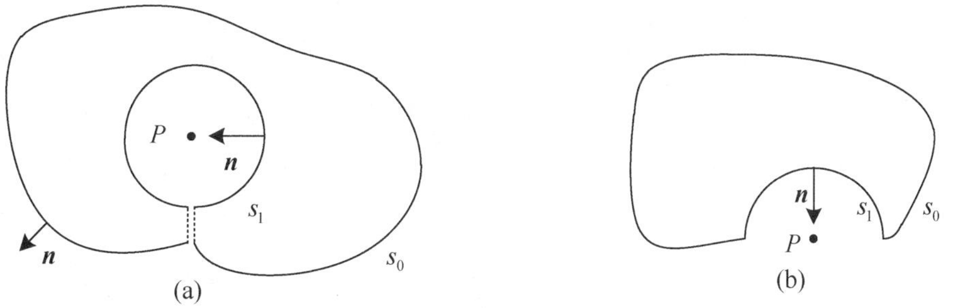

图 6-2 格林公式的积分表面

而

$$\lim_{\varepsilon\to0}\iint_{s_1}\psi\frac{\partial\phi}{\partial n}\mathrm{d}s=\lim_{\varepsilon\to0}\left(\frac{\partial\phi}{\partial n}\cdot\frac{-1}{4\pi\varepsilon}\cdot4\pi\varepsilon^2\right)=0 \tag{6-54}$$

因此得到

$$\varphi(P)=-\frac{1}{4\pi}\iint_{s_0}\left\{\varphi(Q)\frac{\partial}{\partial n}\left[\frac{1}{r(P,Q)}\right]-\frac{1}{r(P,Q)}\frac{\partial\varphi(Q)}{\partial n}\right\}\mathrm{d}s\ (P\in\tau) \tag{6-55}$$

式中：$r(P,Q)$ 表示 Q 到 P 的距离，$1/r$ 代表空间点源，$\frac{\partial}{\partial n}\left(\frac{1}{r}\right)$ 代表空间点偶,因而在物体表面 s_0 上分布的 $\partial\varphi/\partial n$ 和 φ 值相当于源强和偶强分布。此式表明流域内任意点上的势函数可以由表面上的奇点分布来表示。(源指的是空间某点向四周均匀流出,这种流动称为于某点的点源;如果反向向该点集中,则称之为汇。两个强度相等的源和汇无限靠近的极限状态的流动称为偶极子。其方向一般规定为从汇到源的方向。)

如果场点 P 在边界上,可按图 6-2(b)所示,绕场点作一半径为 ε 的小半球,按上面同样的证法,可以得到

$$\varphi(P)=-\frac{1}{2\pi}\iint_{s_0}\left\{\varphi(Q)\frac{\partial}{\partial n}\left[\frac{1}{r(P,Q)}\right]-\frac{1}{r(P,Q)}\frac{\partial\varphi(Q)}{\partial n}\right\}\mathrm{d}s\ (P\in s_0) \tag{6-56}$$

上式在光滑边界上成立,如果边界上有导数不连续的点,且场点就在该点上,则式(6-56)

中的系数 $1/2\pi$ 应改为 $1/\alpha$，α 为在该点上曲面所张的立体角。

如果场点在域 τ 的外面，则对于内部问题而言，由式(6-48)可得

$$0 = \iint_{s_0} \left\{ \varphi(Q) \frac{\partial}{\partial n}\left[\frac{1}{r(P,Q)}\right] - \frac{1}{r(P,Q)} \frac{\partial \varphi(Q)}{\partial n} \right\} \mathrm{d}s \ (P \bar{\in} \tau + s_0) \tag{6-57}$$

综上所述，对于内部流场问题，按场点位置不同得格林第三公式为：

$$\iint_{s_0} \left\{ \varphi(Q) \frac{\partial}{\partial n}\left[\frac{1}{r(P,Q)}\right] - \frac{1}{r(P,Q)} \frac{\partial \varphi(Q)}{\partial n} \right\} \mathrm{d}s = \begin{cases} -4\pi\varphi(P) \ (P \in \tau) \\ -2\pi\varphi(P) \ (P \in s_0) \\ 0 \ (P \bar{\in} s_0 + \tau) \end{cases} \tag{6-58}$$

如果研究的是闭域 $\tau + s_0$ 以外的外部流场问题，则域的边界是 $s = s_0 + s_\infty$，如图 6-3 所示。s_∞ 为外部假想球面，半径为 $R \to \infty$。在边界 s_∞ 上的积分为：

$$\begin{aligned} \iint_{s_\infty} \left[\varphi \frac{\partial}{\partial n}\left(\frac{1}{r}\right) - \frac{1}{r}\frac{\partial \varphi}{\partial n} \right] \mathrm{d}s &= -\iint_{s_\infty} \left(\varphi \frac{1}{R^2} + \frac{1}{R}\frac{\partial \varphi}{\partial r} \right) \mathrm{d}s \\ &= -\int_0^{2\pi} \mathrm{d}\varphi \int_0^{\pi} \sin\theta \mathrm{d}\theta \left[R^2 \left(\varphi \frac{1}{R^2} + \frac{1}{R}\frac{\partial \varphi}{\partial r} \right) \right] \end{aligned} \tag{6-59}$$

式中：φ 和 θ 为积分极角。

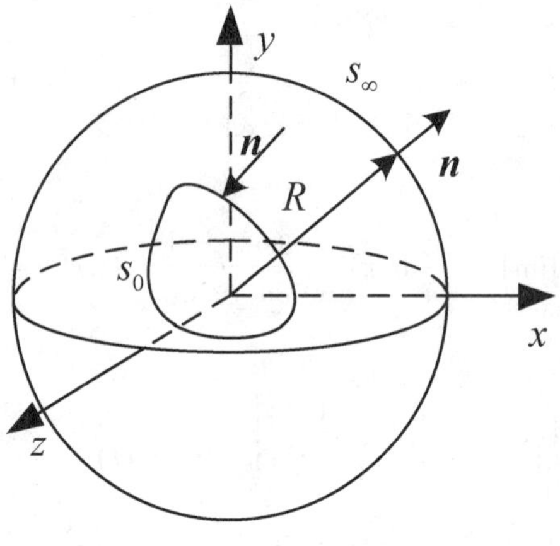

图 6-3 外域及边界

如果当 $R \to \infty$ 时，φ 满足

$$\varphi \sim O(R^{-\alpha}) \ (\alpha > 0), \ \frac{\partial \varphi}{\partial r} \sim O\left(\frac{1}{R}\right) \tag{6-60}$$

则 s_∞ 上的积分式(6-59)在 $R \to \infty$ 时趋于零。这时格林第三函数仍然成立。给出 s_0 上的奇点分布，则场中任意点的 $\varphi(P)$ 可以确定。格林第三公式的形式与式(6-58)完全一样。只是应该注意现在 τ 指的是闭曲面 s_0 以外的外部流域，在闭曲面 s_0 上的法线取向与内部流场问题相反，因为我们定义边界上的法线方向取为流体的外法线。

我们可以知道 $\varphi = -\dfrac{1}{4\pi r}$ 是式(6-58)的一个特解，因此 φ 的形式不唯一。如果在整个研究

流体域内处处存在调和函数 $H(P,Q)$，则

$$\varphi(P,Q)=-\frac{1}{4\pi}\left[\frac{1}{4r(P,Q)}+H(P,Q)\right]=-\frac{1}{4\pi}G(P,Q) \tag{6-61}$$

都是式(6-58)的解,所以更一般的格林第三公式可以写作

$$\iint_{s_0}\left[\varphi(Q)\frac{\partial}{\partial n}G(P,Q)-G(P,Q)\frac{\partial\varphi(Q)}{\partial n}\right]\mathrm{d}s=\begin{cases}-4\pi\varphi(P)\ (P\in\tau)\\-2\pi\varphi(P)\ (P\in s_0)\\0\ (P\bar{\in} s_0+\tau)\end{cases} \tag{6-62}$$

函数 $G(P,Q)$ 称为**格林函数**。在许多情况下,流场中除了考虑物体表面边界外,还会出现如自由表面、池底、池壁等其他边界,如果能够选择一个合适的格林函数 $G(P,Q)$，使之不仅满足拉普拉斯方程,而且也满足附加的边界条件,就可以按式(6-62)来决定场内速度势。也就是说在边界 s_0 上的格林函数及其法向导函数分布就可以确定场内速度势,再无须其他一些附加边界上分布格林函数及其导数。

边界给出的 φ 和 $\partial\varphi/\partial n$ 可分为以下三种情况:

(1)全部边界给出 φ 值,为第一类边值问题(狄利克雷问题);

(2)全部边界给出 $\partial\varphi/\partial n$ 值,为第二类边值问题(诺依曼问题);

(3)部分边界给出 φ，其余部分给出 $\partial\varphi/\partial n$，为第三类边值问题(混合边值问题)。

要保证解的唯一性,不能在同一边界上同时给出 φ 和 $\partial\varphi/\partial n$ 值,只要在边界上给出 φ 和 $\partial\varphi/\partial n$ 中任意一个,另一个值也可以确定。因此,可以仅用其中的一个量所对应的奇点在边界上的分布来表示域内任意一点的函数值。

二、源分布和偶分布

源分布和偶分布可分别称为单层势和双层势,我们这里主要讨论外部流动问题及源分布问题。如图 6-4 所示,给定流体域 τ，边界为 s_0，曲面 s_0 上的单位法线矢量为 $\boldsymbol{n}_e$，对流体而言,它是外法线矢量。外域中的速度势 φ_e 按式(6-58)可表达为

$$\iint_{s_0}\left\{\varphi_e(Q)\frac{\partial}{\partial n_e}\left[\frac{1}{r(P,Q)}\right]-\frac{1}{r(P,Q)}\frac{\partial\varphi_e(Q)}{\partial n_e}\right\}\mathrm{d}s_Q$$

$$=\begin{cases}-4\pi\varphi_e(P)\ (P\in\tau_e)\\-2\pi\varphi_e(P)\ (P\in s_0)\\0\qquad\qquad (P\bar{\in} s_0+\tau_e)\end{cases} \tag{6-63}$$

闭曲面 s_0 内部对目前问题没有定义,但是我们假定边界 s_0 内部也充满液体,内部也有势流,流域为 τ_i，边界曲面上的单位法线矢量为 $\boldsymbol{n}_i$，对内部流体来讲也是外法线。显然 $\boldsymbol{n}_i$ 与 $\boldsymbol{n}_e$ 相反。内部流场速度势记为 φ_i，则

$$\iint_{s_0}\left\{\varphi_{\mathrm{i}}(Q)\frac{\partial}{\partial n_{\mathrm{i}}}\left[\frac{1}{r(P,Q)}\right]-\frac{1}{r(P,Q)}\frac{\partial\varphi_{\mathrm{i}}(Q)}{\partial n_{\mathrm{i}}}\right\}\mathrm{d}s_Q$$
$$=-\iint_{s_0}\left\{\varphi_{\mathrm{i}}(Q)\frac{\partial}{\partial n_{\mathrm{e}}}\left[\frac{1}{r(P,Q)}\right]-\frac{1}{r(P,Q)}\frac{\partial\varphi_{\mathrm{i}}(Q)}{\partial n_{\mathrm{e}}}\right\}\mathrm{d}s_Q \tag{6-64}$$
$$=\begin{cases}-4\pi\varphi_{\mathrm{i}}(P) & (P\in\tau_{\mathrm{i}})\\ -2\pi\varphi_{\mathrm{i}}(P) & (P\in s_0)\\ 0 & (P\in\tau_{\mathrm{e}})\end{cases}$$

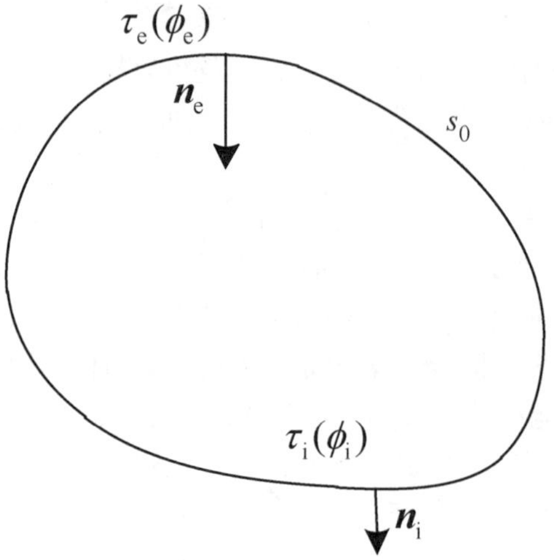

图 6-4 流域的定义

将式(6-63)与式(6-64)按 P 点对应位置的表达式相减可得

$$\iint_{s_0}\left[(\varphi_{\mathrm{i}}-\varphi_{\mathrm{e}})\frac{\partial}{\partial n_{\mathrm{e}}}\left(\frac{1}{r}\right)-\frac{1}{r}\left(\frac{\partial\varphi_{\mathrm{i}}}{\partial n_{\mathrm{e}}}-\frac{\partial\varphi_{\mathrm{e}}}{\partial n_{\mathrm{e}}}\right)\right]\mathrm{d}s$$
$$=\begin{cases}4\pi\varphi_{\mathrm{e}}(P) & (P\in\tau_{\mathrm{e}})\\ 2\pi(\varphi_{\mathrm{i}}+\varphi_{\mathrm{e}}) & (P\in s_0)\\ 4\pi\varphi_{\mathrm{i}}(P) & (P\in\tau_{\mathrm{i}})\end{cases} \tag{6-65}$$

在内域 τ_{i} 是虚构的,可以人为地加以规定,使问题得到简化。若选择在 s_0 上,$\varphi_{\mathrm{i}}=\varphi_{\mathrm{e}}$,并记$(\partial\varphi_{\mathrm{i}}/\partial n_{\mathrm{e}}-\partial\varphi_{\mathrm{e}}/\partial n_{\mathrm{e}})\equiv\sigma(Q)$,则式(6-65)变为

$$\frac{1}{4\pi}\iint_{s_0}\sigma(Q)\cdot\frac{1}{r(P,Q)}\mathrm{d}s=\begin{cases}\varphi_{\mathrm{e}}(P) & (P\in\tau_{\mathrm{e}})\\ \varphi_{\mathrm{s}}(P) & (P\in s_0)\\ \varphi_{\mathrm{i}}(P) & (P\in\tau_{\mathrm{i}})\end{cases} \tag{6-66}$$

上式左端的积分为含参数 P 的积分,它相当于在 s_0 上密度为 $\sigma(Q)$ 的源分布在流场中某点 P 上所引起的速度势,称之为单层势。$\sigma(Q)$ 为曲面 s_0 在 Q 点的源强面密度。因此若在表面 s_0 分布源点,内域和外域的速度势函数都是确定的,在边界曲面 s_0 上就是源势本身 $\varphi_{\mathrm{s}}(P)$。

我们还可以在边界面上令 $\partial\varphi_{\mathrm{i}}/\partial n_{\mathrm{e}}=\partial\varphi_{\mathrm{e}}/\partial n_{\mathrm{e}}$,且记 $m=\varphi_i-\varphi_e$,由式(6-65)得

$$\iint_{s_0} m(Q)\frac{\partial}{\partial n_e}\left[\frac{1}{r(P,Q)}\right]\mathrm{d}s = \begin{cases} 4\pi\varphi_e(P) & (P\in\tau_e) \\ 2\pi(\varphi_i+\varphi_e) & (P\in s_0) \\ 4\pi\varphi_i(P) & (P\in\tau_i) \end{cases} \tag{6-67}$$

上式中的积分核内 $\partial(1/r)/\partial n_e$ 可看作偶极子,其偶极矩方向为物面 s_0 的法线方向,$m(Q)$ 可视作偶极子分布密度。式(6-67)左端积分可看作偶极子分布在场内 P 点产生的速度势。由于偶极子可认为由无限接近的源点和汇点所组成,而奇点强度与其距离乘积保持常数,所以其面分布好像是由一层源分布与一层无限靠近的汇分布所组成,故又称双层势。

现在我们重点讨论诺依曼问题,其给出边界上的法向导数 $\partial\varphi_e/\partial n_e$,它通常用源分布来求解,按式(6-66),在 $P\in\tau_e$ 时有

$$\frac{1}{4\pi}\iint_{s_0}\sigma(Q)\cdot\frac{1}{r(P,Q)}\mathrm{d}s = \varphi_e(P) \tag{6-68}$$

若 P 在 $\boldsymbol{n}_e$ 法线上,将 $\varphi_e(P)$ 沿 $\boldsymbol{n}_e$ 求导得

$$\frac{\partial\varphi_e(P)}{\partial n_{e(P)}} = \frac{1}{4\pi}\iint_{s_0}\sigma(Q)\frac{\partial}{\partial n_{e(P)}}\left[\frac{1}{r(P,Q)}\right]\mathrm{d}s \tag{6-69}$$

令 P 点沿 $\boldsymbol{n}_e$ 趋于 s_0,在 s_0 上分布源后有 $\varphi_s(P)=(\varphi_i+\varphi_e)/2$,代入上式,并注意到 $\sigma(P)=\partial\varphi_e/\partial n_e-\partial\varphi_i/\partial n_e$,再结合式(6-69),最后有

$$\frac{1}{2}\sigma(P)+\frac{1}{4\pi}\iint_{s_0}\sigma(Q)\frac{\partial}{\partial n_e}\left[\frac{1}{r(P,Q)}\right]\mathrm{d}s = \frac{\partial\varphi_e}{\partial n_e} \tag{6-70}$$

三、无限流场中的水动作用力简述

一旦知道流场中的速度势 φ,按拉格朗日积分就能求得流场中任何一点压力 p,作用在物体上的水动作用力或力矩即可用压力在物体表面上的积分表示出来,即

$$\boldsymbol{F} = \iint_{s_B}\boldsymbol{p}\cdot\boldsymbol{n}\mathrm{d}s,\ \boldsymbol{M} = \iint_{s_B}\boldsymbol{p}\cdot(\boldsymbol{r}\times\boldsymbol{n})\mathrm{d}s \tag{6-71}$$

式中:$\boldsymbol{F}$ 和 $\boldsymbol{M}$ 分别为水动作用力和力矩矢量,s_B 为物体表面,$\boldsymbol{n}$ 为物体表面上的单位内法线矢量(对流体而言为外法线),$\boldsymbol{r}$ 为物体表面上某点至所取坐标系原点的矢径。

物体在无限流场中做六个自由度的非定常运动。设物体重心的速度为 $\boldsymbol{U}$,绕重心转动角速度为 $\boldsymbol{\Omega}$,则物体表面上任意点瞬时绝对速度 $\boldsymbol{V}$ 为:

$$\boldsymbol{V} = \boldsymbol{U} + \boldsymbol{\Omega}\times\boldsymbol{r} \tag{6-72}$$

式中:$\boldsymbol{r}$ 为物面点上的矢径,它是在坐标原点为物体重心并随物体以速度 $\boldsymbol{U}$ 平动的坐标系上量取的。物面 s_B 上应有的运动条件

$$\left[\frac{\partial\varphi}{\partial n}\right]_{s_B(t)} = \boldsymbol{V}\cdot\boldsymbol{n} = \boldsymbol{U}\cdot\boldsymbol{n} + \boldsymbol{\Omega}\cdot(\boldsymbol{r}\times\boldsymbol{n}) \tag{6-73}$$

引入广义速度 $U_i(i=1,2,\cdots,6)$:$\boldsymbol{U}=(U_1,U_2,U_3)$,$\boldsymbol{\Omega}=(U_4,U_5,U_6)$;以及广义法线矢量 $n_i(i=1,2,\cdots,6)$:$\boldsymbol{n}=(n_1,n_2,n_3)$,$(\boldsymbol{r}\times\boldsymbol{n})=(n_4,n_5,n_6)$。运动学可写作:

$$\left[\frac{\partial\varphi}{\partial n}\right]_{s_B(t)} = U_i n_i \tag{6-74}$$

式中:U_1,U_2,U_3 分别代表纵荡、横荡和垂荡运动速度,U_4,U_5,U_6 代表横摇、纵摇和首摇的角速

度。$n_i(i=1,2,\cdots,6)$ 相应于上述六种运动模态的物面单位法线矢量的投影。在随物平动的坐标系中，n_i 也是时间 t 的函数。

由于拉普拉斯方程的线性性质及边界条件式(6-74)，速度势 φ 可写作

$$\varphi = U_i(t)\varphi_i(i=1,2,\cdots,6) \tag{6-75}$$

其各运动模式的速度势 φ_i 不仅满足拉普拉斯方程，还满足边界条件

$$\left[\frac{\partial \varphi_i}{\partial n}\right]_{s_B(t)} = n_i(i=1,2,\cdots,6) \tag{6-76}$$

由上面内容可得 φ_i 只和物体形状有关，在动坐标系中仍满足拉普拉斯方程。由流体力学知识可得无限流场中的附加质量为

$$\lambda_{ij} = \rho\iint_{s_B}\varphi_i \cdot \frac{\partial \varphi_j}{\partial n}\mathrm{d}s = \rho\iint_{s_B}\varphi_i \cdot n_j\mathrm{d}s \tag{6-77}$$

根据不同的模态，λ_{ij} 代表附加质量、附加质量矩及附加质量惯性矩中的一种。它是由于物体运动引起的周围流场中的流体质点惯性运动所导致的，与速度方向(或运动模态)有关。

在流体中其受力和力矩表达式如下：

$$\boldsymbol{F} = -\sum_{j=1}^{6}\rho\dot{U}_j\iint_{s_B}\varphi_j \cdot \boldsymbol{n}\mathrm{d}s - \rho\boldsymbol{\Omega}\times\sum_{j=1}^{6}\rho U_j\iint_{s_B}\varphi_j \cdot \boldsymbol{n}\mathrm{d}s$$

$$\begin{aligned}\boldsymbol{M} = &-\rho\sum_{j=1}^{6}\dot{U}_j\iint_{s_B}\varphi_j(\boldsymbol{r}\times\boldsymbol{n})\mathrm{d}s - \rho\boldsymbol{\Omega}\times\sum_{j=1}^{6}U_j\iint_{s_B}\varphi_j(\boldsymbol{r}\times\boldsymbol{n})\mathrm{d}s \\ &-\rho\boldsymbol{U}\times\sum_{j=1}^{6}U_j\iint_{s_B}\varphi_j\boldsymbol{n}\mathrm{d}s\end{aligned} \tag{6-78}$$

当物体在有自由表面的流场中运动时(自由表面假定是线性的)。这时物体的附加质量不同于它在无限流场的附加质量，在自由表面上将产生波浪，有能量从物体中发散出去，在运动方程式中包含有与物体运动速度成比例的阻尼力项。

四、面元法的应用

面元法定义：将物体表面、船体表面及机翼中弧面等特征面进行离散，生成网格后对每个网格，用一个平面或曲面代替原来的物面称为面元，在该面元上布置流动的奇点如源、涡、偶极子及其组合，进行求解船舶水动力及机翼气动问题的方法。

用格林函数法求解势流问题最终归结到解积分方程式(6-70)上，确定物面上面元分布密度函数 σ，流场中的速度势就可以用式(6-66)求得，从而确定流场中的压力分布以及物体受到的流体作用力。然而，除了某些简单的边界形状外，一般不大可能得出积分方程的解析解来，需要借助大型计算机求其解析解。赫斯-史密斯基于面源分布和面元法提出积分方程数值求解的比较有效的处理方法，简述如下：

设有任意形状的物体在无限流场中运动(如图 6-5 所示)，场内的速度势 φ 可记成各模式速度势的线性叠加，得

$$\varphi = U_i(t)\varphi_i(i=1,2,\cdots,6) \tag{6-79}$$

对不同模式的运动，相应的速度势 φ_i 在物面 s_B 上满足边界条件

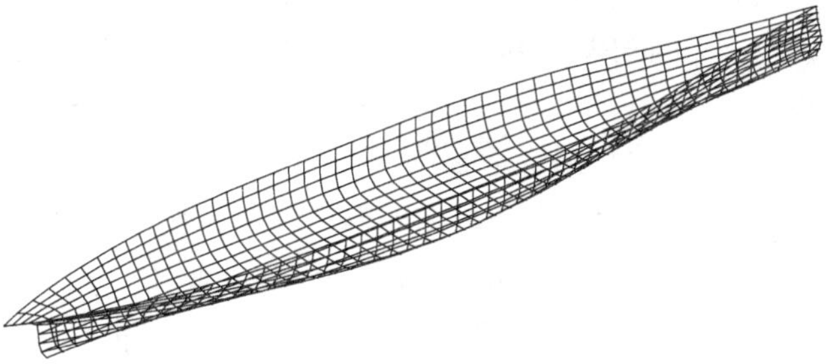

图 6-5 物体表面面元划分

$$\left[\frac{\partial \varphi_i}{\partial \boldsymbol{n}}\right]_{s_B} = n_i (i = 1,2,\cdots,6) \tag{6-80}$$

式中：n_i 是物体表面的内法线单位矢量 $\boldsymbol{n}$ 在物体相应的坐标轴上的投影，$\boldsymbol{n}$ 对流体而言是为外部矢量。n_i 的广义表达式为

$$n_i = (n_1, n_2, n_3, yn_3 - zn_2, zn_1 - xn_3, xn_2 - yn_1) \tag{6-81}$$

于是对于每一个速度势分量而言都是一个诺依曼边值问题。由上述推导易知，若设物面上面源分布密度为 $\sigma_i(Q)$，i 表示相应于速度势分量 φ_i 的面源分布，那么场内任意点 P 的速度势为 $\varphi_i(P)$ 为

$$\varphi_i(P) = \frac{1}{4\pi}\iint_{s_B} \frac{\sigma_i(Q)}{r(P,Q)} \mathrm{d}s_Q \tag{6-82}$$

其中，源强按式(6-70)可得

$$\frac{1}{2}\sigma_i(P) + \frac{1}{4\pi}\iint_{s_B} \sigma_i(Q) \frac{\partial}{\partial n_e}\left[\frac{1}{r(P,Q)}\right] \mathrm{d}s_Q = n_i(P) \tag{6-83}$$

式中：P 和 Q 都是物面 s_B 上的点。

由此可见，对任何一种运动模式，方程左端的形式是完全相同的，只是右端 $n_i(P)$ 不同，因此可用同一求解过程来求得不同运动模式相应的面源分布 $\boldsymbol{\sigma}_i$。以下为方便计算，略去下标 i。为了便于利用计算机进行数值计算，必须将面源分布离散化，将物面 s_B 分为 N 块面元。设每一块面元上分布等强度的源，即在标号为 $n(n = 1,\cdots,N)$ 的面元上，σ_n 为常数，并且在每一块面元上选一控制点 P_n，在这些控制点上满足边界条件，于是上述积分方程就离散化为一组线性代数方程组，它们是

$$\frac{1}{2}\sigma_n(P_n) + \frac{1}{4\pi}\sum_N \sigma_j(Q)\iint_{\Delta s_j} \frac{\partial}{\partial n_e}\left[\frac{1}{r(P_n, Q_j)}\right] \mathrm{d}s_{Q_j} = n_n(P_n) \quad (n = 1,2,\cdots,N) \tag{6-84}$$

一旦控制点 P_n 确定，上式中面元 Δs_j 上的积分是不难算出的，其中 Q_j 为面元 Δs_j 上的点。把上式写成矩阵形式有

$$\mathbf{c}\boldsymbol{\sigma} = n \tag{6-85}$$

式中：$\mathbf{c}$ 为 $N \times N$ 阶的矩阵，主对角元素为 1/2，其他元素由上述方程中的积分项求得；$\boldsymbol{\sigma}$ 为欲求源强的 N 阶列阵；$\boldsymbol{n}$ 为单位法线矢量投影组成的列阵，也是 N 阶的。这一矩阵方程的解可记作：

$$\boldsymbol{\sigma} = \mathbf{c}^{-1}\boldsymbol{n} \tag{6-86}$$

对于不同的运动模式，**c** 矩阵是相同的，常称影响矩阵，它只与物体形状、分块大小和形状有关。一旦其逆矩阵求得，由简单的矩阵乘法即可获得不同运动模式时相应的源强分布，从而确定场内各点的速度势。

该求解方法称为面元法，也称局部适合法。

通常如图 6-5 所示，将物面分成四边形面元的组合。在计算机开始计算的输入数据中，四边形四个角点是物面上的型值点。这四点往往不在一个平面上。为了便于求得面元 ΔS_i 上的积分，经常用某个平面单元来取代实际的曲面元，这一平面单元常取为平均面。这样相邻平面面元间可能会出现间隙，物面是不连续的。同时，现在面元上的法线矢量也不再是物体表面上的单位法线矢量，而是平均平面上的单位法线矢量。此外，如离散化假设的那样，每一面元上的源强分布是常数，故面元之间源分布是不连续的，有阶越式的不连续性。但尽管如此，当面元数目 N 足够大，即物面分割足够密时，赫斯-史密斯方法能够给出相当满意的结果。

针对赫斯-史密斯方法上述不严密之处，Webster 在 1975 年提出改进措施，他采用三角形面元代替四边形面元，所以该物面是连续的。进而他假定三角形面元上的源强不是常数而呈线性变化，这样面元之间的源强也是连续的，同时假定未知数 σ_i 在节点上求取，即控制点取在节点上。该做法在直观上比赫斯-史密斯方法要严密一点，但计算结果表明，这样做并不能对计算结果带来明显的改进，而计算工作量却大大增加。但 Webster 提出的做法中有值得商榷的地方，节点处在角点上，如何用数值方法确定其切平面和法线矢量都是需要予以考虑的。因此目前为止，赫斯-史密斯的离散化方法仍然是付诸实用的主要方法。

在有自由表面存在的流场中，同样可以应用上述方法，但这时在物面上分布的将不再是基本源汇 $1/r$，而是格林函数 $G(P,Q)$，或称修正的源汇，它满足给定的线性自由表面条件和辐射条件。

第四节　船舶横摇运动

船舶横摇运动的数学模型为：

$$F_1(\ddot{\varphi}) + F_2(\dot{\varphi}) + F_3(\varphi) = F_W \tag{6-87}$$

式中：φ ——船舶的横摇角；

$F_1(\ddot{\varphi})$ ——横摇的惯性力矩；

$F_2(\dot{\varphi})$ ——横摇的阻尼力矩；

$F_3(\varphi)$ ——横摇恢复力矩；

F_W ——外力作用于船舶上的横摇力矩，由波浪、风等引起。

一、船舶横摇惯性力矩

船舶横摇的惯性力矩由两部分组成：船舶本身的惯性力矩和船舶运动引起的船体附近的附加惯性力矩，可表示成

$$F_1(\ddot{\varphi}) = (I_{xx} + J_{xx})\ddot{\varphi} \tag{6-88}$$

式中：I_{xx} 为船体本身的惯性矩；J_{xx} 为附加惯性矩。一般由下列经验公式估算

$$I_{xx} + J_{xx} = \frac{W}{g} k_x^2 \tag{6-89}$$

式中：W 为船舶的排水量；g 为重力加速度；k_x 为惯性半径，通常 $k_x = CB$，B 为船宽，C 为系数，由下式确定

$$C = 0.3085 + 0.227\frac{B}{d} - 0.0043\frac{L_{PP}}{100} \tag{6-90}$$

二、船舶横摇阻尼力矩

1. 船舶横摇线性阻尼力矩的计算

当横摇角较小，$|\varphi| < 8° \sim 10°$ 时，阻尼力矩是横摇角速度的线性函数

$$F_2(\dot{\varphi}) = 2N_\varphi \dot{\varphi} \tag{6-91}$$

式中：N_φ 为线性阻尼系数，可由下式估算

$$N_\varphi = \mu_\varphi \sqrt{(I_{xx} + J_{xx})Wh} \tag{6-92}$$

式中：μ_φ ——无因次阻尼系数；

h ——初稳性高度。

$$2\mu_\varphi = 0.057\frac{LB^4}{W(B^4 + H^4)}\theta_m \tag{6-93}$$

式中：H ——船舶的型深；

θ_m ——横摇平均幅值，平均取 0.5 ~ 0.6 弧度。

一般来说，速度对阻尼系数也会有影响，可以由下式修正：

$$\mu_\varphi(Fr) = \mu_\varphi(0)(1 + 3.3Fr) \tag{6-94}$$

式中：Fr ——弗劳德数，$Fr = V/\sqrt{gL}$；

V —— 船舶速度；

$\mu_\varphi(0)$ ——速度为零时的阻尼系数。

2. 船舶横摇非线性阻尼力矩的计算

船舶在大风浪中航行时，一般横摇角都超过上述的 8° ~10°，这时阻尼力矩不再随横摇角呈线性变化，而是呈非线性变化关系，一般为

$$F_2(\dot{\varphi}) = 2N_\varphi\dot{\varphi} + W_\varphi|\dot{\varphi}|\dot{\varphi} \tag{6-95}$$

式中：$N_\varphi = \frac{Wh}{\pi n_\varphi}a$；$W_\varphi = \frac{3Wh}{4n_\varphi^2}b$；$n_\varphi^2 = \frac{Wh}{I_{xx} + J_{xx}}$；$a$，$b$ 为试验系数，一般随船型变化。

三、船舶横摇恢复力矩

如图 6-6 所示，船舶横摇的恢复力矩为

$$F_3(\varphi) = Wh\sin\varphi \tag{6-96}$$

式中：h 称为初稳性高度。在小倾角的范围内有 $\overline{GZ} \approx h$，$\sin\varphi \approx \varphi$，$\overline{GZ}$ 称为稳性力臂。则

$$F_3(\varphi) = Wh\varphi \tag{6-97}$$

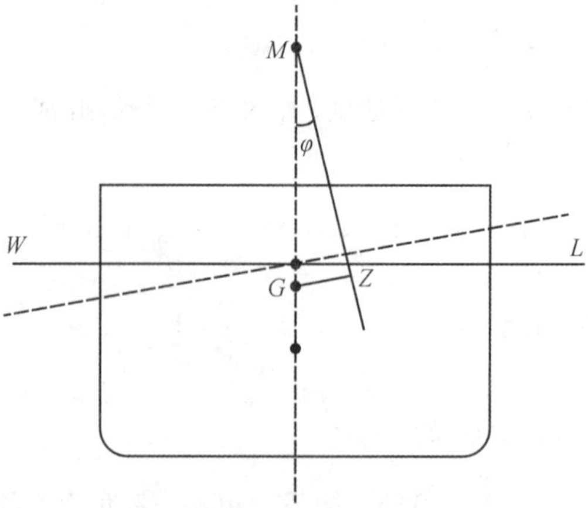

图 6-6　船舶横摇恢复力矩示意图

但是当船舶横摇角较大时，式(6-97)不再适用，一般可用下述近似式

$$F_3(\varphi) = Wh\varphi\left[1 - \left(\frac{\varphi}{\varphi_V}\right)^2\right] \tag{6-98}$$

式中：φ_V 为船舶横摇稳性的消失角，根据船型和装载状态面变化。

四、外力引起的横摇力矩

船舶在海上航行时，使船舶产生横摇运动的主要外力有波浪力和风力。下面讨论波浪产生的横摇力矩的计算方法。该方法与船舶垂荡纵摇运动的一阶波浪力计算方法相同。

作用于船体的横摇力矩为

$$K_{\text{wave}} = -\iiint_\tau \left(y\frac{\partial p}{\partial z} - z\frac{\partial p}{\partial y}\right)\mathrm{d}\tau \tag{6-99}$$

在随船运动坐标系中的压力梯度为

$$\frac{\partial \Delta p}{\partial y} = -\rho gak\mathrm{e}^{-kz}\sin\chi\sin(kx\cos\chi - ky\sin\chi - \omega_e t) \tag{6-100}$$

$$\frac{\partial \Delta p}{\partial z} = -\rho gak\mathrm{e}^{-kz}\cos(kx\cos\chi - ky\sin\chi - \omega_e t) \tag{6-101}$$

波浪对船舶横摇的一阶干扰力矩为

$$K_{\text{wave}} = \rho gak\sin\chi\int_L \frac{\sin\left(k\frac{B(x)}{2}\sin\chi\right)}{k\frac{B(x)}{2}\sin\chi}\mathrm{e}^{-kd(x)}z'_{B(x)} \times A(x)\sin(kx\cos\chi - \omega_e t)\,\mathrm{d}x \tag{6-102}$$

式中：$z'_{B(x)}$ 是船体浸没面积的中心高度，按下式计算

$$z'_{B(x)} = \frac{\iint_A z'\mathrm{d}A}{\iint_A z\mathrm{d}A} \tag{6-103}$$

式中：z'为面积微元 dA 的坐标。

假设船舶为箱形船,则式(6-102)可以改写为

$$K_{\text{wave}} = \rho g a k \sin\chi \frac{\sin\left(k\dfrac{B}{2}\sin\chi\right)}{k\dfrac{B}{2}\sin\chi} \mathrm{e}^{-kd(x)} BdL\frac{d}{2} \times \frac{\sin\left(k\dfrac{L}{2}\cos\chi\right)}{k\dfrac{L}{2}\cos\chi}\sin(\omega_e t) \tag{6-104}$$

习题

1. 船舶运动建模的流体力学方法有哪两种?

2. 格林函数、拉普拉斯方程、边界条件、速度势、船体在流体中所受力和力矩之间的关系是什么?

3. 写出船舶垂荡纵摇运动数学方程,并给出方程中参数的含义。

4. 为什么在船舶的垂荡纵摇运动模型中不考虑流体黏性的作用?

第七章　船舶航向航迹控制

第一节　Lyapunov 稳定性理论

对一个控制系统来说，在各种性能中首先和最重要的问题是其是否稳定。所谓系统的稳定性，是指使系统在平衡状态下受到扰动后系统自由运动的性质。它表示系统能妥善地保持预定的工作状态，不受各种不利因素影响的性质。在经典的控制理论中，针对 SISO 系统一般采用根轨迹、奈奎斯特稳定判据来判断系统的稳定性。而研究非线性系统的稳定性，最一般也是最有用的方法是由 19 世纪末俄国数学家李雅普诺夫（A. M. Lyapunov）引进的稳定性理论。该理论为非线性控制系统的稳定性研究奠定了基础。

一、基本概念

在介绍 Lyapunov 稳定性理论之前，首先需要引入其中用到的几个概念。这里介绍的只是本章中所涉及的一些概念。对于平衡点、稳定性和渐近稳定性的概念，前面章节已经介绍过，这里不再赘述。

（1）动态系统

设有一**动态系统**，可以用如下状态方程描述：

$$\dot{\boldsymbol{x}} = \boldsymbol{f}(\boldsymbol{x}(t), t) \tag{7-1}$$

式中：$\boldsymbol{x}(t)$ 为 n 维状态向量，$\boldsymbol{f}(\boldsymbol{x}(t), t)$ 是 n 维函数向量，每个分量 $\boldsymbol{f}_i$ 都是状态 $x(t)$ 和时间 t 的函数。

（2）大范围渐近稳定性

如果从平衡态 $\boldsymbol{x}_e$ 周围所有状态出发的状态转移轨线都满足渐近稳定性，即随 t 趋于无穷大，$\boldsymbol{x}(t)$ 都无限趋近于 $\boldsymbol{x}_e$，则 $\boldsymbol{x}_e$ 就称为是**大范围渐近稳定**的。

（3）不稳定性

如果对于某个给定的实数 $\delta > 0$，不管实数 δ 取多么小，在 $\boldsymbol{x}_e$ 的邻域总存在至少一个初始状态 $\boldsymbol{x}_0$，使得从这一状态出发的状态转移轨线 $\boldsymbol{x}(t)$ 与 $\boldsymbol{x}_e$ 的距离超过给定的 ε，那么平衡态 $\boldsymbol{x}_e$ 就称为是**不稳定**的。

（4）标量函数 $V(\boldsymbol{x})$ 的正定性

设 $V(\boldsymbol{x})$ 为以状态向量 $\boldsymbol{x}$ 的各分量作为其自变量的标量函数，它的定义域为 s。如果只有当 $\boldsymbol{x} = 0$ 时，$V(\boldsymbol{x}) = 0$；而 $\boldsymbol{x} \neq 0$ 时，$V(\boldsymbol{x}) > 0$，则称 $V(\boldsymbol{x})$ 为**正定函数**。

（5）Lyapunov 函数

设 $V(\boldsymbol{x})$ 为系统任意标量函数，其中 $\boldsymbol{x}$ 为系统状态变量。如果 $V(\boldsymbol{x})$ 具有性质：(1) $\dot{V}(\boldsymbol{x})=\frac{\mathrm{d}V(\boldsymbol{x})}{\mathrm{d}\boldsymbol{x}}$ 是连续的（反映能量变化趋势）；(2) $V(\boldsymbol{x})$ 是正定的（反映能量大小），那么 $V(\boldsymbol{x})$ 就称为 Lyapunov 函数。

二、Lyapunov 直接法

Lyapunov 稳定性理论主要阐述了两种方法，第一种方法的基本思路是先求解系统的微分方程，然后根据解的性质来判断系统的稳定性。这种思想与经典理论一致，也称间接法。第二种方法的基本思路是不必通过求解系统微分方程来判定稳定性，也称直接法。直接法不局限于线性定常系统，对任何复杂系统，尤其是非线性系统更为适用。

设系统可表示为 $\dot{\boldsymbol{x}}=\boldsymbol{f}(\boldsymbol{x}(t))$，其中 $\boldsymbol{x}(t)\in\Re^n$，$\boldsymbol{f}(\boldsymbol{x}(t))$ 为 $n\times 1$ 的函数向量，并且对所有的 t 满足 $\boldsymbol{f}(0)=0$。如果存在一个分段光滑的标量函数 $V(\boldsymbol{x}(t))$ 满足：

（1）$V(\boldsymbol{x}(t))$ 正定，$\dot{V}(\boldsymbol{x}(t))$ 半负定，则原点处平衡状态是稳定的。

（2）$V(\boldsymbol{x}(t))$ 正定，$\dot{V}(\boldsymbol{x}(t))$ 负定，则原点处平衡状态是渐近稳定的。

（3）$V(\boldsymbol{x}(t))$ 正定，$\dot{V}(\boldsymbol{x}(t))$ 半负定，且当 $\|\boldsymbol{x}(t)\|\to\infty$ 时，$V(\boldsymbol{x}(t))\to\infty$，则原点处平衡状态是大范围稳定的。

（4）$V(\boldsymbol{x}(t))$ 正定，$\dot{V}(\boldsymbol{x}(t))$ 负定，且当 $\|\boldsymbol{x}(t)\|\to\infty$ 时，$V(\boldsymbol{x}(t))\to\infty$，则原点处平衡状态是大范围渐近稳定的。

（5）$V(\boldsymbol{x}(t))$ 正定，$\dot{V}(\boldsymbol{x}(t))$ 正定，则原点处平衡状态是不稳定的。

借助一个 Lyapunov 函数来直接对系统平衡状态的稳定性做出判断。它是从能量观点进行稳定性分析的。如果一个系统被激励后，其存储的能量随着时间的推移逐渐衰减，达到平衡状态时，能量将达最小值，那么这个平衡状态是稳定的。反之，如果系统不断地从外界吸收能量，储能越来越大，那么这个平衡状态就是不稳定的。如果系统的储能既不增加，也不消耗，那么这个平衡状态就是 Lyapunov 意义下的稳定。

三、Backstepping 控制原理

Backstepping 设计方法被称为反步法，又称为反推法或反演法，它与 Lyapunov 型自适应律结合使用，即综合考虑控制律和自适应律，使整个闭环系统满足期望的动态性能。

Backstepping 控制设计思想为：将复杂的非线性系统分解成不超过系统阶数的子系统，然后为每个子系统设计部分 Lyapunov 函数和中间虚拟控制量，一直“后退”到整个系统，将它们集成起来完成整个控制律的设计。考虑下面三阶 SISO 非线性系统：

$$\begin{cases}\dot{x}_1=x_2+f_1(x_1)\\ \dot{x}_2=x_3+f_2(x_1,x_2)\\ \dot{x}_3=u+f_3(x_1,x_2,x_3)\end{cases}\tag{7-2}$$

式中：$\boldsymbol{x}=(x_1,x_2,x_3)\in\Re^3$，$u\in\Re$ 分别是系统的状态和控制输入，系统的非线性部分光滑函数 $f_i(x_1,x_2,\cdots,x_i)$，$i=1,2,3$，呈下三角结构。Backstepping 设计就是视每一个子系统 $\dot{x}_i=x_{i+1}+f_i(x_1,x_2,\cdots,x_i)$ 中的 x_{i+1} 为虚拟控制，并引入相应的误差变量 $z_{i+1}=x_{i+1}-\rho_i(x_1,x_2,$

$\cdots,x_i)$，其中 $\rho_i(x_1,x_2,\cdots,x_i)$ 是待定的镇定函数,期望通过控制使得误差变量具有某种渐进特性,从而实现整个系统的渐进稳定。由于变量替换是一种微分同胚变换,所以只需镇定误差变量 z_i 组成的系统,进而反推得出原系统也是稳定的。

第 1 步:令 $z_1=x_1$,x_2 看作是系统

$$\dot{z}_1=x_2+f_1(x_1) \tag{7-3}$$

的虚拟控制。现在,控制目的就是设计虚拟反馈控制 $x_2=\rho_1(x_1)$ 去镇定 z_1。构造 Lyapunov 函数 $V_1(z_1)=\frac{1}{2}z_1^2$，则有 $\dot{V}_1(z_1)=z_1\dot{z}_1=z_1[x_2+f_1(x_1)]$。取 $\rho_1(x_1)=-k_1z_1-f_1(x_1)$,$k_1>0$ 为可设计常数,并引入误差变量 $z_1=x_2-\rho_1(x_1)$，则有:

$$\dot{z}_1=-k_1z_1+z_2 \tag{7-4}$$

$$\dot{V}_1(z_1)=-k_1z_1^2+z_1z_2 \tag{7-5}$$

故若 $z_2\to 0$，则 $\dot{V}_1(z_1)=-k_1z_1^2\leqslant 0$，则 z_1 子系统(7-3)被镇定,下面镇定 z_2。

第 2 步:对应一个二阶系统

$$\begin{cases}\dot{z}_1=-k_1z_1+z_2\\ \dot{z}_2=f_2(x_1,x_2)+x_3-\dfrac{\partial\rho_1}{\partial x_1}[f_1(x_1)+x_2]\end{cases} \tag{7-6}$$

式中:x_3 是其虚拟控制,这一步主要是镇定 z_2。构造 Lyapunov 函数 $V_2(z_1,z_2)=\frac{1}{2}z_1^2+\frac{1}{2}z_2^2$，则

$$\dot{V}_2(z_1,z_2)=-k_1z_1^2+z_2\left\{z_1+f_2+x_3-\frac{\partial\rho_1}{\partial x_1}[f_1(x_1)+x_2]\right\} \tag{7-7}$$

取 $\rho_2(x_1,x_2)=-z_1-k_2z_2-f_2+\dfrac{\partial\rho_1}{\partial x_1}[f_1(x_1)+x_2]$,$k_2>0$ 为设计常数,并引入误差变量 $z_3=x_3-\rho_2(x_1,x_2)$，则有

$$\dot{z}_2=-k_2z_2+z_3-z_1 \tag{7-8}$$

$$\dot{V}_2=-\sum_{j=1}^{2}k_jz_j^2+z_2z_3 \tag{7-9}$$

故若 $z_3\to 0$，则 $\dot{V}_2(z_1,z_2)=-k_1z_1^2-k_2z_2^2\leqslant 0$，即 z_1,z_2 子系统(7-6)被镇定。下面镇定 z_3。

第 3 步:对应一个三阶系统

$$\begin{cases}\dot{z}_1=-k_1z_1+z_2\\ \dot{z}_2=-k_2z_2+z_3-z_1\\ \dot{z}_3=f_3+u-\displaystyle\sum_{j=1}^{2}\frac{\partial\rho_2}{\partial x_j}(f_j+x_{j+1})\end{cases} \tag{7-10}$$

式中:$k_1,k_2\geqslant 0,0$ 为设计常数,此时原系统真正的控制 u 出现了。构造 $V_3=\sum_{j=1}^{3}\frac{1}{2}z_j^2$，则有

$$\begin{aligned}V_3&=-\sum_{j=1}^{2}k_jz_j^2+z_2z_3+z_3\dot{z}_3\\&=-\sum_{j=1}^{2}k_jz_j^2+z_3\left[z_2+f_3+u-\sum_{j=1}^{2}\frac{\partial\rho_2}{\partial x_j}(f_j+g_jx_{j+1})\right]\end{aligned} \tag{7-11}$$

令 $z_2+f_3+u-\sum_{j=1}^{2}\frac{\partial\rho_2}{\partial x_j}(f_j+g_jx_{j+1})=-k_3z_3$，其中 $k_3>0$ 为设计常数，求得控制输入

$$u=-\left[k_3z_3+f_3+z_2-\sum_{j=1}^{2}\frac{\partial\rho_2}{\partial x_j}(f_j+g_jx_{j+1})\right] \tag{7-12}$$

代入式(7-11)得 $\dot{V}_3=\sum_{j=1}^{2}k_jz_j^2\leqslant 0$，即系统(7-10)被镇定，所以 $z_3\to 0$，进而 $z_i\to 0, i=1,2$，反推之后可得 $x_i\to 0, i=1,2,3$。即可得系统(7-2)在控制(7-12)作用下被镇定。

第二节 船舶航向控制

一、船舶航向控制器概述

1. 船舶航向控制研究历史

船舶航向控制是船舶控制中最基本的控制，也是控制理论应用较早取得成果的一个领域。早在 20 世纪 50 年代，基于 PID 方法的自动舵就被设计出来并用于船舶航向控制。由于 PID 调节器不需要详细的有关受控过程的先验知识，且具有结构简单、参数易于调节等特点，PID 舵得到了广泛的认可，几乎所有的船都装有这种操舵仪。但由于船舶动态具有参数不确定性、非结构性的不确定性以及大舵角动作情况下船舶模型的非线性，使得传统的 PID 的控制性能不理想。此外，其对海浪高频干扰的处理，采用人工调节“死区”的方法，易导致控制系统低频特性恶化，产生持续的周期性偏航，降低航行精度，增加燃料消耗。

20 世纪 70 年代，自适应控制方法被用于船舶航向控制。Amerongen 研究了基于模型参考自适应控制自动舵。Kallstrom 研究了基于自校正控制的自动舵。从理论上讲，自适应控制较适用于缓变干扰下的控制问题，而船舶在风浪中航行，缓变干扰与突变干扰同时存在，所以自适应航向自动舵仍有一些关键问题需要解决。

近年来随着现代控制理论和计算机技术的不断发展，各种新的控制算法应用于船舶航向控制中。如 H_∞ 控制、反馈线性化、QFT 控制、广义预测控制、LQR 控制和 LQG 方法等。然而这些方法有的对控制对象模型要求比较高，有的由于船舶运动系统的非线性和不确定性，控制效果难以保证。很多新的非线性控制技术应用于航向控制，如滑模控制、Backstepping 技术等。另外还有类似于人工操作的智能控制技术，如模糊控制、神经网络控制等。

2. 船舶航向控制概念

船舶航向控制主要有航向保持(course keeping)与航向改变(course changing)。**航向保持**是指使船舶在受到扰动时仍能保持在设定航向上。**航向改变**是指希望以最小的超调量迅速、准确地跟踪新设定的航向。

3. 航向保持问题的控制性能指标

不同的船舶、不同的情况下对航向精度有不同的要求。实际航向保持问题的控制性能目

标为：

(1)静态性能好，并具备消除恒值干扰的能力。(准)

(2)对装载、航速的变化有鲁棒性。(壮)

(3)消除海浪的高频干扰，并保证在9级以内风力干扰下稳定工作。(稳)

(4)一般海况下，系统超调应小于5%，调节时间应小于航迹引导的时间。(准)

(5)控制动作少，且控制量尽量小，以减少舵机的机械磨损，并节约能耗。(省)

理想的转向操纵过程如图7-1所示。

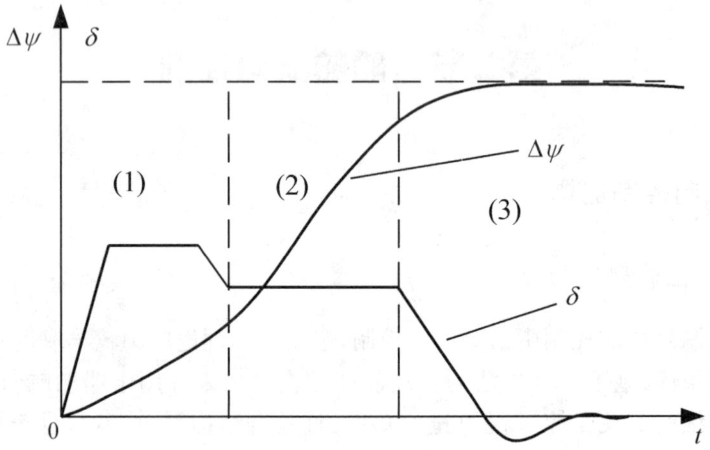

图7-1　理想的转向操纵过程

4. 航向改变问题的控制性能指标

航向改变要求动舵合理，航向变化快速平稳，调节时间短，允许小量超调(小于5%)。把航向改变过程分作3个阶段来看：

(1)一般先给一个较大的舵角，让转向运动尽快启动、加速，此为启动阶段。

(2)待回转角速度达到稳态后，用一个适当的舵角维持这一等速回转，此为稳态回转阶段。

(3)当航向接近设定新航向时，再加一个较小的反舵，阻止过调，此为转向结束阶段。

二、基于LQ指标的船舶航向自动舵设计

在讨论基于LQ(linear Quadratic)指标的船舶航向自动舵设计之前，首先介绍基于LQ指标的定常线性系统的最优控制理论。

已知线性定常系统和二次型性能指标

$$\dot{\boldsymbol{x}}(t)=\boldsymbol{A}\boldsymbol{x}(t)+\boldsymbol{B}\boldsymbol{u}(t),\ \boldsymbol{x}(t_0)=\boldsymbol{x}_0 \tag{7-13}$$

$$J=\frac{1}{2}\int_{t_0}^{\infty}[\boldsymbol{x}^{\mathrm{T}}(t)\boldsymbol{Q}\boldsymbol{x}(t)+\boldsymbol{u}^{\mathrm{T}}(t)\boldsymbol{R}\boldsymbol{u}(t)]\mathrm{d}t \tag{7-14}$$

式中：$\boldsymbol{A}$、$\boldsymbol{B}$、$\boldsymbol{Q}$、$\boldsymbol{R}$都是有适当维数的常数矩阵，并且$\boldsymbol{Q}$是非负对称矩阵，$\boldsymbol{R}$是正定对称矩阵。使式(7-14)性能指标J为最小的控制$\boldsymbol{u}(t)\in\Re^{r}$。$t\in[t_0,+\infty)$中的最优控制$\boldsymbol{u}^*(t)$存在，且唯一地由式

$$u^*(t) = -R^{-1}B^{T}Px(t) \tag{7-15}$$

确定,其中 P 是代数黎卡提(Riccati)方程

$$PA + A^{T}P - PBR^{-1}B^{T}P + Q = 0 \tag{7-16}$$

的非负定解。

船舶航向自动舵通常都是基于电罗经测量航向误差进行反馈控制的,航向的变化率也可通过角速度计、航向测量值的差分或状态估计获得并进行反馈控制。

航向自动舵的控制目标是:将船舶航向维持在一个理想的常值 $\psi_r = \text{const}$ 上。

考虑船舶运动的标称模型(nominal model):

$$\begin{cases} \dot{r} = -\dfrac{1}{T}r + \dfrac{K}{T}\delta \\ \dot{\psi} = r \end{cases} \tag{7-17}$$

取状态向量为:

$$X = [\psi \quad r]^{T} \tag{7-18}$$

则式(7-17)可转换成标准的状态空间形式,得

$$\dot{X} = AX + Bu \tag{7-19}$$

式中:$A = \begin{bmatrix} -\dfrac{1}{T} & 0 \\ 1 & 0 \end{bmatrix}$,$B = \begin{bmatrix} \dfrac{K}{T} \\ 0 \end{bmatrix}$,$u = \delta$。

构成 LQ 控制策略的两个基础是上述的线性方程以及二次型性能指标,其中后者代表操纵运动中因航向偏差以及动舵造成的附加能量损失,表示为

$$J = \frac{1}{t_1}\int_0^{t_1}(\Delta\psi^2 + \lambda\delta^2)\,dt = \frac{1}{t_1}\int_0^{t_1}(X^{T}QX + u^{T}Ru)\,dt \tag{7-20}$$

式中:$\Delta\psi = \psi_r - \psi$ 为航向误差;t_1 是一个计算性能指标 J 的控制时间;λ 为对舵角 δ 的加权系数,一般 λ 为 0.1 ~ 0.4,视天气好坏及驾驶员要求,对航向进行精确控制,或为获得更好节能效果而确定;Q 为对状态的加权矩阵,R 为对控制的加权矩阵,显然 $Q \in \Re^{2\times2}$,$R \in \Re^{1\times1}$,且有

$$Q = \begin{bmatrix} 0 & 0 \\ 0 & 1 \end{bmatrix},\ R = \lambda \tag{7-21}$$

由最优控制理论知,当 J 中的 $t_1 \to \infty$时,使 J 最小的控制 u 由下式给出:

$$u = -R^{-1}B^{T}PX \tag{7-22}$$

式中:正定对称矩阵 P 由如下的代数 Riccati 方程

$$PA + A^{T}P - PBR^{-1}B^{T}P + Q = 0 \tag{7-23}$$

求解。上式中,A、B 和 Q、R 均是已知的矩阵,只有 P 是未知矩阵,从而有

$$P = \begin{bmatrix} P_{11} & P_{12} \\ P_{21} & P_{22} \end{bmatrix},\ P_{12} = P_{21} = \frac{2T}{K}\sqrt{\lambda}$$

$$P_{22} = 2T\lambda\,\frac{\sqrt{1 + 2KT/\sqrt{\lambda}} - 1}{K^2}$$

$$P_{11} = \frac{2TP_{12}}{K^2P_{22} - 2T^2}$$

于是可得基于LQ指标的航向自动舵控制律为

$$\delta = \boldsymbol{u} = -\frac{1}{\lambda}\boldsymbol{B}^{\mathrm{T}}\boldsymbol{P}\boldsymbol{X} = -\frac{1}{\sqrt{\lambda}}\psi - \left(\frac{\sqrt{1 + 2KT/\sqrt{\lambda}} - 1}{K}\right) r \tag{7-24}$$

将式(7-24)扩展到转向控制器，将 $-\psi$ 代之以 $(\psi_r - \psi)$、将 $-r$ 代之以 $(r_r - \hat{r})$ 是设定航向和设定角速度，这样我们就从定值控制过渡到了随动控制，并有

$$\delta_{\mathrm{r}} = k_{\psi}(\psi_{\mathrm{r}} - \psi) + K_{\mathrm{r}}(r_{\mathrm{r}} - \hat{r}) \tag{7-25}$$

且比例增益和微分增益为

$$K_{\psi} = \frac{1}{\sqrt{\lambda}} \tag{7-26}$$

$$K_{\mathrm{r}} = \frac{1}{K}\left(\sqrt{1 + \frac{2KT}{\sqrt{\lambda}}} - 1\right) \tag{7-27}$$

可见比例增益与船舶特性无关，只和加权系数 λ 有关，而微分增益则同时取决于 K,T 和 λ。

LQ 性能指标的控制器本质上为 PID 控制。P 为比例项(proportion)，包含了系统现在的信息；I 为积分项(integral)，包含了系统过去的信息；D 为微分项(differential)，包含了系统将来的信息。从本质上看，任何形式的控制算法都可以转换为 PID 控制的形式。

三、基于模型参考自适应控制的航向自动舵设计

模型参考自适应控制(Model Reference Adaptive Control，简称 MRAC)的目的为设计自适应 PID 控制律，PID 的两个参数由自适应算法得到。考虑如下的船舶航向控制律

$$\begin{aligned}\delta(t) &= K_{\mathrm{p}}[\psi_{\mathrm{r}}(t) - \psi(t)] - K_{\mathrm{d}}\dot{\psi}(t) \\ &= K_{\mathrm{p}}[\psi_{\mathrm{r}}(t) - \psi(t)] - K_{\mathrm{d}}r\end{aligned} \tag{7-28}$$

将控制律 $\delta(t)$ 代入一阶 KT 方程，进而有

$$\begin{aligned}\dot{r} &= -\frac{1}{T}r + \frac{K}{T}\{k_{\mathrm{p}}[\psi_{\mathrm{r}} - \psi(t)] - k_{\mathrm{d}}r\} \\ &= \left(-\frac{1}{T} - \frac{Kk_{\mathrm{d}}}{T}\right)r - \frac{Kk_{\mathrm{p}}}{T}\psi(t) + \frac{Kk_{\mathrm{p}}}{T}\psi_{\mathrm{r}}\end{aligned} \tag{7-29}$$

上式联立 $\dot{\psi}(t) = r$，可得

$$\dot{\underline{\psi}}(t) = \boldsymbol{A}_{\mathrm{c}}\underline{\psi} + \boldsymbol{B}_{\mathrm{c}}\psi_{\mathrm{r}} \tag{7-30}$$

式中：$\underline{\psi} = [\psi \quad \dot{\psi}]^{\mathrm{T}}$，$\boldsymbol{A}_{\mathrm{c}} = \begin{bmatrix} 0 & 1 \\ -\dfrac{KK_{\mathrm{p}}}{T} & -\dfrac{1 + KK_{\mathrm{d}}}{T} \end{bmatrix}$，$\boldsymbol{B}_{\mathrm{c}} = \begin{bmatrix} 0 \\ \dfrac{KK_{\mathrm{p}}}{T} \end{bmatrix}$。

设参考模型如下：

$$\dot{\underline{\psi}}_{\mathrm{m}} = \boldsymbol{A}_{\mathrm{m}}\underline{\psi}_{\mathrm{m}} + \boldsymbol{B}_{\mathrm{m}}\psi_{\mathrm{r}} \tag{7-31}$$

式中：$\underline{\psi}_{\mathrm{m}} = [\psi_{\mathrm{m}} \quad \dot{\psi}_{\mathrm{m}}]^{\mathrm{T}}$，$\boldsymbol{A}_{\mathrm{m}} = \begin{bmatrix} 0 & 1 \\ -\omega_{\mathrm{n}}^2 & 2\zeta\omega_{\mathrm{n}} \end{bmatrix}$，$\boldsymbol{B}_{\mathrm{m}} = \begin{bmatrix} 0 \\ \omega_{\mathrm{n}}^2 \end{bmatrix}$。

ω_{n} 和 ζ 是控制器设计者选定的参数，如 $\zeta = 1$，$\omega_{\mathrm{n}} = 0.05$。于是令

$$\underline{\psi}_e(t)=\underline{\psi}_m(t)-\underline{\psi}(t),\dot{\underline{\psi}}_e=[\boldsymbol{A}_m-\boldsymbol{A}_c(t)]\underline{\psi}_e+[\boldsymbol{B}_m-\boldsymbol{B}_c(t)]\psi_r \tag{7-32}$$

模型参考自适应控制是假设系统模型参数 T 和 K 未知的情况下，设计一个控制器 δ 使得实际系统的输出为 ψ_m，即设计控制器 δ 使 $(\psi_m-\psi)\to 0$。

上式的平衡点 $\underline{\psi}_e=0$ 渐近稳定，如果选择如下的自适应律

$$\dot{\boldsymbol{A}}_c(t)=\gamma\boldsymbol{P}\underline{\psi}_e\underline{\psi}_e^T \tag{7-33}$$

$$\dot{\boldsymbol{B}}_c(t)=\gamma\boldsymbol{P}\underline{\psi}_e\underline{\psi}_r^T \tag{7-34}$$

式中：$\boldsymbol{P}$ 是对称正定矩阵，$\boldsymbol{P}$ 是如下的李雅普诺夫方程的解：

$$\boldsymbol{A}_m^T\boldsymbol{P}+\boldsymbol{P}\boldsymbol{A}_m=-\boldsymbol{Q}<0 \tag{7-35}$$

式中：$\boldsymbol{Q}$ 为任选正定矩阵。$\boldsymbol{A}_m$ 为一个参考系统矩阵，应是一个稳定系统矩阵，故方程(7-23)必然有解 $\boldsymbol{P}$。令 $\boldsymbol{e}=\underline{\psi}_m(t)-\underline{\psi}(t)$，则有

$$\begin{aligned}\dot{\boldsymbol{e}}&=\boldsymbol{A}_m\boldsymbol{e}+[\boldsymbol{A}_m-\boldsymbol{A}_c(t)]\underline{\psi}_e+[\boldsymbol{B}_m-\boldsymbol{B}_c(t)]\psi_r\\&=\boldsymbol{A}_m\boldsymbol{e}+\boldsymbol{A}(t)\underline{\psi}_e+\boldsymbol{B}(t)\psi_r\end{aligned} \tag{7-36}$$

对于误差系统(7-36)，可取具有如下形式的李雅普诺夫函数

$$V(t)=\boldsymbol{e}^T\boldsymbol{P}\boldsymbol{e}+\boldsymbol{A}^T(t)\boldsymbol{\alpha}\boldsymbol{A}(t)+\boldsymbol{B}^T(t)\boldsymbol{\beta}\boldsymbol{B}(t) \tag{7-37}$$

式中：$\boldsymbol{P}$ 是正定对称矩阵；$\boldsymbol{\alpha}$ 和 $\boldsymbol{\beta}$ 是对角线上元素为正值的对角阵。

V 对时间取导数，可得

$$\frac{\mathrm{d}V}{\mathrm{d}t}=\boldsymbol{e}^T(\boldsymbol{A}_m^T\boldsymbol{P}+\boldsymbol{P}\boldsymbol{A}_m)\boldsymbol{e}+2\boldsymbol{e}^T\boldsymbol{P}\boldsymbol{A}(t)\underline{\psi}_e+2\dot{\boldsymbol{a}}^T\boldsymbol{\alpha}\boldsymbol{a}+2\boldsymbol{e}^T\boldsymbol{P}\boldsymbol{B}\psi_r+2\dot{\boldsymbol{b}}^T\boldsymbol{\beta}\boldsymbol{b} \tag{7-38}$$

令

$$2\boldsymbol{e}^T\boldsymbol{P}\boldsymbol{A}\underline{\psi}_e+2\dot{\boldsymbol{a}}^T\boldsymbol{\alpha}\boldsymbol{a}=0 \tag{7-39}$$

$$2\boldsymbol{e}^T\boldsymbol{P}\boldsymbol{B}\psi_r+2\dot{\boldsymbol{b}}^T\boldsymbol{\beta}\boldsymbol{b}=0 \tag{7-40}$$

则有

$$\dot{V}(t)=-\boldsymbol{e}^T\boldsymbol{Q}\boldsymbol{e}<0 \tag{7-41}$$

对式(7-39)和式(7-40)展开，则有

$$\frac{\mathrm{d}a_{ni}}{\mathrm{d}t}=-\frac{1}{\alpha_{ni}}\left(\sum_{k=1}^{n}p_{nk}e_k\right)\underline{\psi}_i \tag{7-42}$$

$$\frac{\mathrm{d}b_{ni}}{\mathrm{d}t}=-\frac{1}{\beta_{ni}}\left(\sum_{k=1}^{n}p_{nk}e_k\right)\psi_{ri} \tag{7-43}$$

进而可得自适应律

$$\dot{k}_p=-\gamma_1(p_{21}\psi_e+P_{22}\dot{\psi}_e)(\psi-\psi_r) \tag{7-44}$$

$$\dot{k}_d=-\gamma_2(P_{21}\psi_e+P_{22}\dot{\psi}_e)\dot{\psi} \tag{7-45}$$

式中：γ_1 和 γ_2 是待定参数，可选择为 $\gamma_1=-0.005$，$\gamma_2=-0.1$。假设 $\boldsymbol{Q}$ 是 2×2 的单位阵，则可解得

$$\boldsymbol{P}=\begin{bmatrix}P_{11}&P_{12}\\P_{21}&P_{22}\end{bmatrix}=\begin{bmatrix}25.0125&200.00\\20.00&2\,005.00\end{bmatrix} \tag{7-46}$$

四、船舶航向跟踪非线性控制器设计

针对 Norrbin 非线性船舶运动数学模型，选取状态变量 $x_1 = \psi, x_2 = \dot{x}_1$，其中，$\psi$ 为实际航向，控制变量为 $u = \delta$，则可写成状态方程的形式

$$\dot{x}_1 = x_2 \tag{7-47}$$

$$x_2 = \theta_1 x_2 + \theta_2 x_2^3 + bu \tag{7-48}$$

式中：$\theta_1 = -1/T, \theta_2 = -\alpha/T, b = K/T$。可以看出式(7-47)是一个单输入单输出的严格反馈形式的非线性系统，利用 Backstepping 来设计船舶航向控制器可以由两步完成。

第一步：定义航向跟踪误差 $z_1 = \psi - \psi_d = x_1 - \psi_d$，令误差变量 $z_2 = x_2 - \beta$。其中，ψ_d 是光滑的期望参考航向。取虚拟控制函数 $\beta = -k_1 z_1 + \dot{\psi}_d$。子系统(7-47)可表示为 $\dot{z}_1 = -k_1 z_1 + z_2$。

构造子系统(7-47)的 Lyapunov 函数

$$V_1 = \frac{1}{2} z_1^2 \tag{7-49}$$

对式(7-49)求其时间导数为

$$\begin{aligned}\dot{V}_1 &= z_1 \dot{z}_1 \\ &= z_1 (x_2 - \dot{\psi}_d) \\ &= z_1 (z_2 + \beta - \dot{\psi}_d)\end{aligned} \tag{7-50}$$

将 $\beta = -k_1 z_1 + \dot{\psi}_d$ 代入 $\dot{V}_1$ 得

$$\dot{V}_1 = -k_1 z_1^2 + z_1 z_2 \tag{7-51}$$

要完成对子系统 z_1 的镇定，需要镇定子系统 z_2。为此我们进行下一步设计。

第二步：定义整个系统的 Lyapunov 函数

$$V_2 = V_1 + \frac{1}{2} z_2^2 \tag{7-52}$$

对式(7-52)求其时间导数为

$$\begin{aligned}\dot{V}_2 &= \dot{V}_1 + z_2 \dot{z}_2 \\ &= -k_1 z_1^2 + z_1 z_2 + z_2 \dot{z}_2 \\ &= -k_1 z_1^2 + z_1 z_2 + z_2 (\dot{x}_2 - \dot{\beta}) \\ &= -k_1 z_1^2 + z_1 z_2 + z_2 (\theta_1 x_2 + \theta_2 x_2^3 + bu + z_1 - k_1^2 z_1 + k_1 z_2 - \ddot{\psi}_d)\end{aligned} \tag{7-53}$$

为了使 $\dot{V}_2 < 0$，达到镇定的目的，取控制律

$$\begin{aligned}u &= -\frac{1}{b}[\theta_1 x_1 + \theta_2 x_1^3 + bu + (1 - k_1^2) z_1 + (k_1 + k_2) z_2 - \ddot{\psi}_d] \\ &= -\frac{1}{b}[\theta_1 x_2 + \theta_2 x_2^3 + (1 + k_1 k_2)(x_1 - \psi_d) + (k_1 + k_2)(x_2 - \dot{\psi}_d) - \ddot{\psi}_d]\end{aligned} \tag{7-54}$$

将 u 代入式(7-53)得

$$\dot{V}_2 = -k_1 z_1^2 - k_2 z_2^2 \tag{7-55}$$

由式(7-52)和式(7-53)可知，$P=\begin{bmatrix}1 & 0\\0 & 1\end{bmatrix}=P^{T}>0,Q=\begin{bmatrix}k_1 & 0\\0 & k_2\end{bmatrix}=Q^{T}>0$，可得系统的动态误差 z_1 和 z_2 将以 $\lambda=\min\{k_1,k_2\}>0$ 的速率收敛于衡点 $(z_1,z_2)=(0,0)$，其平衡点是渐近稳定的。

第三节 船舶航迹控制

一、船舶航迹控制概述

船舶航迹控制使之在控制系统的驱动下，船舶从任意初始位置驶入预先规划好的航线，并沿此航线最终到达目的地。通常根据参考轨迹给出的形式，将跟踪问题分为：路径跟踪（path following）和轨迹跟踪（trajectory tracking）。路径跟踪给定的参考轨迹与时间无关，轨迹跟踪给定的参考轨迹通常可以表示为时间函数。由于海上航行的大多数船舶仅装备了螺旋桨主推进器和舵装置，所以只能依靠舵装置产生的转舵力矩和螺旋桨的纵向推进力控制船舶，使之保持在设定航迹上。换句话说，是依靠推力和转舵力矩这两个独立的控制输入实现船舶航向和船舶位置三个自由度的控制，因此船舶航迹控制属于欠驱动问题。

从航迹线的几何形状看，航迹跟踪控制可分为直线航迹跟踪控制和曲线航迹跟踪控制两大类。从控制器设计的角度看，主要差别在于：直线航迹跟踪控制是在平衡点附近的较小邻域内进行的镇定控制，对模型做一定线性化处理或忽略横向漂移，在特定的条件下满足控制要求；但曲线航迹跟踪控制需要考虑船舶的操纵运动，横向漂移不可忽略。

二、基于微分同坯变换的船舶直线航迹控制

在船舶航迹控制中，常用如下的简化的船舶水平面运动方程

$$\begin{cases}\dot{\boldsymbol{\eta}}=\boldsymbol{J}(\boldsymbol{\eta})\boldsymbol{v}\\ \boldsymbol{M}\dot{\boldsymbol{v}}=-\boldsymbol{C}(\boldsymbol{v})\boldsymbol{v}-\boldsymbol{D}(\boldsymbol{v})\boldsymbol{v}+\boldsymbol{\tau}+\boldsymbol{\tau}_{E}\end{cases} \tag{7-56}$$

式中：$\boldsymbol{\eta}=[x\quad y\quad \psi]^{T}$；$\boldsymbol{v}=[u\quad v\quad r]^{T}$；$\boldsymbol{M}$ 是惯性参数矩阵；$\boldsymbol{C}(\boldsymbol{v})$ 是科里奥利力和向心力矩阵；$\boldsymbol{D}(\boldsymbol{v})$ 为阻尼参数矩阵；$\boldsymbol{\tau}=[\tau_u\quad 0\quad \tau_r]^{T}$，$\tau_u$ 为推进力，τ_r 为偏航力矩；$\boldsymbol{\tau}_{E}=[\tau_{uE}\quad \tau_{vE}\quad \tau_{rE}]$，$\tau_{uE}$，$\tau_{vE}$ 和 τ_{rE} 分别为作用在前行、横向和偏航上的海况干扰；$\boldsymbol{J}(\boldsymbol{\eta})$，$\boldsymbol{M}$，$\boldsymbol{C}(\boldsymbol{v})$ 和 $\boldsymbol{D}(\boldsymbol{v})$ 的表达式为

$$\boldsymbol{J}(\boldsymbol{\eta})=\begin{bmatrix}\cos(\psi) & -\sin(\psi) & 0\\ \sin(\psi) & \cos(\psi) & 0\\ 0 & 0 & 1\end{bmatrix},\boldsymbol{M}=\begin{bmatrix}m_{11} & 0 & 0\\ 0 & m_{22} & m_{23}\\ 0 & m_{32} & m_{33}\end{bmatrix},$$

$$\boldsymbol{C}(\boldsymbol{v})=\begin{bmatrix}0 & 0 & C_{13}\\ 0 & 0 & C_{23}\\ C_{31} & C_{32} & 0\end{bmatrix},\boldsymbol{D}(\boldsymbol{v})=\begin{bmatrix}d_{11} & 0 & 0\\ 0 & d_{22} & 0\\ 0 & 0 & d_{33}\end{bmatrix}$$

矩阵中各参数为：$m_{11}=m-X_{\dot{u}}$；$m_{22}=m-Y_{\dot{v}}$；$m_{23}=mx_G-Y_{\dot{r}}$；$m_{32}=mx_G-N_{\dot{v}}Y_{\dot{r}}$；$m_{33}=I_{zz}-$

$N_{\dot{r}}$;$C_{13}=-C_{31}=-m_{22}v$;$C_{23}=-C_{32}=-m_{11}u$;$d_{11}=-X_u$;$d_{22}=-Y_v$;$d_{33}=-N_r$。

尽管大部分船舶满足左右对称,但一般不满足前后对称,因此矩阵 $\boldsymbol{M}$ 中非对角线上的元素是非零的。然而非对角线上的元素和对角线上的元素相比都是比较小的,因此在很多分析中为了简化,可取 $m_{23}=m_{32}=0$。

由于直线航迹跟踪对横坐标无控制要求,所以可对模型(7-56)做进一步简化。船舶横向跟踪数学模型可以描述为

$$\begin{cases}\dot{y}=u\sin\psi+v\cos\psi\\ \dot{v}=-\dfrac{m_{11}}{m_{22}}ur-\dfrac{d_{22}}{m_{22}}v\\ \dot{\psi}=r\\ \dot{r}=\dfrac{m_{11}-m_{22}}{m_{33}}uv-\dfrac{d_{33}}{m_{33}}r+\dfrac{1}{m_{33}}\delta\end{cases}\tag{7-57}$$

式中:y,v,r 和 ψ 分别是横偏位移、横移速度、航向角和转首角速度,u 为前进速度,为主推进控制系统所控制。不失一般性,假定 u 是正的,如果 u 是时变,则其微分是有界的,即:$0<u_{\min}\leqslant u(t)\leqslant u_{\max}<\infty$,以及 $|\dot{u}(t)|\leqslant M<\infty,\forall t\geqslant 0$。$m_{jj}\ (1\leqslant j\leqslant 3)$ 表示船舶重量惯性和水动力附加惯性,为正值。d_{22},d_{33} 表示在横向和首摇方向上的水动力阻尼系数。

控制的目标是,设计控制律能够控制船舶跟踪直线航迹,即横向位置偏移 y 和航向 ψ 都渐进收敛到0。

1. Backstepping 控制器设计

假定所有状态 y,v,r,ψ 都可测量,采用全状态反馈设计控制律。给定微分同坯变换

$$z_1=\psi+\arcsin\left[\frac{ky}{\sqrt{1+(ky)^2}}\right]\tag{7-58}$$

式中:设计参数 k 为系统响应调节系数。则如果 $y=0$ 且 $z_1=0$,那么有 $\psi=0$。应用式(7-58)的坯变换,系统(7-57)变换为

$$\begin{cases}\dot{y}=-\dfrac{kuy}{\sqrt{1+(ky)^2}}+\dfrac{v}{\sqrt{1+(ky)^2}}+\dfrac{u\{\sin(z_1)-[\cos(z_1)-1]ky\}}{\sqrt{1+(ky)^2}}\\ \qquad+\dfrac{v\{[\cos(z_1)-1]+ky\sin(z_1)\}}{\sqrt{1+(ky)^2}}\\ \dot{v}=-\dfrac{m_{11}}{m_{22}}ur-\dfrac{d_{22}}{m_{22}}v\\ \dot{z}_1=r-\dfrac{k^2uy}{[1+(ky)^2]^{3/2}}+\dfrac{kv}{[1+(ky)^2]^{3/2}}+\dfrac{ku\{\sin(z_1)-[\cos(z_1)-1]ky\}}{[1+(ky)^2]^{3/2}}\\ \qquad+\dfrac{kv\{[\cos(z_1)-1]+ky\sin(z_1)\}}{[1+(ky)^2]^{3/2}}\\ \dot{r}=\dfrac{m_{11}-m_{22}}{m_{33}}uv-\dfrac{d_{33}}{m_{33}}r+\dfrac{1}{m_{33}}\delta\end{cases}\tag{7-59}$$

因此,使系统(7-57)在原点稳定的问题就变为使系统(7-59)在原点稳定。现在采用 Backstepping 技术设计控制律,分 3 步进行。

第 1 步:定义中间控制输入 r_d

$$z_2 = r - r_d \tag{7-60}$$

r_d 定义为

$$r_d = -k_1 z_1 + \frac{k^2 u y}{[1+(ky)^2]^{3/2}} - \frac{kv}{[1+(ky)^2]^{3/2}} + \frac{ku\{\sin(z_1) - [\cos(z_1) - 1]ky\}}{[1+(ky)^2]^{3/2}} + \frac{kv\{[\cos(z_1) - 1] + ky\sin(z_1)\}}{[1+(ky)^2]^{3/2}}$$

式中:k_1 是正常系数。

第 2 步:对 z_2 求导可得

$$\dot{z}_2 = \frac{(m_{11} - m_{22})u}{m_{22}}v - \frac{d_{33}}{m_{33}}r + \frac{1}{m_{33}}\delta - \frac{\partial r_d}{\partial u}\dot{u} - \frac{\partial r_d}{\partial z_1}(-k_1 z_1 + z_2) - \frac{\partial r_d}{\partial y}\left\{-\frac{kuy}{\sqrt{1+(ky)^2}} + \frac{v}{\sqrt{1+(ky)^2}} + \frac{u\{\sin(z_1) - [\cos(z_1) - 1]ky\}}{\sqrt{1+(ky)^2}} + \frac{v\{[\cos(z_1) - 1] + ky\sin(z_1)\}}{\sqrt{1+(ky)^2}}\right\} - \frac{\partial r_d}{\partial v}\left(-\frac{m_{11}}{m_{22}}ur - \frac{d_{22}}{m_{22}}v\right) \tag{7-61}$$

式中:

$$\frac{\partial r_d}{\partial u} = \frac{k^2 y}{[1+(ky)^2]^{3/2}} - \frac{k\{\sin(z_1) - [\cos(z_1) - 1]ky\}}{[1+(ky)^2]^{3/2}}$$

$$\frac{\partial r_d}{\partial v} = -\frac{k}{[1+(ky)^2]^{3/2}}[\cos(z_1) + \sin(z_1)ky]$$

$$\frac{\partial r_d}{\partial z_1} = -k_1 - \frac{ku[\cos(z_1) + ky\sin(z_1)]}{[1+(ky)^2]^{3/2}} - \frac{kv[-\sin(z_1) + ky\cos(z_1)]}{[1+(ky)^2]^{3/2}}$$

$$\frac{\partial r_d}{\partial y} = \frac{-3k^3 y\{kuy - u[\sin(z_1) - y(\cos(z_1) - 1)]\}}{[1+(ky)^2]^{5/2}} - \frac{v\{[\cos(z_1) - 1] + y\sin(z_1)\}}{[1+(ky)^2]^{5/2}} + \frac{v\{[\cos(z_1) - 1] + y\sin(z_1)\}}{[1+(ky)^2]^{5/2}} + \frac{k^2[u\cos(z_1) - v\sin(z_1)]}{[1+(ky)^2]^{5/2}}$$

第 3 步:选取实际控制输入

$$\delta = m_{33}\left[-z_1 - k_2 z_2 - \frac{m_{11} - m_{22}}{m_{33}}uv - \frac{d_{33}}{m_{33}}r + \frac{\partial r_d}{\partial u}\dot{u} + \frac{\partial r_d}{\partial z_1}(-k_1 z_1 + z_2)\right] + \frac{\partial r_d}{\partial y}\left\{-\frac{kuy}{\sqrt{1+(ky)^2}} + \frac{v}{\sqrt{1+(ky)^2}} + \frac{u\{\sin(z_1) - [\cos(z_1) - 1]ky\}}{\sqrt{1+(ky)^2}} + \frac{v\{[\cos(z_1) - 1] + ky\sin(z_1)\}}{\sqrt{1+(ky)^2}}\right\} + \frac{\partial r_d}{\partial v}\left(-\frac{m_{11}}{m_{22}}ur - \frac{d_{22}}{m_{22}}v\right) \tag{7-62}$$

闭环系统为:

$$
\begin{cases}
\dot{y} = -\dfrac{kuy}{\sqrt{1+(ky)^2}} + \dfrac{v}{\sqrt{1+(ky)^2}} + \dfrac{u\{\sin(z_1) - [\cos(z_1) - 1]ky\}}{\sqrt{1+(ky)^2}} \\
\quad + \dfrac{v\{[\cos(z_1) - 1] + ky\sin(z_1)\}}{\sqrt{1+(ky)^2}} \\
\dot{v} = -\dfrac{d_{22}}{m_{22}}v - \dfrac{m_{11}u}{m_{22}}\dfrac{k^2uy - kv}{[1+(ky)^2]^{3/2}} - \dfrac{m_{11}u}{m_{22}}\Bigg\{ -k_1z_1 + z_2 \\
\quad - \dfrac{ku\{\sin(z_1) - [\cos(z_1) - 1]ky\}}{[1+(ky)^2]^{3/2}} \\
\quad - \dfrac{kv\{[\cos(z_1) - 1] + ky\sin(z_1)\}}{[1+(ky)^2]^{3/2}}\Bigg\} \\
\dot{z}_1 = -k_1z_1 + z_2 \\
\dot{z}_2 = -z_1 - k_2z_2 - \dfrac{d_{33}}{m_{33}}z_2
\end{cases}
\tag{7-63}
$$

三、基于 LOS 导航+滑模控制的船舶直线航迹控制

Line-of-Sight (LOS)导航,是一种简单有效的导航方法,在导弹、无人机、移动机器人等领域得到广泛应用。它得出的参考航向指令为从船舶当前位置指向目标点的“视线”方向。基于 LOS 导航的船舶航迹控制系统可以在航向控制系统基础上外加位置反馈进行设计。即把航迹控制问题看成一系列航向保持与航向改变问题,将航迹控制分解成制导环与航向控制环,制导环根据航迹偏差给出指令航向,由航向控制环实现航向控制,从而完成航迹控制。基于 LOS 导航的船舶航迹控制系统如图 7-2 所示。这种控制方案的优点是,把欠驱动船舶航迹控制转变为全驱动系统,从而不受 Brocketts 条件的限制。

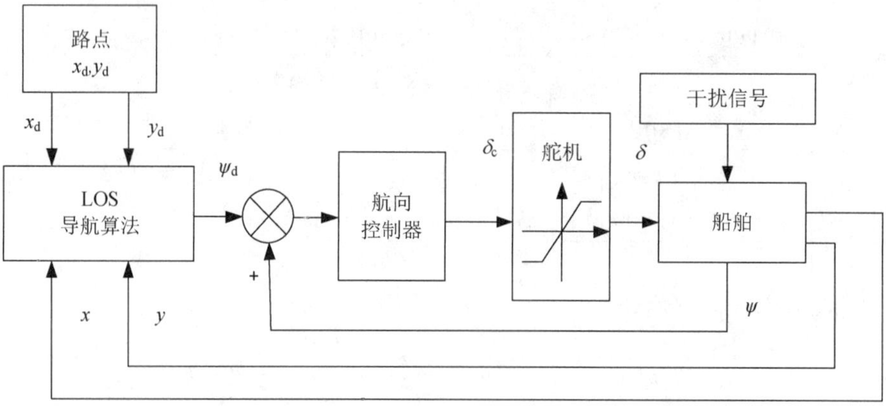

图 7-2　基于 LOS 导航的船舶航迹控制系统框图

1. Line-of-Sight 导航算法

Line-of-Sight (LOS)导航算法体现了对舵工操舵和船舶运行的直观理解,即:如果让一艘船的航向保持对准“LOS 角”,那么就能使该船到达所期望的位置。LOS 的这一特性使其在 20

世纪 90 年代末开始应用于船舶的航迹控制中。Line-of-Sight（LOS）导航算法通过计算 LOS 角和 LOS 位置实现船舶的导航，如图 7-3 所示。

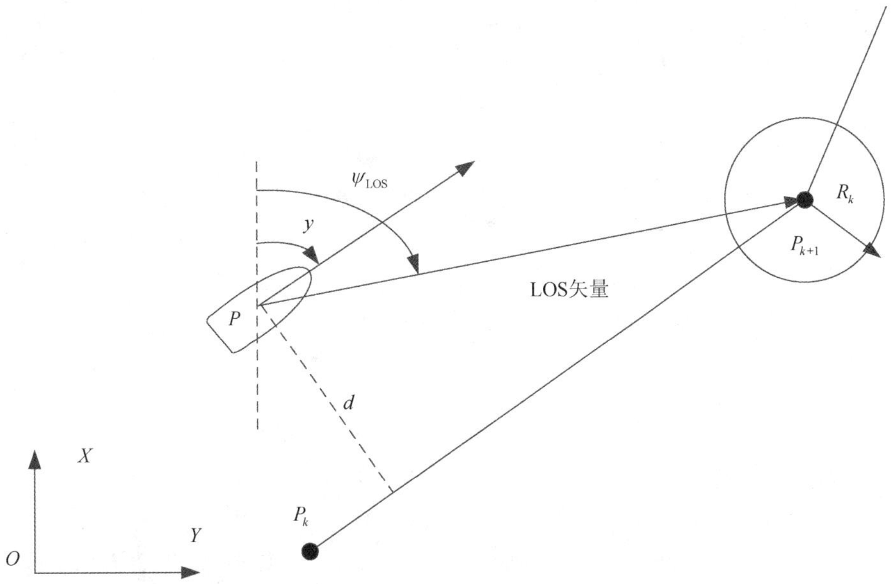

图 7-3 LOS 导航算法示意图

（1）LOS 角的计算

LOS 角可以通过 LOS 矢量和 LOS 位置来定义。LOS 矢量是指从船舶当前位置指向期望到达的位置的矢量，期望到达的位置称为 LOS 位置，最简单的情况如图 7-3 所示，下一个路点 P_{k+1} 为期望到达的位置，则 PP_{k+1} 即为 LOS 矢量。LOS 角定义为 LOS 矢量与 X 轴的夹角，方向由 X 轴指向 LOS 矢量。LOS 角即为期望的航向角。

假设 LOS 的位置为 $p_{LOS}=(x_{LOS},y_{LOS})$，船舶当前的位置为 $p=(x,y)$，那么 LOS 角可以由下面的公式计算得到：

$$\psi_{LOS}=\arctan\left(\frac{y_{LOS}-y}{x_{LOS}-x}\right) \tag{7-64}$$

若 LOS 的位置位于前一个路点和后一个路点的连线间，如图 7-4 所示，则以 $p(x,y)$ 为圆心，R 为半径画一条圆弧（R 一般取 nL_{pp}，其中，$n \geqslant 1$，否则船舶将会围绕所跟随的航迹振荡），当船舶位于给定航迹附近时，圆弧与直线 p_kp_{k+1} 相互交有两个交点 A_B 和 A_F，如图 7-4 所示。距离下一个路点 P_{k+1} 最近的点为 A_F，则起始于船舶当前位置的 $p(x,y)$ 点终止于 A_F 的矢量定义为 LOS 矢量。LOS 角可用同法求得。

（2）LOS 位置的计算

LOS 位置一般通过如下两式求得：

$$\frac{y_{LOS}-y_k}{x_{LOS}-x_k}=\frac{y_{k+1}-y_k}{x_{k+1}-x_k}=\text{constant } t \tag{7-65}$$

$$(x_{LOS}-x)^2+(y_{LOS}-y)^2=(nL_{pp})^2 \tag{7-66}$$

当船舶沿着由路点组成的航迹航行时，需要有一个选择下一个路点 P_{k+2} 的转换算法，一般是采用如下方法：

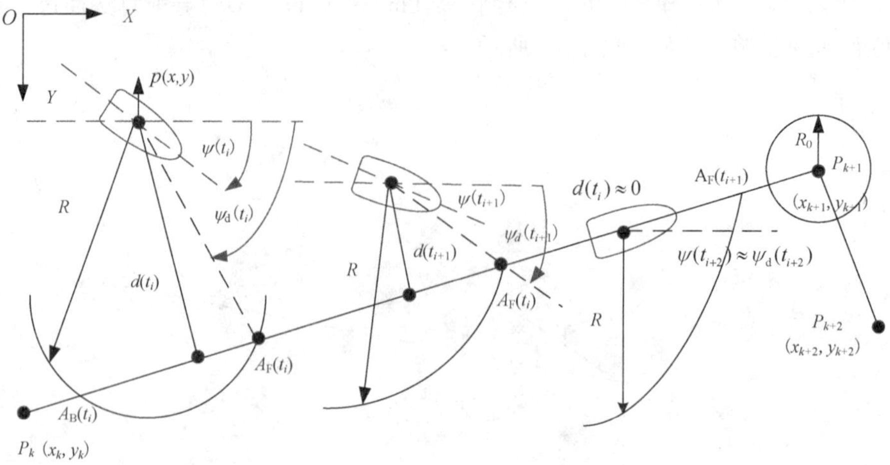

图 7-4　定半径的 LOS 导航算法示意图

如果船舶在当前的位置 $[x(t), y(t)]$ 满足了如下条件：

$$[x_{k+1} - x(t)]^2 + [y_{k+1} - y(t)]^2 \leqslant R_0^2 \tag{7-67}$$

式中：R_0 为以路点为圆心的圆弧半径。则在计算 (x_{LOS}, y_{LOS}) 以及 ψ_d 时，应选取下一个路点，即：取 $k = k + 1$。

2. 基于 LOS 的直线航迹滑模控制器设计

为使问题简化，假定航迹线与正北（X 轴）重合，如图 7-5 所示。直线航迹偏差，即横向跟踪误差（Cross-track error）用坐标 y_d 表示。假定船舶具有良好的速度控制，纵向速度 $u = u_c > 0$ 为常数。由于直线航迹跟踪对横坐标无控制要求，所以横向跟踪数学模型可以描述为式（7-57）的形式。

（1）直线跟踪稳定性

欠驱动直线航迹控制如图 7-5 所示，控制目标为：使水面船舶从任意初始状态出发，沿直线做航迹运动，横向跟踪误差全局渐进收敛。由于横向运动没有控制输入，所以需要设计恰当的控制律和控制参数，以保证系统的稳定性。

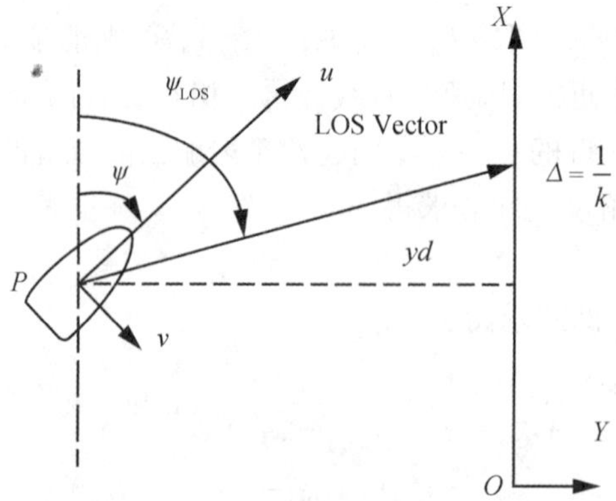

图 7-5　LOS 导航下直线航迹示意图

研究系统模型(7-57),航向角 ψ 可以看作横向跟踪误差 y_d 的虚拟控制,选择镇定函数:$\psi_d = \alpha(y_d) = -a\tan(ky_d)$,并定义相应的参考航向角速度

$$r_d = \dot{\psi}_d = -k\cos^2\psi_d(u\sin\psi + v\cos\psi) \tag{7-68}$$

参考航向角 ψ_d 可以看作为船舶以 X 轴上前方 $\Delta = \frac{1}{k}$ 的点 P 为瞄准点的 LOS 角,如图 7-5 所示。

当 $\psi = \psi_d, r = r_d$ 时,有

$$\dot{y}_d = u\sin\psi_d + v\cos\psi_d \tag{7-69}$$

$$\dot{v} = -(d - cuk\cos^3\psi_d)v + cu^2k\cos^2\psi_d\sin\psi_d \tag{7-70}$$

则当参数 k 满足 $k < \frac{d_{22}}{3um_{11}}$ 时,系统是全局一致渐近稳定的。

证明:选取 Lyapunov 函数

$$V(y_d, v) = \frac{\lambda}{2}y_d^2 + \frac{1}{2}v^2 \tag{7-71}$$

式中:$\lambda > 0$。求导得到:

$$\begin{aligned}
\dot{V}(y_d, v) &= -\frac{uk\lambda y_d^2}{\sqrt{1+(ky_d)^2}} - \left\{\frac{d_{22}}{m_{22}} - \frac{m_{11}uk}{m_{22}[1+(ky_d)^2]^{3/2}}\right\}v^2 \\
&\quad + \frac{y_d v}{\sqrt{1+(ky_d)^2}}\left[\lambda - \frac{m_{11}}{m_{22}}\frac{u^2k^2}{1+(ky_d)^2}\right] \\
&= -\frac{uk\lambda y_d^2}{2\sqrt{1+(ky_d)^2}} - \frac{d_{22}}{2m_{22}}v^2 - \frac{uk\lambda y_d^2}{2\sqrt{1+(ky_d)^2}} \\
&\quad - \left\{\frac{d_{22}}{m_{22}} - \frac{m_{11}uk}{m_{22}[1+(ky_d)^2]^{3/2}}\right\}v^2 \\
&\quad + \frac{y_d v}{\sqrt{1+(ky_d)^2}}\left[\lambda - \frac{m_{11}}{m_{22}}\frac{u^2k^2}{1+(ky_d)^2}\right]
\end{aligned}$$

首先应选择参数满足

$$\frac{d_{22}}{2m_{22}} > \frac{m_{11}}{m_{22}}uk \geqslant \frac{m_{11}}{m_{22}}\frac{uk}{[1+(ky_d)^2]^{3/2}} \tag{7-72}$$

即:

$$k < \frac{d_{22}}{2um_{11}} \tag{7-73}$$

同时选择 λ 满足:

$$\lambda > \frac{m_{11}}{m_{22}}u^2k^2 \geqslant \frac{m_{11}}{m_{22}}\frac{u^2k^2}{1+(ky_d)^2} \tag{7-74}$$

此时,有

$$\dot{V}(y_d, v) \leqslant -\frac{uk\lambda y_d^2}{2\sqrt{1+(ky_d)^2}} - \frac{d_{22}}{2m_{22}}v^2 - \frac{uk\lambda y_d^2}{2[1+(ky_d)^2]^2}$$

$$-\left(\frac{d_{22}}{2m_{22}}-\frac{m_{11}}{m_{22}}uk\right)v^2+\frac{\lambda\,|\,y_{\mathrm{d}}v\,|}{\sqrt{1+(ky_{\mathrm{d}})^2}} \tag{7-75}$$

为使

$$-\frac{uk\lambda y_{\mathrm{d}}^2}{2[1+(ky_{\mathrm{d}})^2]^2}-\left(\frac{d_{22}}{2m_{22}}-\frac{m_{11}}{m_{22}}uk\right)v^2+\frac{\lambda\,|\,y_{\mathrm{d}}v\,|}{\sqrt{1+(ky_{\mathrm{d}})^2}}\leqslant 0 \tag{7-76}$$

参数 k,λ 应满足

$$\frac{uk}{2}\left(\frac{d_{22}}{2m_{22}}-\frac{m_{11}}{m_{22}}uk\right)\geqslant\frac{1}{4}\lambda \tag{7-77}$$

为保证存在 λ 满足式(7-74),参数 k 应满足

$$\frac{uk}{2}\left(\frac{d_{22}}{2m_{22}}-\frac{m_{11}}{m_{22}}uk\right)\geqslant\frac{1}{4}\frac{m_{11}}{m_{22}}u^2k^2 \tag{7-78}$$

整理得到

$$k<\frac{d_{22}}{3um_{11}} \tag{7-79}$$

同时满足式(7-73)。此时

$$\dot{V}(y_{\mathrm{d}},v)\leqslant-\frac{uk\lambda y_{\mathrm{d}}^2}{2\sqrt{1+(ky_{\mathrm{d}})^2}}-\frac{d_{22}}{2m_{22}}v^2 \tag{7-80}$$

即系统(7-69)和(7-70)描述的横向跟踪误差全局一致渐进稳定。

不等式 $k<\dfrac{d_{22}}{3um_{11}}$ 的物理意义是,为保证直线跟踪的稳定性,在 X 轴上的动态视线点 P 不能离船舶太近,应满足距离

$$\Delta=\frac{1}{k}<\frac{3um_{11}}{d_{22}} \tag{7-81}$$

(2) 跟踪控制器

定义航向跟踪误差

$$e=\psi-\psi_{\mathrm{d}} \tag{7-82}$$

则切换函数

$$s(e)=c_1e+\dot{e}=c_1e+r-\dot{\psi}_{\mathrm{d}} \tag{7-83}$$

式中:$c_1>0$。对切换函数求导,得

$$\begin{aligned}s(e)&=c_1e+r-\dot{\psi}_{\mathrm{d}}\\&=c_1(r-\dot{\psi}_{\mathrm{d}})+\frac{m_{11}-m_{22}}{m_{33}}uv-\frac{d_{33}}{m_{33}}+\frac{1}{m_{33}}\delta-\ddot{\psi}_{\mathrm{d}}\\&=-c_2s-\eta\mathrm{sgn}(s)\end{aligned} \tag{7-84}$$

忽略根据视线导引所得到的参考航向角的动态特性,即

$$\ddot{\psi}_{\mathrm{d}}=\dot{\psi}_{\mathrm{d}}=0 \tag{7-85}$$

可得到控制舵角为

$$\delta=\{m_{33}[-c_2s-\eta\mathrm{sgn}(s)-c_1r]-(m_{11}-m_{22})uv+d_{33}r\} \tag{7-86}$$

四、基于 LOS 导航+Backstepping 控制的船舶曲线航迹控制

1. 三自由度非线性数学模型

三自由度数学模型见式(7-56),为了方便,重写如下:

$$\dot{\boldsymbol{\eta}} = \boldsymbol{R}(\psi)\boldsymbol{v} \tag{7-87}$$

$$\boldsymbol{M}\dot{\boldsymbol{v}} + \boldsymbol{N}(\boldsymbol{v})\boldsymbol{v} = \begin{bmatrix} \tau_1 \\ 0 \\ \tau_3 \end{bmatrix} \tag{7-88}$$

式中: $\boldsymbol{\eta} = [x, y, \psi]^{\mathrm{T}}$, $\boldsymbol{v} = [u, v, r]^{\mathrm{T}}$, $\boldsymbol{R}(\psi) = \begin{bmatrix} \cos\psi & -\sin\psi & 0 \\ \sin\psi & \cos\psi & 0 \\ 0 & 0 & 1 \end{bmatrix}$,

$$\boldsymbol{M} = \begin{bmatrix} m_{11} & 0 & 0 \\ 0 & m_{22} & m_{23} \\ 0 & m_{32} & m_{33} \end{bmatrix} = \begin{bmatrix} m - X_{\dot{u}} & 0 & 0 \\ 0 & m - Y_{\dot{v}} & mx_{\mathrm{g}} - Y_{\dot{r}} \\ 0 & m - N_{\dot{v}} & I_z - Y_{\dot{r}} \end{bmatrix},$$

$$\boldsymbol{N}(\boldsymbol{v}) = \begin{bmatrix} n_{11} & 0 & 0 \\ 0 & n_{22} & n_{23} \\ 0 & n_{32} & n_{33} \end{bmatrix} = \begin{bmatrix} -X_{\dot{u}} & 0 & 0 \\ 0 & -Y_{\dot{v}} & mu - Y_r \\ 0 & -N_{\dot{v}} & mx_{\mathrm{g}}u - N_r \end{bmatrix}。$$

惯性矩阵 $\boldsymbol{M}$ 是不对称的,这在进行 Lyapunov 稳定性分析时会困难很多。但可以通过增加一个加速度反馈内环,使其变为对称矩阵。假定横向加速度 $\dot{\boldsymbol{v}}$ 可测量,则加速度反馈内环形式为

$$\tau_3 = (m_{32} - m_{23})\dot{v} + \tau_3^* \tag{7-89}$$

τ_3^* 为新的控制变量。增加加速度反馈内环后,原数学模型就变为

$$\dot{\boldsymbol{\eta}} = \boldsymbol{R}(\psi)\boldsymbol{v} \tag{7-90}$$

$$\boldsymbol{M}^*\dot{\boldsymbol{v}} + \boldsymbol{N}(\boldsymbol{v})\boldsymbol{v} = \begin{bmatrix} \tau_1 \\ 0 \\ \tau_3^* \end{bmatrix} \tag{7-91}$$

$$\boldsymbol{M}^* = \begin{bmatrix} m_{11} & 0 & 0 \\ 0 & m_{22} & m_{23} \\ 0 & m_{23} & m_{33} \end{bmatrix} = (\boldsymbol{M}^*)^{\mathrm{T}} > 0 \tag{7-92}$$

为了分析方便,下面的分析仍然基于数学模型(7-88),并把 $\boldsymbol{M}$ 当作对称矩阵进行。

2. 基于 Backstepping 的控制律设计

定义误差信号

$$z_1 = \psi - \psi_{\mathrm{d}} \tag{7-93}$$

$$\boldsymbol{z}_2 = [z_{21}, z_{22}, z_{23}]^{\mathrm{T}} = \boldsymbol{v} - \boldsymbol{\alpha} \tag{7-94}$$

显然，α_2,ψ_d 及其导数由 LOS 导航系统给出。$\boldsymbol{\alpha}=[\alpha_1,\alpha_2,\alpha_3]^{\mathrm{T}}\in\Re^3$ 是虚拟镇定函数。令

$$\boldsymbol{h}=[0,0,1]^{\mathrm{T}} \tag{7-95}$$

则

$$\dot{z}_1=r-r_d=\boldsymbol{h}^{\mathrm{T}}\boldsymbol{v}-r_d=\alpha_3+\boldsymbol{h}^{\mathrm{T}}\boldsymbol{z}_2-r_d \tag{7-96}$$

式中：$r_d=\dot{\psi}_d$，而且

$$\boldsymbol{M}\dot{\boldsymbol{z}}_2=\boldsymbol{M}\dot{\boldsymbol{v}}-\boldsymbol{M}\dot{\boldsymbol{\alpha}}=\boldsymbol{\tau}-\boldsymbol{N}\boldsymbol{v}-\boldsymbol{M}\dot{\boldsymbol{\alpha}} \tag{7-97}$$

定义 Lyapunov 函数

$$V=\frac{1}{2}z_1^2+\frac{1}{2}\boldsymbol{z}_2^{\mathrm{T}}\boldsymbol{M}\boldsymbol{z}_2,\boldsymbol{M}=\boldsymbol{M}^{\mathrm{T}}>0 \tag{7-98}$$

对 V 沿着 $z_1,\boldsymbol{z}_2$ 的轨迹求导，得

$$\dot{V}=z_1\dot{z}_1+\boldsymbol{z}_2^{\mathrm{T}}\boldsymbol{M}\dot{\boldsymbol{z}}_2=z_1(\alpha_3+\boldsymbol{h}^{\mathrm{T}}\boldsymbol{z}_2-r_d)+\boldsymbol{z}_2^{\mathrm{T}}(\boldsymbol{\tau}-\boldsymbol{N}\boldsymbol{v}-\boldsymbol{M}\dot{\boldsymbol{\alpha}}) \tag{7-99}$$

选择虚拟控制 α_3 为

$$\alpha_3=-cz_1+r_d,c>0 \tag{7-100}$$

则

$$\begin{aligned}\dot{V}&=-cz_1^2+z_1\boldsymbol{h}^{\mathrm{T}}\boldsymbol{z}_2+\boldsymbol{z}_2^{\mathrm{T}}(\boldsymbol{\tau}-\boldsymbol{N}\boldsymbol{v}-\boldsymbol{M}\dot{\alpha})\\&=-cz_1^2+\boldsymbol{z}_2^{\mathrm{T}}(\boldsymbol{h}z_1+\boldsymbol{\tau}-\boldsymbol{N}\boldsymbol{v}-\boldsymbol{M}\dot{\boldsymbol{\alpha}})\end{aligned} \tag{7-101}$$

假定

$$\boldsymbol{\tau}=\begin{bmatrix}\tau_1\\0\\\tau_3\end{bmatrix}=\boldsymbol{M}\dot{\boldsymbol{\alpha}}+\boldsymbol{N}\boldsymbol{v}-\boldsymbol{K}\boldsymbol{z}_2-\boldsymbol{h}z_1 \tag{7-102}$$

式中：$K=\mathrm{diag}\{k_1,k_2,k_3\}>0$，则

$$\dot{V}=-cz_1^2-\boldsymbol{z}_2^{\mathrm{T}}\boldsymbol{K}\boldsymbol{z}_2<0,\forall z_1\neq0,\boldsymbol{z}_2\neq0 \tag{7-103}$$

由此，这样可以保证 $(z_1,\boldsymbol{z}_2)$ 有界并且能收敛到零。

从式(7-102)，可以得到

$$\tau_1=m_{11}\dot{\alpha}_1+n_{11}u+k_1(u-\alpha_1)$$

$$\tau_3=m_{32}\dot{\alpha}_2+m_{23}\dot{\alpha}_3+n_{32}v+n_{33}r-k_3(r-\alpha_3)-z_1$$

选取 $\alpha_1=u_d$，则可解决纵向动态问题并得到闭环系统为：

$$m_{11}(\dot{u}-\dot{u}_d)+k_1(u-u_d)=0 \tag{7-104}$$

式(7-102)中剩余的方程，$\tau_2=0$，成为一个动态约束

$$m_{22}\dot{\alpha}_2+m_{23}\dot{\alpha}_3+n_{22}v+n_{33}r-k_2(v-\alpha_2)=0 \tag{7-105}$$

把 $\dot{\alpha}_3=c^2z_1-cz_{23}+\dot{r}_d,v=\alpha_2+z_{22},r=\alpha_3(z_1,r_d)+z_{23}$ 代入式(7-105)，得：

$$m_{22}\dot{\alpha}_2=-n_{22}\alpha_2+r(z_1,\boldsymbol{z}_2,r_d,\dot{r}_d) \tag{7-106}$$

式中：

$$r(z_1,\boldsymbol{z}_2,r_d,\dot{r}_d)=(n_{23}c-m_{23}c^2)z_1+(k_2-n_{22})z_{22}+(m_{23}c-n_{23})z_{23}-m_{23}\dot{r}_d-n_{23}r_d$$

由式(7-106)知，变量 α_2 变为控制器的一个动态变量。此外若 $n_{22}>0$，则由收敛的误差信号 $(z_1,\boldsymbol{z}_2)$ 和有界的参考信号 $(r_d,\dot{r}_d)$ 驱动的微分方程(7-106)是稳定的。由于 $z_{22}(t)\to0$，容易得到 $t\to\infty,|\alpha_2(t)-v(t)|\to0$。

3. 主要结论

针对系统(7-87)、(7-88),应用如下的控制律

$$\tau_1 = m_{11}\dot{\alpha}_1 + n_{11}u + k_1(u - \alpha_1)$$

$$\tau_3 = m_{32}\dot{\alpha}_2 + m_{23}\dot{\alpha}_3 + n_{32}v + n_{33}r - k_3(r - \alpha_3) - z_1$$

式中:$k_1 > 0, k_3 > 0, z_1 = \psi - \psi_d, z_2 = [z_{21}, z_{22}, z_{23}]^T = [u - u_d, v - \alpha_2, r - \alpha_3]^T$,且 $\alpha_3 = -cz_1 + r_d, \dot{\alpha}_3 = -c(r - r_d) + \dot{r}_d$,则可解决欠驱动船舶在水平面上的三自由度操纵问题。参考信号 $u_d, \dot{u}_d, \psi_d, r_d$ 以及 $\dot{r}_d$ 都由 LOS 导航系统提供,α_2 由下式获得:

$$m_{22}\dot{\alpha}_2 = -n_{22}\alpha_2 + (k_2 - n_{22})z_{22} - m_{23}\dot{\alpha}_3 - n_{23}r$$

式中:$k_2 > 0$。

在该控制律下,闭环系统在平衡点 $(z_1, z_2) = (0,0)$ 处是稳定的,而且 α_2 满足:

$$\lim_{t\to\infty}|\alpha_2(t) - v(t)| = 0 \tag{7-107}$$

习题

1. 船舶航迹控制分哪两种?区别是什么?
2. 列出几种常见的船舶航向控制律设计方法。其区别是什么?
3. 基于 LOS 的船舶直线航迹控制和曲线航迹控制,在设计控制律时有什么差别?

附　录

附录 1　数学基础

一、泰勒级数

定理　如果函数 $f(x)$ 在含有 x_0 的某个开区间 (a,b) 内具有直到 $(n+1)$ 阶的导数，则当 x 在 (a,b) 内时，$f(x)$ 可以表示为 $(x-x_0)$ 的一个 n 次多项式与一个余项 $R_n(x)$ 之和：

$$f(x)=f(x_0)+f'(x_0)(x-x_0)+\frac{f''(x_0)}{2!}(x-x_0)2+\cdots$$

$$+\frac{f^{(n)}(x_0)}{n!}(x-x_0)n+R_n(x) \tag{附录 1-1}$$

式中

$$R_n(x)=\frac{f^{(n+1)}(\xi)}{(n+1)!}(x-x_0)^{n+1} \tag{附录 1-2}$$

这里 ξ 是 x_0 与 x 之间的某个值。该定理也称为**泰勒(Taylor)中值定理**。公式(附录 1-1)称为 $f(x)$ 按 $(x-x_0)$ 的幂展开到 n 阶的**泰勒公式**，而 $R_n(x)$ 的表达式(附录 1-2)称为**拉格朗日型余项**。

定义　**幂级数**具有如下的形式：$a_0+a_1x+a_2x^2+\cdots+a_nx^n+\cdots$，其中常数 $a_0,a_1,\cdots,a_n,\cdots$ 叫作**幂级数的系数**。

定义　具有如下形式的幂级数

$$f(x)=f(x_0)+f'(x_0)(x-x_0)+\frac{f''(x_0)}{2!}(x-x_0)2+\cdots$$

$$+\frac{f^{(n)}(x_0)}{n!}(x-x_0)n+\cdots \tag{附录 1-3}$$

称为函数 $f(x)$ 的**泰勒级数**(Taylor series)。

定理　设函数 $f(x)$ 在点 x_0 的某邻域 $U(x_0)$ 内具有各阶导数，则 $f(x)$ 在该邻域内能展开成泰勒级数的充分必要条件是 $f(x)$ 的泰勒公式中的余项 $R_n(x)$ 当 $n\to\infty$时的极限为零。

定理　设 $z=f(x,y)$ 在点 (x_0,y_0) 的某一邻域内连续且有直到 $(n+1)$ 阶的连续偏导数，(x_0+h,y_0+k) 为此邻域内任一点，则有

$$f(x_0+h,y_0+h)=f(x_0,y_0)+\left(h\frac{\partial}{\partial x}+k\frac{\partial}{\partial y}\right)f(x_0,y_0)$$
$$+\frac{1}{2!}\left(h\frac{\partial}{\partial x}+k\frac{\partial}{\partial y}\right)^2 f(x_0,y_0)+\cdots+\frac{1}{n!}\left(h\frac{\partial}{\partial x}+k\frac{\partial}{\partial y}\right)^n f(x_0,y_0)+R_n \quad \text{(附录 1-4)}$$

其中记号

$\left(h\frac{\partial}{\partial x}+k\frac{\partial}{\partial y}\right)f(x_0,y_0)$ 表示 $hf_x(x_0,y_0)+kf_y(x_0,y_0)$，其中 $f_x(x_0,y_0)=\left.\frac{\partial f(x_0,y_0)}{\partial x}\right|_{(x_0,y_0)}$；

$\left(h\frac{\partial}{\partial x}+k\frac{\partial}{\partial y}\right)^2 f(x_0,y_0)$ 表示 $h^2f_{xx}(x_0,y_0)+2hkf_{xy}(x_0,y_0)+k^2f_{yy}(x_0,y_0)$。

一般地，记号 $\left(h\frac{\partial}{\partial x}+k\frac{\partial}{\partial y}\right)^n f(x_0,y_0)$ 表示 $\sum_{p=0}^{m} C_m^p h^p k^{m-p}\left.\frac{\partial^m f}{\partial x^p\partial y^{m-p}}\right|_{(x_0,y_0)}$。

$R_n=\frac{1}{(n+1)!}\left(h\frac{\partial}{\partial x}+k\frac{\partial}{\partial y}\right)^{n+1} f(x_0+\theta h,y_0+\theta k)$，$0<\theta<1$，$h=x-x_0$，$k=y-y_0$。

公式（附录 1-4）称为二元函数 $f(x,y)$ 在点 (x_0,y_0) 的 n **阶泰勒公式**，而 R_n 的表达式称为**拉格朗日型余项**。

利用一元函数的泰勒公式，我们可用 n 次多项式来近似表达函数 $f(x)$，且误差是当 $x\to\infty$ 时比 $(x-x_0)^n$ 高阶的无穷小。类似地，二阶函数 $f(x_0+h,y_0+k)$ 近似地表达为 h 和 k 的 n 次多项式，而由此所产生的误差是当 $\rho=\sqrt{h^2+k^2}\to 0$ 时比 ρ^n 高阶的无穷小。

二、微分方程

函数是客观事物的内部联系在数量方面的反映，利用函数关系又可以对客观事物的规律性进行研究。因此如何寻求函数关系，在实践中具有重要意义。在许多问题中，往往不能直接找出所需要的函数关系，但是根据问题所提供的情况，有时可以列出含有要找的函数及其导数的关系式。

一般地，凡表示未知函数、未知函数的导数与自变量之间的关系的方程，叫作**微分方程**(differential equation，DE)。如果在微分方程中，自变量的个数只有一个，我们称这种微分方程为**常微分方程**(ordinary differential equation，ODE)。自变量的个数为两个或两个以上的微分方程为**偏微分方程**(partial differential equation，PDE)。

微分方程中所出现的未知函数的最高阶导数的阶数，叫作**微分方程的阶**。一般地，n 阶微分方程的形式是

$$F(x,y,y',\cdots,y^n)=0 \quad \text{(附录 1-5)}$$

式中：F 是 $n+2$ 个变量的函数。应指出的是，其中 y^n 是必须出现的，$x,y,y',\cdots,y^{(n-1)}$ 等变量则可以不出现。

在研究某些实际问题时，首先要建立微分方程，然后找出满足微分方程的函数（解微分方程），也就是，找出这样的函数，把这函数代入微分方程能使该方程成为恒等式。这个函数就叫作该**微分方程的解**。确切地说，设函数 $y=\varphi(x)$ 在区间 I 上有 n 阶导数，如果在区间 I 上，

$$F[x,\varphi(x),\varphi'(x),\cdots,\varphi^n(x)]\equiv 0 \quad \text{(附录 1-6)}$$

那么，函数 $y=\varphi(x)$ 就叫作微分方程（附录 1-5）在区间 I 上的解。

如果微分方程的解中含有任意常数，且任意常数的个数与微分方程的阶数相同，这样的解

叫作微分方程的**通解**(general solution)。由于通解中含有任意常数,所以它还不能完全确定地反映某一客观事物的规律性。要完全确定地反映客观事物的规律性,必须确定这些常数的值。为此,要根据问题的实际情况,提出确定这些常数的条件。

为了确定微分方程一个特定的解,我们通常给出这个解所必需的条件,这就是所谓的**定解条件**。常见的定解是初值条件和边值条件。如下面的 n 个条件

$$x = x_0 \text{ 时}, y = y_0, y' = y'_0, \cdots, y^{(n-1)} = y_0^{(n-1)} \quad \text{(附录 1-7)}$$

这里 $x_0, y_0, y'_0, \cdots, y_0^{(n-1)}$ 是给定的 $n+1$ 个常数,称作 n 阶微分方程的**初值条件**,也称**初始条件**(initial conditions)。初值条件有时也可写成

$$y\big|_{x=x_0} = y_0, y'\big|_{x=x_0} = y'_0, \cdots, y^{(n-1)}\big|_{x=x_0} = y_0^{(n-1)} \quad \text{(附录 1-8)}$$

求微分方程满足定解条件的解,就是所谓**定解问题**。当定解条件为初值条件时,相应的定解问题,就称为**初值问题**(initial value problem, IVP)。我们把满足初值条件的解称为微分方程的**特解**(particular solution)。初值条件不同,对应的特解也不同。一般说来,特解可以通过初值条件的限制,从通解中确定任意常数而得到。

二阶线性微分方程具有如下的形式

$$y'' + P(x)y' + Q(x)y = f(x) \quad \text{(附录 1-9)}$$

当上面方程右端 $f(x) \equiv 0$ 时,方程叫作**齐次**(homogeneous)的;当 $f(x) \neq 0$ 时,方程叫作**非齐次**(nonhomogeneous)的。

在二阶齐次线性微分方程中,如果 y' 和 y 的系数均为常数,即

$$y'' + py' + qy = 0 \quad \text{(附录 1-10)}$$

其中 p 和 q 是常数,则称微分方程(附录 1-10)为**二阶常系数齐次线性微分方程**。求解该微分方程(附录 1-10)的步骤如下:

第一步:写出微分方程(附录 1-10)的特征方程

$$r^2 + pr + q = 0 \quad \text{(附录 1-11)}$$

第二步:求出特征方程(附录 1-11)的两个根 r_1 和 r_2。

第三步:根据特征方程(附录 1-11)的两个根的不同情形,按照附录表 1-1 写出微分方程(附录 1-10)的通解,表中 c_1 和 c_2 为待定常数。如果微分方程的解能够以明确的表达式或方程形式给出,我们把这种形式的解称作微分方程的**解析解**(analytical solution)。利用计算机通过数值算法得到的近似解称作微分方程的**数值解**(numerical solution)。从本质上说,微分方程的数值解都是不精确的。

附录表 1-1　二阶常系数齐次线性微分方程的通解

特征方程 $r^2 + 2pr + q = 0$ 的两个根 r_1, r_2	微分方程 $\ddot{y} + 2p\dot{y} + qy = 0$ 的通解
两个不相等的实根 r_1, r_2	$y = c_1 e^{r_1 x} + c_2 e^{r_2 x}$
两个相等的实根 $r_1 = r_2$	$y = (c_1 + c_2 x) e^{r_1 x}$
一对共轭复根 $r_{1,2} = \alpha \pm i\beta$	$y = e^{\alpha x}(c_1 \cos\beta x + c_2 \sin\beta x)$

三、拉氏变换

在数学中,为了把较复杂的运算转化为较简单的运算,常常采取一种变换手段。例如数量的乘积或商可以通过对数变换变成对数的和或差,然后再取反对数,即得到原来数量的乘积或

商。该方法的实质就是把较复杂的乘除运算通过对数变换化为较简单的加减运算。所谓**积分变换**(integral transform),就是通过积分运算,把一个函数变成另一个函数的变换,一般是含有参变量 α 的积分

$$F(\alpha)=\int_a^b f(t)K(t,\alpha)\,dt \tag{附录 1-12}$$

它的实质就是把某函数类 A 中的函数 $f(t)$ 通过上述积分的运算变成另一函数类 B 中的函数 $F(\alpha)$, 这里 $K(t,\alpha)$ 是一个确定的二元函数,称为**积分变换的核**。当选取不同的积分域和变换核时,就得到不同名称的积分变换。例如 Fourier 变换、Laplace 变换(即拉氏变换)、Mellin 变换、Hankel 变换、Hilbert 变换等。

设函数 $f(t)$ 当 $t\geqslant 0$ 时有定义,而且积分

$$\int_0^{+\infty} f(t)e^{-st}dt,(s\text{ 是一个复参量}) \tag{附录 1-13}$$

在 s 的某一域内收敛,则由此积分所确定的函数可写成

$$F(s)=\int_0^{+\infty} f(t)e^{-st}dt \tag{附录 1-14}$$

我们称公式(附录 1-14)为函数 $f(t)$ 的**拉普拉斯变换式**,简称**拉氏变换**(Laplace transform)。记为

$$F(s)=L[f(t)] \tag{附录 1-15}$$

$F(s)$ 称为 $f(t)$ 的**拉氏变换**(或称为**象函数**)。

若 $F(s)$ 是 $f(t)$ 的拉氏变换,则称 $f(t)$ 为 $F(s)$ 的**拉氏逆变换**(inverse Laplace transform),或称为**象原函数**,记为

$$f(s)=L^{-1}[f(t)] \tag{附录 1-16}$$

下面将介绍拉氏变换的几个基本性质,它们在拉氏变换的实际应用中都是很有用的。

(1) 线性性质　若 α,β 是常数,

$$L[f_1(t)]=F_1(s),L[f_2(t)]=F_2(s) \tag{附录 1-17}$$

则有

$$\left.\begin{aligned}L[\alpha f_1(t)+\beta f_2(t)]&=\alpha L[f_1(t)]+\beta L[f_2(t)]\\L^{-1}[\alpha F_1(s)+\beta F_2(s)]&=\alpha L^{-1}[F_1(s)]+\beta L^{-1}[F_2(s)]\end{aligned}\right\} \tag{附录 1-18}$$

(2) 微分性质　若

$$L[f(t)]=F(s) \tag{附录 1-19}$$

则有

$$L[f'(s)]=sF(s)-f(0) \tag{附录 1-20}$$

推论:若 $L[f(t)]=F(s)$, 则有

$$L[f^{(n)}(t)]=s^nF(s)-s^{n-1}f(0)-s^{n-2}f'(0)-f^{(n-1)}(0) \tag{附录 1-21}$$

特别地,当初值 $f(0)=f'(0)=\cdots=f^{(n-1)}(0)=0$ 时,有

$$L[f'(t)]=sF(s),L[f''(t)]=s^2F(s),\cdots,L[f^{(n)}(t)]=s^nF(s) \tag{附录 1-22}$$

此性质使我们有可能将 $f(t)$ 的微分方程转化为 $F(s)$ 的代数方程,因此它对分析线性系统有着重要的作用。

(3) 积分性质　若 $L[f(t)] = F(s)$，则

$$L\left[\int_0^t f(t)\,\mathrm{d}t\right] = \frac{1}{s}F(s) \qquad (附录 1-23)$$

(4) 位移性质　若 $L[f(t)] = F(s)$，则

$$L[\mathrm{e}^{at}f(t)] = F(s-a) \qquad (附录 1-24)$$

(5) 若 $L[f(t)] = F(s)$，又 $t < 0$ 时 $f(t) = 0$，则对于任一非负实数 τ，有

$$L[f(t-\tau)] = \mathrm{e}^{-s\tau}F(s) \text{ 或 } L^{-1}[\mathrm{e}^{-s\tau}F(s)] = f(t-\tau) \qquad (附录 1-25)$$

(6) 初值定理　若 $L[f(t)] = F(s)$，且 $\lim\limits_{s\to\infty} sF(s)$ 存在，则

$$\lim_{t\to 0} f(t) = \lim_{s\to\infty} sF(s) \text{ 或 } f(0) = \lim_{s\to\infty} sF(s) \qquad (附录 1-26)$$

(7) 终值定理　若 $L[f(t)] = F(s)$，且 $sF(s)$ 的所有起点全在 s 平面的左半部，则

$$\lim_{t\to+\infty}[f(t)] = \lim_{s\to 0} sF(s) \text{ 或写为 } f(+\infty) = \lim_{s\to 0} sF(s) \qquad (附录 1-27)$$

四、正交矩阵

定义　设 V 是一个非空集合，K 是一个数域。又设

(1) 在 V 中定义了一种运算，称为**加法**。即对 V 中任意两个元素 $\boldsymbol{\alpha}$ 与 $\boldsymbol{\beta}$，都按某一法则对应于 V 内唯一确定的一个元素，记之为 $\boldsymbol{\alpha}+\boldsymbol{\beta}$；

(2) 在 V 中定义了一种运算，称为**数乘**。即对 V 中任意元素 $\boldsymbol{\alpha}$ 和数域 K 中任意数 k，都按某一法则对应于 V 内唯一确定的一个元素，记之为 $k\boldsymbol{\alpha}$。

且满足下面的八条运算规则：

(1) $\boldsymbol{\alpha}+(\boldsymbol{\beta}+\boldsymbol{\gamma}) = (\boldsymbol{\alpha}+\boldsymbol{\beta})+\boldsymbol{\gamma}$；

(2) $\boldsymbol{\alpha}+\boldsymbol{\beta} = \boldsymbol{\beta}+\boldsymbol{\alpha}$；

(3) 存在一个元素 $0 \in V$，使对一切 $\boldsymbol{\alpha} \in V$，有

$$\boldsymbol{\alpha} + 0 = \boldsymbol{\alpha} \qquad (附录 1-28)$$

此元素称为 V 的**零元素**；

(4) 对任一 $\boldsymbol{\alpha} \in V$ 都存在 $\boldsymbol{\beta} \in V$，使

$$\boldsymbol{\alpha} + \boldsymbol{\beta} = 0 \qquad (附录 1-29)$$

$\boldsymbol{\beta}$ 称为 $\boldsymbol{\alpha}$ 的一个**负元素**；

(5) 对数域中数 1，有 $1 \cdot \boldsymbol{\alpha} = \boldsymbol{\alpha}$；

(6) 对任意 $k, l \in K, \boldsymbol{\alpha} \in V$，有

$$(kl)\boldsymbol{\alpha} = k(l\boldsymbol{\alpha}) \qquad (附录 1-30)$$

(7) 对任意 $k, l \in K, \boldsymbol{\alpha} \in V$，有

$$(k+l)\boldsymbol{\alpha} = k\boldsymbol{\alpha} + l\boldsymbol{\alpha} \qquad (附录 1-31)$$

(8) 对任意 $k \in K, \boldsymbol{\alpha}, \boldsymbol{\beta} \in V$，有

$$k(\boldsymbol{\alpha}+\boldsymbol{\beta}) = k\boldsymbol{\alpha} + k\boldsymbol{\beta} \qquad (附录 1-32)$$

则称 V 是数域 K 上的一个**线性空间**(linear space),又称**向量空间**(vector space)。

定义 一个集合到自身的一个映射称为该集合的一个**变换**。对于矩阵方程 $\boldsymbol{AX}=\boldsymbol{B}$,把 $\boldsymbol{X}$ 看作在 K^n 内变换的 n 维向量(现在把 K^n 中的向量写成列的形式),那么 $\boldsymbol{AX}$ 就确定出从 K^n 到 K^n 自身的一个映射,它将 X 映射为 $\boldsymbol{AX}$。

定义 设 V 是数域 K 上的一个线性空间, T 为 V 内的一个变换(即 V 到自身的一个映射),满足如下条件:

(1) 对任意 $\boldsymbol{\alpha},\boldsymbol{\beta}\in V$, 有 $T(\boldsymbol{\alpha}+\boldsymbol{\beta})=T(\boldsymbol{\alpha})+T(\boldsymbol{\beta})$;

(2) 对任意 $\boldsymbol{\alpha}\in V$, 任意 $k\in K$, 有 $T(k\boldsymbol{\alpha})=kT(\boldsymbol{\alpha})$,

则称 T 是线性空间 V 的一个**线性变换**(linear transformation)。

定义 设 $\boldsymbol{\alpha}_1,\boldsymbol{\alpha}_2,\cdots,\boldsymbol{\alpha}_n$ 是数域 K 上 n 维线性空间 V 的一组基, T 是 V 的线性变换。则基 $\boldsymbol{\alpha}_1,\boldsymbol{\alpha}_2,\cdots,\boldsymbol{\alpha}_n$ 的像 $T(\boldsymbol{\alpha}_1),T(\boldsymbol{\alpha}_2),\cdots,T(\boldsymbol{\alpha}_n)$ 可由基 $\boldsymbol{\alpha}_1,\boldsymbol{\alpha}_2,\cdots,\boldsymbol{\alpha}_n$ 线性表示

$$\begin{cases}T(\boldsymbol{\alpha}_1)=a_{11}\boldsymbol{\alpha}_1+a_{21}\boldsymbol{\alpha}_2+\cdots+a_{n1}\boldsymbol{\alpha}_n\\T(\boldsymbol{\alpha}_2)=a_{12}\boldsymbol{\alpha}_1+a_{22}\boldsymbol{\alpha}_2+\cdots+a_{n2}\boldsymbol{\alpha}_n\\\qquad\cdots\\T(\boldsymbol{\alpha}_n)=a_{1n}\boldsymbol{\alpha}_1+a_{2n}\boldsymbol{\alpha}_2+\cdots+a_{nn}\boldsymbol{\alpha}_n\end{cases}\tag{附录1-33}$$

用矩阵表示,即为

$$\begin{aligned}T[\boldsymbol{\alpha}_1,\ \boldsymbol{\alpha}_2,\ \cdots,\ \boldsymbol{\alpha}_n]&=[T(\boldsymbol{\alpha}_1),\ T(\boldsymbol{\alpha}_2),\ \cdots,\ T(\boldsymbol{\alpha}_n)]\\&=[\boldsymbol{\alpha}_1,\ \boldsymbol{\alpha}_2,\ \cdots,\ \boldsymbol{\alpha}_n]\boldsymbol{A}\end{aligned}\tag{附录1-34}$$

式中

$$\boldsymbol{A}=\begin{bmatrix}a_{11}&a_{12}&\cdots&a_{1n}\\a_{21}&a_{22}&\cdots&a_{2n}\\\vdots&\vdots&\ddots&\vdots\\a_{n1}&a_{n2}&\cdots&a_{nn}\end{bmatrix}\tag{附录1-35}$$

是 $n\times n$ 阶矩阵。称矩阵 $\boldsymbol{A}$ 为**线性变换 T 在基** $\boldsymbol{\alpha}_1,\boldsymbol{\alpha}_2,\cdots,\boldsymbol{\alpha}_n$ 下的矩阵。

定义 设 V 是实数域 $\Re$ 上的线性空间。如果 V 内任意两个向量 $\boldsymbol{\alpha},\boldsymbol{\beta}$ 都按一个法则对应于 $\Re$ 内一个唯一确定的实数,这个实数称作**内积**(inner product),记作 $(\boldsymbol{\alpha},\boldsymbol{\beta})$, 且要求内积 $(\boldsymbol{\alpha},\boldsymbol{\beta})$ 运算满足下列条件:

(1) 对任意 $k_1,k_2\in\Re$ 和任意 $\boldsymbol{\alpha}_1,\boldsymbol{\alpha}_2,\boldsymbol{\beta}\in V$, 有

$$(k_1\boldsymbol{\alpha}_1+k_2\boldsymbol{\alpha}_2,\boldsymbol{\beta})=k_1(\boldsymbol{\alpha}_1,\boldsymbol{\beta})+k_2(\boldsymbol{\alpha}_2,\boldsymbol{\beta})\tag{附录1-36}$$

(2) 对任意 $\boldsymbol{\alpha}_1,\boldsymbol{\alpha}_2\in V$, 有

$$(\boldsymbol{\alpha},\boldsymbol{\beta})=(\boldsymbol{\beta},\boldsymbol{\alpha})\tag{附录1-37}$$

(3) 对任意 $\boldsymbol{\alpha}\in V$, 有 $(\boldsymbol{\alpha},\boldsymbol{\alpha})\geqslant 0$, 且 $(\boldsymbol{\alpha},\boldsymbol{\alpha})=0$ 的充分必要条件是 $\boldsymbol{\alpha}=0$。

定义 定义了内积的实数域上线性空间称为**欧几里得空间,简称欧氏空间**。

定义 对任意 $\boldsymbol{\alpha}\in V$, 定义 $|\boldsymbol{\alpha}|=\sqrt{(\boldsymbol{\alpha},\boldsymbol{\alpha})}$ 称为 $\boldsymbol{\alpha}$ 的**长度或模**。$|\boldsymbol{\alpha}|=1$ 时, $\boldsymbol{\alpha}$ 称为**单位向量**(unit vector)。

定义 如果 $(\boldsymbol{\alpha},\boldsymbol{\beta})=0$, 则称 $\boldsymbol{\alpha}$ 与 $\boldsymbol{\beta}$ **正交**,记作 $\boldsymbol{\alpha}\perp\boldsymbol{\beta}$。

定义 n 维欧氏空间 V 中 n 个两两正交的单位向量 $\boldsymbol{e}_1,\boldsymbol{e}_2,\cdots,\boldsymbol{e}_n$ 称为 V 的一组**标准正交基**(orthonormal basis)。

定义 设 $\Re$ 上一个 n 阶方阵 $\boldsymbol{A}$ 满足 $\boldsymbol{A}^{\mathrm{T}}\boldsymbol{A}=\boldsymbol{A}\boldsymbol{A}^{\mathrm{T}}=\boldsymbol{E}$，亦即 $\boldsymbol{A}^{\mathrm{T}}=\boldsymbol{A}^{-1}$，则称 $\boldsymbol{A}$ 为**正交矩阵**(orthogonal matrices)。显然有 $|\boldsymbol{A}|=1$。

定义 设 T 是欧氏空间 V 中的一个线性变换，且对任意 $\boldsymbol{\alpha},\boldsymbol{\beta}\in V$，有 $(T\boldsymbol{\alpha},T\boldsymbol{\beta})=(\boldsymbol{\alpha},\boldsymbol{\beta})$，即 T 表示内积不变，则称 T 是一个**正交变换**(orthogonal transformation)。

定理 设 T 是 n 维欧氏空间 V 内的一个线性变换，则下列命题互相等价：

(1) T 是正交变换；

(2) 对任意 $\boldsymbol{\alpha}\in V$，有 $[T(\boldsymbol{\alpha}),T(\boldsymbol{\alpha})]=(\boldsymbol{\alpha},\boldsymbol{\alpha})$，即 T 表示向量的长度不变；

(3) 若 $\boldsymbol{e}_1,\boldsymbol{e}_2,\cdots,\boldsymbol{e}_n$ 是 V 的一组标准正交基，则 $T(\boldsymbol{e}_1),T(\boldsymbol{e}_2),\cdots,T(\boldsymbol{e}_n)$ 也是 V 的一组标准正交基；

(4) T 在 V 的某一组标准正交基下的矩阵是正交矩阵，即若 $\boldsymbol{e}_1,\boldsymbol{e}_2,\cdots,\boldsymbol{e}_n$ 是 V 的一组标准正交基，且 $T[\boldsymbol{e}_1,\boldsymbol{e}_2,\cdots,\boldsymbol{e}_n]=[\boldsymbol{e}_1,\boldsymbol{e}_2,\cdots,\boldsymbol{e}_n]A$，则 A 是正交矩阵。

$\Re^2$ 和 $\Re^3$ 中旋转变换都是正交变换。

例如，设 T 是 $\Re^2$ 的逆时针 θ 的线性变换，$\boldsymbol{e}_1=(1,0)^{\mathrm{T}}$，$\boldsymbol{e}_2=(0,1)^{\mathrm{T}}$ 是 $\Re^2$ 的一组基。求 T 在这组基下的矩阵。

由附录图 1-1 易知

$$\begin{aligned}T(\boldsymbol{e}_1)&=\cos\theta\boldsymbol{e}_1+\sin\theta\boldsymbol{e}_2\\T(\boldsymbol{e}_2)&=-\sin\theta\boldsymbol{e}_1+\cos\theta\boldsymbol{e}_2\end{aligned}\tag{附录 1-38}$$

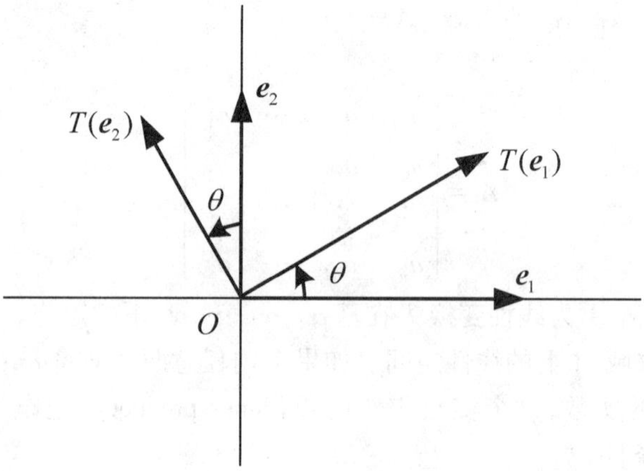

附录图 1-1 旋转变换

因此有

$$T[\boldsymbol{e}_1,\boldsymbol{e}_2]=[\boldsymbol{e}_1,\boldsymbol{e}_2]\begin{bmatrix}\cos\theta & -\sin\theta\\ \sin\theta & \cos\theta\end{bmatrix}=[\boldsymbol{e}_1,\boldsymbol{e}_2]\boldsymbol{A}\tag{附录 1-39}$$

可见，线性变换 T 在基 $\boldsymbol{e}_1,\boldsymbol{e}_2$ 下的矩阵 $\boldsymbol{A}$ 就是正交矩阵，这种线性变换是一种旋转变换。

附录 2 自动控制原理基础

所谓**自动控制**，是指在没有人直接参与的情况下，利用外加的设备或装置（称**控制装置**或**控制器**），使机器、设备或生产过程（统称**被控对象**）的某个工作状态或参数（即**被控量**）自动地按照预定的规律运行。

一、反馈控制的原理

为了实现各种复杂的控制任务，首先要将被控对象和控制装置按照一定的方式连接起来，组成一个有机总体，这就是**自动控制系统**。在自动控制系统中，被控对象的输出量，即被控量是要求严格加以控制的物理量，它可以要求保持为某一恒定值，例如温度、压力、液位等，也可以要求按照某个给定规律运行，例如飞行航迹、记录曲线等；而控制装置则是对被控对象施加控制作用的机构的总体，它可以采用不同的原理和方式对被控对象进行控制，但最基本的一种是基于反馈控制原理组成的反馈控制系统。

在反馈控制系统中，控制装置对被控对象施加的控制作用，是取自被控量的反馈信息，用来不断修正被控量的偏差，从而实现对被控对象进行控制的任务，这就是**反馈控制**的原理。

通常，我们把将输出量送回到输入端，并与输入信号相比较产生偏差信号的过程称为反馈。若反馈的信号是与输入信号相减，使产生的偏差越来越小，则称为**负反馈**；反之，则称为**正反馈**。反馈控制就是利用负反馈并利用偏差进行控制的过程，而且都引入了被控量的反馈信息，整个控制过程成为闭合的，因此反馈控制也称**闭环控制**。

二、自动控制系统的基本要求

自动控制理论是研究自动控制共同规律的一门学科。尽管自动控制系统有不同的类型，对每个系统也都有不同的特殊要求，但对于各类系统来说，在已知系统的结构和参数时，我们感兴趣的都是系统在某种典型输入信号下，其被控量变化的全过程。

（1）稳定性

稳定性是保证控制系统正常工作的先决条件。一个稳定的控制系统，其控制量偏离期望值的初始偏差应随时间的增长逐渐减小或趋近零。具体来说，对于稳定的恒值控制系统，被控量因扰动而偏离期望值后，经过一个过渡时间，被控量应恢复到原来的期望值状态；对于稳定的随动系统，被控量应能始终跟踪参据量的变化。反之，不稳定的控制系统，其被控量偏离期望值的初始偏差将随时间的增长而发散，因此，不稳定的控制系统无法实现预定的任务。

（2）快速性

为了很好地完成控制任务，控制系统仅仅满足稳定性是不够的，还必须对其过渡过程的形式和快慢提出要求，一般称为动态性能。例如，对用于稳定航向的自动驾驶仪系统，当飞机受阵风扰动而偏离预定航线时，具有自动使飞机恢复预定航线的能力，但在恢复过程中，如果机身摇晃幅度过大，或恢复速度过快，就会使乘员感到不适。因此对控制系统过渡过程的时间（即快速性）和最大振荡幅度（即超调量）一般都有具体要求。

(3)准确性

理想情况下,当过渡过程结束后,被控量达到的稳定值(即平衡状态)应与期望值一致。但实际上,由于系统结构、外作用形式以及摩擦、间隙等非线性因素的影响,被控量的稳态值与期望值之间会有误差存在,称为稳态误差。稳态误差是衡量控制系统控制精度的重要标志,在技术指标中一般都有具体要求。

三、典型外作用

在工程实践中,自动控制系统承受的外作用形式多种多样,既有确定性外作用,又有随机性外作用。对不同形式的外作用,系统被控量的变化情况(即响应)各不相同,为了便于用统一的方法研究和比较控制系统的性能,通常选用几种确定性函数作为典型外作用。目前,在控制工程设计中常用的典型外作用函数有阶跃函数、斜坡函数、脉冲函数以及正弦函数等确定性函数,此外还有伪随机函数。

(1)阶跃函数

阶跃函数的数学表达式为

$$f(t)=\begin{cases}0, & t<0\\ R, & t\geq 0\end{cases} \tag{附录 2-1}$$

式(附录 2-1)表示一个在 $t=0$ 时,出现的幅值为 R 的阶跃变换函数,如附录图 2-1 所示。在实际系统中,这意味着 $t=0$ 时,突然加到系统上一个负值不变的外作用。幅值 $R=1$ 的阶跃函数,称为**单位阶跃函数**,用 $1(t)$ 表示,幅值为 R 的阶跃函数便可表示为 $f(t)=R\cdot 1(t)$。在任意时刻 t_0 出现的阶跃函数可表示为 $f(t-t_0)=R\cdot 1(t-t_0)$。在控制系统的分析设计工作中,一般将阶跃函数作用下系统的响应特性作为评价系统动态性能指标的依据。

(2)斜坡函数

斜坡函数的数学表达形式为

$$f(t)=\begin{cases}0, & t<0\\ Rt, & t\geq 0\end{cases} \tag{附录 2-2}$$

式(附录 2-2)表示在 $t=0$ 时刻开始,以恒定速率 R 随时间而变化的函数,如附录图 2-2 所示。

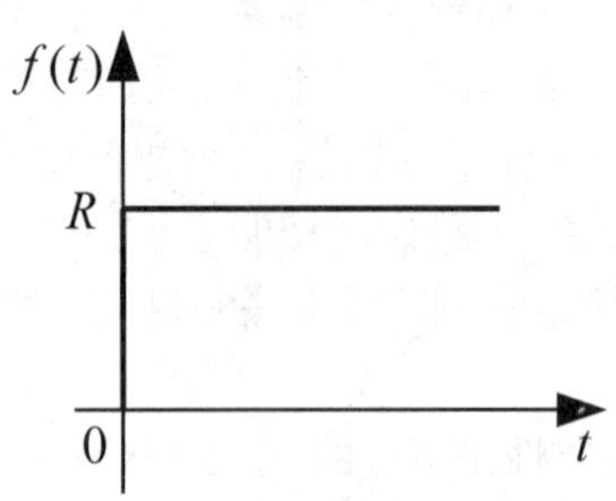

附录图 2-1 阶跃函数

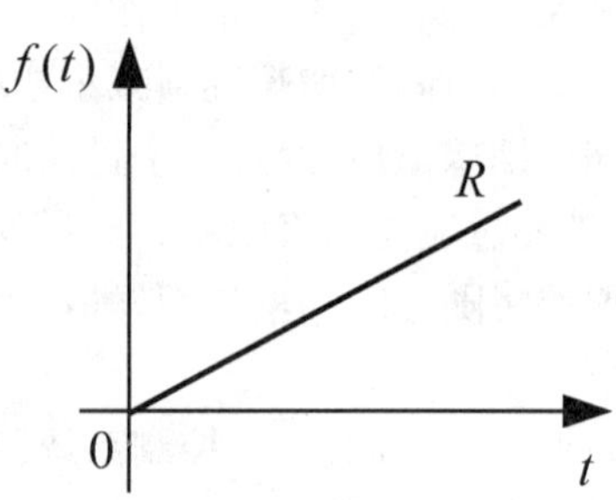

附录图 2-2 斜坡函数

(3)脉冲函数

脉冲函数的定义为

$$f(t)=\lim_{t_0\to 0}\frac{A}{t_0}[1(t)-1(t-t_0)] \qquad (附录 2-3)$$

式中：$A/t_0[1(t)-1(t-t_0)]$ 是由两个阶跃函数合成的**脉动函数**，其面积 $A=(A/t_0)t_0$，如附录图 2-3(a)所示。当宽度 t_0 趋于零时，脉动函数的极限便是**脉冲函数**，它是一个宽度为零、幅值为无穷大、面积为 A 的极限脉冲，如附录图 2-3(b)所示。脉冲函数的强度通常用其面积表示。面积 $A=1$ 的脉冲函数称为**单位脉冲函数或 δ 函数**；强度为 A 的脉冲函数可以表示为 $f(t)=A\delta(t)$。在 t_0 时刻出现的单位脉冲函数则表示为 $\delta(t-t_0)$。

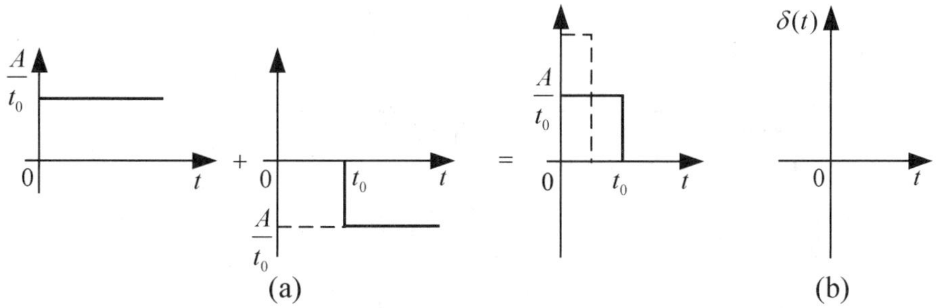

附录图 2-3 脉动函数和脉冲函数

(4)正弦函数

正弦函数的数学表达式为

$$f(t)=A\sin(\omega t-\varphi) \qquad (附录 2-4)$$

式中：A 为正弦函数的振幅，$\omega=2\pi f$ 是正弦函数的频率，φ 为初始相角。

四、线性系统时间响应的性能指标

为了评价线性系统时间响应的性能指标，需要研究控制系统在典型输入信号作用下的时间响应过程。在典型输入信号作用下，任何一个控制系统的时间响应都由动态过程和稳态过程两部分组成。

1. 动态过程

动态过程又称**过渡过程**或**瞬态过程**，是指系统在典型输入信号作用下，系统输出量从初始状态到最终状态的响应过程。动态过程除提供系统稳定性的信息外，还可以提供响应速度及阻尼情况等信息。这些信息用**动态性能**描述。通常，在阶跃函数下测定或计算系统的动态性能。一般认为，阶跃输入对系统来说是最严峻的工作状态。如果系统在阶跃函数作用下的动态性能满足要求，那么系统在其他形式的函数作用下，其动态性能也是令人满意的。

描述稳定的系统在单位阶跃函数作用下，动态过程随时间 t 变化状况的指标，称为**动态性能指标**。为了便于分析和比较，假定系统在单位阶跃输入信号作用前处于静止状态，而且输出量及其各阶导数均等于零。对于大多数控制系统来说，这种假设是符合实际情况的。对于附录图 2-4 所示单位阶跃响应 $h(t)$，其动态性能指标通常为：

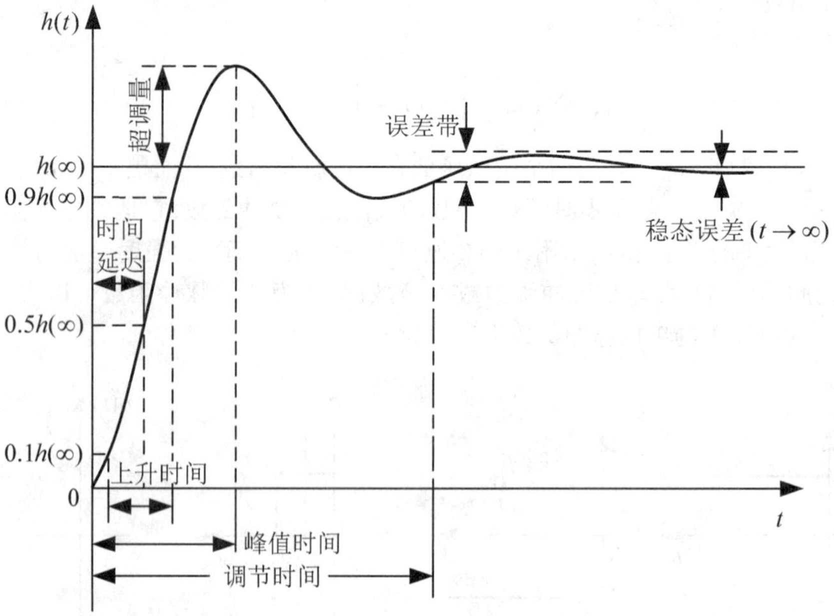

附录图 2-4　单位阶跃响应

(1) **延迟时间**(delay time, t_d),是指响应曲线第一次达到其终值一半所需的时间。

(2) **上升时间**(rise time, t_r),是指响应从终值 10% 上升到终值 90% 所需的时间;对于有振荡的系统,亦可定义为响应从零第一次上升到终值所需的时间。上升时间是系统响应速度的一种度量。上升时间越短,响应速度越快。

(3) **峰值时间**(peak time, t_p),是指响应超过其终值到达第一个峰值所需的最短时间。

(4) **调节时间**(settling time, t_s),是指响应到达并保持在终值±5%内所需的时间。有时也用终值的±2%误差范围来定义调节时间。

(5) **超调量**(peak overshoot, $\sigma\%$),是指响应的最大偏离量 $h(t_p)$ 与终值 $h(\infty)$ 之差的百分比,即

$$\sigma\% = \frac{h(t_p) - h(\infty)}{h(\infty)} \times 100\% \qquad (附录 2-5)$$

若 $h(t_p) < h(\infty)$,则无超调。超调量亦称为**最大超调量**,或**百分比超调量**。

上述五个性能指标,基本上可以体现系统动态过程的特征。在实际应用中,常用的动态性能指标多为上升时间、调节时间和超调量。通常,用 t_r 和 t_p 评价系统的响应速度;用 $\sigma\%$ 评价系统的阻尼程度;而 t_s 是同时反应响应速度和阻尼程度的综合性指标。

2. 稳态过程

稳态过程是指系统在典型输入信号作用下,当时间 t 趋于无穷时,系统输出量的表现方式。稳态过程又称**稳态响应**,表征系统输出量最终复现输入量的程度,提供系统有关稳态误差的信息,用**稳定性能**描述。

稳态误差(steady-state error)是描述系统稳态性能的一种性能指标,通常在阶跃函数、斜坡函数或加速度函数作用下进行测定或计算。若时间趋于无穷时,系统的输出量不等于输入量

或输入量的确定函数,则系统存在稳态误差。

$$e_{ss}=\lim_{t\to\infty}[r(t)-h(t)] \tag{附录 2-6}$$

稳态误差是系统控制精度或抗扰动能力的度量。

五、传递函数

动态系统可以用微分方程为工具,通过直接求解微分方程或讨论微分方程本身在时间域内进行描述。另外也可以用 Laplace 变换建立数学模型,称为传递函数。在这种方法中,自变量不是时间,而是 Laplace 变换中的复数变量 s。可以把 s 称为**复频率**。所以这种建筑在 Laplace 变换和传递函数基础上的描述方法也称为**频率域方法**。简单地说,时间域描述方法以时间 t 为自变量,频率域描述方法以复频率 s 为自变量。

设某动态系统只有一个输入量 $u(t)$,只有一个输出量 $y(t)$,并设这个系统可用如下线性微分方程描述

$$\begin{aligned}&a_n\frac{\mathrm{d}^{(n)}y}{\mathrm{d}t^n}+a_{n-1}\frac{\mathrm{d}^{(n-1)}y}{\mathrm{d}t^{n-1}}+\cdots+a_1\frac{\mathrm{d}y}{\mathrm{d}t}+a_0y\\&=b_m\frac{\mathrm{d}^{(m)}u}{\mathrm{d}t^m}+b_{m-1}\frac{\mathrm{d}^{(m-1)}u}{\mathrm{d}t^{m-1}}+\cdots+b_1\frac{\mathrm{d}u}{\mathrm{d}t}+b_0u\end{aligned} \tag{附录 2-7}$$

式中:$n\geqslant1, m\geqslant0; a_n\neq0, b_m\neq0$。假设 $u(t)$ 和 $y(t)$ 以及它们的各阶导数在 $t=0^-$ 时刻的初值都是 0。对上式两端取 Laplace 变换,得到

$$\begin{aligned}&a_ns^nY(s)+a_{n-1}s^{n-1}Y(s)+\cdots+a_1sY(s)+a_0Y(s)\\&=b_ms^mU(s)+b_{m-1}s^{m-1}U(s)+\cdots+b_1sU(s)+b_0U(s)\end{aligned} \tag{附录 2-8}$$

令

$$G(s)=\frac{Y(s)}{U(s)} \tag{附录 2-9}$$

则有

$$G(s)=\frac{b_ms^m+b_{m-1}s^{m-1}+\cdots+b_1s+b_0}{a_ns^n+a_{n-1}s^{n-1}+\cdots+a_1s+a_0} \tag{附录 2-10}$$

称 $G(s)$ 为这个动态系统的**传递函数**(transfer function)。一个线性动态系统的传递函数是零初值条件下输出量的 Laplace 变换像函数与输入量的 Laplace 变换像函数之比。由于系统是线性的,所以传递函数不因输入量函数或输出量函数而异。

传递函数 $G(s)$ 是以 s 为自变量的函数。这里 s 就是 Laplace 变换所用的复变量

$$s=\sigma+j\omega \tag{附录 2-11}$$

式中:σ 和 ω 都是实数。我们称 s 为**复频率**,称 s 的虚部 ω 为**(角)频率**。所以 $G(s)$ 是一个复变函数。它具有复变函数理论所阐明的一切性质。容易看出,传递函数包含了微分方程的全部系数。所以它是与微分方程这种数学模型相通的。

六、线性系统的状态空间描述

用状态方程组描述动态系统,是现代时间域控制理论学派(状态空间学派)的一种基本手段。表征系统运动的信息称为**状态**。在描述系统运动的所有变量中,必定可以找到数目最少

的一组变量，它们已经足以描述系统的全部运动，这组变量就称为**状态变量**。所谓足以描述系统的全部运动，是指只要确定了这组变量在某一初始时刻 $t = t_0$ 的值，并且确定了从这一初始时刻起（$t \geqslant t_0$）的输入量函数，则对象的全部变量在此刻和此后（$t \geqslant 0$）的运动都唯一确定了。

任何一组状态变量总可以看成一个列向量，称为**状态向量**。一般说，一个对象的状态向量可用 n 维列向量 $\boldsymbol{x}$ 表示。$\boldsymbol{x}$ 的各分量 $x_1, x_2, \cdots, x_n$ 就是状态变量，其中维数 n 是自然数。

一个对象的状态向量是一个变量列向量。一个 n 维状态变量所取的每一个值就是一个 n 维的实数列向量。有时我们就把状态向量所取的每一个值称为对象的一个状态，并把状态向量的变化称为状态的变化。我们认为状态的每个分量（即每个状态变量）在从 $-\infty$ 到 $+\infty$ 的范围内可以任意取值。因此所有 n 维状态的全体也就是 n 实数列向量的全体。任意两个状态的和仍是一个状态，所得仍是一个状态。这样，所有的 n 维状态的全体就构成实数域上的 **n 维状态空间**。每个状态就是这个状态空间中的一个向量。因此又常把一个状态叫作“状态向量”。

状态向量是状态空间控制理论的基本概念。在状态空间控制理论中适用状态方程来描述系统的运动。**状态方程**的主要特征是：(1) 在全部受控量中，只选择一组状态变量来列写方程，其他受控变量不进入方程；(2) 状态方程须写成标准形式。线性状态方程的标准形式是

$$\dot{\boldsymbol{x}} = \boldsymbol{A}\boldsymbol{x} + \boldsymbol{B}\boldsymbol{u} \qquad \text{（附录 2-12）}$$

式中：$\boldsymbol{x}$ 是 n 维状态向量，$\boldsymbol{u}$ 是 l 维输入向量，系统矩阵 $\boldsymbol{A}$ 是 $n \times n$ 系数矩阵，输入矩阵 $\boldsymbol{B}$ 是 $n \times l$ 系数矩阵。

$$\boldsymbol{x} = \begin{bmatrix} x_1 \\ x_2 \\ \vdots \\ x_n \end{bmatrix}, \boldsymbol{A} = \begin{bmatrix} a_{11} & a_{12} & \cdots & a_{1n} \\ a_{21} & a_{22} & \cdots & a_{2n} \\ \vdots & \vdots & \ddots & \vdots \\ a_{n1} & a_{n2} & \cdots & a_{nn} \end{bmatrix}, \boldsymbol{B} = \begin{bmatrix} b_{11} & b_{12} & \cdots & b_{1l} \\ b_{21} & b_{22} & \cdots & b_{2l} \\ \vdots & \vdots & \ddots & \vdots \\ b_{n1} & b_{n2} & \cdots & b_{nl} \end{bmatrix}, \boldsymbol{u} = \begin{bmatrix} u_1 \\ u_2 \\ \vdots \\ u_l \end{bmatrix}$$

如果把上式展开写出，就是

$$\begin{aligned} \dot{x}_1 &= a_{11}x_1 + a_{12}x_2 + \cdots a_{1n}x_n + b_{11}u_1 + b_{12}u_2 + \cdots + b_{1l}u_l \\ \dot{x}_2 &= a_{21}x_1 + a_{22}x_2 + \cdots a_{2n}x_n + b_{21}u_1 + b_{22}u_2 + \cdots + b_{2l}u_l \\ &\cdots \\ \dot{x}_n &= a_{n1}x_1 + a_{n2}x_2 + \cdots a_{nn}x_n + b_{n1}u_1 + b_{n2}u_2 + \cdots + b_{nl}u_l \end{aligned} \qquad \text{（附录 2-13）}$$

同样，我们也可以把对象的各个输入量看成一个列向量，称为**输入向量**，用 l 维列向量 $\boldsymbol{u}$ 表示；把对象的各个输出量也看成一个列向量，称为**输出向量**，用 m 维列向量 y 表示，维数 l, m 和 n 可以不同。除了状态方程外，还需要列出输出方程，以说明输出向量与输入向量和状态向量之间的关系。输出向量可以一般地表示为输入向量与状态向量的线性组合，所以输出方程的标准形式是

$$\boldsymbol{y} = \boldsymbol{C}\boldsymbol{x} + \boldsymbol{D}\boldsymbol{u} \qquad \text{（附录 2-14）}$$

式中：$\boldsymbol{y}$ 是 m 维输出向量，输出矩阵 $\boldsymbol{C}$ 是 $m \times n$ 系数矩阵，前馈矩阵 $\boldsymbol{D}$ 是 $m \times l$ 系数矩阵。如果把上式展开写出，就是

$$\boldsymbol{y}=\begin{bmatrix} y_1 \\ y_2 \\ \vdots \\ y_m \end{bmatrix},\boldsymbol{C}=\begin{bmatrix} c_{11} & c_{12} & \cdots & c_{1n} \\ c_{21} & c_{22} & \cdots & c_{2n} \\ \vdots & \vdots & \ddots & \vdots \\ c_{m1} & c_{m2} & \cdots & c_{mn} \end{bmatrix},\boldsymbol{D}=\begin{bmatrix} d_{11} & d_{12} & \cdots & d_{1l} \\ d_{21} & d_{22} & \cdots & d_{2l} \\ \vdots & \vdots & \ddots & \vdots \\ d_{m1} & c_{m2} & \cdots & d_{ml} \end{bmatrix},\boldsymbol{u}=\begin{bmatrix} u_1 \\ u_2 \\ \vdots \\ u_l \end{bmatrix}$$

附录3 牛顿运动定律

研究物体为什么做这样或那样的运动的力学称为**动力学**。牛顿(Isaac Newton,1642—1727)首先在他的1687年出版的名著《自然哲学的数学原理》一书中,提出了三条定律作为动力学的基础,这三条定律统称**牛顿运动定律**(Newton's law of motion)。以牛顿运动定律为基础建立起来的力学理论叫作**牛顿力学**(Newtonian mechanics)。

一、参考系

力学是研究物体的机械运动规律的。物体的机械运动是指它的位置随时间的改变。位置总是相对的,这就是说任何物体的位置总是相对于其他物体或物体系来确定的。这个其他物体或物体系叫作确定物体位置时用的**参考系**(frame of reference)。例如,确定交通车辆的位置时,我们用固定在地面上的一些物体,如房子或路牌作参考系,这样的参考系通常叫地面参考系。

经验告诉我们,相对于不同的参考系,同一物体的运动,会表现为不同的形式。例如,一个自由下落的石块的运动,在地面参考系中观察,它是直线运动。如果在近旁驶过的车厢内观察,即以行进的车厢为参考系,则石块将做曲线运动。物体运动的形式随参考系的不同而不同,这个事实叫**运动的相对性**。由于运动的相对性,当我们描述一个物体的运动时,就必须指明是相对哪个参考系来说的。

确定参考系之后,为了定量地说明一个质点相对于此参考系的位置,就在此参考系上建立固定的坐标系。最常用的坐标系是笛卡尔直角坐标系。这个坐标系以参考系中某一固定点为原点 O,从此原点沿三个相互垂直的方向引三条固定的直线作为坐标轴,通常分别叫作 x,y,z 轴。在这样的坐标系中,一个质点在任意时刻的位置,就可以用三个坐标值 (x,y,z) 来表示。

二、惯性系

我们知道,运动的描述是相对的。对于不同的参考系,同一物体的运动形式可以不同。尽管如此,相对于任意参考系,运动的描述都是有意义的。因而如果问题只涉及运动的描述,那是完全可以根据研究问题的方便任意选择坐标系的。但是,如果问题涉及运动和力的关系,即要应用牛顿运动定律时,是否也可以任意选择坐标系呢?

先看两个例子。站台上停着一辆小车,相对于地面参考系进行分析,小车在停着,加速度为零。这是因为作用在它上的力相互平衡,即合力为零的缘故,这符合牛顿运动定律。如果从加速起动的列车车厢内观察这辆小车,即相对于做加速运动的车厢参考系来分析小车的运动,将发现小车向车尾方向做加速运动。它受力的情况并无改变,合力仍然是零。合力为零而有了加速度,这是违背牛顿运动定律的。因此,相对于做加速运动的车厢参考系,牛顿运动定律是不成立的。

再看附录图3-1。一个水平的木制圆盘绕其中心竖直轴匀速运动。在盘上 $r = 20$ cm 处放一小铁块。由于铁块和圆盘间存在静摩擦力,故而当圆盘转速不超过一定数值时,铁块将随圆盘一起绕圆盘的中心竖直轴匀速运动。从地面参考系看来,铁块做圆周运动,有法向加速

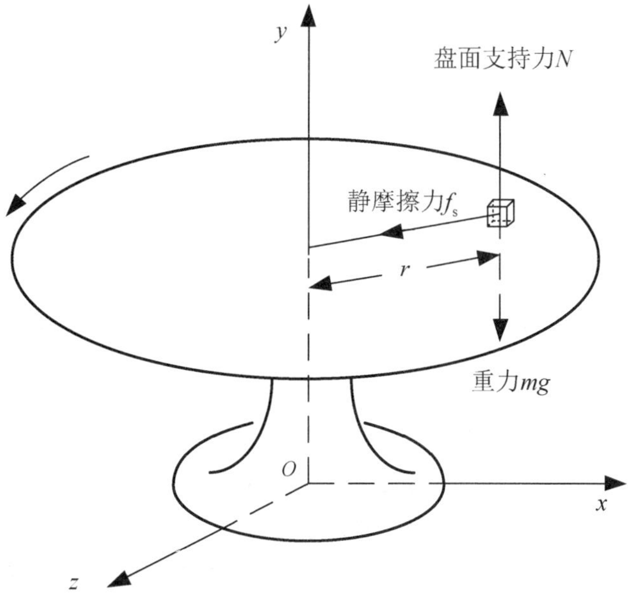

附录图 3-1 铁块随圆盘运动

度。这是因为它受到盘面的静摩擦力作用,这符合牛顿运动定律。但是相对于转盘参考系来说,即站在圆盘上观察,铁块总保持静止,因而加速度为零。可是这时它依然受着静摩擦力的作用。合力不为零,可是没有加速度,这也是违背牛顿运动定律的。因此,相对于转盘参考系,牛顿运动定律也是不成立的。

这样我们就知道,对有些参考系牛顿定律成立,对另一些参考系牛顿定律不成立。实际上,牛顿定律只有在惯性坐标系中才成立。**惯性参考系**(简称**惯性系**)就是用牛顿第一定律定义的参考系,在此参考系中观察,一个不受力作用的物体将保持静止或匀速直线运动状态不变。

惯性系有一个重要的性质,即:如果我们确认了某一参考系为惯性系,则相对此参考系做匀速直线运动的任何其他参考系也一定是惯性系。这是因为如果一个物体不受力作用时相对于那个原始惯性系静止或做匀速直线运动,则在任何相对于这个"原始"惯性系做匀速直线运动的参考系观测,该物体也必然做匀速直线运动(尽管速度不同)或静止。这也是在不受力作用的情况下发生的。因此根据定义,后者也是惯性系。

反过来我们也可以说,相对于一个已知惯性系做加速运动的参考系,一定不是惯性参考系,或者说是一个非惯性系。

然而,并非任何参考系都是惯性系。具体判断一个实际的参考系是不是惯性系,只能根据试验观察。太阳参考系,即原点固定在太阳中心而各坐标轴指向固定方向(以恒星为基准)的参考系(附录图 3-2 中 $Oxyz$ 坐标系),是个很好的惯性系。这就是因为行星或宇宙飞行器的运动完全由牛顿定律支配(这里的作用力主要是万有引力或火箭的推进力)。地心参考系是原点固定在地球中心而坐标轴指向固定方向(以恒星为基准)的参考系(如附录图 3-2 中的 $O'x'y'z'$)。由于地球绕太阳公转,所以这个参考系不是惯性系,但地球相对于参考系的法向加速度甚小,约为 6×10^{-2} m/s^2,不到地球上重力加速度的千分之一,所以地心参考系可以近似地当作惯性系看待。初步研究人造地球卫星运动时,就可以应用地心参考系。

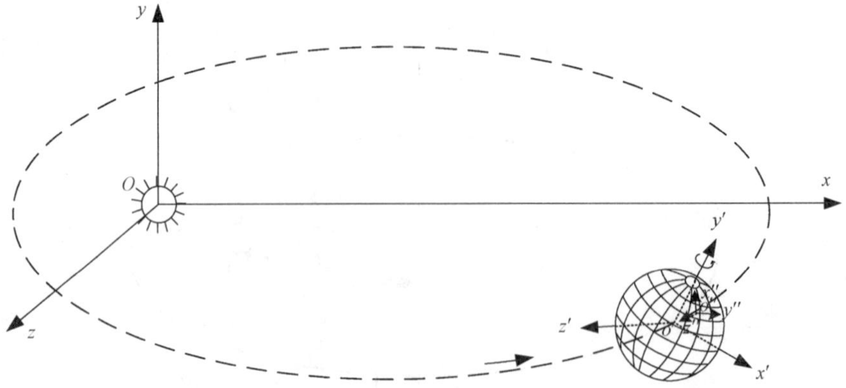

附录图 3-2　参考系示意图

地面参考系是坐标轴固定在地面上的参考系(附录图 3-2 中的 $O''x''y''z''$)。由于地球围绕自己的轴相对于地心参考系不断地自转,所以地标参考系也不是惯性系。但由于地面上各处相对于地心参考系的法向加速度最大不超过 3.4×10^{-2} m/s^2(在赤道上),所以地面参考系也可以近似地当惯性系看待。在一般工程技术问题中,都相对于地面参考系描述物体的运动和应用牛顿定律,得出的结论也都足够准确地符合实际,就是这个缘故。对于一般力学现象来说,地面参考系是一个足够精确的惯性系。

至于前面提到的加速运动的车厢或旋转的圆盘,由于它们相对于地面参考系有明显的加速度,所以不能再当惯性系看待,相对于它们,也就不能直接运用牛顿定律了。

三、惯性力

在实际问题中常常需要在非惯性系中观察和处理物体的运动现象。在这种参考系中,牛顿定律是不成立的。但是为了方便起见,我们也常常形式地利用牛顿第二定律分析问题,为此我们引入惯性力的概念。

首先让我们讨论加速平动参考系的情况。设有一质点,质量为 m, 相对于某一惯性系 S, 它在实际的外力 F 作用下产生加速度 a, 根据牛顿第二定律有:

$$F = ma \qquad \text{(附录 3-1)}$$

设想另一参考系 S', 相对于惯性系 S 以加速度 a_0 平动。在 S' 参考系中,质点的加速度是 a'。由运动的相对性可知:

$$a = a' + a_0 \qquad \text{(附录 3-2)}$$

将式(附录 3-2)代入式(附录 3-1)可得

$$F = m(a' + a_0) = ma' + ma_0 \qquad \text{(附录 3-3)}$$

或者写成

$$F + (-ma_0) = ma' \qquad \text{(附录 3-4)}$$

式(附录 3-4)说明,质点受的合外力 F 并不等于 ma', 因此牛顿定律在参考系 S' 中不成立。但是如果我们认为在 S' 系中观察时,除了实际的外力 F 外,质点还受到一个大小和方向由 $(-ma_0)$ 表示的力,并将此力也计入合力之内,则式(附录 3-4)就可以形式上理解为:在 S' 系内观测,质点所受的合外力也等于它的质量和加速度的乘积。因而,也就可以在形式上应用牛顿第二定律了。

为了在非惯性系中形式地应用牛顿第二定律而必须引入的力叫作**惯性力**。由式(附录3-4)可知,在加速平动参考系中,它的大小等于质点的质量和此非惯性系相对于惯性系的加速度的乘积,而方向与此加速度的方向相反。以 F_0 表示惯性力,则有

$$F_0 = -ma_0 \qquad (附录3\text{-}5)$$

引进了惯性力,在非惯性系中我们就有了下述牛顿第二定律的形式

$$F + F_0 = ma' \qquad (附录3\text{-}6)$$

式中:F 是实际存在的各种力,它们是物体之间相互作用的表现,其本质都可以归结为四种基本的自然力。惯性力 F_0 只是参照系的非惯性运动的表现形式,或者说是物体的惯性在非惯性系中的表现。它不是物体间的相互作用,也没有反作用力。因此惯性力又称作**虚拟力**。

下面让我们再讨论转动参考系。我们在这里只讨论一种简单的情况。仍用附录图 3-1 中所示的例子,一个铁块静止在一个转盘上。对于铁块相对于地面参照系的运动,牛顿第二定律给出

$$f_s = ma_n = -mr\omega^2\hat{r} \qquad (附录3\text{-}7)$$

式中:m 为铁块的质量,r 为铁块至转盘中心的距离,ω 为转盘转动的角速度,$\hat{r}$ 为由圆心沿半径向外的单位矢量。此式也可以写成

$$f_s + mr\omega^2\hat{r} = 0 \qquad (附录3\text{-}8)$$

站在圆盘上观察,即相对于转动的圆盘参考系,铁块是静止的,加速度 $a' = 0$。如果还要套用牛顿第二定律,则必须认为铁块除了受到静摩擦力这个"真实的"力以外,还受到一个惯性力或虚拟力 F_0 和它平衡。这样相对于圆盘参考系,应该有

$$f_s + F_0 = 0 \qquad (附录3\text{-}9)$$

将式(附录 3-8)和式(附录 3-9)对比,可得

$$F_0 = mr\omega^2\hat{r} \qquad (附录3\text{-}10)$$

这个惯性力的方向与 $\hat{r}$ 的方向相同,即沿着圆的半径向外。因此它叫惯性离心力。这是在转动参考系中观察到的一种惯性力。实际上当我们坐汽车拐弯时,我们体验到的被甩向弯道外侧的"力",就是这种惯性力。

由于惯性离心力和在惯性系中观察到的向心力大小相等,方向相反,所以常有人(特别是那些把惯性离心力简称为离心力的人们)把惯性离心力认为是向心力的反作用力,这是一种误解。首先,向心力作用在运动物体上使之产生向心加速度。惯性离心力,如上所述,也是作用在运动物体上。既然它们作用在同一物体上,因而不是相互作用,所以谈不上作用和反作用。再者,向心力是真实力(或它们的合力)作用的表现,它可能有真实的反作用力。附录图 3-3 中的铁块受到的向心力(即盘面对它的静摩擦力 f_s)的反作用力是铁块对盘面的静摩擦力。在向心力为合力的情况下,各个分力也都有相应的真实的反作用力,但因为这些反作用力作用在不同物体上,所以向心力谈不上有一个合成的反作用力。但惯性离心力是虚拟力,它只是运动物体的惯性在转动坐标系中的表现,它没有反作用力,因此也不能说向心力和它是一对作用力和反作用力。

四、转动惯量

刚体定轴转动定律 刚体所受的对于某一固定转轴的合外力矩等于刚体对此转轴的转动惯量与刚体在此合外力作用下所获得的角加速度的乘积。

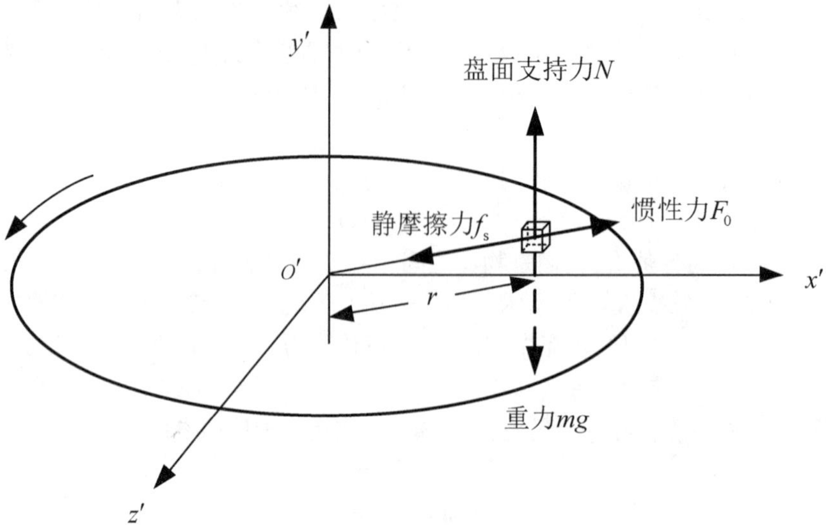

附录图 3-3　在转盘坐标系上观察

转动惯量(moment of inertia),又称**惯性矩**、**惯性力矩**,通常以 I 表示,SI 单位为 kg · m²,它表示刚体在转动过程中表现出来的惯性。

对于一个质点,转动惯量按下式计算

$$I = mr^2 \tag{附录 3-11}$$

式中: m 是其质量, r 是质点和转轴的垂直距离。对于有多个质点的系统,

$$I = \sum_{i=1}^{N} m_i r_i^2 \tag{附录 3-12}$$

若该系统由刚体组成,可以用无限个质点的转动惯量和,即用积分计算其转动惯量。

转动惯量的平行移轴定理　如果一个质量为 m 的物件,以某条经过 A 点的直线为轴,其转动惯量为 I_A。在空间取点 B, 使得 AB 垂直于原本的轴。那么如果以经过 B 、平行于原来轴的直线为轴, AB 的距离为 d, 则

$$I_B = I_A + md^2 \tag{附录 3-13}$$

对于三维空间中任意一参考点 Q 与以此参考点为原点的直角坐标系 $Qxyz$, 一个刚体的惯性张量 $\boldsymbol{I}$ 是

$$\boldsymbol{I} = \begin{bmatrix} I_{xx} & I_{xy} & I_{xz} \\ I_{yx} & I_{yy} & I_{yz} \\ I_{zx} & I_{zy} & I_{zz} \end{bmatrix} \tag{附录 3-14}$$

式中:对角元素 I_{xx}, I_{yy}, I_{zz} 分别为对于 x 轴、y 轴、z 轴的惯性矩。设定 (x, y, z) 为微小质量 dm 对于点 Q 的相对位置。则这些惯性矩,可以精简地用方程式定义为

$$I_{xx} = \int y^2 + z^2 \mathrm{d}m \tag{附录 3-15}$$

$$I_{yy} = \int x^2 + z^2 \mathrm{d}m \tag{附录 3-16}$$

$$I_{zz} = \int x^2 + y^2 \mathrm{d}m \tag{附录 3-17}$$

而对非对角元素，称为**惯性积**，可以定义为

$$I_{xy} = I_{yx} = -\int xy\mathrm{d}m \qquad (附录3\text{-}18)$$

$$I_{xz} = I_{zx} = -\int xz\mathrm{d}m \qquad (附录3\text{-}19)$$

$$I_{yz} = I_{zy} = -\int yz\mathrm{d}m \qquad (附录3\text{-}20)$$

附录 4　机翼理论

机翼是飞机的一个主要组成部分，它是具有一定界面形状的流线体。机翼问题起源于飞机的机翼，机翼的升力用以平衡飞机的重力，机翼和机身的阻力则由飞机发动机产生的推力来克服。随后，机翼问题发展为与流体做相对运动时，流体作用于物体上流体动力的普遍问题。在船舶动力学中的水下或水上船体、螺旋桨、稳定鳍、舵等都是特定的机翼问题。物体在空气中运动时为**空气动力**（aerodynamic force），在水中则为**水动力**（hydrodynamic force），统称为**流体动力**（fluid dynamic）。

一、流线和流管

流线（flow line）是一条曲线，在某一瞬时，这一曲线上所有空间点的流体速度均与此线相切，因而流线能十分清晰地表明流场中各点速度的方向（如附录图 4-1 所示）。如果在同一瞬间，在流场中画出许多流线，那么流场中的流动情况就一目了然了。对于定常流动，由于空间点的速度不随时间改变，所以流线的形状保持不变，而且流体的质点将沿着流线运动。即在定常流动中流线与流体质点的轨迹线重合。在一般情况下，通过一空间点在给定瞬时只能作出一条流线，因为在同一点上不可能有几个流动方向，所以流线一般不能相交和转折。只有速度为零的点上流线才可能相交，通常把此点称为**驻点**。流线的疏密程度可以大致反映出流场内各点速度的相对大小，流线稠密处速度大，稀疏处速度小。

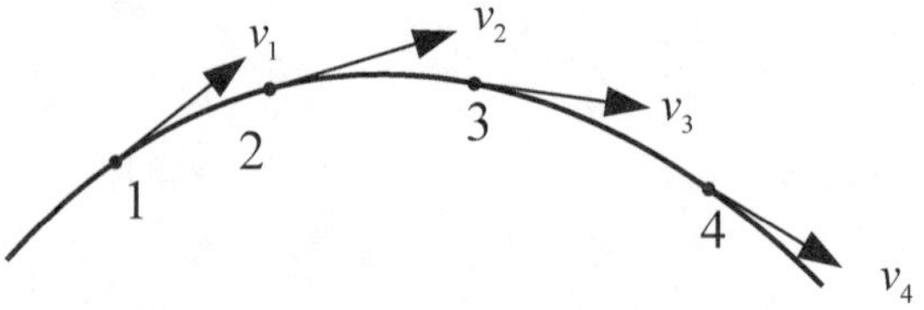

附录图 4-1　流线

在流场中作一条本身不是流线又不相交的封闭曲线，通过这条曲线上各点的流线所构成的管状表面称为**流管**（如附录图 4-2 所示）。在定常流动中，流线的形状是不随时间而变化的，因此流管的形状和位置也是不随时间改变的。流管内的流束将沿着流管流动，所以流管可以看作为真实的管子。

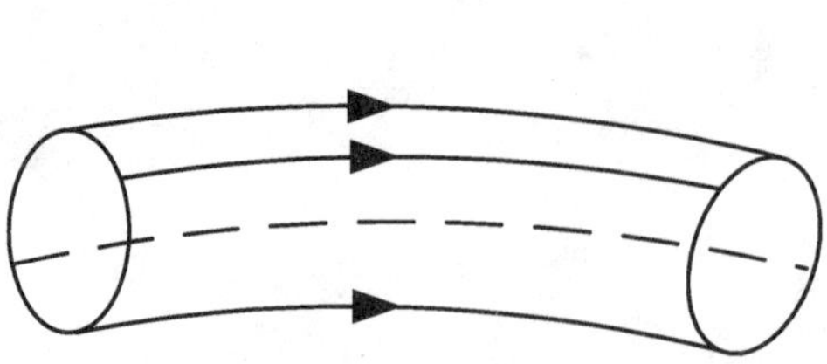

附录图 4-2　流管

二、伯努利方程

伯努利方程对流体力学有重大意义,它建立了微小流管(或流线)上流体的压力、速度及位置高度之间的关系。**伯努利方程**具有如下形式:

$$Z+\frac{p}{\rho g}+\frac{v^2}{2g}=H \qquad (附录 4\text{-}1)$$

$$\rho gZ+p+\frac{1}{2}\rho v^2=C \qquad (附录 4\text{-}2)$$

式中:ρ 为流体密度;g 为重力加速度;Z 为流管中某点的高度;p 为流管中某点的压强;v 为流管中某点的流速;H 和 C 为常量。伯努利方程的应用条件是理想不可压缩流体,质量力仅是重力的定常流动。在一般情况下,常量 H 是流线常量,即伯努利方程必须沿某一条流线才成立,不同流线上的 H 值可能不同。但进一步的研究表明,在无旋流动的条件下,伯努利方程在全流场适用,即常量 H 适用于全场。

在高度 Z 一定的情况下,由伯努利定理可知,流体在一个管道中流动时,流速大的地方压力小,流速小的地方压力大。该原理也可通过下述简单的试验直观地观察到。双手将一张薄纸的一端靠近下嘴唇,另一端自然垂下,沿纸的上方水平吹气,结果手中的纸条会向上飘起来。如附录图 4-3 所示,当纸的上方的空气流动起来之后,纸也随之漂浮起来,这是由于吹气时纸片上方空气的流速大,压强变小,下方较大的压强把纸片"举"起来了。如果吹出的气越快,纸条会向上飘得越高,由此说明气流越快则压强越小。

附录图 4-3 验证伯努利定理的吹纸试验

从式(附录 4-1)可见,方程中的每一项都表示单位重量流体的某种能量(也称**比能**)。单位重量的流体,当其位置高度为 Z 时,其位能是 Z。由压力做功可知,单位重量流体的压力能为 $p/(\rho g)$。单位质量流体的质量为 $1/g$,故其动能为 $v^2/(2g)$。故而伯努利方程的物理意义可表述如下:在质量力只有重力作用的不可压缩理想流体的定常流动中,任一根流线上所有各点的单位重量流体的动能、位能和压力能之和(总机械能)为一常量。

三、机翼参数

机翼的截面形状称为**翼型**,翼型的周线称为**型线**。翼型一般都是圆头尖尾的流线型。翼型的几何参数有:

(1)翼展:机翼垂直于来流 V 方向的长度称为**翼展**(span),以 l (length)表示,如附录图 4-4 所示。

(2)中线:翼型内切圆圆心的连线称为翼型的**中线**,如附录图 4-5 所示。

(3)翼弦:翼型中线与型线的两个交点分别称为**前缘点**和**后缘点**,这两点的连线称为**翼弦**(chord),其长度称为**弦长**,以 b (breadth)表示,如附录图 4-5 所示。

(4)展弦比:翼展与弦长之比称为**展弦比**(aspect ratio),以 λ 表示。

(5)弯度:中线与翼弦之间的距离(与翼弦垂直)称为**弯度**,以 f 表示。最大弯度与弦长之比称为**相对弯度** $\bar{f} = f/b$ 。当 $f = 0$ 时,翼弦与中线重合,称为**对称翼型**。

(6)厚度:翼型中内切圆的直径称为**厚度**,以 t 表示。最大厚度 t (附录图 4-5 中内切圆直径 d)与弦长之比 $\bar{t} = t/b$, 称为**相对厚度**,也称**厚度比**(thickness ratio)。

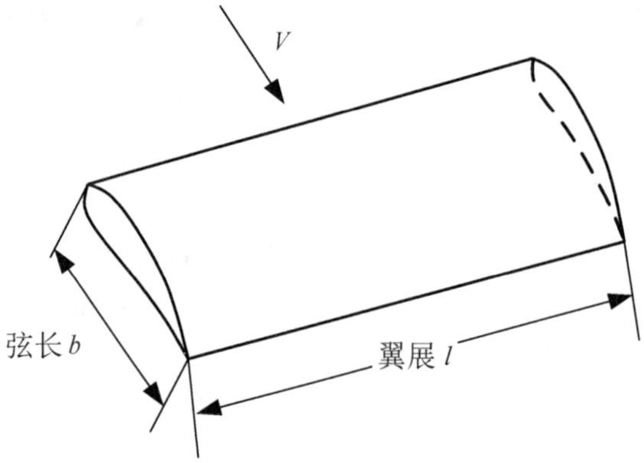

附录图 4-4　机翼

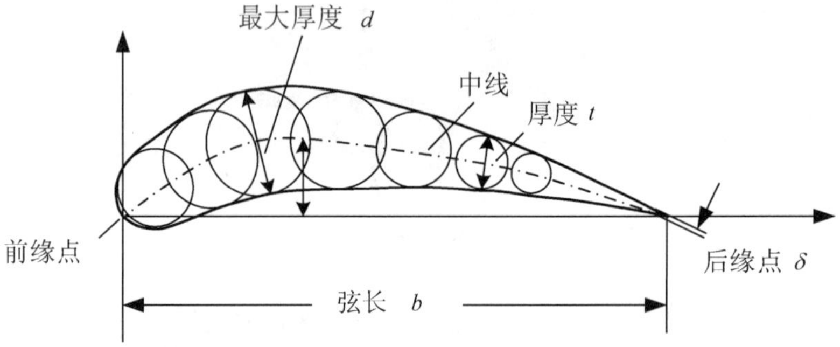

附录图 4-5　翼型参数

机翼的气动参数有:

(1)几何冲角:来流 V 方向与翼弦之间的夹角称为**几何冲角**(attack angle 或 angle of incidence),以 α 表示。冲角在翼弦以下为正值,以上为负值。

(2)零升力角:如果在某一个几何冲角下,机翼的升力恰好等于零,则这时的来流方向称为**零升力方向**,而对应的几何冲角称为**零升力冲角**(zero-lift angle 或 no lift angle),以 α_0 表示,一般 $\alpha_0 = 1° \sim 2°$, 对称翼型 $\alpha_0 = 0°$。

(3)流体动力冲角(angle of attack):如果以零升力角为参考方向,则来流方向与零升力方

向的夹角称为**流体动力冲角**,以 α_0 表示,根据附录图 4-6,显然有

$$\alpha_a = \alpha - \alpha_0 \quad (附录 4-3)$$

式中:α_0 为负值。

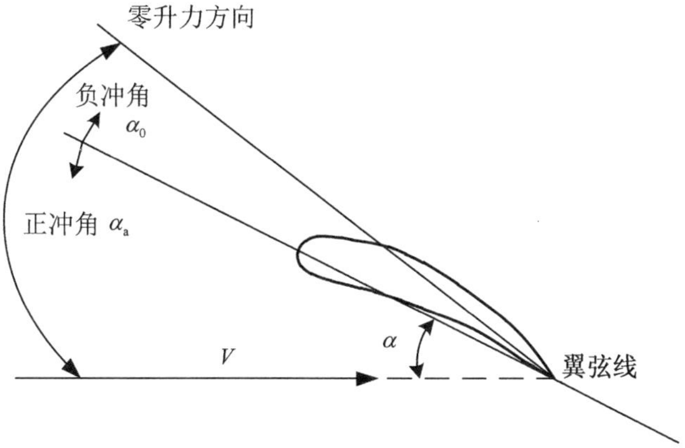

附录图 4-6 翼弦的冲角

四、机翼升力

将一个对称翼型(如船体和舵叶)的机翼放在烟风洞中观察,冲角为零时,其流动特点是:流体流过机翼时,流线变密,流速加大,压强降低。机翼前部分叉处为前驻点,在该点流速为零。由于流动的对称性,故机翼垂直于来流方向没有作用力,即升力为零,如附录图 4-7(a)所示。当机翼的冲角不为零时,机翼上部流线变得更密,而下部变稀,即上面流速大,而下面流速小,如附录图 4-7(b)所示。根据伯努利方程,则上面压强小,而下面压强大,于是上下两表面总压力不平衡,产生了向上的压力差,即升力。冲角越大,上面和下面流线稀密的程度相差越大,压力差越大,因而升力越大。当冲角继续增大时,尾部产生了旋涡区[如附录图 4-7(c)所示],并且随着冲角的增大,该旋涡区域还向机翼前部扩大。当冲角增至某一确定值 α_s(也称作**失速角**,stalling angle),旋涡区过于扩大,于是产生剧烈的振动,同时升力迅速降低,阻力急剧增加[如附录图 4-7(d)所示],这种现象称为**失速现象**。对于非对称翼型(如螺旋桨的叶剖面),当冲角为零时,流动图形仍然是不对称的,所以仍然有升力,而且翼型不同,产生的升力值也不同。

当气流绕过机翼时,作用在机翼上有两个分力:其一与来流方向垂直,称为**升力**(lift force),以 L 表示;另一与来流方向平行,阻止物体运动,称为**阻力**(drag force),以 D 表示。飞机靠着升力克服重力在空中保持平衡,而飞机发动机则是将牵引力的一部分克服阻力使飞机加速前进。人们总是力图使机翼有最大的升力和最小的阻力。升力和阻力可表示为

$$\begin{cases} L = \dfrac{1}{2}\rho S u^2 C_L \\ D = \dfrac{1}{2}\rho S u^2 C_D \end{cases} \quad (附录 4-4)$$

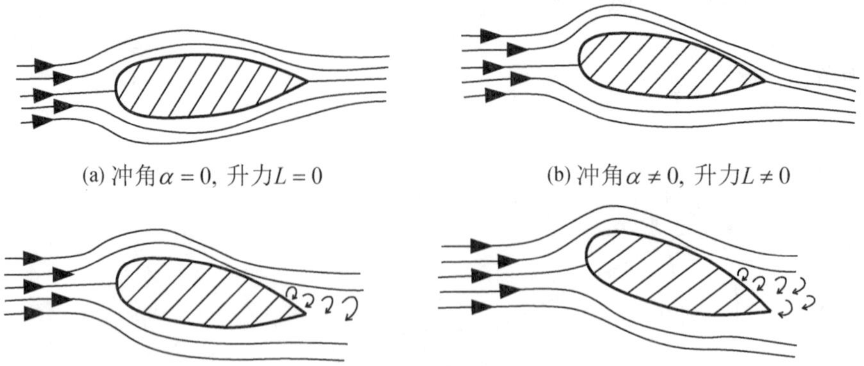

(a) 冲角$\alpha=0$, 升力$L=0$　(b) 冲角$\alpha\neq 0$, 升力$L\neq 0$

(c) 冲角$\alpha\uparrow$, 升力$L\uparrow$　(d) 冲角=α_s, 阻力$D\uparrow$, 升力$L\downarrow$

附录图 4-7　机翼升力产生的原因

式中:ρ ——流体密度;

S ——机翼的投影面积, $S=bl$;

u ——机翼与流体的相对速度;

C_L ——升力系数;

C_D ——阻力系数。

附录5 船体主要要素

船体形状对于船舶的性能(特别是航行性能)有很大的影响。在研究船舶性能之前,首先要了解船体形状(船体外形曲面)的定义和表示方法,即船体主要要素的定义及船体外形的图形表示方法。

船体主要要素——主尺度、船形系数和尺度比,是表示船体大小、形状、肥瘦程度的几何参数,这些参数对于船舶设计、建造、使用和分析性能十分有用。

船体外形可用投影到三个相互垂直的基本平面来表示。这三个基本投影平面称为**主坐标平面**(principal coordinate planes),如附录图5-1所示。它们分别是:

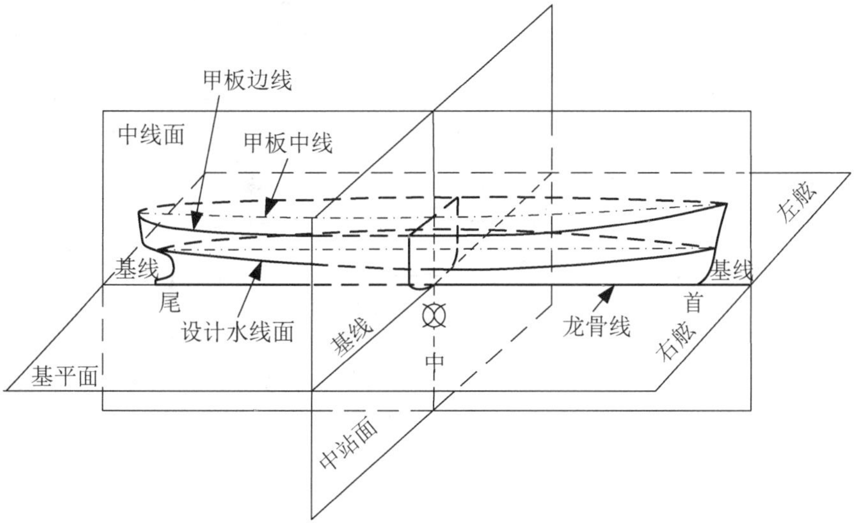

附录图5-1 三个相互垂直的基准面

(1) **中线面**(center line plane)——通过船宽中央的纵向垂直平面。它把船体分为左右两部分,在极大多数情况下中线面也是船体的对称面。

(2) **中站面**(midstation plane)——通过船长(垂线间长或设计水线长)中点(常用符号⊗表示)的横向垂直平面。它把船体分为首尾两部分。

(3) **基平面**——通过中线面交线上的船底板上缘平行于设计水线面的平面。它与中线面、中站面相互垂直。基平面与中线面的交线称为**基线**。

船体外形曲线与中线面的截面称为**中纵剖面**(longitudinal section in center plane),与中站面的截面称为**中横剖面**(midship section)。船体外形曲面与位于基平面以上设计吃水处并与基平面平行的截面称为**设计水面**(design water level)。

一、主尺度

船舶大小可由船长、型宽、型深和吃水等**主尺度**(principal dimensions)来度量,这些特征尺度的定义如附录图5-2所示。

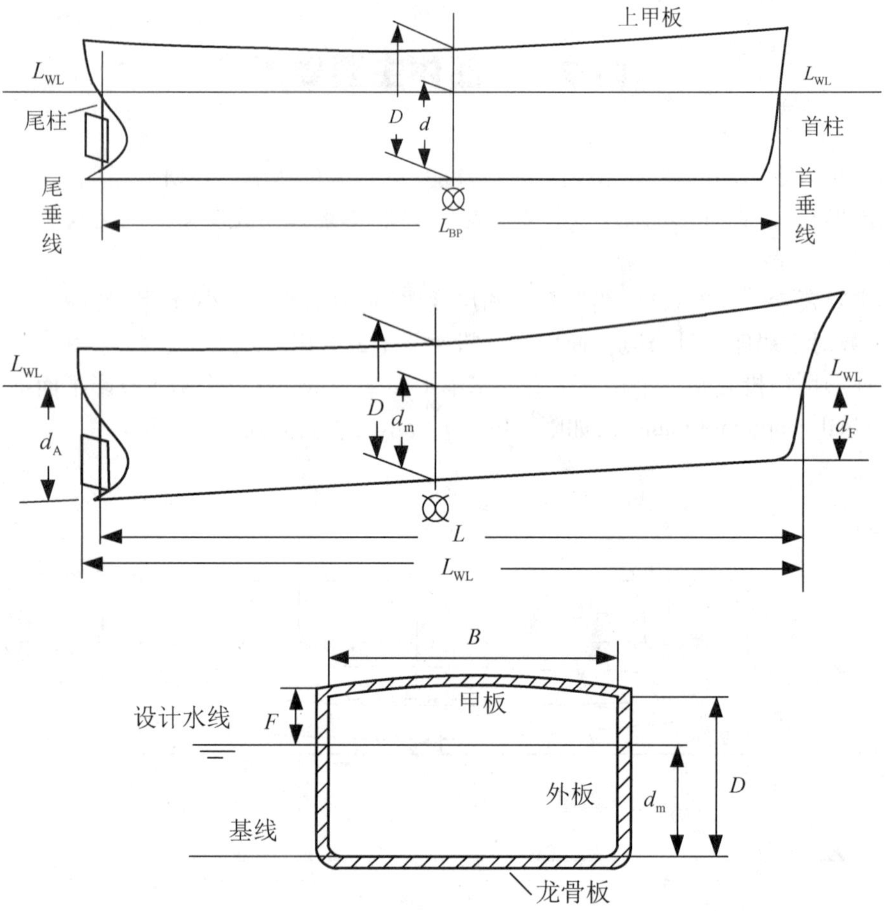

附录图 5-2　特征尺度

(1) 通常选用的**船长**(ship length, L)有三种,即总长、垂线间长和设计水线长。

总长(length overall, L_{OA})是指自船首最前端至船尾最后端的水平距离。

垂线间长(length between perpendiculars, L_{PP} 或 L_{BP}),又称**两柱间长**:首垂线与尾垂线之间的水平距离。**首垂线**(forward perpendicular)是通过设计水线与首柱前缘的交点所作的垂线(垂直于设计水线面);**尾垂线**(after perpendicular)一般在舵柱的后缘,如无舵柱,则取在舵杆的中心线上。军舰通常以通过尾轮廓和设计水线交点的垂线作为尾垂线。一般情况下,如无特殊说明,习惯上所说的船长常指垂线间长。

设计水线长(designed waterline length, L_{WL})是指设计水线在首柱前缘和尾柱后缘之间的水平距离。

在船舶静水力性能计算中一般采用垂线间长 L_{PP},在分析阻力性能时常用设计水线长 L_{WL},而在船进坞、靠码头或通过船闸时应注意它的总长 L_{OA}。

(2) **型宽**(molded breadth, B)是指船体两侧型表面(不包括船体外板厚度)之间垂直于中线面的水平距离,一般指中横剖面设计水线处的宽度。最大船宽是指包括外板和伸出两舷的永久性固定突出物如护舷材、舷伸甲板等在内,并垂直于中线面的最大水平距离。

(3) **型深**(molded depth, D)是指在上甲板边线最低点处,自龙骨板上表面(即基线)至上甲板边线的垂直距离。通常,甲板边线的最低点在中横剖面处。

(4) **吃水**(draft, d)是指基线至设计水线的垂直距离。船舶吃水有首吃水、尾吃水及平均吃水,当不指明时,是指平均吃水,即

$$d = \frac{d_F + d_A}{2} \quad (附录 5-1)$$

式中:d 为平均吃水,也就是中横剖面处的吃水 d_m;d_F 为首吃水,沿首垂线自设计水线至龙骨线的延长线之间的距离;d_A 为尾吃水,沿尾垂线自设计水线至龙骨线的延长线之间的距离。

(5) **干舷**(freeboard, F)是指在船侧中横剖面处自设计水线至上甲板边板上表面的垂直距离。因此,干舷 F 等于型深 D 与吃水 d 之差再加上甲板及其敷料的厚度。

各类船舶的主尺度数据如附录表 5-1 所示。

附录表 5-1　各类船舶的主尺度数据

船型	船名	两柱间长	型宽	吃水	排水量
渔船	辽渔 18①	83	15.6	4.4	3 492
滚装船	天鹅②	120	20.5	5.7	7 286
杂货船	育龙	126	20.8	8	14 635
散货船	华铜海③	221.8	31.8	13	74 348
航空母舰	尼米兹号④	317	40.8	11.3	91 487
集装箱船	Knud Maersk⑤	318	42.8	12	94 925.6
油船	大阪号	325	53	22.05	219 400

二、船型系数

船型系数(coefficients of form)是表示船体水下部分面积或体积肥瘦程度的无因次系数,这些系数对分析船型和船舶性能等有很大的用处。

(1) **水线面系数**(waterline coefficient, C_{wp})是指与基平面相平行的任一水线面 A_w 与由船长 L、型宽 B 所构成的矩形面积之比,如附录图 5-3(a)所示,即

$$C_{wp} = \frac{A_w}{LB} \quad (附录 5-2)$$

它的大小表示水线面的肥瘦程度。通常情况下 C_{wp} 指设计水线面系数。

(2) **中横剖面系数**(midship section coefficient, C_m)是指中横剖面在水线以下的面积 A_m 与由型宽 B、吃水 d 所构成的矩形面积之比,如附录图 5-3(b)所示,即

$$C_m = \frac{A_m}{Bd} \quad (附录 5-3)$$

① 隶属辽宁省大连海洋渔业集团公司,船长 93.5 米,船重 2 998 总吨,大型拖网加工船,集捕捞和加工于一身,年捕鱼加工量可达 1.5 万余吨。

② 隶属中海客轮有限公司大连海运(集团)公司,7 988 总吨位,1 100 个客位,可装载小汽车 150 辆,航速为 16 节。

③ 巴拿马型散装船,6.5 万载重吨,由日本建造,1980 年由广远从挪威购回,后改名“惠昌海”,归属于中散下属天惠公司,1998 年 11 月 28 日退役。

④ 美国第二代核动力航母,1975 年服役,航速 30 节以上,续航力 80 万~100 万海里,飞行甲板长 332.9 米、宽 76.8 米。

⑤ 2008 年 5 月 HAMMONIA REEDEREI(德国)以 3 亿美元从 A. P. Moller Maersk(丹麦)购得,装载量 6 418 TEU,84 900 载重吨,1996 年瑞典 ODENSE LINDO 建造。

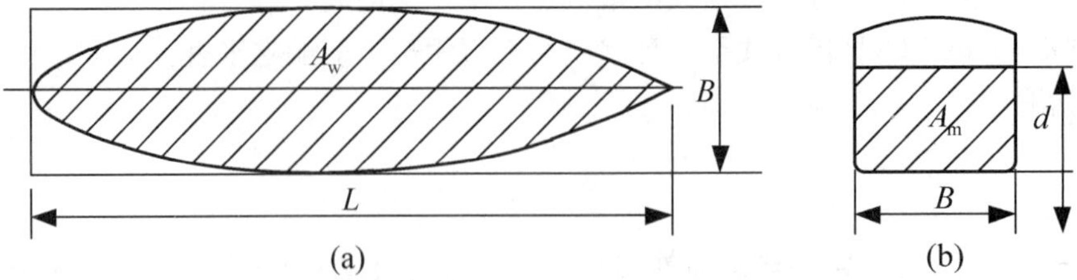

附录图 5-3　水线面系数和中横剖面系数

它的大小表示水线以下的中横剖面的肥瘦程度。

（3）**方形系数**（block coefficient，C_b）是指船体水线以下的型排水体积 ∇ 与由船长 L、型宽 B、吃水 d 所构成的长方体体积之比，如附录图 5-4 所示，即

$$C_b=\frac{\nabla}{LBd} \tag{附录 5-4}$$

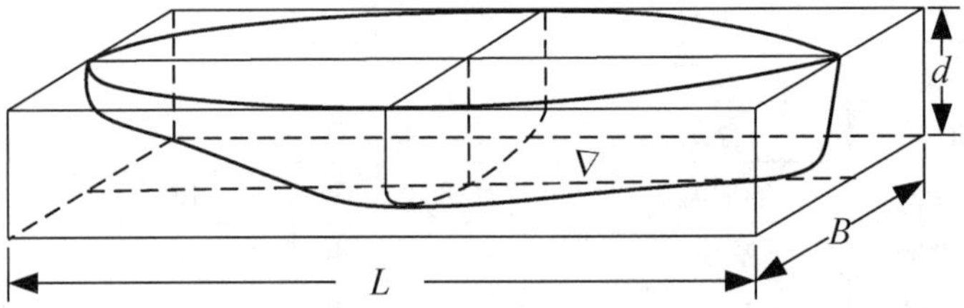

附录图 5-4　方形系数

它的大小表示船体水下体积的肥瘦程度。

（4）**棱形系数**（prismatic coefficient，C_p）是指船体水线以下的型排水体积 ∇ 与由相对应的中横剖面面积 A_m、船长 L 所构成的棱柱体体积之比，如附录图 5-5 所示，即

$$C_p=\frac{\nabla}{A_mL}=\frac{\nabla}{C_mBdL}=\frac{C_b}{C_m} \tag{附录 5-5}$$

它表示排水体积沿船长方向的分布情况。C_p 又称**纵向棱形系数**（longitudinal prismatic coefficient）。

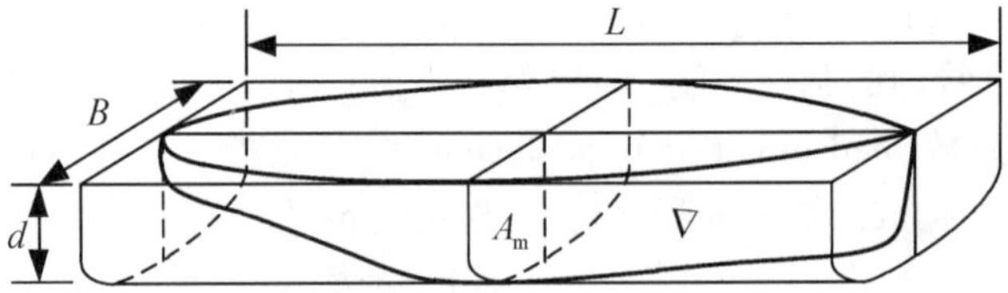

附录图 5-5　棱形系数

（5）**垂向棱形系数**（vertical prismatic coefficient，C_{vp}）是指船体水线以下的型排水体积 ∇ 与由相对应的水线面面积 A_w、吃水 d 所构成的棱柱体体积之比，如附录图 5-6 所示，即

$$C_{vp}=\frac{\nabla}{A_wd}=\frac{\nabla}{C_{wp}LBd}=\frac{C_b}{C_{wp}} \tag{附录 5-6}$$

它的大小表示排水体积沿吃水方向的分布情况。

上述各系数的定义，如无特别指明，通常都是对设计水线处而言。在计算不同水线处的各

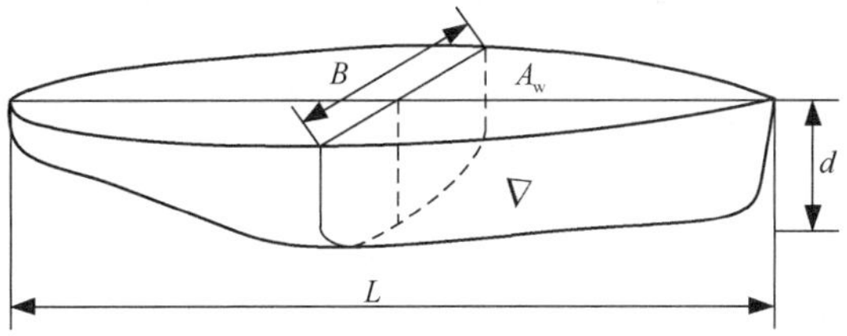

附录图 5-6 垂向棱形系数

系数时，其船长和船宽常用垂线间长（或设计水线长）和设计水线宽，如最大横剖面不在船中处，则应取最大横剖面处的有关数据。吃水则取所计算水线处的吃水值。附录表 5-2 列出了各类船舶大致的船型系数范围。

附录表 5-2 各类船舶的船型系数范围

船舶类型	水线面系数	中横剖面系数	方形系数
远洋客船	0.75~0.82	0.95~0.96	0.57~0.71
沿海客货船	0.70~0.80	0.85~0.96	0.50~0.68
远洋货船	0.80~0.85	0.95~0.98	0.70~0.78
拖船	0.72~0.80	0.79~0.90	0.46~0.60
渔船	0.76~0.81	0.77~0.83	0.50~0.62
油船	0.73~0.87	0.98~0.99	0.63~0.83
巡洋舰	0.69~0.72	0.76~0.89	0.45~0.65
驱逐舰	0.70~0.78	0.76~0.86	0.40~0.54
炮艇	0.70~0.80	0.80~0.90	0.52~0.64
猎潜艇	0.74~0.78	0.75~0.82	0.45~0.50
潜艇	—	—	0.40~0.55

三、尺度比

除上述船型系数外，还经常采用船舶各主要尺度间的比值表示船体几何特征。常用的尺度比有长宽比（L/B）、宽度吃水比（B/d）及长深比（L/D）等。它们与船舶性能、强度以及经济性等有密切关系。

在船舶静力学中，常用的尺度比有长宽比（L/B）、宽度吃水比（B/d）、型深吃水比（D/d）或宽度型深比（B/D）。附录表 5-3 所列为各类船舶的尺度比的大致范围。

附录表 5-3　各类船舶的尺度比范围

船舶类型	长宽比	宽度吃水比	型深吃水比
远洋客船	8~10	2.4~2.8	1.6~1.8
沿海客货船	6.0~7.5	2.7~3.8	1.5~2.0
远洋货船	6~8	2.0~2.4	1.1~1.5
拖船	3.0~6.5	2.0~2.7	1.2~1.6
渔船	5~6	2.0~2.4	1.1~1.3
油船	4.8~7.5	2.1~3.4	1.1~1.5
巡洋舰	8~11	2.8~3.3	1.7~2.0
驱逐舰	9~12	2.8~4.5	1.7~2.0
炮艇	6.5~9.0	2.8~3.3	1.6~2.8
猎潜艇	7.9~8.5	2.5~4.5	1.6~2.0
潜艇	8~13	1.4~2.0	—

附录 6 船舶操纵性标准

RESOLUTION MSC. 137(76)
(adopted on 4 December 2002)
STANDARDS FOR SHIP MANOEUVRABILITY

THE MARITIME SAFETY COMMITTEE,

RECALLING Article 28(b) of the Convention on the International Maritime Organization concerning the functions of the Committee,

RECALLING ALSO that by resolution A. 751(18) the Assembly approved Interim Standards for ship manoeuvrability (the Interim standards), whereby Governments were recommended to encourage those responsible for the design, construction, repair and operation of ships to apply the Interim Standards and invited to collect data obtained by the application of the Interim Standards and report them to the Organization,

RECALLING FURTHER that by circular MSC/Circ. 1053 the Committee approved Explanatory notes to the Standards for ship manoeuvrability, to provide Administrations with specific guidance so that adequate data may be collected by the Organization on the manoeuvrability of ships,

RECOGNIZING the manoeuvring capability of ships to be an important contribution to the safety of navigation,

BELIEVING that the development and implementation of standards for ship manoeuvrability, particularly for large ships and ships carrying dangerous goods in bulk, will improve maritime safety and enhance marine environmental protection,

HAVING CONSIDERED the recommendation made by the Sub-Committee on Ship Design and Equipment at its forty-fifth session,

1. ADOPTS the Standards for ship manoeuvrability, the text of which is set out in the Annex to the present resolution;

2. INVITES Governments to encourage those responsible for the design, construction, repair and operation of ships to apply the Standards to ships constructed on or after 1 January 2004;

3. RESOLVES that the provisions annexed to the present resolution supersede the provisions annexed to resolution A. 751(18).

ANNEX
STANDARDS FOR SHIP MANOEUVRABILITY

1 PRINCIPLES

1.1 The Standards for ship manoeuvrability (the Standards) should be used to evaluate the manoeuvring performance of ships and to assist those responsible for the design, construction, repair and operation of ships.

1.2 It should be noted that the Standards were developed for ships with traditional propulsion and steering systems (e.g. shaft driven ships with conventional rudders). Therefore, the Standards and methods for establishing compliance may be periodically reviewed and updated by the Organization, as appropriate, taking into account new technologies, research and development, and the results of experience with the present Standards.

2 **GENERAL**

2.1 The Standards contained in this document are based on the understanding that the manoeuvrability of ships can be evaluated from the characteristics of conventional trial manoeuvres. The following two methods can be used to demonstrate compliance with these Standards:

2.1.1 scale model tests and/or computer predictions using mathematical models can be performed to predict compliance at the design stage. In this case full-scale trials should be conducted to validate these results. The ship should then be considered to meet these Standards regardless of full-scale trial results, except where the Administration determines that the prediction efforts were substandard and/or the ship performance is in substantial disagreement with these Standards; and

2.2.2 the compliance with the Standards can be demonstrated based on the results of the full-scale trials conducted in accordance with the Standards. If a ship is found in substantial disagreement with the Standards, then the Administration should take remedial action, as appropriate.

3 **APPLICATION**

3.1 Notwithstanding the points raised in paragraph 1.2 above, the Standards should be applied to ships of all rudder and propulsion types, of 100 m in length and over, and chemical tankers and gas carriers regardless of the length.

3.2 In the event that the ships referred to in paragraph 3.1 above undergo repairs, alterations or modifications, which, in the opinion of the Administration, may influence their manoeuvrability characteristics, the continued compliance with the Standards should be verified.

3.3 Whenever other ships, originally not subject to the Standards, undergo repairs, alterations or modifications, which, in the opinion of the Administration, are of such an extent that the ship may be considered to be a new ship, then that ship should comply with these Standards. Otherwise, if the repairs, alterations and modifications, in the opinion of the Administration, may influence the manoeuvrability characteristics, it should be demonstrated that these characteristics do not lead to any deterioration of the manoeuvrability of the ship.

3.4 The Standards should not be applied to high-speed craft as defined in the relevant Code.

4 **DEFINITIONS**

4.1 Geometry of the ship

4.1.1 *Length* (L) is the length measured between the aft and forward perpendiculars.

4.1.2 *Midship point* is the point on the centreline of a ship midway between the aft and forward perpendiculars.

4.1.3 *Draught* (T_a) is the draught at the aft perpendicular.

4.1.4 *Draught* (T_f) is the draught at the forward perpendicular.

4.1.5 *Mean draught* (T_m) is defined as $T_m = (T_a + T_f)/2$.

4.1.6 *Trim* (τ) is defined as $\tau = (T_a - T_f)$.

4.1.7 Δ is the full load displacement of the ship (tonnes).

4.2 Standard manoeuvres and associated terminology

Standard manoeuvres and associated terminology are as defined below:

4.2.1 The test speed (V) used in the Standards is a speed of at least 90% of the ship's speed corresponding to 85% of the maximum engine output.

4.2.2 Turning circle manoeuvre is the manoeuvre to be performed to both starboard and port with 35° rudder angle or the maximum rudder angle permissible at the test speed, following a steady approach with zero yaw rate.

4.2.3 Advance is the distance travelled in the direction of the original course by the midship point of a ship from the position at which the rudder order is given to the position at which the heading has changed 90° from the original course.

4.2.4 Tactical diameter is the distance travelled by the midship point of a ship from the position at which the rudder order is given to the position at which the heading has changed 180° from the original course. It is measured in a direction perpendicular to the original heading of the ship.

4.2.5 Zig-zag test is the manoeuvre where a known amount of helm is applied alternately to either side when a known heading deviation from the original heading is reached.

4.2.6 The 10°/10° zig-zag test is performed by turning the rudder alternately by 10° to either side following a heading deviation of 10° from the original heading in accordance with the following procedure:

(1) after a steady approach with zero yaw rate, the rudder is put over to 10° to starboard or port (first execute);

(2) when the heading has changed to 10° off the original heading, the rudder is reversed to 10° to port or starboard (second execute); and

(3) after the rudder has been turned to port/starboard, the ship will continue turning in the original direction with decreasing turning rate. In response to the rudder, the ship should then turn to port/starboard. When the ship has reached a heading of 10° to port/starboard of the original course the rudder is again reversed to 10° to starboard/port (third execute).

4.2.7 The first overshoot angle is the additional heading deviation experienced in the zig-zag test following the second execute.

4.2.8 The second overshoot angle is the additional heading deviation experienced in the zig-zag test following the third execute.

4.2.9 The 20°/20° zig-zag test is performed using the procedure given in paragraph 4.2.6 above using 20° rudder angles and 20° change of heading, instead of 10° rudder angles and 10° change of heading, respectively.

4.2.10 Full astern stopping test determines the track reach of a ship from the time an order for full astern is given until the ship stops in the water.

4.2.11 Track reach is the distance along the path described by the midship point of a ship measured from the position at which an order for full astern is given to the position at which the ship stops in the water.

5 **STANDARDS**

5.1 The standard manoeuvres should be performed without the use of any manoeuvring aids which are not continuously and readily available in normal operation.

5.2 Conditions at which the standards apply in order to evaluate the performance of a ship, manoeuvring trials should be conducted to both port and starboard and at conditions specified below:

5.2.1 deep, unrestricted water;

5.2.2 calm environment;

5.2.3 full load (summer load line draught), even keel condition; and

5.2.4 steady approach at the test speed.

5.3 Criteria①

The manoeuvrability of the ship is considered satisfactory if the following criteria are complied with:

5.3.1 Turning ability

The advance should not exceed 4.5 ship lengths (L) and the tactical diameter should not exceed 5 ship lengths in the turning circle manoeuvre.

5.3.2 Initial turning ability

With the application of 10° rudder angle to port/starboard, the ship should not have travelled more than 2.5 ship lengths by the time the heading has changed by 10° from the original heading.

5.3.3 Yaw-checking and course-keeping abilities

(1) The value of the first overshoot angle in the 10°/10° zig-zag test should not exceed:

① 10° if L/V is less than 10 s;

② 20° if L/V is 30 s or more; and

③ $(5 + 1/2(L/V))$ degrees if L/V is 10 s or more, but less than 30 s, where L and V are expressed in m and m/s, respectively.

(2) The value of the second overshoot angle in the 10°/10° zig-zag test should not exceed:

① 25°, if L/V is less than 10 s;

② 40°, if L/V is 30 s or more; and

③ $(17.5 + 0.75(L/V))$ degrees, if L/V is 10 s or more, but less than 30 s.

(3) The value of the first overshoot angle in the 20°/20° zig-zag test should not exceed 25°.

5.3.4 Stopping ability

The track reach in the full astern stopping test should not exceed 15 ship lengths. However, this value may be modified by the Administration where ships of large displacement make this criteri-

① For ships with non-conventional steering and propulsion systems, the Administration may permit the use of comparative steering angles to the rudder angles specified by this Standard.

on impracticable, but should in no case exceed 20 ship lengths.

6 ADDITIONAL CONSIDERATIONS

6.1 In case the standard trials are conducted at a condition different from those specified in paragraph 5.2.3, necessary corrections should be made in accordance with the guidelines contained in the Explanatory notes to the Standards for ship manoeuvrability, developed by the Organization**.

6.2 Where standard manoeuvres indicate dynamic instability, alternative tests may be conducted to define the degree of instability. Guidelines for alternative tests such as a spiral test or pull-out manoeuvre are included in the Explanatory notes to the Standards for ship manoeuvrability, referred to in paragraph 6.1 above*①.

① Refer to MSC/Circ. 1053 on Explanatory notes to the Standards for ship manoeuvrability.

参考文献

[1]贾欣乐,杨盐生.船舶运动数学模型——机理建模与辨识建模.大连:大连海事大学出版社,1997.

[2]洪碧光.船舶操纵原理与技术.大连:大连海事大学出版社,2007.

[3]张显库,贾欣乐.船舶运动与控制.北京:国防工业出版社,2006.

[4]李殿璞.船舶运动与建模.2版.北京:国防工业出版社,2008.

[5]FOSSEN T I. Guidance and control of ocean vehicles. New York: Wiley,1994.

[6]范尚雍.船舶操纵性.北京:国防工业出版社,1988.

[7]苏兴翘,高士奇,黄衍顺.船舶操纵性.北京:国防工业出版社,1989.

[8]盛振邦,刘应中.船舶原理.上海:上海交通大学出版社,2019.

[9]吴秀恒.船舶操纵性.北京:国防工业出版社,2005.

[10]International Maritime Organization (IMO). Standards for ship maneuverability. Resolution A. 137(76), 2002.

[11]SNAME. Nomenclature for treating the motion of a submerged body through a fluid, Technical Report Bulletin 1-5. The Society of Naval Architects and Marine Engineers. New York, USA, 1950.

[12]ABKOWITZ M A. Measurement of hydrodynamic characteristics from ship maneuvering trails by system identification. Transaction of the Society of Naval Architects and Marine Engineers, 1980, 88: 283-318.

[13]AMERONGEN J V. Adaptive steering of ships-A model reference approach. Automatica, 1984, 20(1): 3-14.

[14]CLARKE D. The application of maneuvering criteria in hull design using linear theory. Transactions of the Royal Institution of Naval Architects, 1983, 125:45-68.

[15]周昭明,盛子寅,冯悟时.多用途货船的操纵性预报计算.船舶工程,1983,6:21-29.

[16]INOUE S, HIRANO M, KIJIMA K. Hydrodynamic derivatives on ship manoeuvring. International Shipbuilding Progress, 1981, 28(321):112-125.

[17]KIJIMA K. Some studies on the prediction for ship maneuverability. International Conference on Marine Simulation and Ship Manoeuvrability (MARSIM), August 25-28, 2003, Kanazawa, Japan, KN-3: 1-10.

[18]KIJIMA K, TOSHIYUKU K, YASUAKI N, et al. On the maneuvering performance of ship with the parameter of loading condition. Journal of The society of Naval Architects of Japan, 1990, 168:141-148.

[19]VAN LAMMEREN W P A, VAN MANEN J D, OOSTERVELD M W C. The Wageningen

B-Screw Series. Transaction of Society of Naval Architects and Marine Engineers, 1969, 77:269-317.

[20]藤野正隆,沼田俊晴,元良誠三.舵と船体の相互干涉に関する基礎的研究.日本造船学会論文集,1979,146:213-221.

[21]刘文江.船舶航向航迹非线性控制研究.北京:中国水利水电出版社,2019.

[22]邹早建.船舶操纵性研究进展.中国造船工程学会第六届船舶水动力学学术委员会全体会议论文集.江苏镇江,2006:54-67.

[23]罗伟林.基于支持向量机方法的船舶操纵运动建模研究.上海:上海交通大学,2009.

[24]胡寿松.自动控制原理.7版.北京:科学出版社,2019.

[25]白伟伟.基于局部加权学习的船舶操纵运动辨识建模.大连:大连海事大学,2018.

[26]张腾.波浪中船舶运动时域数值建模与仿真研究.大连:大连海事大学,2019.